BIBLIOTHÈQUE
DE PHILOSOPHIE CONTEMPORAINE

ÉTUDES DE MORALE

PAR

F. RAUH

Professeur adjoint à la Sorbonne

RECUEILLIES ET PUBLIÉES

PAR

H. DAUDIN, M. DAVID, G. DAVY, H. FRANCK, R. HERTZ, G. HUBERT
J. LAPORTE, R. LE SENNE, H. WALLON

CRITIQUE DES THÉORIES MORALES
LA PATRIE
LA JUSTICE
QUESTIONS DE PHILOSOPHIE MORALE

PARIS
LIBRAIRIE FÉLIX ALCAN
MAISONS FÉLIX ALCAN ET GUILLAUMIN RÉUNIES
108, BOULEVARD SAINT-GERMAIN, 108

ÉTUDES DE MORALE

3021

Remplacement de
8 R 24974

AUTRES OUVRAGES DE M. F. RAUH

A LA MÊME LIBRAIRIE

Essai sur le fondement métaphysique de la morale. 1 vol. in-8° de la *Bibliothèque de philosophie contemporaine* . . . . Épuisé.

De la méthode dans la psychologie des sentiments, 1 volume in-8° de la *Bibliothèque de philosophie contemporaine* . . . . 5 fr. »

L'Expérience morale, 2ᵉ édition, revue. 1 vol. in-8° de la *Bibliothèque de philosophie contemporaine* . . . . 3 fr. 75

Psychologie appliquée à la morale et à l'éducation (avec la collaboration de M. Revault d'Allonnes), 1 vol. in-18 (3ᵉ édition, revue), (Hachette et Cⁱᵉ).

ÉTUDES DE MORALE

PAR

F. RAUH
Professeur adjoint à la Sorbonne

RECUEILLIES ET PUBLIÉES

PAR

H. DAUDIN, M. DAVID, G. DAVY, H. FRANCK, R. HERTZ, R. HUBERT
J. LAPORTE, R. LE SENNE, H. WALLON

CRITIQUE DES THÉORIES MORALES
LA PATRIE
LA JUSTICE
QUESTIONS DE PHILOSOPHIE MORALE

PARIS
LIBRAIRIE FÉLIX ALCAN
MAISONS FÉLIX ALCAN ET GUILLAUMIN RÉUNIES
108, BOULEVARD SAINT-GERMAIN, 108.

—

1911
Tous droits de traduction et de reproduction réservés.

PRÉFACE

Ce volume n'est pas la simple collection des cours faits par Rauh à l'École Normale, puis à la Sorbonne, dans les années qui suivirent la publication de l'*Expérience morale*. Il fait plus que de reproduire son enseignement durant cette période[1]. Il constitue bien un livre, un ensemble dont les parties se répondent et se complètent.

Non qu'il s'agisse d'un exposé complet de la morale, comme si elle pouvait être ramenée à un système de principes définitifs. Rien n'est plus contraire à la pensée de Rauh. Il ne croit pas à des règles de vie universelles et absolues et n'accepte pas davantage les formules toutes faites. Pour lui, la moralité n'existe pas extérieurement à l'individu ; il n'y a pas de préceptes devant lesquels la conscience ait à s'incliner. C'est à chacun de chercher suivant quels principes il doit agir, de reconnaître quelles sont ses croyances morales, — non par la pure introspection d'ailleurs : l'idée n'est pas une donnée de la conscience, elle se fait ou du moins elle doit être vérifiée. Elle est comme l'hypothèse pour le savant : l'honnête homme doit en faire l'épreuve, c'est-à-dire qu'il la tiendra pour incertaine et illégitime tant qu'il ne l'aura pas confrontée, dans

---

[1]. Dans la *Revue de Métaphysique et de Morale* de mars et mai 1910, H. Daudin a montré comment le développement de la pensée de Rauh se distribue en périodes marquées chacune par une œuvre ou un ensemble d'œuvres : les deux thèses et la *Philosophie de Pascal* ; — *La Méthode dans la psychologie des sentiments*, dont il faut rapprocher les divers articles de psychologie qui l'ont précédée dans la *Revue philosophique* et dans la *Revue de Métaphysique et de Morale* — enfin l'*Expérience morale*. Cette succession n'implique pas une suite de ruptures dans l'évolution de ses idées. Au contraire, les mêmes tendances intellectuelles qu'il avait manifestées en face des systèmes philosophiques, sachant y discerner essentiellement certaines attitudes de la pensée vis-à-vis du réel, se sont confirmées autant qu'assouplies et enrichies dans l'étude des questions de psychologie et de morale.

le lieu même où elle doit exercer ses effets, avec toutes les circonstances qui peuvent la déterminer, la limiter ou la réduire. Cette enquête, dont Rauh a dégagé quelques-unes des conditions dans l'*Expérience morale*, constitue à proprement parler la recherche morale.

Sans être en nombre illimité, les croyances qui en font l'objet ne forment pas un ensemble stable et défini. Elles sont variables suivant les époques, le milieu et même les agents. A titre d'exemple, Rauh en a étudié deux, la *Patrie* et la *Justice*. Mais il ne peut être question d'en dresser la liste, comme une table des matières pour traité de morale.

Ce livre est complet dans un autre sens. Il débute par une *Critique des théories morales* et se termine par des considérations de *Philosophie morale* : entre les deux s'intercale la recherche sur des sujets spéciaux, sur telle ou telle croyance morale. Ainsi la pensée morale s'y exprime dans chacun de ses différents moments. Pratiquement, en effet, la vérification de nos principes d'action est bien le but essentiel. Mais il faut d'abord que soit acceptée cette conception d'une morale expérimentale et autonome. Or, sous des formes diverses, persiste le préjugé que notre activité morale n'a pas sa raison d'être en elle-même, qu'elle tire sa signification de principes qui lui sont supérieurs, et que nos devoirs doivent être déduits de ces principes. Il est donc indispensable de faire une critique préliminaire des différents types de systèmes où les règles de notre action sont imaginées comme de simples conséquences. Au reste, c'est aborder directement déjà l'analyse de la croyance morale que de chercher à en dégager la vie propre et le développement autonome sous l'enchevêtrement des sophismes. Mais, d'un autre point de vue, c'est aborder aussi les études de philosophie morale, bien que par leur côté négatif sans doute : « l'étude des limites de l'imagination morale, c'est-à-dire de l'imagination intellectuelle pratique, constitue la partie positive de la philosophie morale (la partie négative de cette philosophie consistant dans la critique des systèmes)[1]. » Pour la morale comme pour la science, il n'y a de vérité que lorsqu'une certaine réalité s'impose à l'esprit. Alors

---

1. *Bullet. Soc. fr. de philos.*, 1ᵉ an., 1901, p. 10.

se produit une expérience. Mais l'expérience reste particulière et n'épuise pas toutes les modalités possibles de la pensée ; elle ne fait que fixer et déterminer un certain concept. Et ce concept est la forme que notre pensée donne aux choses : les choses sont intelligibles dans la mesure où nous les pensons. Par suite, il est possible et légitime d'étudier ces formes conceptuelles en elles-mêmes, à condition qu'on ne veuille pas en déduire une détermination *a priori* du réel, comme c'est la tendance du métaphysicien. En ce sens, il y a une philosophie morale, au même titre qu'une philosophie des sciences. C'est à cet ensemble de considérations qu'est consacrée la quatrième partie du livre, comme la première l'est à la critique des théories et des systèmes moraux.

Ces études, Rauh semblait, au lendemain de l'*Expérience morale*, prêt à les donner, en même temps qu'il s'efforçait de déterminer, pour ses contradicteurs, avec encore plus de précision, le point de vue strictement expérimental qu'il préconisait en morale : « Le savant et l'honnête homme, disait-il[1], aboutissent également à une expérience. Ils prennent sans doute pour point de départ une certaine réalité, l'un la nature physique, l'autre la perception morale commune. Mais pas plus l'un que l'autre, ils ne se bornent à observer la nature telle qu'elle est donnée. Ils cherchent dans la nature les combinaisons qui se prêtent à leurs idées. Ils vérifient leurs systèmes par des *expériences*. La science n'est pas empirique. Elle n'est même pas, comme le pensait Auguste Comte, une suite régulière, unilinéaire d'hypothèses vérifiées, de sorte que la nature tout entière, sensible et intelligible, se déroulerait comme un spectacle uniforme. Mais il la faut concevoir comme une suite de tentatives qui successivement réussissent et échouent, comme une vie qui évolue, avec tous les tours, les retours et les détours de la vie. Je renvoie sur ce point aux travaux de tous les savants qui ont vraiment réfléchi sur la science, aux travaux de MM. Poincaré, Bouasse, Duhem, Milhaud, Le Roy, Perrin, etc. Si l'on entend ainsi la Science, le rapprochement de l'activité scientifique et de l'activité morale paraîtra moins singulier. Mais, ainsi que je le disais au début, ce

---

1. *Bullet. Soc. fr. de philos.*, 4ᵉ an., 1904, p. 11-12.

rapprochement fait si peu partie intégrante de ma conception de la morale que j'y suis venu après avoir déjà commencé mes études sur ces questions. La méthodologie que j'ai publiée est en réalité extraite d'études morales spéciales auxquelles je travaille depuis plusieurs années et en donne par avance la formule. »

Le témoignage est formel. Les considérations par lesquelles il lui avait fallu préluder, pour le public, à l'exposé de ses études morales sur des sujets spéciaux, sont de celles qui nous viennent secondairement au spectacle de notre activité. Mais le vif de sa pensée durant cette période est bien représenté par les cours publiés ici. Pourquoi donc, au moment de sa mort, semblait-il abandonner, momentanément du moins, l'examen direct du problème moral? Il entreprenait en effet d'écrire un livre sur la notion d'expérience en général, et venait d'en indiquer très brièvement les idées fondamentales au Congrès de philosophie de Heidelberg. Les discussions qu'avaient suscitées ses idées le ramenaient à cette question. Une fois pour toutes il lui fallait définir son attitude propre dans le conflit des systèmes qui dominent actuellement la recherche philosophique et scientifique. Tandis qu'il se fondait sur l'identité des conditions psychologiques de l'expérience, quel qu'en soit l'objet, réalités matérielles ou perceptions morales, c'est cette diversité de l'objet qu'en dernière analyse ses adversaires de toute tendance ne se lassaient pas de lui objecter, comme si la pensée n'était qu'une contemplation de la chose en soi. Ce principe de désaccord, il doit à ses contradicteurs d'avoir toujours pu mieux le définir. A défaut du livre qu'il projetait, il reste la part qu'il a prise aux discussions de la Société de philosophie. L'excitation de la controverse lui a fait trouver ses formules les plus explicites et les plus heureuses. Elles sont comme le relief de sa pensée sur celle des autres et la caractérisent du dehors, tandis que les cours la présentent se développant pour elle-même et se justifiant par sa propre fécondité. Elles méritent donc d'être rappelées en tête de ce livre.

*
* *

Si de proche en proche, le domaine des sciences a été

déblayé des constructions *a priori* qui faisaient obstacle à la libre spontanéité de l'esprit dans ses tentatives pour atteindre et saisir le réel, en morale, les règles de l'activité pratique semblent encore suspendues à des principes absolus, dominées par des réalités ou des lois supérieures à la conscience individuelle.

Sans doute tend à disparaître chaque jour davantage la croyance à des entités transcendantes dont les relations à l'homme seraient, sous une forme plus ou moins anthropomorphique, celles d'une volonté souveraine primant des volontés sujettes. C'est à la Raison qu'à présent s'adressent les métaphysiciens. Comme elle ne saurait être une réalité en soi, objet d'expérience ou d'intuition, ils prétendent, par une analyse purement abstraite de ses formes, découvrir un ensemble déterminé d'obligations spéciales et concrètes. Il suffit que l'homme soit défini un être raisonnable pour qu'il connaisse ce qu'il doit faire : l'application du principe de contradiction lui fait découvrir les règles morales ; par une simple opération logique il serait lié à des devoirs de conscience. Avec une clairvoyance pénétrante, Rauh dépiste le sophisme des déductions kantiennes : il montre l'agent libre moralement d'accepter ou non les termes du problème, libre aussi de conformer ou non sa conduite au principe logique. Même portée à l'universel, une proposition ne saurait impliquer la nécessité d'un certain choix, à la manière d'un syllogisme où la conclusion découle des prémisses. Il n'y a pas de raisonnement qui contraigne absolument la volonté. C'est dans chacune de nos décisions que doit se manifester cette autonomie dont Kant faisait bien l'apanage de la raison pratique : mais faudrait-il ne l'admettre que pour la raison sous sa forme la plus universelle et la plus abstraite, quitte à subordonner en fait chaque moment de notre activité morale à l'uniforme loi d'un impératif une fois posé ? Mêmes objections d'ailleurs dans l'hypothèse d'une raison dynamique, s'il s'agit d'assimiler aux lois d'une dialectique déterminée chacune des conditions toutes spéciales de la vie morale : avec une verve bien amusante, Rauh dénonce la puérilité des minutieuses déductions d'un Fichte.

Il n'a pas encore suffi à la science en général de s'affranchir. Il a fallu que chaque science successivement fît valoir ses droits. La croyance aux principes universels de la métaphysique abandonnée, un besoin d'universalité persiste et se traduit par l'extension aux réalités les plus diverses d'un système d'idées une fois constitué. A ses débuts, la biologie a dû s'émanciper de la physique, et la sociologie des différentes disciplines qui tentaient de résoudre l'explication des phénomènes proprement sociaux dans la connaissance de certains facteurs extra-sociaux. A la morale aujourd'hui de conquérir son autonomie. Sous un prétexte de positivité, différentes sciences prétendent à la diriger et ne font réellement que perpétuer le malentendu métaphysique : un système de notions données ne prête à la déduction logique ou à des applications nécessaires que dans le domaine des faits d'où elles ont surgi expérimentalement, — ou bien c'est toujours faire comme s'il y avait, sinon des essences éternelles, du moins certaines réalités fondamentales dont le reste ne serait qu'un jeu plus ou moins varié d'apparences.

Entre toutes les sciences auxquelles Rauh conteste le droit de tenir la morale sous leur dépendance, il en est une dont les prétentions sont peut-être plus pressantes et plus insinuantes, en tous cas plus récentes, c'est la sociologie. Dans l'*Expérience morale*, le dernier livre qu'il ait publié, Rauh n'avait pu s'en expliquer suffisamment. Depuis, il eut à définir plus explicitement son attitude propre, à « situer » sa conception d'une morale indépendante vis-à-vis des tendances que manifestaient de leur côté les sociologues. Dans un ouvrage exactement contemporain du sien, *La Morale et la Science des mœurs*, M. Lévy-Bruhl, d'une manière souple et avisée, avait serré le problème de plus près qu'il ne l'avait jamais été. Le but de la sociologie est-il légitime ? par l'étude des différentes sociétés, est-il possible de découvrir progressivement les lois qui régissent dans le détail tous les faits de l'existence sociale ? Alors, nécessairement, comme des autres sciences, un art dérivera de ces spéculations théoriques. Si d'une doctrine biologique, par exemple, il n'est guère admissible que l'on passe à des directions morales déterminées, c'est qu'il y a là deux ordres de réalités qui sont loin d'être exactement réductibles l'un à l'autre, c'est que dans l'homme il n'y a pas seulement du biologique ; mais pour la sociologie, que devient l'objection ? La vie mentale de chacun n'est-elle pas dominée, pénétrée, façonnée par la réalité sociale au point qu'il est impossible, objectivement, de concevoir l'individu isolé de son milieu social ?

En admettant, dit Rauh, que la psychologie tout entière de l'homme soit exclusivement fonction de la réalité sociale, il reste certain qu'en fait l'individu, quelle que soit la place que personnellement il accorde dans sa vie à ses devoirs envers la société, ne croit pas cependant que tout ce qu'il fait doive uniquement avoir pour but de conformer sa conduite aux nécessités sociales. Il a conscience de rapports autres que ceux qu'il soutient avec la société. L'artiste ou le savant se sentent des devoirs envers un idéal de vérité ou de beauté qu'ils n'ont pas choisi parce que social, qu'ils poursuivent pour lui-même — et la préférence qu'ils lui donnent sur les fins sociales est souvent incommensurable.

Là pourtant n'est pas l'essentiel des réserves que Rauh formule. Il reconnaît bien la forte action qu'auraient pratiquement sur nos déterminations les conclusions de la science, à l'époque encore lointaine où la sociologie suffisamment développée permettrait de prévoir avec certitude les effets d'un acte déterminé ; mais il ne croit pas que la conduite de chacun doive jamais subir automatiquement les indications de la théorie. Le respect pour la science, la confiance dans les résultats de la science ne pourront pas se changer en une soumission absolue de la conscience. « Je dirai d'abord que la réalité sociale n'est pas toute la réalité morale. Je dirai de plus que ma conscience n'a pas à s'incliner nécessairement devant une réalité. En somme, la théorie de M. Durkheim est que notre action pratique doit se régler sur la connaissance d'une réalité morale indépendante de la conscience, comme la nature physique l'est de la connaissance. Cette conception se trouve en effet à peu près réalisée à certains moments historiques, quand il y a comme une poussée de la conscience collective, quand toutes les consciences vont dans le même sens, à ces époques en un mot que Saint-Simon appelait les « époques organiques ». Dans ce cas, la réalité sociale est comme une chose en face de la raison individuelle qui la contemple et en subit l'impulsion. Mais, même dans ce cas, entre cette conscience collective que la conscience individuelle semble seulement subir et l'action individuelle, s'intercale un consentement en quelque sorte infinitésimal de la conscience individuelle[1]. » Cet accord des aspirations individuelles et des besoins collectifs ne sera donc ni une nouveauté, ni une nécessité. Il s'est produit déjà à des époques diverses au profit de certains systèmes d'idées qui n'étaient pas la science, et, si jamais la science jouit d'une faveur semblable, ce sera, comme toujours, par suite du consentement « infinitésimal » peut-être, mais libre pourtant, d'une conscience qui n'abdique pas.

« Ce consentement apparaît clairement dans le cas des problèmes moraux sur lesquels l'opinion n'est pas encore unanime. Il y a alors une opposition de la conscience individuelle et de la conscience collective et la conscience individuelle peut annoncer la conscience collective future... Il est d'une psychologie utopique d'imaginer que l'homme se bornera jamais à modeler son action sur la connaissance qu'il a des choses sans tenir compte de ce *sentiment que quelque chose est à faire*[2]. »

C'est, à proprement parler, dans cette recherche de « *ce qui est à faire* » que se réalise le degré le plus haut de la moralité, l'invention morale. « Selon M. Lévy-Bruhl, l'art moral se borne ou se bornera dans l'avenir à adapter au réel les conclusions de la science sociologique. Pour moi, la technique morale est dans une certaine mesure autonome. Elle découvre les *principes d'action*[3]. »

Dépassant l'acte lui-même, elle va donc remonter jusqu'au sujet. « La sociologie traite des choses, la morale des consciences qui les font[4]. » Des choses ne sauraient prévaloir contre l'esprit. Elles peuvent bien déterminer sa spontanéité dans une expérience particulière : mais l'objet de la connaissance ne doit pas être préféré à l'intelligence qui connaît ; les choses, pour la conscience, resteront de simples choses, dans le nombre illimité de celles qui pourront à leur tour fournir un objet à son activité.

---

1. *Bullet. Soc. fr. de philos.*, 6ᵉ année, 1905, p. 203.
2. *Ibid.*, p. 208.
3. *Ibid.*, 6ᵉ année, 1905, 209.
4. *Ibid.*, 8ᵉ année, 1908, 207.

.

L'*antisubstantialisme* de Rauh et son *activisme* sont les deux aspects d'une même attitude. S'il dénonce avec persévérance, avec pénétration l'illusion oppressive de la *chose en soi*, c'est pour que l'esprit ne risque pas de succomber sous les produits figés de sa propre activité, hypostasiés et révérés. Le préjugé de la chose en soi, il est sans doute dans la croyance à des entités transcendantes, il est encore dans la reconnaissance de nécessités, de principes soi-disant *a priori*. Mais il est fait essentiellement de notre respect et de notre abdication : aussi ne s'absorbe-t-il pas dans un certain système de spéculations ou de concepts; il dépend de l'usage que nous pouvons faire de n'importe quelle espèce d'idées : la chose en soi, c'est parfois une théorie scientifique ou telles notions par ailleurs positives.

Le respect de l'objectivité comme telle équivaut lui-même à une illusion d'ordre métaphysique. Les réalités valent moins par leur existence que par leur action, c'est-à-dire par leurs relations et par leurs effets. Ainsi l'entendent bien les physiciens d'aujourd'hui. Nulle considération pour les choses; il s'agit seulement de reconnaitre et de mesurer les forces, les causes actuelles. « On s'apercevra, dit Rauh, qu'un préjugé vicie nos décisions, nos méthodes d'action. C'est un postulat plus ou moins implicitement admis par les intellectuels purs, par les sociologues en particulier, que la connaissance de l'histoire la plus lointaine est nécessaire pour déterminer notre action présente. L'idée de l'indéfini du temps a remplacé pour eux celle de l'éternité. On veut avoir le temps, l'histoire, comme jadis Dieu, pour soi. Or un homme sans préjugés théologiques et philosophiques qui ne puisera ses règles d'action que dans l'observation de la réalité et de sa conscience s'apercevra aisément qu'il a besoin, pour agir, de connaitre avant tout le présent et le passé prochain, le seul qui, en général, agisse encore de façon directe [1]. »

1. *Bullet. Soc. fr. de philos.*, 6e ann., 1906, p. 210.

D'où procède cette *superstition du primitif* que Rauh a souvent reprochée aux sociologues ? Sans doute, les sciences morales, à leur début, ont dû affirmer que les réalités matérielles ne sont pas les seules, que des réalités idéales ont aussi leur existence et leurs lois. Est-ce une raison pour croire à la valeur absolue de tout ce qui a existé, ou pour supposer entre toutes les formes et manifestations des sociétés humaines un déterminisme rigoureux enchaînant tout ce qui doit venir à tout ce qui a précédé ? Ainsi faisaient les sciences de la nature, dans leurs premiers efforts pour devenir positives : elles regardaient toute existence comme traduisant dans le système du monde une force nécessaire et posaient en principe que tout phénomène relève directement du déterminisme universel. Il ne s'agit plus aujourd'hui que de ramener un effet à ses conditions actuelles. Peu importe, provisoirement du moins, que ces conditions à leur tour dépendent d'un autre système de conditions. En morale de même, « le passé lointain, ou bien est incorporé au présent, ne s'en distingue plus : telles les influences romaines qui ont pu contribuer à faire aux Français l'esprit classique. Il suffit alors d'observer le présent pour découvrir les effets du passé. Ou bien le passé lointain agit encore de façon distincte mais il a revêtu une forme vivante, actuelle, qu'une connaissance directe révélera mieux que l'observation de son lointain modèle[1]. »

Précisément à cette manière d'envisager les formes du présent, le moraliste se distingue du sociologue. L'objet de leurs recherches diffère. Pour toute manifestation de la vie collective, le sociologue essaie de déterminer quel en est l'équivalent dans les systèmes de société les plus différents. C'est une fonction : il s'agit d'en ordonner entre eux les différents moments, d'en reconnaître les variations, pour les ramener, s'il se peut, à leurs conditions. Mais les conditions d'une croyance ne sont pas cette croyance elle-même. La connaissance de ses origines et de ses formes variables doit-elle prévaloir sur la réalité que lui prête la conscience contemporaine ? L'expérience en décidera. Cette expérience, c'est au moraliste de la réaliser. Tourné vers l'avenir, puisqu'il cherche ce qui

1. *Ibid.*, p. 210.

doit se faire, la représentation du passé comme tel ne le détermine pas. Il s'applique exclusivement à reconnaitre le milieu où va se déployer son activité. Au foyer de sa conscience, il essaie de concentrer tout ce qu'il arrive à percevoir dans le présent d'indications, de tendances, de motifs d'agir et, librement, il cède à la seule certitude qui de cette expérience vient à se dégager.

Sous les aspects les plus variés reparait toujours cette idée qu'une expérience bien faite se suffit à elle-même. Contrairement à ceux pour qui la science est un système constitué de connaissances dépassant les modalités plus ou moins fortuites de la recherche individuelle, réduisant chaque effort nouveau à s'insérer dans la série des entreprises plus anciennes, imposant des directions, exigeant enfin une sorte de déterminisme dans le travail, Rauh ne veut pas que la science faite soit une idole pour la science qui se fait. A la science réalisée il oppose le génie d'invention dont la science n'est à chaque instant que le reflet momentané. Ou plutôt, sous les résultats bruts de la connaissance scientifique il faudrait toujours voir ce qui tressaille dans chaque vérité de vie et d'intelligence active, telle qu'au jour où, naissant de circonstances bien déterminées, elle illumina l'esprit du savant, à la fois évidente et relative, tirant des conditions toutes particulières d'où elle avait surgi sa force et sa fécondité. Ainsi faut-il que perpétuellement elle renaisse, quand une intelligence s'est mise en état de la comprendre, c'est-à-dire de lui donner comme un nouvel exemplaire de vie. « Une méthodologie scientifique, dit Rauh, c'est en somme la psychologie d'un savant — telle est l'idée de M. Le Roy. Une méthodologie morale, c'est la psychologie de l'homme intelligent, libéré de toute théorie, à la recherche d'une règle de vie. M. Darlu juge artificiel le rapprochement que j'ai établi entre la science et la morale. Il n'a peut-être pas remarqué que je les rapproche dans leur forme, non dans leur contenu, au point de vue des attitudes de pensée qu'elles supposent l'une et l'autre. Je crois (telle est aussi l'idée de mon livre sur la *Méthode dans la psychologie des sentiments*), que sur toutes les questions il y a une attitude scientifique possible. Mais cet état d'esprit identique n'implique en aucune façon l'identité des résultats, ni même des méthodes — si l'on prend ce mot dans son sens strict [1]. »

Quelles seront alors les garanties de l'idée scientifique ? D'une part, elle ne s'ordonne pas dans un ensemble de doctrines nécessaires, où serait marquée sa place de toute éternité ; de l'autre, elle ne s'obtient pas en appliquant des préceptes une fois posés. — Double exigence, où se survivent encore les vieilles conceptions métaphysiques sur l'Être et sur la Vérité : ou bien une réalité en soi que la science devrait exactement traduire, et il faut choisir entre un rationalisme à la Descartes et l'ancien empirisme ; ou bien des formes que notre pensée imposerait à tout ce qui est de notre perception et de notre connaissance : c'est alors instituer *a priori* des principes directeurs de la science, tentative dont les progrès de la science elle-même ont montré l'arbitraire et la vanité. Qu'il suffise donc de constater, en dehors de tout système, que la science existe ; elle est vraie, d'une vérité expérimentale. « L'honnête homme, comme le savant, admet l'existence de vérités spéciales qui se révèlent par elles-mêmes, sans qu'il soit besoin d'en chercher les fondements. L'un et l'autre conçoivent la vérité non point comme un soleil unique qui répand partout ses rayons, mais comme une suite de lueurs discontinues que l'on aperçoit successivement et que l'on peut seulement joindre après coup et imparfaitement les unes aux autres. De plus, l'honnête homme et le savant aboutissent également à une *expérience* [2]. »

L'expérience, c'est le tout de la science. Il n'y a plus d'admis que la preuve du fait. Mais il ne faudrait pas s'y tromper, ce n'est pas le fait brut, le fait en soi ; ou plutôt en dehors de l'homme qui le perçoit et qui le pense, qu'est-ce qu'un fait ? Le fait scientifique est essentiellement l'idée qui surgit dans l'esprit du savant placé devant une certaine réalité, quand il la soumet à une expérience déterminée. Si fréquemment que puisse se reproduire cette même idée vis-à-vis de cette même réalité pour les esprits les plus divers, l'expérience n'en est pas moins quelque chose d'essentiellement individuel. La certitude d'une expérience, la certitude d'une vérité ne peut être imposée,

---

1. *Bull. Soc. fr. de philos.*, 4ᵉ an., 1904, p. 11.
2. *Ibid.*, p. 11.

il faut qu'elle soit personnellement sentie, ou bien ce n'est qu'une formule vaine, répétée sans doute dans ses termes, mais dépourvue de signification et de vie. La certitude suppose ce sentiment immédiat d'irrésistibilité et d'évidence, le seul critère possible de la vérité, selon Descartes.

Critère bien subjectif évidemment. Et si la diversité des consciences ou des points de vue entraînait une égale diversité des affirmations et des vérités ? « C'est un caractère extrinsèque de la vérité, répond Rauh, que l'accord avec les autres consciences. Je crois au reste que dans les sciences positives même, indépendamment des solutions objectives qui s'imposent de plus en plus à tout le monde, il y a des points sur lesquels il n'existe qu'un accord entre les sentiments des savants compétents et familiers avec les choses. Si l'entente entre les savants sur leurs sentiments communs ne se faisait pour ainsi dire d'elle-même, plus aisément qu'en ces matières dont nous parlons et où les passions humaines sont plus directement intéressées, on se donnerait peut-être la peine d'écrire un traité sur l'intention et le sentiment scientifique. L'*Introduction à la Méthode expérimentale* de Cl. Bernard est bien en partie quelque chose comme cela[1]. » Ainsi, que l'accord de tous, ou du plus grand nombre, ou d'une élite sur des vérités ou des opinions scientifiques ne fasse pas illusion. C'est un accord de fait ; mais il ne résulte pas d'un désir préalable d'unanimité. Chacun s'est cru le devoir de penser d'abord par lui-même et parfois différemment des autres, s'il lui a semblé que la vérité diffère de l'opinion commune. Ce n'est pas seulement quand elle s'applique aux réalités matérielles sur lesquelles il y a déjà des sciences constituées, c'est dans toute son activité, parce qu'il n'y a pour elle de sincérité que dans son entière autonomie, que la pensée récuse l'épreuve du consentement universel.

Qu'en morale, le désaccord se révèle irréductible entre des consciences également informées et sincères, ce serait tant pis. « Alors, et en dernière analyse, je suivrai mon sentiment éprouvé : c'est le critère ultime[2]. » « Mais, ajoute Rauh, une

---

1. *Bullet. Soc. fr. de philos.*, 8ᵉ an., 1908, p. 209.
2. *Bullet. Soc. fr. de philos.*, 8ᵉ an., 1908, p. 209.

conception *relativiste* n'aboutit pas nécessairement à un individualisme absolu. Je prétends que si nous appliquons en toute modestie et sincérité la méthode expérimentale dont j'ai voulu donner l'idée et qu'en fait nous appliquons tous (mais il est si difficile de prendre conscience de ce qu'on fait et de ce qu'on est) nous arriverions plus souvent qu'on ne pense à un accord positif et réel [1]. » C'est qu'en appeler à l'épreuve ultime et décisive de la conscience individuelle, ce n'est pas, quoi qu'on ait pu en objecter à Rauh, faire retour purement et simplement aux morales du sentiment. « Il est impossible, dit-il expressément, de livrer l'action morale au pur instinct. Il y a par suite une place pour une technique de l'action, et plus spécialement de l'action morale [2]. »

*
* *

Ici, la pensée de Rauh apparaît dans son essentielle originalité. Empiriste pour les métaphysiciens, métaphysicien pour certains adeptes de la science positive, il échappe en réalité à ces classifications d'école. Pour lui, la science est à la fois expérimentale et rationnelle. Dans nos certitudes expérimentales, l'analyse psychologique lui fait découvrir l'intervention de la Raison. A ce nom seul tant de méfiances s'éveillent aujourd'hui par la faute des métaphysiciens ! Certes, ils ne croient plus qu'elle ait un contenu propre, qu'elle se résolve en notions, en essences éternelles; mais il arrive qu'en fait leurs conceptions sont moins positives que celles d'un Descartes. Au lieu d'un certain nombre de vérités universelles, sans doute, mais spéciales, qui pourraient être saisies indépendamment les unes des autres par intuition, c'est-à-dire, somme toute, par une certaine espèce d'expérience directe, immédiate, se produisant souvent même à propos des réalités étudiées, ils proclament bien que la raison doit être considérée comme purement formelle, mais c'est pour la revêtir aussitôt de ses attributs, l'universalité entre autres, qui confond les notions les plus disparates : extension, généralité, abstraction. Seront tenues pour rationnelles toutes les idées participant de ces

---

1. *Bullet. Soc. fr. de philos.*, 4ᵉ an., 1904, p. 9.
2. *Ibid.*, 6ᵉ an., 1906, p. 209.

caractères. Indirectement, la raison reprend un contenu, mais c'est par l'exclusion de toutes les vérités spéciales, limitées à des catégories déterminées de cas.

Il ne faudrait pas, au fantôme d'une raison en soi, substituer l'universel ou l'absolu en soi, cette rationalité conférée d'en haut à tout ce qui paraîtrait le mieux représenter des principes éternels, immuables, étrangers aux modalités de la vie et des êtres. C'est au contraire dans la vie et dans l'expérience que Rauh prétend saisir en acte l'absolu, l'universel, comme un certain caractère, une certaine forme de la certitude au moment où elle se produit. « La certitude, dit-il, est un état de conscience intérieur irrésistible, caractère indépendant de son extension. L'affirmation de la présence de ce livre est aussi certaine que celle du principe de causalité [1]. » « Je l'ai dit déjà. Il y a un élément d'universalité en toute affirmation, en toute sensation même. Une sensation est en rapport avec d'autres sensations et se contrôle par elles. Mais je reproche à M. Halévy comme à quelques-uns de mes amis de parler sans cesse de la Raison en général, de l'Universalité, sans autre précision, et de ne pas comprendre qu'il y a une conception de la vérité moins élémentaire, moins scolaire en quelque sorte, une conception de la raison expérimentale. Dès qu'on ne s'élève pas tout d'un coup aux principes les plus abstraits et les plus généraux, on est traité de sentimental. Mais entre le sentiment d'une part et cette raison globale qui fournit à tous les problèmes une solution unique et facile, il y a une raison expérimentale dont les études spéciales vous révèlent la nature, quand on veut bien cesser d'être métaphysicien [2]. »

La rationalité d'une idée n'est pas dans les caractères absolus de cette idée, elle résulte de l'acte qui la pose. « La pensée la plus universelle, la plus abstraite idée de justice n'est qu'un sentiment si elle est acceptée comme telle sans contrôle. L'amour le plus individuel est une pensée si, après avoir parcouru tout l'horizon de la vie morale en toute sincérité, on le situe dans cette vie [3]. » Situer un sentiment, reconnaître un

---

1. *Bullet. Soc. fr. de philos.*, 4ᵉ an., 1904, p. 8.
2. *Ibid.*, p. 13.
3. *Expérience morale*, p. 85.

certain ordre entre des réalités, affirmer une préférence après un examen qui ne laisse pas subsister pour la conscience impartiale la possibilité d'une autre préférence, voilà tout simplement ce que c'est que la raison¹. C'est un résultat, le terme auquel aboutit une expérience qui s'achève; c'est, après enquête, la résolution dans la conscience bien informée d'un problème, d'une question quelconque. C'est la certitude irrésistible d'une affirmation contre laquelle, dans les conditions de l'expérience, rien ne saurait prévaloir; en ce sens elle est universelle, mais d'une universalité bien délimitée; en ce sens elle est absolue, puisqu'au moment où l'esprit se fixe sur elle, c'est qu'il ne fait ni restriction, ni réserve. Mais les conditions qui déterminent cette universalité et autorisent cet absolu n'ont elles-mêmes rien d'absolu ni d'universel. Il s'agit donc d'une certitude « provisoirement absolue », en un mot « d'une certitude expérimentale² ».

La raison entrant ainsi dans la définition de l'expérience, penser par excellence, c'est bien penser le réel. La notion d'expérience est fondamentale. Dans une expérience naissent ou se vérifient toutes nos connaissances scientifiques, et l'analyse psychologique montre en elle le moment où nos états de conscience prennent une valeur rationnelle : l'expérience traduit l'acte par lequel la réalité brute se rationalise. C'est l'activité de l'esprit qui, en chaque circonstance, pose le point de vue de la raison. Voilà dès lors la raison réconciliée avec la vie, puisqu'elle n'est autre que l'ordre introduit par notre conscience dans les choses de la vie.

L'idée de cet ordre, faut-il « l'immobiliser, la fixer pour l'éternité³ »? Mais qui nous garantit qu'à l'expérience d'où elle est issue ne viendront jamais s'opposer d'autres expériences? Il en va de l'idée morale comme de l'idée scientifique. « Nous voulons que cette idée soit rationnelle. Que nous reste-t-il, sinon de la concevoir à la manière de ces idées expérimentales

---

1. Rauh citait ce mot d'un enfant rapporté par le pédagogue allemand Groos : « la raison, c'est quand on a couru, qu'on a soif et qu'on ne boit pas ». Il ajoutait: « Voilà le devoir intellectuel ». *Bullet. Soc. fr. de philos.*, 6ᵉ an., 1906, p. 201.

2. *Bullet. Soc. fr. de philos.*, 4ᵉ an., 1904, p. 2.

3. *Ibid.*, 4ᵉ an., 1904, p. 7.

qu'utilisent les sciences de la nature, d'une certitude mobile et provisoire, absolue cependant dans les limites d'un certain temps et d'un certain espace, qui ont une histoire et en quelque sorte une vie ? Il faut donc voir l'idée morale à l'œuvre, la plonger au milieu des choses, faire la psychologie de la croyance morale agissante [1]. »

La morale est dans l'action, tend à la vie. La science a pour but de connaître progressivement le plus possible du réel, et c'est également le plus possible de la vie actuelle qu'une moralité vraiment féconde nous invite à découvrir et à éprouver : — du contact avec les choses jaillissent toute vérité, tout idéal. La morale, comme la science, sera positive : la science a pour seuls titres son efficacité ; par ses effets réels dans le milieu social une croyance morale démontrera ce qu'elle vaut. Finie, l'illusoire et solitaire contemplation d'un souverain bien, d'une vérité transcendante. Fini, le respect plus décevant encore d'une Raison abstraite, dont les principes ne peuvent se définir que par exclusion et négation de la vie. Finie, la superstition de l'immuable et de l'éternel. C'est dans ses relations avec le milieu, c'est dans l'action, c'est dans le concret, c'est dans l'actuel, c'est dans la diversité perpétuellement variable du réel que l'homme puisera et appliquera simultanément chacune de ses idées. Au lieu des vaines exaltations du mystique ou des stériles méditations du métaphysicien, la pensée fera constamment retour aux choses, elle se résoudra en actes et non plus en contemplations. La morale est une expérience de la vie perpétuellement renouvelée.

***

Ce goût à la fois très nuancé, très ardent et très désintéressé de la vie, Rauh en a témoigné, quel que fût l'objet de ses études. Dans le premier cours, il s'agit bien d'une *Critique des théories morales*. Mais sa critique n'est jamais formelle, abstraite, exclusivement logique. Elle procède d'un sentiment très vif que telle vérité est altérée, limitée, contrariée dans la

---

1. Bullet. Soc. fr. de philos., 1ᵉ an., 1901, p. 7.

forme trop systématique dont l'enveloppe l'esprit du philosophe. Il brise les cadres, en faisant prendre à l'idée tout son essor. Alors elle se déploie dans sa pleine signification. Soustraite aux justifications d'une dialectique qui l'assujettissait, elle redevient libre de ses applications et de ses conséquences, elle passe à la réalité. La déduction kantienne des devoirs est démontrée sophistique pour faire place à l'effective autonomie de nos décisions morales, réclamée par Kant, mais seulement en principe. Par intuition Rauh découvrait ce que chaque système peut emprisonner de vérité : en interprétant cette vérité, il arrivait à dissoudre les systèmes. Donc, cette première partie est déjà pleine d'indications positives, comme sur la signification profonde du marxisme ou des idées nietzschéennes.

Mais chercher une règle de vie, c'est éprouver telle croyance précise dans des conditions bien déterminées de temps et de lieu. « Je préviens toujours mes auditeurs, quand je commence un cours sur une question morale spéciale, l'idée de Justice ou de Patrie, par exemple, que je me pose ce problème pour la France et pour une certaine période contemporaine de l'histoire de France[1]. » Voulant donner à ses élèves un exemple de sa méthode, hardiment Rauh avait choisi les deux thèmes au sujet desquels, dans la conscience contemporaine, les conflits sont le plus aigus. Est-ce trop demander aux honnêtes gens que de les inviter à faire sans timidité ni parti pris leur examen ?

Entre les deux cours se marquent certaines différences. Elles tiennent les unes à la nature même des questions traitées, les autres à des circonstances plus personnelles. L'enquête sur la *Patrie*, dans sa rigoureuse et forte ordonnance, est un tableau de la méthode à suivre. Distribués suivant l'espèce du sophisme qui s'y laisse reconnaître, les arguments discutés font d'abord l'objet d'une analyse clairvoyante et sympathique ; avec sa finesse et son goût pour tout ce qui est manifestation sincère d'un sentiment vécu, Rauh dégage de chacun ce qu'il atteste des expériences propres à une personnalité, à un groupe historique, à une catégorie sociale déterminée. « Faire la psy-

---

1. *Bull. Soc. fr. de philos*, 1⁰ an., 1901, p. 25.

chologie d'une croyance », c'est le seul moyen d'en reconnaitre la légitimité et d'en apprécier l'efficacité.

Pourtant, à lui seul, le cours sur la *Patrie* pourrait donner de la « technique morale » une idée insuffisante. Elle ne consiste pas simplement à faire l'histoire critique des idées. Certes, il y a tels sentiments ou croyances morales qui ne peuvent, dans les conditions habituelles, exister socialement que sous la forme toute verbale de déclarations, théories ou polémiques : tel est bien aujourd'hui le cas du patriotisme. Mais des croyances d'un autre ordre peuvent s'être manifestées seulement par des actes. Elles n'en sont ni moins réelles, ni moins efficaces. Il faut que le moraliste sache les reconnaitre : au besoin, il les aidera à prendre conscience d'elles-mêmes, et leur trouvera une formule. C'est faire, parfois, qu'elles puissent diffuser davantage ou généraliser leurs effets.

Ainsi, pour découvrir les directions différentes que prend de nos jours l'idée de *Justice*, les témoignages littéraires ou oratoires ne suffisent pas. L'œuvre tentée réellement dans chaque milieu renseigne mieux sur les vrais besoins de la conscience contemporaine. C'est dans tous les faits de la vie sociale, dans les institutions, dans les pratiques, dans les initiatives les plus rudimentaires encore que le moraliste va chercher les motifs, les aspirations, les conceptions qui tendent à prévaloir. Besogne considérable apparemment. Aussi ne faut-il pas attendre du moraliste, de l'honnête homme dont le but est d'aboutir à une règle de vie, qu'il entreprenne d'analyser toute la réalité sociale. Il utilisera les résultats que les moyens d'information les plus divers mettront progressivement à sa portée. Mais son enquête, si étendue qu'il la veuille faire, sera nécessairement limitée par l'ignorance ou le silence des spécialistes. C'est à eux qu'il appartient, chacun dans son domaine, de mettre à jour les faits, de reconnaitre des lois ; et, par leur effort, par le progrès de nos connaissances, l'inspiration de la morale deviendra sans doute de jour en jour plus positive et plus réaliste, comme à d'autres époques elle fut essentiellement mystique et religieuse.

Par suite des lacunes qu'offrent les sciences sociales, encore très dispersées et souvent rudimentaires, le cours sur la *Justice* ne pouvait présenter la belle homogénéité du cours sur la

Patrie. Malgré tout, la matière était si dense que, pressé par le temps, fatigué d'ailleurs cette année-là et souffrant[1], Rauh a dû souvent procéder par simple énumération ou par indications sommaires. Ces leçons laissent parfois regretter le charme et l'espèce de rayonnement que tant d'autres doivent aux analyses pleines de justesse et d'ingéniosité, aux intuitions pénétrantes, aux rapprochements imprévus et vrais dont la pensée primesautière de Rauh était si prodigue et si riche. Le sujet devait toutefois lui sembler particulièrement favorable pour essayer de montrer ce que peut être la méthode expérimentale appliquée à la morale : car il a songé quelque temps à faire un livre de ce cours.

Dans la quatrième partie enfin, sont traitées des *Questions de philosophie morale* : il y a une philosophie morale comme il y a une philosophie des sciences et une philosophie de l'esprit humain en général. Sans doute, la connaissance expérimentale, dans tous les domaines où elle se produit, se suffit à elle-même, à l'inverse de ce que pensaient les métaphysiciens, toujours prêts à fixer les conditions *a priori* de la pensée spéculative et pratique. Mais il reste, après coup, à examiner dans le système de nos conceptions les analogies possibles, les harmonies fondamentales, — formes très générales de la connaissance parmi lesquelles il faut encore chercher s'il y en a qui restent constantes, quel que soit l'objet de notre pensée? En existe-t-il de « nécessaires, c'est-à-dire qui résistent à tout effort de l'imagination la plus souple et la plus informée, lorsqu'elle tente de les dissoudre[2] » ? D'autre part, à côté des conceptions qui ont trouvé dans le réel l'occasion de se formuler, ne peut-on s'en représenter d'autres très différentes, qui auraient pu, suivant les circonstances, prendre corps dans une théorie scientifique applicable aux choses ? « La réalité scientifique limitant l'imagination, reste-t-il une place à l'imagination pure, à un pouvoir autonome de la pensée[3] ? »

Ces questions ne peuvent laisser le savant indifférent. Il doit

---

[1]. C'est à cette époque que se manifestèrent les premiers symptômes de la maladie qui devait l'emporter si brusquement dans une crise.

[2]. *Bullet. Soc. fr. de philos.*, 4ᵉ an., 1904, p. 10.

[3]. *Ibid., ibid.*

toujours se demander dans quelle mesure telle conception aujourd'hui admise est nécessaire. Son imagination lui en fournirait d'autres, sans doute, répondant aux mêmes exigences scientifiques, et il admet qu'un jour puisse venir où de nouveaux progrès dans la connaissance des phénomènes entraîneront une autre systématisation de nos doctrines et de nos théories. La science telle que nous l'avons faite, de plus en plus, cesse de paraître la seule concevable. Il s'agit ainsi de déterminer, mais après qu'elle s'est réalisée, ce qu'il y a de nécessité ou de spontanéité et d'autonomie dans les modalités de notre pensée.

Comme ils se posent si on compare entre eux les aspects les plus généraux de notre activité spéculative et pratique, de tels problèmes se posent encore dans le système de chaque science et dans le domaine circonscrit de la morale. Par exemple, « peut-on dégager des croyances morales spéciales aux différentes civilisations, aux différents individus, des formes générales ou même des formes nécessaires[1] » ? Simple analogie purement qualitative à reconnaître.

Les relations causales ne sont pas en effet les seules possibles. Entre certaines notions, le bonheur et la moralité par exemple[2], la conscience n'a cessé d'affirmer une connexité. A tort, des théoriciens ont voulu en déduire qu'il existe de l'une à l'autre un rapport de principe à conséquence. La subordination d'un effet à ses conditions est bien la forme nécessaire de nos connaissances positives; c'est l'expression du réel, la définition du fait et, par suite, également la définition, l'expression, la forme de notre activité pratique. Mais des actes ne peuvent pas résoudre ou épuiser tout ce qui flotte et retentit dans notre atmosphère morale : ces obscurs besoins dont il faut chercher le sens au domaine intime des affinités sentimentales, ces harmonies se développant pour elles-mêmes, n'offrant de prise qu'à la réflexion pure et qui s'achèveront seulement dans une espèce d' « élévation ». Ce qu'il entendait par là, Rauh l'a montré dans les pages, d'une émouvante sérénité, où il discute les rapports de la sensibilité et de la morale.

---

1. Bullet. Soc. fr. de philos., 5e an., 1905, p. 10.
2. Ibid., ibid.

*.

A des perceptions aussi pénétrantes et délicates de toute la vie morale répondaient une souplesse, une simplicité de langage qui donnaient encore plus d'attrait, une force plus grande de suggestion à la pensée. Le rapide jaillissement des idées rendait parfois le développement un peu heurté. Mais les formules étaient vives, neuves, imprévues et précises. Toujours très expressives, parfois spirituelles et malicieuses, elles attachaient encore par un subit accent de conviction personnelle, échappé à la réserve discrète dont Rauh tenait à voiler la force de ses sentiments intimes.

Rédiger sur de simples notes, à plusieurs mois et plusieurs années de distance, ces leçons pleines de spontanéité et de verve, n'est-ce pas trahir leur auteur? Aussi, quelle que soit l'affection qu'il ait inspirée à ses élèves, ne s'agit-il pas ici de rendre, par une publication posthume, un hommage à sa mémoire. Plus encore qu'à sa modestie personnelle, ce serait manquer au désintéressement de sa pensée. Qu'importe le nom d'un homme si les idées se propagent et sont fécondes? Il insistait souvent sur ce que le souci de l'immortalité individuelle tendrait à se résoudre dans un sentiment plus positif des réalités sociales et humaines. Mais précisément, s'il n'a pas eu le temps de faire prendre lui-même l'essor à ses idées, ceux du moins qui en ont reçu la communication orale ne devaient-ils pas s'efforcer de les transcrire avec fidélité pour le public? C'est le seul but que nous nous soyons proposé — et nous souhaitons que malgré les imperfections inévitables d'une pareille entreprise, ce livre témoigne encore suffisamment en faveur d'une pensée originale et vigoureuse.

Henri WALLON.

NOTE DES RÉDACTEURS

L'un de nous vient de rappeler de quelles idées directrices résultaient, dans la pensée de Rauh, l'ordre, la dépendance mutuelle et la signification commune des quatre cours qu'on trouvera ici réunis.

Notre devoir commun est d'insister sur l'imperfection des matériaux dont nous avons cru pouvoir composer ce livre, et de dire brièvement comment nous nous sommes efforcés de réduire les inconvénients et les risques d'une telle initiative.

A chacune de ses leçons, c'est une quantité d'indications manuscrites, souvent très diverses, — thèmes de développements, citations destinées à servir de base à sa critique, ou à confirmer sa propre pensée, — que Rauh apportait en une liasse de papiers surchargés de notes, résultat de ses lectures et de ses réflexions. De toutes ces suggestions, de toute cette documentation encore incomplète, il ne pouvait lui-même, dans la vivacité de l'improvisation, donner à ses auditeurs qu'un extrait.

Si l'on tient compte, d'autre part, de la grande étendue et des difficultés de quelques-uns des sujets traités, de circonstances accidentelles comme la maladie qui a précipité et écourté la fin du cours sur la *Justice*, on comprendra combien le travail que nous présentons est loin de l'œuvre qu'il aurait écrite : vivant, il l'eût profondément remanié avant de consentir à le signer[1].

Le lecteur jugera si, en dépit de ces réserves capitales, les rédactions de ces cours méritaient d'être connues, et si nous avons eu raison de faire céder nos scrupules envers la mémoire

---

[1] Cf. son propre témoignage en ce sens : *Expérience morale*, préface de la 2e édition (1909), p. VI.

de Rauh lui-même au désir de prolonger, dans la mesure du possible, une action intellectuelle que nous croyions féconde. — Voici quelques-unes des règles que nous avons suivies.

Chacun des rédacteurs a eu entre les mains, pour la partie dont il s'était chargé, les notes prises par deux ou trois des auditeurs de Rauh. Pour les cours les plus récents, il a pu, notamment, être fait usage des rédactions qu'à tour de rôle chacun des élèves de la section de philosophie (1re année) de l'École Normale écrivait et remettait à Rauh après chaque leçon : ces rédactions ont dû être, en général, relues par Rauh ; elles portent, assez fréquemment, de rapides annotations ou corrections de sa main. La rédaction nouvelle, ainsi établie par un de ceux qui avaient personnellement suivi le cours, a été, de plus, revue et confrontée avec les mêmes documents par un autre élève de Rauh. C'est ainsi que le premier cours (*Critique des Théories morales*) a été rédigé par M. David et revu par H. Daudin ; le deuxième (*la Patrie*), rédigé par R. Le Senne et revu par H. Wallon ; le troisième (*la Justice*), rédigé par G. Davy et R. Hubert, revu par R. Hertz et H. Wallon ; le quatrième (*Questions de philosophie morale*), rédigé par J. Laporte et H. Franck, revu par H. Daudin et H. Wallon. — La plus grande partie du travail qu'ont exigé la répartition et la coordination des tâches assumées par les divers rédacteurs, ainsi que la préparation matérielle du livre, a été l'œuvre de H. Daudin.

Tous nous avons été d'accord pour viser à restituer, d'après des versions inégalement et diversement fidèles, mais, en général, heureusement complémentaires, le contenu exact, le tour et l'accent des paroles de Rauh : ce sont ses leçons elles-mêmes, non un résumé de ses leçons, que nous avons voulu publier. Il va sans dire, néanmoins, qu'un tel résultat ne pouvait être toujours atteint, et nous nous excusons, autant que des brièvetés ou des lacunes impossibles à réparer, de la part d'interprétation qui, à notre insu, a pu se glisser dans le texte.

Le parti pris général que nous venons d'indiquer nous a conduits à ne faire que le moins de sacrifices possible à la forme du livre. Dans bien des cas, cependant, des passages analogues de deux leçons successives ont été fondus, l'ordre de développements voisins interverti, la liaison ou l'opposition de phrases, de paragraphes contigus soulignée et précisée. La division en leçons a été, enfin, remplacée par une division en parties et en chapitres qui traduit le plan réel du cours.

Quelques passages du premier cours (*Critique des Théories morales*) ont été imprimées en plus petits caractères, — non que leur intérêt nous parût moindre, mais parce que, chacun d'eux formant comme une contre-partie positive de la critique des théories, ils se reliaient moins étroitement au plan général du cours.

Les références fournies par le cours lui-même ont été vérifiées ; d'autres ont été cherchées toutes les fois qu'il nous a paru évident, d'après le texte de la citation ou de l'allusion, que Rauh visait des passages déterminés d'un auteur ou d'un livre. Bien que la plupart de celles que nous avons retenues ne nous aient pas paru laisser place à beaucoup d'hésitations, nous devons cependant avertir que, quelquefois, le nom de l'ouvrage indiqué et, très souvent, la partie de l'ouvrage ou la page désignée ne le sont que sous la responsabilité des rédacteurs. Nous avons, en divers endroits, mis en note des renvois à d'autres parties du livre lui-même, et ajouté quelques autres notes entre crochets.

ÉTUDES DE MORALE

AVANT-PROPOS

LE ROLE ACTUEL DE LA PHILOSOPHIE[1]

Rien n'est plus nécessaire, pour maintenir la tradition rationnelle, qu'un enseignement de la philosophie, et pourtant il n'y a pas, il ne peut pas y avoir, aujourd'hui, de philosophie. Il ne saurait plus être question d'aucune synthèse définitive des sciences (les grandes hypothèses, telles que l'évolutionnisme, ne sont que des moyens provisoires de coordination); encore moins, d'aucune théorie sur les formes les plus générales des choses. Nous éprouvons une sorte de honte à poser les questions philosophiques, et cette gêne se comprend : la tâche du philosophe sincère est, de nos jours, suspendue par un fait, l'existence de la science.

La philosophie cherchait des solutions statiques, globales, nécessaires; la science y a substitué des certitudes dynamiques, spéciales, momentanées. Au lieu de songer à bâtir des systèmes cohérents ou harmonieux, l'esprit moderne ne se soucie que de « l'idée expérimentale », de l'idée éprouvée au contact du réel. La vérité scientifique est *actuelle*, en deux sens du mot : elle résulte d'une expérience *active*; elle con-

[1]. Leçon d'ouverture du cours professé à la Sorbonne en 1904-1905.

siste en une certitude *présente*, et comme monnayée au jour le jour.

Que subsiste-t-il, dès lors, des certitudes immobiles de la philosophie, des catégories qu'elle imposait à l'univers? Certaines de ces formes sont dissoutes par la science; il en est d'autres que l'analyse scientifique retrouve, mais complètement transformées. Voici quelques exemples du premier cas. Le mécanisme n'est plus, pour les physiciens d'aujourd'hui, comme pour Kant ou M. Lachelier, la seule traduction intellectuelle admissible de la diversité qualitative des faits naturels : cette diversité peut aussi bien s'exprimer par des relations purement mathématiques entre grandeurs (énergétique). La notion de grandeur elle-même n'est pas irréductible : certaines parties des mathématiques (la géométrie de position, dont le « calcul logique » est une généralisation) tendent à la subordonner à la notion d'ordre. Notre principe de la conservation de l'énergie, comme M. Poincaré l'a montré, signifie seulement qu'*il y a quelque chose de constant*, et cette conception fait paraître grossière la proposition correspondante de Kant sur la persistance de la « quantité de matière », c'est-à-dire, en somme, de la masse ou du poids.

Ainsi la science détruit des représentations anciennes; elle en renouvelle d'autres : elle donne, notamment, un nouveau sens à l'idéalisme. Contrairement au vieil empirisme, elle affirme, en effet, le triomphe de l'idée : pour connaître les choses, il faut d'abord les imaginer, les rêver, combiner même des hypothèses étranges, comme celle des molécules d'éther. — A un autre point de vue, Auguste Comte signale et la sociologie nous fait constater une certaine parenté entre toutes les croyances d'un même temps (croyances morales, scientifiques, etc.) : l'unité que la philosophie cherchait naguère dans les choses, ne la trouverait-on pas dans l'esprit social qui les pense? et n'y a-t-il pas là une nouvelle forme d'idéalisme social, qui saisit à sa manière ce que Hegel appelle *l'idée une éparse dans les choses?*

Donc tout, en philosophie, est à refaire ou à retrouver. Il faut que, pour se reconstituer, la philosophie réfléchisse la science, en analyse les données; elle devra, par suite, se décomposer en études spéciales : philosophie des mathématiques, de la physique, etc.. Le philosophe ne peut plus être un vagabond, un rôdeur, ayant pour domaine les contours de l'univers : il doit devenir un homme compétent. Il se peut bien, d'ailleurs, que de ces recherches sorte un jour une nouvelle synthèse; mais, aujourd'hui, cette synthèse n'est pas faite.

Et toutefois, la philosophie traditionnelle conserve à nos yeux un rôle, modeste, mais réel. Ce rôle est d'abord négatif : il consiste dans la critique des préjugés. C'est à la philosophie de démolir les catégories philosophiques, partout où l'on s'en sert pour remplacer l'idée expérimentale : en morale notamment, il faudra renverser toutes les théories métaphysiques ou pseudo-scientifiques. Les savants eux-mêmes raisonnent trop souvent au nom de préjugés philosophiques (vitalistes, mécanistes, etc.) : le philosophe doit se poster à l'entrée de chaque science, pour libérer l'idée scientifique en chassant les notions *a priori*. Quant au rôle positif de la philosophie, il se borne tout au plus à déterminer, moyennant réserves, quelques « harmonies » fondamentales (par exemple, entre les diverses sortes de certitudes, entre le bonheur et l'activité), dans la mesure où, dès maintenant, par-delà le détail de la technique expérimentale, il est possible de les entrevoir.

CRITIQUE DES THÉORIES MORALES [1]

INTRODUCTION

LA MORALE ET LA PHILOSOPHIE MORALE

Les conclusions positives où doit nous mener ce cours sont les suivantes : il existe une certitude morale, analogue à la certitude scientifique ; la science morale est une science expérimentale, et une science distincte de toute autre. — La meilleure marche à suivre serait de faire d'abord cette science, et de n'en dégager qu'ensuite la méthodologie, puis la philosophie. Mais la morale n'est pas encore dans la même situation que les autres sciences : les résultats actuellement acquis ne suffisent pas à imposer confiance en la méthode. Il faut donc commencer par éliminer les préjugés philosophiques, pour déblayer le terrain à la science morale expérimentale.

D'abord, qu'entendrons-nous par le mot science ? En fait, malgré des caractères communs, les recherches expérimentales sont très différenciées : notre définition devra éviter d'être gênante par trop d'étroitesse. On peut dire, croyons-nous, qu'*il y a science toutes les fois qu'une certaine perception immédiate et commune (ou susceptible de devenir*

---

[1]. Cours professé à la Sorbonne en 1904-1905.

commune) *sert de limite à la spéculation.* Limite, disons-nous, et non preuve : car cette seconde expression supposerait qu'il n'y a de science que lorsqu'il y a vérification d'une prévision : or, certaines hypothèses, comme celle des électrons en physique, ne servent qu'à classer, non à prévoir les faits. Nous ajoutons : *susceptible de devenir commune,* car l'expérience scientifique ne se confond pas avec l'expérience vulgaire. Enfin nous ne parlons que d'une perception immédiate, et non pas objective : car il n'est pas indispensable, pour que la morale soit scientifique, de substituer des faits objectifs au témoignage de la conscience.

Pour qu'il y ait science, il faut donc une confrontation de l'idée et du fait, une épreuve de celle-là par celui-ci. Nous montrerons cette année à quels sophismes aboutit toute morale qui n'admet pas cette limitation de l'idée. Ce qui les caractérise, comme tous les sophismes métaphysiques, c'est l'excessive liberté de l'imagination intellectuelle : ou bien l'on élève à l'absolu des affirmations très particulières, ou bien, au contraire, on donne abusivement un sens déterminé à des principes généraux et très vagues.

D'autre part, la morale n'existerait pas comme science spéciale, s'il y avait par ailleurs certaines vérités objectives auxquelles la croyance morale dût nécessairement se plier. En est-il ainsi ? Jusqu'ici la conscience commune s'est toujours absolument refusée, non pas certes à modifier son idéal par la connaissance de telles vérités, mais à supprimer au profit de celles-ci son propre témoignage. C'est ce *fait*, ce témoignage de l' « expérience morale », que méconnaissent, autant que les morales métaphysiques, certaines théories pseudo-scientifiques. Et leurs sophismes sont les mêmes : ici encore on prétend imposer comme une loi générale un fait, tel que la sélection naturelle; ou bien l'on part de principes très vagues, comme l'idée de nature, au sens général d'ordre (Metchnikoff), ou l'idée de solidarité, à la fois physique et morale (Spencer), pour aboutir indûment à des conclusions dogmatiques précises.

La morale, science distincte, doit appliquer à l'idéal moral une méthode propre et directe. Elle ne peut le remplacer par des équivalents objectifs, tels que des statistiques exprimant l'opinion moyenne. Sous peine de commettre, sinon des sophismes, du moins des erreurs, elle ne se contentera pas de ces signes objectifs, mais étudiera l'idéal moral en lui-même.

La tâche qui s'impose à nous d'abord sera donc toute critique et négative : débarrasser l'esprit des préjugés, c'est la principale fonction de la philosophie morale. Ce n'est pourtant pas la seule : cette philosophie fournit à la morale — et c'est là son rôle positif — une certaine justification.

Jusqu'à présent, c'est toujours par là qu'on débutait. On montrait d'abord pourquoi il faut être moral ; on exaltait la morale avant de dire ce qu'elle est. Cela s'explique par l'intérêt pratique que certaines parties de la morale présentent pour nous; et puis, la physique ne commençait-elle pas jadis par disserter sur l'espace et le temps? Méthode détestable, assurément : mais les besoins intellectuels auxquels elle répond nous obligent, nous aussi, à défendre la morale positive.

Indiquons dès maintenant en quoi cette justification peut consister. On montrerait que l'homme moral n'est pas un monstre dans la nature. D'abord, il existe une harmonie entre les différentes parties de la connaissance : la raison est une ; — entre la connaissance et la sensibilité : réaliser les vérités morales est, en gros, une excellente façon d'être heureux; — enfin, entre toutes les formes de l'activité humaine. On peut faire voir qu'il n'y a pas davantage de désaccord entre les fonctions humaines et la nature extérieure. Ces considérations n'ont, il est vrai, rien de décisif : un honnête homme pourrait être singulier, le voir et rester moral. Mais il éprouve de la joie à se sentir d'accord avec le reste du monde : s'il était isolé, et surtout si ses facultés étaient en désaccord, il en serait gêné.

Telle est la tâche modeste de la philosophie morale, considérée dans sa *pars construens*. Elle indique des analogies intéressantes, qui peuvent servir d'encouragements à l'action. Elle aboutira, sans doute, à quelques formes *a priori*, qui s'imposent à nous ; mais celles-ci seront peu nombreuses et peu encombrantes : sans quoi la morale ne serait pas une technique. En montrant le caractère indéterminé de ces formes générales, la partie positive de la philosophie morale rejoint les conclusions de la partie négative : la morale, science spéciale, doit se créer ; il faut la faire, en la vivant.

PREMIÈRE PARTIE

LES MORALES MÉTAPHYSIQUES

Les théories dont nous allons parler déduisent les vérités morales de vérités *a priori* concernant l'univers. On peut distinguer, parmi ces théories, deux types : les *métaphysiques de la transcendance* (Platon, Descartes) soumettent l'univers à des formes éternelles, analogues aux formes géométriques ; les *métaphysiques de l'immanence* (Fichte, Hegel) prétendent expliquer la vie, le monde du devenir, mais veulent en donner *a priori* le rythme.

De part et d'autre, on déduit les vérités morales de propositions contestées ; et ces propositions fussent-elles certaines, on n'en pourrait tirer des propositions particulières. Le sophisme commun est de faire sortir de la notion générale de l'ordre, de la régularité l'ordre particulier, déterminé, qu'est l'ordre moral. On rencontre aussi le sophisme inverse : d'une vertu très particulière, par exemple de la vertu contemplative, on fait le tout de la morale.

I. — LES MORALES DE LA TRANSCENDANCE

Il est remarquable que, contrairement à ce qu'on pourrait croire, c'est dans les philosophies de l'immanence que le sophisme moral éclate le plus : les métaphysiques transcendantes classiques ont, en fait, abouti à une morale plus positive. Lorsque l'humanité s'est détachée des anciennes certitudes métaphysiques, elle s'est livrée, pour retrouver le paradis sur terre, à une véritable fureur de démonstration dialectique. On trouve chez Kant, surtout chez Fichte et Hegel, une abondante floraison de sophismes inconnus d'un Descartes ou d'un Leibniz : les cartésiens n'ont jamais dressé, par exemple, une « table des catégories ». Il en est ainsi particulièrement en morale. Bien plus que Platon, Fichte fait découler l'ordre moral de l'ordre universel : ne rattache-t-il pas le mariage à la théorie du moi et du non-moi [1] ? Pour Descartes, au contraire, comme le montrent ses Lettres à la princesse Élisabeth, l'honnête homme est un homme qui procède par expérience et contact immédiat avec la réalité [2]. Pour Spinoza, la morale humaine est distincte et indépendante de la morale de la béatitude : c'est que Dieu et l'homme ne sont pas commensurables. (Plotin disait déjà que ce qui est vertu dans la copie ne l'est pas dans le modèle). Malebranche, enfin, n'eut jamais l'idée de modeler l'ordre des perfections sur l'ordre des grandeurs.

La morale de ces philosophes (Descartes, etc.) est d'abord une sorte d'hygiène psychologique du penseur, comme celle qu'enseigne Platon au sixième livre de la *République*. C'est aussi une morale de la prudence : il faut discipliner ses passions, voir l'univers d'un certain biais, se résigner à ce qui ne dépend pas de nous. La morale sociale est souvent, pour ces métaphysiciens, indifférente ou secondaire : ils acceptent l'ordre de choses établi ; si Spinoza est républicain, d'ailleurs avec des restrictions, c'est qu'il vivait en république. Ces morales ne sont nullement démocratiques : la vertu fon-

---

1. V. *infra*, p. 18-19.
2. Cf. Œuvres, éd. Adam et Tannery, t. III-V ; notamment, t. III, p. 690.

damentale est une vertu aristocratique, la générosité : les forts condescendent à travailler pour les faibles, qui doivent obéir. — Il y a en outre, il est vrai, chez ces philosophes, une morale de la béatitude. Mais ils ne s'efforcent aucunement de la déduire de leurs principes théoriques : ils se contentent de dire que celui qui aura connu Dieu, contemplé l'ordre universel, sera naturellement amené à conformer sa conduite à l'ordre moral. Pour Descartes[1], la bonté de Dieu, la grandeur infinie du monde, le sentiment que nous sommes liés à tout ce qui nous dépasse (famille, patrie, univers) sont moins des principes directeurs que des réflexions inspiratrices de la conduite : le troisième principe est juxtaposé aux deux autres, non déduit : on peut seulement dire que tous trois supposent également l'oubli de soi-même, et que le sentiment de l'infini du monde, comme celui de l'existence de Dieu, prépare à la vertu ; mais rien n'indique qu'on puisse, des attributs de Dieu, ou de nos devoirs envers Dieu, déduire ceux que nous avons envers la famille.

Mais qu'est cette morale de la béatitude ? Ici vont poindre les sophismes.

Il y a une vie consistant dans la connaissance de l'ordre éternel, dans l'union avec Dieu. Que de l'existence de cet ordre et de son principe divin, on pense déduire nécessairement le devoir de le connaître, de l'aimer, de le célébrer, voilà le premier sophisme. Pourquoi l'amour des créatures ne serait-il pas indifférent à ce Dieu ? La joie intellectuelle, contemplative existe en fait : mais c'est artificiellement qu'on rattache ce fait à un principe métaphysique. — Il y a, d'autre part, dans cette idée de joie intellectuelle, une certaine confusion : Descartes, par exemple, ne distingue pas la résignation philosophique, qui ne s'accompagne que d'une joie

---

[1]. Lettres à la princesse Élisabeth ; notamment Œuvres, t. III, p. 291 et suiv. (éd. Adam et Tannery).

modérée, et la résignation chrétienne, joie intense, ardente de l'union extatique et mystique avec un Dieu vivant. C'est par un jeu de mots qu'on passe de l'une à l'autre, et il en est de même quand on passe de la perfection métaphysique à la perfection morale. Ainsi le postulat fondamental de la doctrine est un sophisme.

Autre postulat : la supériorité de la contemplation sur l'action. On prend, ici, la raison nécessaire pour la raison suffisante : il est nécessaire de penser pour agir ; mais s'ensuit-il que la pensée soit le tout de la vie, que l'action lui soit inférieure? Il y a des hommes faits pour penser, il y a des moments pour penser : voilà tout. Ces métaphysiciens ont été frappés surtout des formes géométriques, statiques, de l'univers; de plus, ils vivaient dans des milieux sociaux hiérarchisés, où l'ordre immuable des institutions ressemblait à l'ordre même des choses. — Et nous trouvons encore, au fond de leurs doctrines, le sophisme de la supériorité de l'éternel, de l'universel sur ce qui est temporaire, particulier, contingent. Il est vrai qu'il y a en nous un besoin d'universel, un élan de la pensée au delà d'elle-même, qui en est comme la « tendance à être ». Mais ce besoin est indéterminé : il ne peut pas toujours être réalisé ; les faits le limitent souvent. Vieux sophisme, et qui a fait fortune : c'est celui des révolutionnaires, qui tenaient pour nécessaire, au lieu de la croire seulement possible, l'universalisation d'une idée. Il est une brutalité dans l'ordre de la pensée.

Avec lui, voici le sophisme de la supériorité de l'impersonnel. Il faut connaître la nature pour connaître l'homme : dès lors l'essentiel sera le spectacle de cette nature et de son impassibilité. Indifférentes aux choses de la vie, les morales de la béatitude sont des morales de moines. Mais qui sait si l'impersonnel n'est pas le contour indéterminé où se meut la vraie vie? Pourquoi ne considérer l'homme qu'au moment où il meurt ? Le détachement convient à certaines personnes, à certains moments : ce n'est pas une règle.

Voici enfin le sophisme de l'optimisme rationnel. Pour Descartes [1], du moment qu'il y a une vérité, elle est accessible à tous : la raison est le partage de tous les esprits. Conception d'origine scolastique : la forme, contrairement à l'accident, est connue de tous, étant commune à tous. En réalité, Descartes confond deux sens du mot simple : l'élément, le facile à connaître. Ce sophisme exprimera plus tard l'optimisme démocratique des révolutionnaires : il n'est pas possible que ce qui est vrai ne soit pas saisi de tous. Ce fut aussi l'optimisme de Socrate : mais il n'existait déjà plus chez Platon, ni surtout chez Aristote.

Concluons donc qu'il faut distinguer des conclusions de ces penseurs les raisonnements par lesquels ils y aboutissent : il ne conviendrait pas de dissimuler des raisonnements faux par amour d'une vérité.

On peut voir, dans les temps modernes, se développer ces germes sophistiques. — Dans l'Angleterre contemporaine, un certain courant de philosophie morale, que représente M. Taylor [2], mais qui se rattache aussi à M. Bradley [3] et à M. Balfour [4], cache sous un probabilisme superficiel un mysticisme profond. La vie quotidienne est indifférente ; seul importe un certain sentiment « religieux », extatique, provenant d'une « expérience » religieuse, d'ailleurs assez vague. En France, vers 1890, nous avons connu quelque chose d'analogue : dans les premiers livres de M. Barrès, la vie contemplative, sentimentale, intime, ramenait tout à elle ;

---

1. Voir le début du *Discours de la Méthode*, et la *Lettre de l'Auteur* qui sert de préface à l'édition française des *Principes* (éd. Adam et Tannery, t. IX, p. 1-20).
2. Taylor, *The Problem of Conduct*. Macmillan, 1901.
3. Bradley, *Ethical Studies*, London, King, 1876.
4. Balfour, *Les bases de la croyance*, trad. fr., Montgrédien, 1896.

mais ici le préjugé s'imposait de lui-même, sans nul effort de déduction.

Ce n'est plus à l'indifférence, mais à une morale surtout *privée*, à une morale du salut individuel que mène une autre conception, dominante dans notre philosophie universitaire de ces temps derniers. Récemment encore, les thèses métaphysiques se terminaient volontiers par de vagues élévations morales (MM. Ravaisson, Lachelier, Boutroux). Ce type de morale discrète et secrète, qui glorifiait, en de véritables homélies, les vertus douces et solitaires, le recueillement, qui avait horreur de la place publique, s'explique sans doute par des raisons historiques : il est intermédiaire entre un idéal religieux et un idéal tout social : ainsi la morale individuelle des stoïciens et des épicuriens précédait de peu la morale chrétienne qui devait remettre en honneur l'action, et même, dans une certaine mesure, l'action sociale. Mais la morale de ces philosophes ne s'explique-t-elle pas, en outre, par certains sophismes inconscients, impliqués dans leur métaphysique ? Pour M. Lachelier[1], par exemple, la connaissance de l'ordre moral procède, en quelque façon, de la connaissance de l'ordre éternel des choses.

Mais le sophisme s'étale bien davantage chez certains philosophes, enfants terribles de la doctrine. Déjà les Stoïciens confondaient constamment l'ordre naturel et l'ordre moral : leur Dieu unit ces deux sens[2]. Pour les scolastiques, de même, Dieu est tantôt une perfection métaphysique, tantôt le Père des hommes. Parmi les modernes, Geulincx, utilisant indifféremment ces deux conceptions, fonde l'interdiction du suicide sur la nécessité de ne pas déranger l'ordre naturel[3]. Plus

---

1. Voir la fin du *Fondement de l'Induction*.
2. Voir, par exemple, Épictète, *Entretiens*, liv. I, chap. III.
3. Geulincx, *Metaphysica vera* (*Opera philosophica*, La Haye, 1892, t. II), p. 194-5.

récemment, enfin, T.-H. Green[1] nous offre un beau type de morale métaphysique, sorte de syncrétisme, qui s'inspire en partie de Hegel, mais se rapproche plutôt des philosophies classiques. D'après Green, le monde ne peut être compris que si l'on admet une conscience intellectuelle suprême, consciente d'elle-même et de l'ordre universel : la morale, c'est l'unité de cette conscience divine, reflétée par celle de la conscience humaine. Mais, même en supposant l'existence de cette conscience suprême, pourquoi se traduit-elle par une conscience humaine, plutôt que de s'exprimer immédiatement dans l'ordre naturel, par une loi mécaniquement impérative? Puis, pourquoi précisément admettre un ordre statique de l'univers, un ordre immobile, auquel répond, du point de vue psychologique, la paix silencieuse du méditatif? La série indéfinie des désirs et des jouissances, remarque M. Sidgwick, n'offre pas une moindre régularité. De plus, il n'y a même pas de rapport nécessaire entre cette vertu contemplative et les vertus proprement morales, pureté, sainteté. Enfin, comment passer de là à la morale sociale, à l'altruisme, à la justice? Cela ne se peut faire que par un glissement insensible de sophismes! Nous sommes en présence d'un chef-d'œuvre de la déduction morale fondée sur la métaphysique.

II. — LES MORALES DE L'IMMANENCE

La philosophie de Kant a rendu un grand service à la pensée humaine, en distinguant de manière définitive la nécessité analytique d'avec la nécessité synthétique. Mais les kantiens, concevant cette nécessité d'un nouveau genre

---

1. *Prolegomena to Ethics*, Oxford, Clarendon Press, 1883. Voir les critiques de Taylor (*The Problem of Conduct*, notamment ch. II, p. 50-83) et de Sidgwick (*The Methods of Ethics*, 6ᵉ éd., Macmillan, 1901, et *Lectures on the Ethics of T.-H. Green, Herbert Spencer and J. Martineau*, Macmillan, 1902).

comme aussi absolue que l'ancienne, crurent pouvoir reconstruire le monde par déduction synthétique : l'effort d'un Fichte et d'un Hegel a été de faire entrer toute la vie, toute l'histoire dans les cadres *a priori* de la raison. — Cette idée bâtarde, encore persistante[1], d'une synthèse rationnelle *a priori* doit être combattue dans l'ordre de la philosophie morale, comme elle l'a été par M. Boutroux dans celui de la philosophie naturelle. Il faut montrer combien cette déduction synthétique est indéterminée : elle fait de Fichte un révolutionnaire, de Hegel un réactionnaire; il y a une *droite* et une *gauche* hégeliennes.

Considérons, dans Hegel[2], la déduction de la moralité (*Sittlichkeit*). Premier moment, négatif : c'est celui du droit abstrait, tout extérieur, de la légalité pure, sans contenu positif : il n'y a que des lois de défense. Deuxième moment, négation de la négation : par réaction, la conscience se réfugie en soi : triomphe de l'*intention* et de la conscience morale, réduite à elle-même. Troisième moment : la conscience, se trouvant pauvre et nue, cherche un ordre objectif, vivant, concret, s'extériorise dans la famille et dans l'État. — Or il serait facile de substituer à cette synthèse une autre, toute différente, qui aboutit, par exemple, au régime libertaire. On dirait : premier moment, morale tout intérieure, *morale du salut*, négation; deuxième moment, soumission de la conscience à l'État, affirmation étatiste, jacobine, négation de la négation; troisième moment, l'homme fait rentrer en lui-même toute la réalité sociale, c'est le règne des êtres raisonnables délibérant pacifiquement entre eux... Et cette dialectique ne vaut ni plus ni moins que la précédente.

1. Voir, par exemple, le livre de M. Weber : *Vers l'idéalisme absolu par le positivisme*, F. Alcan, 1903.
2. *Grundlinien der Philosophie des Rechts* (*Werke*, éd. 1833, t. VIII), notamment, pp. 38 et suiv., 69, 210-211 et suiv.

Mais c'est chez Fichte peut-être que les sophismes se font jour avec le plus de candeur. La déduction comprend, chez lui aussi, trois moments : négation, position, limitation; ainsi le moi, en se posant, pose le non-moi, et la synthèse a lieu par leur limitation réciproque. Il raisonne de même pour prouver que l'homme ne doit pas vivre en ascète, mais jouir raisonnablement de l'existence. Premier moment : il ne faut pas prendre son corps pour fin suprême. Deuxième moment : il faut se servir de son corps comme d'un instrument de liberté. Troisième moment : il ne faut exclure en fait de joies que celles qui peuvent contrarier la culture de la liberté; donc, *Esset und trinket zur Ehre Gottes*[1] *!* — Mais qui ne voit que la même dialectique pourrait conduire à des conclusions toutes différentes, voire diamétralement opposées?

Il y a de plus, chez Fichte, un préjugé en faveur de la vie active[2]. Du moment que vous avez besoin de la société pour penser, il s'ensuit, selon lui, que vous devez penser pour la société. Mais celle-ci peut bien être condition de la pensée, sans en être du même coup la fin. De la théorie de l'immanence, il résulte qu'il y a un objet de la pensée, mais non pas nécessairement un objet raisonnable, une société. — Fichte va plus loin : de ses principes métaphysiques, il déduit le droit. Pour réagir contre l'individualisme de Kant, il montre que de la constitution même de l'entendement découle la nécessité d'une société : du moment qu'il y a des hommes, il doit y avoir plusieurs hommes. L'homme est libre : pour qu'il exerce sa liberté, il lui faut une excitation extérieure, et celle-ci ne peut être une cause mécanique. La synthèse des deux premiers moments, liberté et nécessité, c'est la « sollicitation » (*Aufforderung*), et de cette idée très générale d'une occasion, d'une « sollicitation », Fichte tire l'idée très pré-

---

1. *System der Sittenlehre* (*Werke*, éd. 1845, t. IV), p. 212-17.
2. Cf. *ibid.*, p. 213.

cise d'une humanité raisonnable. La nature, en effet, doit être interprétée comme une « sollicitation », une préparation à la liberté : d'où il suit qu'elle est faite pour l'homme et qu'elle a conscience d'être adaptée à cette fin[1]. Ainsi Fichte a glissé sophistiquement de l'indétermination à la finalité. Et cette finalité, il la conçoit de la façon la plus étroite : même si elle s'impose à l'esprit humain, ne pourrait-elle, comme Kant l'admettait fort bien, n'être pas objectivement nécessaire? Et si elle existe dans la nature, suit-il de là, comme le veut Fichte, qu'il y ait dans la nature des êtres qui en aient conscience ? C'est comme si on disait : la nature se prête aux recherches physiques, elle doit donc être peuplée de physiciens! Ainsi Fichte parvient à cette conclusion, que la conscience de soi suppose l'existence d'autres êtres raisonnables : il y a là comme une hallucination dialectique.

La déduction ne s'arrête pas là : la forme du corps humain doit être adaptée à l'idée de droit. Il faut que ce corps soit *articulé* : car il doit, d'une part, garder sa forme, et d'autre part, être mobile[2]. Pour Fichte, en effet, la forme est l'image de la loi morale, la mobilité, celle de la liberté : l'articulation est donc l'expression naturelle de la liberté morale ! Mais pourquoi notre corps ne serait-il pas une balle légère, capable de voler dans tous les sens? — Ce n'est pas tout encore. De même que Hegel, dans sa *Philosophie des Rechts*, déduit philosophiquement l'institution des majorats, Fichte déduit l'existence des deux sexes et le devoir conjugal[3] ! L'homme ayant un désir infini de se reproduire à son image, s'il pouvait le satisfaire à son gré, ce serait le chaos : il faut un obstacle, et cet obs-

---

1. *Grundlage des Naturrechts* (Werke, t. III), I. Hauptstück, p. 17-56, et notamment p. 35, 39, etc.

2. *Grundlage des Naturrechts* (Werke, t. III), p. 56-61 : « Der deducirte Körper ist nothwendig articulirt ». Cf. *Sittenlehre* (Werke, t. IV), p. 127-8 : « Soll ich frei seyn, so muss mein Leib articulirt seyn ».

3. *Grundl. des Naturr.* (W., t. III), pp. 304 sq., 313-15, 335, etc.

tacle, c'est l'existence de deux sexes. (Comment Fichte se fût-il accommodé des faits de parthénogénèse?) Chaque sexe doit avoir son caractère distinct : l'un, doux, aimant, passif, l'autre, actif, généreux. Fichte obtient ainsi le type du mariage : et c'est précisément celui du mariage allemand et protestant d'alors. — Tous ces excès de déduction proviennent de la même cause : la spéculation de Fichte n'est limitée par aucun fait, par aucune expérience morale.

Les morales dont nous venons de parler n'ont pourtant pas été inutiles : réagissant contre l'individualisme de Kant, qui n'accorde à la société qu'une tâche de police, Fichte s'est préoccupé de morale sociale; Hegel, allant plus loin, a eu l'idée du caractère spécifique du social. Mais, incapables de se résigner à des certitudes mobiles et relatives, dans leur ardeur à retrouver la foi perdue, ils se servirent, pour fonder les vérités morales, de cet instrument dialectique : la synthèse *a priori*. Or s'il existe un rapport entre la métaphysique de l'immanence et les morales qu'ils en tirèrent, ce n'est pas un rapport dialectique, mais une parenté psychosociologique, qu'on peut peut-être constater dans les faits : c'est ainsi que Comte remarquait que les idées de certitude absolue et de monarchie sont contemporaines. Encore de telles observations ne peuvent-elles être faites qu'avec des réserves, sans superstition : la philosophie de l'immanence peut conduire, en fait, à fixer le donné aussi bien qu'à le transformer : elle est réactionnaire ou révolutionnaire, suivant les circonstances et les tempéraments.

En un sens la pensée de Kant est plus proche de la nôtre que celle des philosophes précédents. Il a conçu, jusqu'à un certain point, la morale comme indépendante par rapport à l'ontologie; il a eu aussi le sentiment qu'elle devait reposer en quelque façon sur la croyance commune, non sur des idées *a priori*. Il a eu raison, en outre, de représenter la vérité morale comme *formelle* : il a compris qu'elle doit nous apparaître, de plus en plus, comme une *vérité*, c'est-à-dire comme étrangère à tout sentiment personnel de plaisir ou de peine ; et la sociologie contemporaine, qui met en lumière l'indépendance des idées morales à l'égard de notre conscience subjective, confirme en ce sens le formalisme kantien. — Puis, il y a chez Kant une analyse du sentiment d'obligation, qui subsiste en partie. — Enfin Kant conçoit à bon droit la morale comme une technique de l'*idéal* ; et nous ne croyons pas, à notre tour, que la morale sociale soit une donnée fatale, immodifiable : l'idéal peut transfigurer le réel.

Voilà ce qui peut être conservé, moyennant adaptation, de la morale kantienne ; voici maintenant en quoi elle nous paraît indéfendable. D'abord la perception morale commune est conçue de façon trop étroite, exclusivement protestante et piétiste ; d'où l'intransigeance de Kant, son horreur pour tout ce qui est *naturel*. — Puis on trouve chez Kant l'idée que la foi morale est donnée à tous, n'est pas objet de science : c'est la conception chrétienne de la *foi* ayant une valeur par elle-même, le souci chrétien des humbles. Or il faut que la lumière, comme dit Malebranche, s'ajoute à la foi, que la « science » morale vienne éclairer le sentiment[1] ; l'idéal moral, après avoir germé au contact du milieu, doit être élaboré méthodiquement par les gens compétents. — Kant a donc à la fois trop limité, selon nous, et trop glorifié la perception morale commune. Mais, d'autre part, il ne s'y est pas tenu : par besoin de certitude absolue, il a voulu s'élever à une conception logique de la morale, qui justifiât la morale elle-même, et cette philosophie de la morale n'est pas moins riche en sophismes que les précédentes.

1. M. Lévy-Bruhl a bien mis en relief cette nécessité dans *La Morale et la Science des Mœurs*.

D'abord, la morale de Kant n'est pas absolument autonome : elle ne dépend plus d'une ontologie, mais elle dépend encore de la connaissance spéculative. La loi morale, en effet, n'est autre chose pour Kant que la forme de la connaissance appliquée à la pratique : il a répudié la métaphysique de la nature, mais il ne renonce pas, dans son désir d'unité rationnelle, à déduire la forme de la conduite de la forme de la connaissance. Kant, en effet, a voulu imposer à la morale la certitude universelle et abstraite de la science newtonienne[1]. On lui a justement objecté que la morale se compose de sentiments spéciaux, de vérités spéciales. Sans doute, la morale actuelle tend à devenir internationale, et notre idée de justice a un caractère abstrait ; mais cela ne peut s'établir que par une expérience morale, non par des déductions idéologiques. Ce qu'il y a de commun à la raison pratique et à la raison spéculative, ce n'est que la forme de l'impersonnel : hormis la règle d'être impartial, on n'en peut rien tirer de déterminé.

Pourquoi d'ailleurs admettre, entre la forme générale de la conduite et celle de la pensée théorique, l'analogie supposée par Kant ? Pourquoi celle-là reproduirait-elle l'universalité abstraite de celle-ci ? Il y a bien, en matière pratique, une certaine sorte d'universalité ; mais elle n'a rien d'abstrait, de logique : c'est l'universalité concrète du social, c'est-à-dire d'une réalité immédiatement donnée, soumise aux conditions de l'espace et du temps. — C'est donc à tort que Kant assimile, *a priori*, la raison théorique et la raison pratique ; ajoutons qu'il ne semble même pas s'être fait une conception juste de la première. L'histoire des sciences montre en effet que chaque science a sa certitude propre et que, s'il est vrai qu'il existe des synthèses scientifiques, elles ne peuvent se

---

1. Newton a exercé une influence considérable sur toute la philosophie morale du XVIII° siècle. Voir, en ce qui concerne les utilitaires, E. Halévy, *La formation du radicalisme philosophique* (vol. I, avant-propos, p. XIII)

faire que par raccord entre des certitudes spéciales, vérifiées chacune dans leur domaine.

La morale de Kant n'est pas seulement abstraite : elle est formelle. Kant veut ramener l'idée de vérité morale à celle de cohérence logique. Cette conception, il est vrai, ne s'applique pas aux principes subjectifs de l'action morale : l'impératif catégorique est un principe synthétique *a priori*, non pas purement analytique ; il n'y a pas non plus, et c'est en quoi Épicuriens et Stoïciens se trompaient, de lien analytique entre la vertu et le bonheur. Mais s'agit-il au contraire des formules de la loi, Kant s'efforce de prouver à l'homme que, lorsqu'il est malhonnête, il se contredit dans les termes. Or c'est là donner au principe d'identité une valeur absolue qu'il ne possédait même pas, selon Kant, dans l'ordre de la connaissance : la *Critique de la Raison Pure* n'avait-elle pas montré qu'on ne peut construire le monde avec des idées, qu'il est nécessaire d'ajouter l'expérience sensible aux formes de la pensée, et que les vérités scientifiques sont, par suite, synthétiques ? Comment expliquer ce paradoxe ? — C'est que Kant, honnête homme et piétiste, a voulu rendre à la morale cette certitude absolue qu'il avait ruinée en métaphysique. (Il en a toujours gardé la nostalgie : ne conserve-t-il pas les noumènes, le vieil idéal de la *res æterna* ?) Or comment pouvait-il y parvenir ? L'honnête homme *veut* que Dieu soit, que l'âme soit immortelle ; mais il faut renoncer à pénétrer par l'intelligence dans le monde transcendant. La seule certitude qui dès lors subsiste, c'est celle de la forme même de l'universel. Cette forme qui, dans la raison spéculative, recevait du dehors un donné, se réalise, dans l'ordre pratique, sans nul contenu sensible : que peut-elle être, sinon la pure identité logique ? Mais il n'y a là qu'une survivance de préjugés ontologiques : la forme de la loi morale, c'est le résidu de la vieille croyance à Dieu et aux essences éternelles.

Cette loi purement formelle enveloppe, selon Kant, tous les principes moraux : mais il ne réussit pas à les en faire sortir. Comme Hegel le lui objecte dans sa *Philosophie des Rechts*, il ne peut y avoir de contradiction que par rapport à un certain contenu de la pensée. En fait, Kant, au cours de ses déductions, est bien obligé de recourir plus ou moins implicitement à des principes matériels, comme celui du respect de la personne humaine ou de la propriété individuelle. Ainsi, lorsqu'il démontre, dans le *Fondement de la Métaphysique des Mœurs*, que l'action du voleur est contradictoire, cette démonstration suppose que l'homme *veut* préalablement la société; de même, la démonstration de l'immoralité du suicide suppose admis comme évident ce principe, que nous devons respecter les lois naturelles[1]. Certes, on ne peut croire que Kant n'ait pas aperçu toutes ces pétitions de principe : la vérité est qu'il n'a pas jugé bon d'insister sur des vérités morales élémentaires, que la perception commune était capable de saisir : il les concevait comme étant l'objet d'une intuition immédiate, ou bien comme résultat de raisonnements très simples, faits sur les données de la conscience commune.

Il y a donc, dans la morale kantienne, deux éléments : une idée de la perception commune, facilement saisissable, et une idée de la certitude logique absolue. Le défaut de cette morale est de n'avoir pas analysé, approfondi cette perception commune, et d'avoir exagéré, d'autre part, le rôle du principe de contradiction. En réalité, c'est un sophisme de prétendre qu'au nom de la loi d'identité, l'honnête homme doive s'imposer, dans tous ses actes et à tout prix, un principe abstrait. Dans l'ordre de la conduite, cette loi signifie simplement ceci : l'honnête homme doit pousser une idée jusqu'au

---

1. *Fondements de la Métaphysique des Mœurs*. Deuxième section, §§ 1 et 2.

bout, conserver une croyance, mais seulement à condition que sa conscience ne découvre rien de préférable dans tout son horizon. Ainsi le savant renonce à une idée, quand les faits la démentent. — La loi de contradiction pure et simple ne suffit donc pas au rôle qu'on lui attribue. Et la preuve en est que Kant entend cette loi de deux manières différentes, suivant qu'il l'applique aux devoirs stricts ou aux devoirs larges : dans le premier cas il prétend montrer, dans la conduite du malhonnête homme, une contradiction « interne » absolue ; dans le second cas, la contradiction n'existe que dans la volonté de l'agent, non plus dans la nature même des choses [1].

D'autre part, Kant admet, de la loi morale, deux formules différentes (que synthétise une troisième) : *Agis toujours de façon que la maxime de ton action puisse être érigée en loi universelle. Agis toujours de façon que tu traites l'humanité comme une fin.* Entre ces deux formules Kant ne voit qu'une petite différence : la seconde ne ferait que rapprocher l'idée de l'intuition. En réalité, bien qu'il peine d'une façon attristante, dans les *Fondements de la Métaphysique des Mœurs*, pour rattacher l'une à l'autre, elles sont séparées par un abîme. Il n'y a aucun rapport entre l'affirmation d'une loi impersonnelle et l'affirmation du respect de la personne. Une loi impersonnelle ne tient pas compte des individus : et c'est pourquoi, suivant les *Principes métaphysiques du Droit*, le dernier meurtrier, dans la dernière prison, doit être automatiquement châtié [2]. On a montré [3] que la seconde formule pouvait aboutir à des conséquences anar-

1. Voir *Fondements Métaph. Mœurs*, même passage, les quatre exemples cités par Kant.
2. *Principes métaphysiques du Droit*, II, I, § 49.
3. J.-H. Fichte, éditeur des œuvres de son père, préface à la *Grundlage des Naturrechts* (W., t. III).

chistes, tandis que la première mènerait, au contraire, à une sorte de socialisme d'État.

Pourquoi Kant a-t-il commis cette confusion? Parce que, en homme du XVIIIe siècle, il croit que l'évidence de la raison possède une force invincible ; par suite, entre la loi impersonnelle et la personne qui pense cette loi, nulle opposition ne saurait s'élever. De même, pour Hegel, ce qui est raisonnable en soi s'identifie dans la volonté raisonnable avec ce qui a conscience de l'être. Mais nous ne pensons plus aujourd'hui que la vérité, surtout la vérité morale, soit à ce point irrésistible : Kant obéit à une foi métaphysique, à une intransigeance rationnelle impossible à maintenir.

En résumé, Kant fait reposer sa morale sur des perceptions communes ; mais il les admet telles quelles, sans analyse, sans critique, et d'autre part il les élève à l'absolu, en particulier par l'abus qu'il fait du principe de contradiction. Cette morale reste donc, malgré tout ce qu'elle apporte de nouveau, une construction idéologique.

III. — PUBLICISTES-PHILOSOPHES

Les philosophes amateurs, les publicistes ont fait de la déduction idéologique un usage moins réservé encore que les philosophes proprement dits. Cela est vrai, non pas exclusivement, mais plus particulièrement, des publicistes démocrates : l'idée comme telle leur apparaissait comme le moyen de s'affranchir du fait établi, de la tradition. Ces penseurs croient à certaines relations *a priori* entre les idées abstraites. Voici les différents types de sophismes qu'on trouve chez eux.

1° D'une proposition métaphysique vague, on tire une conclusion morale. Ainsi on dira, avec Proudhon : il y a une humanité, une essence commune à tous les hommes, *donc* tous les hommes sont égaux, doivent être traités suivant une justice égalitaire[1]. — Mais le raisonnement est faux : les similitudes essentielles, physiques ou intellectuelles, n'empêchent pas les diversités. En fait, certaines sociétés ont été davantage frappées par les premières, d'autres par les secondes : en aucun cas, l'affirmation du principe démocratique ne peut résulter d'un syllogisme. — De même encore, croire, comme Socrate et Descartes, que tous les hommes sont également raisonnables, parce que tous ont en commun la raison, c'est confondre le virtuel et le réalisé.

Ce n'est plus sur la commune raison, c'est sur la commune ignorance que M. Fouillée fonde l'idée du droit : nous devons respecter l'homme parce que nous ne savons pas ce qu'au fond il est[2]. Mais, se demandera-t-on, si le mystère de l'homme est insondable, pourquoi ne pas le juger d'après l'apparence, que nous ne pouvons dépasser ? C'est le même sophisme que commet Fichte, quand, à l'alternative de sacrifier sa propre vie ou celle d'un autre, il répond qu'il faut sauver l'autre, parce qu'il est *peut-être* un génie supérieur[3] ! Bien au contraire, l'ignorance où nous sommes d'autrui pourrait aboutir à l'élimination totale des devoirs de charité.

2° Autre type de sophisme : on part, non plus d'une propriété indéterminée, mais d'une propriété particulière. Ainsi d'une certaine propriété physique commune on conclut à l'égalité d'une propriété morale. C'est le sophisme révolutionnaire : tous les hommes sont constitués physiquement de même, donc ils sont égaux. La forme primitive en est théologique : tous les hommes sont égaux parce qu'ils sont « pétris

---

1. Proudhon, *De la Justice dans la Révolution et dans l'Église* (Œuvres, t. I), p. 173 et 182-3 : « De l'identité de la raison chez tous les hommes et du sentiment de respect qui les porte à maintenir à tout prix leur dignité mutuelle, résulte l'*égalité* devant la justice. » Cf. *ibid.*, p. 274-277.

2. Voir notamment *Critique des systèmes de morale contemporains*, pp. 391-396 ; *L'idée moderne du droit*, pp. 263-273, 390-395.

3. *Sittenlehre* (W., t. IV), p. 281-2.

de la même boue¹ ». — Voici le même sophisme, sous une forme plus raffinée : d'une propriété intellectuelle déterminée on passe à une propriété morale. Littré² déduit la justice de la pure logique, de la proposition A = A. Or la logique, en morale sociale, ne nous oblige qu'à ne pas contredire une idée une fois acceptée, par exemple à ne pas violer un contrat, mais non pas à la généraliser indéfiniment. — Le principe de causalité n'est pas ici d'un usage moins sophistique que le principe d'identité. Quand M. Lapie³, après Kant, rattache l'idée de justice à celle de causalité, ou plutôt de réaction répondant à l'action, il prend pour un principe d'explication une simple analogie, intéressante d'ailleurs, mais indéterminée, et qu'un aristocrate peut revendiquer aussi bien qu'un démocrate.

3° Une forme plus subtile de déduction sophistique est celle qui s'opère à l'intérieur de la morale même : d'une vertu on déduit une autre vertu. C'est ce qui se produit dans l'évangélisme social des protestants libéraux : sophismes de belles âmes, qui se font illusion, et par là se rassurent elles-mêmes sur la continuité de leur vie. De la morale prêchée par le Christ, on fait sortir tout le socialisme! Or il n'y a là de commun qu'un vague sentiment de tendresse humaine : un philanthrope, partisan de la charité privée, pourrait tout aussi bien s'en réclamer. — On commet, sous une forme laïque, un sophisme analogue, lorsque, dans les cours de philosophie universitaire, on déduit (ou peu s'en faut), de la dignité humaine, le suffrage universel.

Tous ces sophismes ne sont d'ailleurs pas exclusivement démocratiques : on les rencontre chez des penseurs réaction-

---

1. V. Bossuet, *Sermon sur l'Éminente Dignité des Pauvres dans l'Église*.
2. Littré, *La Science au point de vue philosophique* (Didier, 1873), XI, notamment pp. 339-40.
3. Lapie, *La Justice par l'État* (F. Alcan), p. 40 et suiv.

naires. De l'universalité de l'Eglise, J. de Maistre conclut qu'elle doit avoir un chef unique ; puis de la souveraineté de ce chef, il déduit son infaillibilité[1]. Pourtant on n'est pas obligé de confondre l'universalité et l'unité individuelle : dans les Républiques, l'esprit social existe à l'état diffus. Il n'y a pas non plus de rapport nécessaire entre l'idée d'ordre et celle d'infaillibilité : J. de Maistre n'a aucune idée de l' « équilibre mobile ». De même, quand de Bonald fonde sur la nature de l'homme la théorie de l'absolutisme unitaire[2], l'histoire, autant que la logique, lui inflige d'abondants démentis.

Cette manière dialectique de penser est toute pleine de dangers. Nous avons vu la superstition de l'abstrait conduire parfois à l'action, mais elle mène également à l'inertie. Le kantisme universitaire de ces quinze dernières années a fait des religieux sans Dieu, absorbés dans l'extase du moi pur, dédaigneux et ignorants de l'action. — Puis, l'usage de l'idéologie, la foi dans la valeur autonome des idées, indépendamment de tout contact avec le réel, aboutissent à de véritables hallucinations de l'intelligence, à la pure folie. On divinise, on élève à l'absolu des vérités très spéciales, qui n'ont que la valeur d'observations limitées. Et ainsi la fantasmagorie dialectique mène au fanatisme. Le fanatisme, en effet, peut provenir de deux causes : ou d'une réalisation mythologique des idées, ou bien, et c'est ici le cas, de l'effacement, au sein d'une conception globale, des différences particulières entre les choses. Ainsi s'explique, par exemple, le fanatisme intellectuel de Hegel : cet homme fort doux fondait le châtiment, « négation de la négation », sur le rythme éternel de l'uni-

[1]. J. de Maistre, *Du Pape*, 9ᵉ éd., 1851, l. I, ch. 1, p. 20-21.
[2]. De Bonald, *Théorie du Pouvoir politique et religieux*, livre I (*Œuvres*, t. I, pp. 121-217).

vers. — Enfin, l'idéologie favorise la paresse d'esprit ; il y a eu une génération de philosophes paresseux. S'il suffit de se jouer au milieu des idées, le travail est vite fait !... En morale, notamment, l'idéologie empêche la conscience humaine de se mettre en face d'elle-même.

Qu'on nous permette, en terminant, de trouver un raccourci de notre pensée dans ces deux paroles : l'une, de Heine : « Il y a des trous dans l'Univers : le professeur allemand (disciple de Hegel) les bouche avec son bonnet de nuit » ; l'autre, de M. Anatole France : le rôle des systèmes est de « jeter les sophismes comme un ciment dans l'intervalle des vérités ».

DEUXIÈME PARTIE

LES MORALES PSEUDO-SCIENTIFIQUES

Les morales dont nous abordons l'étude ont un caractère mixte, à la fois scientifique et métaphysique. Elles commettent les mêmes sophismes que les doctrines précédentes : ou bien elles rapprochent, au nom d'une forme tout à fait indéterminée, des notions différentes, comme celles d'organisme physique et d'organisation sociale, d'interdépendance et de solidarité ; ou bien elles élèvent à l'absolu un fait particulier, comme la sélection naturelle. Au fond, elles conservent la vieille conception métaphysique de l'expérience : illustration, et non pas contrôle de l'idée.

Mais on peut aussi donner à ces théories un sens scientifique. Le problème *positif* qu'elles soulèvent se formule dès lors ainsi : *le fait moral varie-t-il en fonction d'un autre fait*, biologique, par exemple, ou social ? S'il en était ainsi, si les hommes arrivaient à découvrir une réalité objective qu'on pût regarder dans tous les cas comme équivalente au fait moral, ils renonceraient, sans hésiter une minute, à consulter leur conscience. Rien ne servirait d'invoquer ici la spécificité du fait moral : toute sensation, la couleur, le son, possède une qualité spécifique, ce qui n'empêche pas de substituer une explication mécanique à la considération de cette qualité.

La question se pose donc. Mais, d'abord, qu'entendre au juste par fait moral ? Nous laissons de côté les croyances relatives à la nature de l'*agent* (liberté, responsabilité) ; nous n'étudierons que celles qui ont trait aux *actions* humaines. Il faut encore éliminer, parmi les perceptions communes, certaines d'entre elles, qui peuvent être de simple prudence, voire immorales. Le fait que nous considérons est uniquement celui-ci : dans certains cas, les hommes admettent que tel parti doit être préféré aux autres, quelles qu'en soient les conséquences. Le fait moral peut se définir une préférence idéale.

Or, sur la relation de ce fait avec les autres, diverses hypothèses sont possibles, que les moralistes eux-mêmes n'ont pas toujours distinguées. Ou bien l'on peut prétendre tout simplement que le fait moral *est identique* à une certaine réalité, en elle-même non morale. Ainsi l'hédonisme pur dit : « Ayez les lois du plaisir, vous aurez celles de la morale ». Telle serait encore une doctrine sociologique qui identifierait purement et simplement la moralité avec les règles admises par la moyenne d'une société. — Ou bien on accordera que le fait moral est spécifique, mais on dira qu'il *s'exprime par certains signes*, par quoi il est plus simple de le caractériser. Ainsi, pour l'eudémonisme rationnel d'un Leibniz ou de M. Paulsen[1], un certain degré de bonheur est le signe de la perfection ; pour la doctrine sociologique de M. Durkheim, la contrainte exercée du dehors sur l'individu, ou la conformité d'une action avec une certaine opinion moyenne, ne sont que des signes où la moralité d'un acte est reconnaissable. Mais cette dernière hypothèse (la seule, nous le verrons, qui reste défendable) peut encore s'entendre de deux manières. Ou bien la relation entre le fait moral et son signe est telle-

---

1. Fr. Paulsen, *System der Ethik*, 6ᵉ édit., 1903 (v. p. ex. t. I, p. viii).

ment étroite et immédiate qu'on peut substituer dans l'étude l'expression de la croyance à la croyance morale elle-même. Ou bien cette relation est indéterminée, ne peut se vérifier qu'en gros et après coup, sur une longue étendue d'histoire : en sorte que pratiquement, pour l'action présente, la conscience individuelle reste notre seul recours, et *tout se passe comme si* le fait moral devait être envisagé isolément. C'est ainsi qu'Engels limitait le matérialisme historique : on ne peut trouver de relation précise entre la Révolution de 1789 et une révolution économique, mais *dans l'ensemble* les faits politiques et économiques marchent de pair. De même, en physique, certaines lois mathématiques servent à la prévision des faits ; d'autres sont simplement des *courbes* très générales, réunissant un grand nombre de faits sans permettre d'en prévoir aucun.

On peut interpréter en ce sens la théorie sociologique de la morale. L'opinion collective n'est pas toujours pratiquement utilisable : des hommes qui se combattent, comme Marx et Proudhon, ne peuvent que plus tard être reconnus pour les ouvriers d'une même œuvre. La théorie sociologique, vérifiée absolument pour certaines périodes, ne *réussit*, pour d'autres, qu'au prix d'une abstraction qui élimine les différences individuelles et ne laisse subsister que des constantes très générales. Certes, il est fort important de déterminer cette courbe moyenne : une fois déterminée, elle s'impose à l'homme nouveau, le rend solidaire du passé. Solidaire, mais non pas esclave : elle lui fournit des indications à utiliser, non une règle à suivre. — Même entendue en ce sens large, la théorie en question ne s'applique pas nécessairement à tous les cas. N'y a-t-il pas des croyances morales qui soient non plus sociales, mais purement humaines, qui appartiennent à la nature fondamentale du *genus homo* ? L'histoire et la sociologie limitent de plus en plus cette conception, mais ne nous autorisent pas à en rejeter le principe. N'y a-t-il pas, enfin, des vocations morales individuelles, des cas où un idéal moral individuel va jusqu'à s'insurger contre la croyance collective ? Nous ne pouvons *a priori* refuser ce droit à la conscience.

En morale, donc, comme en toute science, c'est l'expérience qui seule décide. Dans la science, il s'agit de faits objectifs et mesurables : ici, le fait, c'est seulement *l'immédiat* ; mais cet élargissement de sens n'a rien que de légitime [1]. — Dès lors, le problème moral se trouve transposé : on ne doit pas se demander, avec les morales pseudo-scientifiques, quelle règle les faits objectifs, biologiques ou même sociaux, imposent à la conscience, mais bien quel usage la conscience interrogée consent à en faire.

---

1. Ainsi s'est élargie, en mécanique, la notion de l'énergie. Voir Bouasse, *Introduction à l'étude des théories de la mécanique*, Paris, Carré et Naud, 1893.

CHAPITRE PREMIER

LES MORALES BIOLOGIQUES

I. — DÉDUCTIONS ET PRÉJUGÉS MÉTAPHYSIQUES

Nous devons d'abord critiquer, dans les morales biologiques, les sophismes métaphysiques qu'elles commettent.

Tout comme un métaphysicien, Spencer part de principes indéterminés, auxquels il donne abusivement un sens précis.[1] La conduite humaine est réglée par le principe de l'évolution cosmique, la loi du passage de l'homogène à l'hétérogène[2]. Mais la vie du malhonnête homme ne peut-elle être aussi bien, voire mieux *organisée* que celle de l'homme moral? Il y a un ordre superbe dans la vie du criminel de génie, du Napoléon de Taine et de Stendhal! De l'idée générale d'ordre on passe à l'ordre moral : mais des coquins réalisent « la diversité dans l'unité ». — Non moins vague, le principe de l'équilibre entre l'altruisme primitif et l'égoïsme que l'évolution a développé[3] : l'ascète lui-même les concilie, puisqu'il vit. Puis, égoïsme et altruisme sont des formes générales, non des directions définies de l'action. — Enfin, la fameuse comparaison de la solidarité morale avec la soli-

---

[1]. Cf. Bouglé, *La démocratie devant la science* (Bibliot. gén. Sc. soc., Alcan, 1904).

[2]. Cf. *Premiers Principes*, notamment chap. xv (trad. franç., p. 351-381).

[3]. Spencer, *Les bases de la morale évolutionniste* (Alcan), chap. xiii et xiv.

darité organique¹ n'est qu'une confusion entre la solidarité et l'interdépendance. La solidarité du loup et de l'agneau n'a rien de moral !

De la biologie on tire même une politique². Seulement, on en tire les conceptions les plus différentes : dès les premiers temps du transformisme, Virchow l'accuse de mener au socialisme, tandis que Haeckel et O. Schmidt³ en tirent des conclusions aristocratiques.

Les théories aristocratiques fondées sur la biologie se présentent sous plusieurs formes. L'aristocratisme traditionnaliste de MM. Maurras et Bourget s'appuie sur l'hérédité et l'inégalité. Mais Weismann conteste la transmission héréditaire des caractères acquis⁴ ; l'hérédité continue offre d'ailleurs, dans certains cas, des dangers d'abâtardissement⁵. D'autre part, il peut y avoir hiérarchie sans monarchie : la démocratie ne combat que les inégalités artificielles. Aussi bien la nature ne nous enseigne pas plus l'inégalité que son contraire.

Spencer nous offre un autre type d'aristocratisme biologique. C'est un aristocratisme bourgeois, capitaliste ; il se fonde sur l'hérédité et la sélection naturelle : mais il est

---

1. Voir, par exemple, L. Bourgeois, *Solidarité* (3ᵉ éd., Colin, 1902) et *Essai d'une philosophie de la Solidarité* (Alcan, 1902).

2. Voir dans H. Spencer, au t. II des *Principes de Sociologie* (trad. fr.), une interminable comparaison entre l'organisme social et l'organisme physiologique (pp. 1-198). Cf. encore Schäfle, *Bau und Leben des sozialen Körpers* (Tübingen, Laupp, 2ᵉ éd., 1896) ; R. Worms, *Organisme et Société* (Paris, Giard et B., 1895).

3. Voir les discours de Virchow et de Haeckel au congrès de Munich (*Revue scientifique*, 8 décembre 1877) ; — Haeckel, *Les preuves du transformisme* (trad. fr., Germer Baillère, 1879). La réponse de Haeckel se trouve citée dans Ferri, *Socialisme et science positive* (trad. fr.), pp. 13-16. Cf. Haeckel, *Freie Wissenschaft und freie Lehre*, réédition parue en 1908 (Leipzig, Kröner), pp. 67 et 68, et O. Schmidt, cité *ibid.*, p. 91.

4. Dès 1886, Wundt reprochait à Spencer de compter sur l'hérédité des vertus (*Ethik*, 2ᵉ éd., notamment II, ch. III, p. 402 et ch. IV, p. 425-6).

5. Voir des exemples dans Bouglé, *op. cit.*, pp. 81 et suiv..

inconséquent, puisqu'il admet une police et la sélection artificielle de l'héritage. — Plus hardis, certains aboutissent à un socialisme aristocratique : la société, l'Etat doit empêcher toute sélection artificielle à rebours. C'est l'attitude des disciples de Haeckel[1]. — Toutes ces théories ne se fondent que sur de vagues analogies ou sur une interprétation incomplète, voire inexacte, des faits biologiques. La lutte pour la vie n'est pas nécessairement une lutte sanglante. La sélection naturelle peut s'exercer sans qu'il y ait progrès ; des organes inutiles ou nuisibles continuent à subsister, etc. On a voulu trouver *a priori* dans la loi d'adaptation l'équivalent de l'équilibre mécanique[2] : mais l'équilibre se trouverait encore dans une nature vivante qui déclinerait. Loin d'être toujours favorable aux intérêts de l'espèce, l'évolution ne produit-elle pas des organes de luxe, comme le cerveau humain, dont le développement excessif a parfois semblé dangereux pour la vie organique ? Sous peine de faire de la théologie, non de la biologie, on ne peut donc dire que la vie en général tende à se maintenir, à se développer ou à disparaître.

Si la biologie aristocratique est inacceptable, la biologie démocratique ne vaut pas mieux[3]. Selon Ferri, il y a entre le darwinisme et le socialisme une sorte de symbiose : tous

1. Voir les volumes de la collection *Natur und Staat*, publiés à la suite du concours d'Iéna (1900-1903) sur les rapports de la politique et de la biologie : notamment Schallmayer, *Vererbung und Auslese im Lebenslauf der Völker*; Ruppin, *Darwinismus und Sozialwissenschaft*. Voir surtout Woltmann, *Politische Anthropologie* (couronné à ce concours, mais publié en dehors de la collection, 1903). Cf. encore O. Ammon, *L'ordre social et ses bases naturelles* (trad. fr., Fontemoing, 1900) ; Vacher de Lapouge, *Les sélections sociales* (1896), *L'Aryen et son rôle social* (1899) (Fontemoing). Parmi ces théoriciens, les uns, comme nous le verrons, subordonnent tout à la sélection proprement biologique, les autres ne font qu'appliquer à la nature sociale des formes biologiques, telles que la sélection naturelle, la lutte pour la vie.

2. Matzat, *Philosophie der Anpassung* (coll. *Natur und Staat*), p. 63.

3. D'une bibliographie énorme on peut extraire : Ritchie, *Darwinism and Politics* (1ᵉ éd. London, Sonnenschein, 1901), modéré et intelligent ; Ferri, *Socialisme et Science positive* (trad. fr., Giard et B., 1896), enthousiaste.

deux se sont heurtés au même préjugé misonéiste, tous deux s'opposent à la religion établie. C'est une puérilité. On prétend faire voir dans les organismes vivants des fédérations démocratiques d'organes, mais d'autres y découvrent la hiérarchie ; une tendance à la socialisation : tout cela est infiniment vague, sans portée. Ne va-t-on pas jusqu'à retrouver la lutte des espèces dans la lutte des classes? Mais pourquoi n'invoque-t-on pas plutôt celle des races ou des nationalités ?

D'où viennent, chez des hommes de science, de tels sophismes? De préjugés métaphysiques persistants. Ces penseurs se font une conception fausse du progrès scientifique : ils croient à une science-type que toutes les autres doivent imiter. Ils gardent cette idée, que nous devons penser pour l'éternel : c'est une erreur ; chaque science a son heure et sa tâche. Enfin, il y a chez eux une conception religieuse de la nature : Haeckel éprouve pour sa doctrine un enthousiasme mystique[1]. Qu'on se rappelle l'effarement, l'horreur religieuse des premiers économistes, d'A. Smith et de Malthus devant la découverte de lois sociales soi-disant *immodifiables !* Par la même superstition naturaliste, Haeckel nous offre en modèles les êtres inférieurs, la fidélité du chien, l'amour conjugal du perroquet! Mais, en réalité, la nature est plastique : il s'agit, pour nous, non de la suivre, mais de l'utiliser en vue de l'idéal.

II. — LA VIE ET LES CROYANCES MORALES : LA CROYANCE A LA VIE

On a vu[2] que deux hypothèses peuvent s'appliquer à la

---

[1]. Cf. Vacher de Lapouge, préface à la traduction de Haeckel, *Le Monisme, lien entre la Religion et la Science : Profession de foi d'un naturaliste* (Schleicher, 1897).

[2]. Cf. *supra*, *Les Morales pseudo-scientifiques*, pp. 31-32.

morale biologique : ou la croyance morale est censée dépendre d'un *facteur* biologique, ou bien l'élément objectif n'est que le *signe* de la croyance. On peut d'ailleurs admettre que ces hypothèses se vérifient soit d'une façon linéaire, soit seulement au travers d'oscillations nombreuses et sur de longs intervalles historiques.

Les théories dont nous avons parlé peuvent, à un autre point de vue, se répartir en deux groupes. Les unes trouvent, purement et simplement, dans la croyance morale l'expression d'un surplus de vie physiologique. Les autres, sans confondre l'évolution sociale avec l'évolution des espèces, la présentent pourtant comme soumise à des lois de même forme que les lois biologiques. Nous étudierons d'abord les premières.

Les croyances qui ont triomphé correspondent, dit-on, à un progrès de la vie pour l'espèce. Remarquons que l'on élimine ici toute considération, non seulement de conscience, mais encore de bonheur humain : la morale biologique a d'abord constitué une réaction contre l'hédonisme utilitaire. Pour Darwin, l'évolution de l'espèce se fait dans le sens, non de son bonheur, mais de son bien[1]. Même tendance chez Spencer, bien que le point de vue biologique soit en conflit, chez lui, avec la tradition utilitaire. Il fait, sans doute, du plaisir un moyen de sélection (ce qui est très contestable); mais, en fait, sa théorie va dans un sens tout autre : la sensibilité retarde constamment sur l'adaptation au milieu, en sorte que l'homme est dans un état continu de déséquilibre. L'importance du bonheur diminue encore chez les disciples de Spencer; et il en est de même chez les biologistes de l'école

---

[1]. Darwin, *Descendance de l'Homme*, ch. IV. Cf. Schallmayer. *op. cit.*, p. 235.

d'Iéna[1]. Bien plus, il n'est tenu aucun compte de la vie individuelle : le progrès de l'espèce se fait à ses dépens[2]. — Le problème se pose donc ainsi : est-il vrai que seules aient progressé et survécu les croyances utiles à la vie physique de l'espèce ?

Il n'en est rien. Ce n'est pas par la force physique, c'est par la force sociale, et notamment religieuse, que les peuples primitifs ont triomphé[3]. A côté et au-dessus du règne biologique s'est développé un *règne social*, dont les fins et les moyens sont tout autres : d'un côté, la force de l'espèce est proportionnelle à celle des individus ; de l'autre, au contraire, la société prête à certains individus une force qui multiplie la leur, au besoin même en tient lieu. Les prescriptions d'hygiène sociale ne renferment pas, de nos jours non plus, toute la morale. Un peuple peut se sauver par sa puissance civilisatrice quand il dégénère biologiquement. Même, certains faits biologiques peuvent résulter d'une cause sociale : si les barbares se sont croisés avec les Romains, c'est parce qu'ils les ont admirés. — En admettant, d'ailleurs, que les croyances morales eussent pour résultats certains progrès biologiques, on ne pourrait s'en apercevoir qu'au bout d'obser-

---

1. Collection *Natur und Staat*, citée plus haut. Pour Schallmayer (*op. cit.*, p. 237), le plaisir, loin d'être le but de l'évolution, n'est qu'un signe possible de l'équilibre vital ; Woltmann (*Politische Anthropologie*, pp. 195, 273) fait même de la jouissance une condition de mort.

2. Selon Weismann, la mort de l'individu est pour l'espèce un moyen de réaliser le progrès (Schallmayer, *op. cit.*, p. 242). Cf. Sabatier, *Essai sur la vie et la mort*, notamment 3ᵉ partie, ch. III : les organismes les plus parfaits sont les plus fragiles ; Woltmann, *op. cit.*, p. 7 : dans les colonies animales les plus inférieures, l'individu peut vivre tout seul ; par suite de la différenciation progressive, cette autonomie disparaît. Les cellules cérébrales, les plus différenciées de toutes, exigent pour vivre le concours de tout l'organisme ; les cellules les moins différenciées (ongles, cheveux) croissent jusque sur le cadavre.

3. Cf. la collection de l'*Année Sociologique* ; Tylor, *La Civilisation primitive* ; Spencer et Gillen, *The Native Tribes of Central Australia*, *The Northern Tribes of Central Australia* ; Chantepie de la Saussaye, *Manuel d'Histoire des Religions*.

vations très longues : cela ne servirait à rien pour le présent.
— Ajoutons qu'en biologie même, si le transformisme est une vérité certaine, il n'est nullement aussi sûr que la sélection naturelle soit l'unique agent de l'évolution, ni qu'elle soit toujours un agent de progrès.

Ainsi la nature n'assure pas d'elle-même, et par le seul jeu des forces biologiques, la survie de l'espèce humaine. Par suite, si nos croyances tendent à promouvoir la vie de l'espèce, ce ne peut être que dans la mesure où nous le voulons, où nous *croyons* nous-mêmes à la vie. Pour utiliser dans le sens de la vie les variations qui s'y prêtent, l'homme doit croire que la vie est bonne : la vie dépend de la foi sociale en la vie. Mais, s'il en est ainsi, nous n'avons plus le droit de poser la vie comme une idole : nous ne voyons qu'une superstition dans l'attitude de ces biologistes qui condamnent *a priori* tout idéal ascétique et traitent de monstre quiconque sacrifie au développement de l'esprit la propagation de l'espèce [1]. — Dès lors, la question change : est-il vrai, nous demanderons-nous, qu'en toutes les croyances de l'humanité on retrouve pour contenu la croyance à la vie ?

Une telle affirmation serait fort excessive. Sans doute, l'homme primitif respecte la force physique [2] : mais les influences les plus puissantes auxquelles il est soumis sont bien plutôt d'ordre religieux. La crainte de la souillure est antérieure aux préoccupations d'hygiène. Même l'admiration de la force, chez certains sauvages, revêt un caractère esthétique plutôt qu'utilitaire : c'est la force inutile qui en est l'objet. Le goût de la vie, d'autre part, est très variable, selon les époques et les sociétés : il est faible, par exemple, chez les Extrême-Orientaux. Sans doute, la croyance à la

---

1. Voir Schneider, *Der menschliche Wille vom Standpunkte der neueren Entwickelungstheorien*, chap. xiv, xv, xvi (Berlin, Dümmler, 1882).
2. Voir des exemples dans Lapie, *Logique de la Volonté*, pp. 83-85 (F. Alcan).

vie est devenue chez nous fondamentale ; mais elle dépend de causes historiques : le déclin des croyances religieuses en a décuplé l'intensité, en faisant de l'homme un être scientifique et économique. Qu'on pense, d'ailleurs, aux résistances où se heurtent encore aujourd'hui les idées d'hygiène sociale! Notre respect moderne des droits de la vie n'a donc rien d'un principe éternel.

On peut se demander quelles modifications amènera dans nos conceptions morales le développement de cette croyance aux droits de la vie. Elle se trouve dès maintenant en conflit, sur certains points, avec nos sentiments de pitié et nos idées de liberté individuelle[1].

En premier lieu, nous n'attachons plus au malade la même sorte d'intérêt que les moralistes chrétiens : nous voyons autre chose en lui qu'un représentant de la souffrance humaine et un moyen de sanctification[2]. Avant tout, nous voulons aujourd'hui protéger la vie[3]. Nos connaissances biologiques ont contribué à cette transformation morale : la microbiologie nous a appris à considérer le malade comme une chose dangereuse. Nous ne disons plus : *res sacra miser*, mais plutôt : *miser res periculosa*[4]. Qu'en résulte-t-il? Faut-il renoncer à nos sentiments de commisération ? Non; mais nous ne devons nous y livrer que dans la mesure où l'hygiène sociale le permet. La société doit, par-dessus tout, se défendre contre la maladie, tout en exerçant ce droit avec humanité : il n'est pas plus permis de mettre un lépreux à l'hôpital que de le jeter dans une tour[5].

Pareille opposition se retrouve entre les devoirs d'hygiène et la

---

1. Darwin se posait déjà le problème, et le tranchait, semble-t-il, en faveur de la pitié. Voir *Descendance de l'Homme*, ch. v (trad. Barbier, p. 145).

2. A l'Académie Française, lors des distributions de prix de vertu, on glorifie surtout les soins aux incurables.

3. Le socialisme, malgré l'accusation de Nietzsche, n'a pas pour but de faire de la société un hôpital : il tend, au contraire, à faire place aux forts. Marx distingue nettement le prolétariat ouvrier, capable de lutte, du prolétariat des miséreux.

4. Duclaux, *L'Hygiène Sociale* (Bibliot. gén. Sc. soc., F. Alcan, 1902), préface, pp. I-II.

5. *Ibid.*, p. 146.

liberté. La vérité scientifique possède un droit et un devoir de se réaliser, sans attendre d'avoir conquis l'adhésion unanime des esprits. Il y a pour l'humanité des impatiences légitimes. C'est ce qu'apercevra tout penseur sérieux qui approfondira sa conscience, n'allât-il pas jusqu'à souhaiter cet absolutisme des savants, qui fut le rêve de Renan et, à certains égards, celui de Comte. — Comment les hommes compétents ont-ils cherché à résoudre ces antinomies ?

Examinons, pour commencer, la deuxième : voici, d'après M. Duclaux, à quelles conditions une mesure sanitaire peut être légalement imposée. Il faut d'abord qu'elle repose sur une vérité authentiquement établie, non sur l'exploitation indiscrète d'une simple hypothèse. Par exemple, en l'état actuel de la science, une loi sur la vaccination obligatoire serait possible : il n'en serait pas de même d'autres mesures d'une efficacité plus discutable. Il faut de plus, en général, que l'opinion publique soit mûre, c'est-à-dire n'offre plus que des résistances de quantité et de qualité négligeables [1]. Les différents pays civilisés ont appliqué diversement ces principes. L'Angleterre n'a pas reculé devant une législation féroce pour assurer l'hygiène des logements [2]. Ailleurs, l'action de l'État se combine avec celle d'associations libres : en Allemagne, les offices d'assurances ouvrières, institutions créées par la loi, mais autonomes, et dont les caisses sont alimentées par des versements ouvriers et patronaux, entretiennent des sanatoria populaires, où sont soignés leurs membres tuberculeux [3]; en Angleterre même, des corporations, des associations ouvrières, des coopératives font réserver pour leurs membres, moyennant des subsides annuels, un certain nombre de lits dans tel ou tel hôpital, s'assurant de la sorte une part d'influence sur la direction de ces établissements [4]. Cette intervention des associations libres produit des résultats remarquables, grâce à la double action qu'elles exercent, directement, sur leurs membres, et, indirectement, sur l'État [5] : un exemple topique est celui d'une maladie ouvrière, l'ankylostomiase des mineurs, que les efforts d'une coopérative de Liége, la *Populaire*, ont réussi à extirper [6].

1. *Ibid.*, pp. 22-25, p. 31.
2. *Ibid.*, pp. 152-155.
3. *Ibid.*, pp. 143-151.
4. *Ibid.*, p. 111.
5. *Ibid.*, pp. 172-173, 107-109.
6. *Ibid.*, pp. 106-113.

Suivant une formule de M. Duclaux, la lutte contre la souffrance doit être menée par ceux qui souffrent [1].

Le conflit de l'hygiène sociale et de la pitié paraît plus difficile à résoudre : c'est que certaines mesures coercitives, destinées à assurer la conservation de la race, froissent en nous un sentiment très intime de sympathie humaine. Les mesures nécessaires peuvent se grouper sous deux rubriques : isolement rigoureux du malade ; contrôle exercé sur l'hérédité et, pour y arriver, sur le mariage.

Le premier point est strictement réalisé en Angleterre par le transport immédiat à l'hôpital des gens atteints de maladies infectieuses. En France, il y a des lois sur la déclaration obligatoire des maladies dangereuses et sur la désinfection obligatoire; mais ces mesures sont insuffisantes et mal appliquées. Le service de la santé publique reste malheureusement rattaché au ministère de l'Intérieur : les préfets et les maires sacrifient nécessairement l'hygiène aux préoccupations politiques [2]. Il y aurait lieu d'imposer des mesures préventives, les unes à titre permanent, comme la vaccination, les autres à titre temporaire, en cas d'épidémie.

Pour ce qui est d'empêcher la transmission héréditaire des maladies, c'est une question très délicate et qui demande une extrême réserve [3]. La difficulté des recherches en cette matière tient notamment à l'absence de bonnes statistiques : il faudrait dresser des statistiques de familles, embrassant au moins trois générations. Il y a, de plus, à tenir compte de l'action propre du croisement, qui peut modifier profondément l'hérédité. Quant au changement de point de vue apporté par les théories de Weismann, il n'y a pas lieu de s'en inquiéter outre mesure : de ces théories, il résulte seulement que l'hérédité n'a rien à voir dans beaucoup de cas où on croyait la trouver, ou recouvre des phénomènes plus compliqués qu'on ne le supposait jadis ; mais elles ne nient pas, comme on pourrait croire, toute transmission des caractères acquis. — Jusqu'où s'étend donc l'action réelle de l'hérédité? Il est établi que certaines maladies graves, la tuberculose, l'alcoolisme, les maladies vénériennes, exercent sur l'hérédité une influence néfaste : bien souvent, il est vrai, ce n'est pas la maladie elle-même qui se transmet, mais seulement un état

---

1. *Ibid.*, p. 113.
2. *Ibid.*, pp. 21, 31-35.
3. Cf. Woltmann, *op. cit.*; Schallmayer, *op. cit.*.

général de faiblesse qui y prédispose. En ce qui concerne les maladies nerveuses, l'action de l'hérédité est très difficile à isoler de l'influence du milieu ou de l'éducation : néanmoins on voit, à n'en pas douter, certaines d'entre elles, comme l'épilepsie, se transmettre aux descendants, parfois sous forme de tares dérivées[1]. Enfin, en matière d'hérédité psychologique, il n'y a pas moyen de formuler des lois ; et cela pour deux raisons : d'une part, il est malaisé de déterminer la valeur intellectuelle des individus étudiés, la situation sociale n'offrant qu'un critère très faillible[2] ; d'autre part, pour l'hérédité féminine, toute donnée nous manque[3]. Comment distinguer, dès lors, le rôle effectif de l'hérédité d'avec certaines autres influences, telles que l'action, parfois si puissante, exercée par des impressions d'enfance[4] ? On rencontre pourtant quelques cas très nets d'hérédité psychique : l'examen de plusieurs familles aristocratiques ou royales révèle la persistance indéniable d'un certain type, à la fois physique et moral[5]. Il y a des familles de musiciens et de mathématiciens[6] : toutefois, si le talent, en tant que disposition générale, semble pouvoir être héréditaire, le génie, sous ses formes spéciales, reste une exception individuelle et intransmissible. — A ces questions s'ajoute celle des mariages consanguins : la raison par où s'explique, au moins en partie, le caractère dangereux de ces unions, c'est que des hérédités déjà médiocres ont chance, en se rencontrant, de multiplier leurs effets.

L'hygiène sociale se heurte, dans sa lutte contre l'hérédité morbide, à un obstacle particulier : c'est le préjugé du secret médi-

1. Ribot, l'*Hérédité psychologique*, pp. 110-143 (F. Alcan).
2. M. Manouvrier a cité (V. *Dictionnaire de Physiologie* de Ch. Richet, art. *Cerveau*, p. 630 et suiv.) plusieurs cas de cerveaux exceptionnellement lourds, ayant appartenu à des gens qui n'ont joué, durant leur vie, aucun rôle intellectuel notable : il peut y avoir beaucoup de cas analogues.
3. Voir, sur les recherches de Galton, Ribot, *op. cit.*, p. 216.
4. On cite des cas de sauvages revenus à leur forêts (cf. Michaelis, *Prinzipien der natürl. u. soz. Entwickelungsgeschichte des Menschen*. Iéna, Fischer, 1903, p. 58) : hérédité, ou inconsciente suggestion d'un souvenir d'enfance ? Les effets d'une première éducation catholique peuvent se faire sentir, alors même qu'aucune influence héréditaire n'entre en jeu.
5. Galton, *Hereditary Genius* (2e éd., 1892, Macmillan), p. 63 et suiv. (cf. p. 88-89 et 178), cite trois familles anglaises, dont les membres, dans l'espace de plusieurs générations, paraissent avoir été tous distingués. Sur le type des Habsbourg, sur celui des Bourbons, cf. Woltmann, *op. cit.*, p. 75-76.
6. Ribot, *op. cit.*, p. 72 sq. (surtout d'après Galton).

cal. Il nous paraît inadmissible que le médecin sacrifie à ce prétendu devoir du silence (que renforcent parfois, d'ailleurs, des raisons d'intérêt ou de sympathie envers le client) le devoir supérieur envers la santé publique. Il faut lutter contre cette erreur ; il faut aussi, dès aujourd'hui, préparer l'opinion à certaines mesures prophylactiques contre le mariage des gens atteints de maladies dangereuses (tuberculose, maladies vénériennes, maladies mentales). La législation des pays civilisés a bien imposé au mariage certaines limites d'âge, prohibé les mariages consanguins (encore beaucoup de ces mesures sont-elles de simples legs du droit canonique plutôt que des précautions d'hygiène) ; mais, en ce qui concerne le mariage des malades, les interdictions actuelles sont très insuffisantes dans la plupart des pays d'Europe. Aux États-Unis, par contre, deux États, le Michigan et le Connecticut, prohibent et punissent le mariage dans quelques cas de maladies certaines (maladies mentales, idiotie, épilepsie) ; on a songé aussi à exiger des certificats de médecins[1]. Quant à savoir si la limitation apportée au mariage entraînerait nécessairement un accroissement des naissances illégitimes, c'est ce qui n'est nullement assuré[2]. Parmi les solutions proposées, il en est, d'ailleurs, d'un caractère plus ou moins fantaisiste ou draconien : voici, d'après un homme compétent[3], à quoi on pourrait s'en tenir. Le médecin participerait à tout contrat matrimonial, serait appelé, le cas échéant, à fournir un certificat : le secret professionnel n'en serait pas plus gravement lésé qu'il ne l'est, aujourd'hui, au profit des compagnies d'assurances. — La question présente enfin un aspect économique : la misère abaisse la race. Il faudrait, dit-on, mettre obstacle au mariage, quand il doit engendrer des miséreux, l'encourager dans le cas contraire (en favorisant, par exemple, les fonctionnaires mariés). Mais il ne saurait plus être question, à notre époque démocratique, d'interdire le mariage aux gens trop pauvres : on ne peut leur faire payer le crime de la société envers eux. Certes, il y aura toujours des hospitalisés ; mais, à beaucoup de ces pauvres, une meilleure organisation de la société permettrait de gagner leur vie.

D'une façon générale, on peut prévoir que l'humanité prochaine se sentira liée par devoir au bien de la race. Il y aura sans doute des sacrifices faits à l'espèce, des drames où la sympathie et l'amour se trouveront en conflit avec le devoir biologique. On

1. Schallmayer, *op. cit.*, p. 352 et 360-1 ; cf. p. 351.
2. *Ibid.*, p. 361-3.
3. Duclaux, *op. cit.*, p. 261.

concevra aussi le devoir d'aider à la connaissance des lois de la vie, en léguant, par exemple, son corps comme objet d'étude : le respect du cadavre diminuera au profit du respect de la vie. De même disparaîtra le scrupule superstitieux qui nous fait craindre d'abréger les souffrances d'un malade, alors que rien ne peut plus le sauver. Connaissant, d'autre part, le retentissement physiologique des injustices sociales (c'est un fait certain que les pauvres meurent plus que les riches), les hommes croiront d'une foi plus forte au devoir de les combattre. Mieux instruits, enfin, des conditions purement matérielles dont dépend la solution des questions sociales, ils chercheront avant tout à développer assez puissamment la productivité économique pour que chacun ait au moins une vie passable.

Nous avons été conduits à rejeter la théorie suivant laquelle toutes les croyances morales sont orientées vers le progrès biologique de l'espèce.

En vain objecterait-on, d'après un certain nombre de recherches pathologiques, que la plupart de ces croyances sont sous la dépendance d'états organiques. Certes, le pessimisme, la propension au suicide peuvent être l'expression d'une tare nerveuse, d'une dépression vitale : même alors, ces croyances dépendent, quant à leur forme, des conditions particulières à la société où elles se produisent. Chez certaines peuplades sauvages, trop tôt entamées par la civilisation, le suicide ne provient-il pas d'une suppression brusque de l'idéal?

Dès lors, le problème suivant se pose : il faut éprouver notre croyance à la vie, la confronter avec d'autres croyances. La méthode consisterait à consulter la conscience collective, telle qu'elle s'exprime dans les institutions, puis la conscience des hommes compétents — en ayant soin de ne poser jamais aucune question que dans les limites d'un temps restreint —, enfin à interroger, en dernier ressort, sa propre conscience. Dans l'espèce, ces diverses enquêtes concourraient à démontrer que la croyance en question est légitime. Elle se fonde à la fois sur l'opinion collective et sur la pensée de l'élite [1]. Notre respect de la vie physique augmente à mesure que notre science nous rend plus capables de dominer la nature; et ce n'est pas le seul cas où les

---

[1]. On a vu que les hommes compétents demandent, en matière d'hygiène, une législation plus forte. L'idée d'un ministère de la santé publique a été soutenue, en Allemagne, par Schallmayer (*op. cit.*, p. 363), dans les pays anglo-saxons, par Havelock Ellis (*The Nationalisation of Health*, 1892), en France, par M. Duclaux (*op. cit.*, p. 36).

moyens de réaliser un idéal révèlent à la conscience cet idéal lui-même[1].

Maintenant, dans quelle mesure cette croyance est-elle limitée par d'autres? La même méthode permet d'entrevoir la solution de certains conflits, actuels ou prochains. — Une impression qui tout d'abord s'impose, c'est qu'on assiste de nos jours à l'éclosion de nouvelles conceptions biologiques, qui modifieront nos croyances morales; mais aussi, l'on se rend compte que tout ce mouvement d'idées n'est encore qu'un commencement. Le défaut de certains biologistes est de vouloir construire la morale avec des préceptes tirés d'une science qui naît : tel un médecin qui, dédaignant les pratiques empiriques, prétendrait appliquer dès maintenant la thérapeutique de l'avenir. Il est sûr que des transformations résulteront du contact de notre idéal avec les conclusions des sciences de la vie ; mais on ne peut que les entrevoir.

Prenons pour exemple un de ces conflits qui présentement s'annoncent plutôt qu'ils n'éclatent. Les biologistes ont souvent signalé une antinomie entre le développement des races et celui de la civilisation. A les entendre, les races civilisées sont en train d'affaiblir leurs organismes, et s'apprêtent à devenir la proie de races physiquement plus fortes, mais intellectuellement inférieures : en sorte que la civilisation risque de reculer devant une nouvelle barbarie. Et, en effet, les indices sont graves[2] : nos organes, nos sens sont en régression sur ceux des sauvages; la fréquence de la carie des dents chez les deux sexes, le rachitisme et toutes les déformations du squelette, l'affaiblissement chez la femme des fonctions de la gestation et du nourrissage, la multiplication de la neurasthénie, qui envahit même les campagnes, sont les signes d'une profonde décadence organique. Loin d'être un remède, notre hygiène, contraire à la sélection naturelle, ne fait que s'opposer à l'épuration de la race : c'est par elle que vivent et se perpétuent ces êtres débiles et malingres qui eussent péri dans la rudesse des civilisations primitives[3].

---

1. Ainsi s'explique, par exemple, la résistance que rencontrent dans beaucoup d'esprits les idées de justice sociale : montrez-leur le régime socialiste *en voie de réalisation*, vous ferez tomber leurs préventions.

2. Cf. Woltmann, *op. cit.*, p. 116 et suiv..

3. Dans les sociétés animales, les malades sont chassés : la nature, en se chargeant de les supprimer, les empêche de perpétuer leur faiblesse. Les tribus sauvages isolent leurs membres atteints de maladies infectieuses ou mentales; le moyen âge reléguait ses lépreux dans des maladreries. Woltmann remarque, d'après des témoignages directs (*op. cit.*, p. 152), que, chez certaines peuplades, les enfants sont beaucoup plus

On invoque souvent avec fierté l'accroissement de la durée moyenne de la vie : mais ce fait ne témoigne que de la puissance de l'hygiène, non du progrès de l'organisme. La vie urbaine, en particulier, produit une excitation cérébrale d'une intensité meurtrière. Il est vrai que le poids du cerveau augmente ; mais cette augmentation est très petite, plus faible, semble-t-il, d'une génération à l'autre qu'elle n'a dû l'être dans la préhistoire ; et d'ailleurs, à supposer même qu'on pût sélectionner les cerveaux, on n'en serait pas plus avancé, car on n'aurait pas accru le goût de la vie : l'intelligence, qui fait comprendre les choses, ne les fait pas nécessairement aimer. Si, malgré le déclin physiologique, la civilisation peut encore progresser, c'est que le mouvement acquis supplée à la lenteur de la marche : l' « hérédité sociale », comme on a dit, compense l'hérédité organique, si bien qu'un élève moyen de mathématiques spéciales sait plus de choses que Newton. Aussi certains biologistes crurent-ils pouvoir compter, pour lutter contre la décadence, sur la transmission héréditaire de la puissance nerveuse ; mais c'était trop accorder à l'hérédité : en général, les fonctions complexes, comme l'aptitude mathématique ou esthétique, ne se transmettent pas. Il arrive même que la contradiction éclate entre les qualités physiques de la race et le développement de l'esprit : ainsi les tares nerveuses paraissent solidaires du progrès intellectuel. La neurasthénie, par exemple, peut être un admirable moyen de sélection : elle prédispose à une mobilité d'esprit dont l'utilité se fait sentir dans une époque de transformations sociales rapides. On sait enfin que, dans tous les pays civilisés, l'accroissement de la population subit un ralentissement continu.

Sommes-nous donc acculés à une impasse ? Faut-il sacrifier les intérêts de la civilisation à ceux de la race ? — En aucune façon. L'intelligence elle-même est un moyen de multiplier les forces physiques; la science nous donne des recettes pour vaincre la nature, pour nous créer des milieux appropriés. De plus, nous ne voulons pas, assurément, que la race meure ; mais l'idéal d'une santé normale (ni Apollon, ni Hercule Farnèse) nous suffit, et il ne paraît pas inconciliable avec les exigences de la civilisation. Ne développe-t-elle pas le système nerveux, ce merveilleux moyen

beaux que les nôtres; dans les Indes Orientales, les enfants nés de colons Européens sont eux-mêmes très robustes, parce que le climat dangereux, produisant une mortalité considérable, est un agent de sélection. — M. Duclaux (*op. cit.*, p. 53-58) observe que, par suite d'une immunisation spontanée, dont la vertu paraît héréditaire, le citadin chétif résiste mieux aux épidémies que le campagnard vigoureux.

d'adaptation[1] ? Si l'hérédité ne transmet pas toutes les qualités acquises, elle transmet du moins le pouvoir de résister à certaines maladies[2]. — D'autre part, la sélection naturelle n'est pas le seul moyen de lutter contre la dégénérescence : la sélection artificielle, celle que pratiquent les éleveurs, peut, dans les conditions où elle s'exerce, donner des résultats supérieurs. La diminution de la population n'est dangereuse que dans certaines limites : les soins que nous prodiguons aux enfants, le souci de n'engendrer que dans des conditions normales, sont des moyens de perfectionnement. — D'ailleurs, si le développement de la sensibilité, l'attrait exagéré du plaisir constituent des périls pour la race, le développement de l'intelligence n'a en lui-même rien de malsain ; seuls sont fatigants l'exercice purement littéraire, philosophique ou artistique, la réflexion qui se replie sur soi et se nourrit d'elle-même : appliquée à des *choses*, l'activité intellectuelle est, comme le travail manuel, à la fois repos et travail. — Puis, il n'est pas vrai que la civilisation soit nécessairement une course rapide, haletante, vers un but lointain et qui fuit sans cesse : si notre régime économique actuel est essentiellement un régime de circulation des richesses, d'échange pour l'échange, il n'est pas dit que nous n'en puissions établir un autre : il ne faut pas faire de l'évolution une chose en soi, qu'on doive contempler et adorer. — Enfin une autre solution du conflit pourrait être cherchée dans le droit que nous avons de limiter à une certaine partie de la population le développement intellectuel. Aujourd'hui on veut élever tout le monde à la pensée, propager l'éducation scientifique ; mais il n'y a là qu'une nécessité d'un certain moment de l'histoire : tant qu'on peut craindre une réaction religieuse contre l'esprit laïque, il faut maintenir à tout prix l'idée de la valeur de la science. Du jour où cette crainte n'aurait plus de raison d'être, le conflit peu à peu cesserait. Et c'est ainsi qu'on peut dès maintenant entrevoir la solution d'un problème d'avenir.

III. — LES SOCIÉTÉS ET LA LUTTE POUR LA VIE

Passons à un nouveau groupe de théories biologiques : j'entends celles qui, tout en reconnaissant aux croyances

---

1. La facilité avec laquelle les Juifs s'acclimatent un peu partout s'explique par le développement remarquable, parfois même pathologique, de leur système nerveux.
2. Duclaux, *op. cit.*, p. 51.

morales un caractère spécifique, les soumettent à des lois *formellement* identiques à celles de la biologie[1].

Ici encore, parmi les conditions de survivance des sociétés, le bonheur des individus n'entre pas en ligne de compte. Bien plus, le triomphe d'une société n'a aucun rapport avec la force des individus considérés comme tels. Idée féconde : ce qui importe à ce triomphe, c'est que les individus soient pénétrés de l'idéal social, ce n'est pas leur force intellectuelle ou physique. Le Spartiate, par exemple, humainement inférieur à l'Athénien, lui était socialement supérieur. — En outre, ces théories, nullement utilitaires, admettent que l'évolution des sociétés n'est pas déterminée par la conscience de leurs intérêts : les mobiles conscients d'après lesquels elles agissent sont de purs épiphénomènes. C'est le maintien des sociétés, et non pas leur bonheur, qui est le but de cette évolution.

Le principe de ces théories est le suivant : les sociétés qui ont triomphé ont toujours soutenu des croyances morales utiles. Et ce n'est pas seulement la morale, ce sont les arts, les sciences, etc., qui ne se sont développés que dans la mesure où ils servaient la société dans sa lutte pour la vie. — Remarquons que ces doctrines ne font que transposer en un langage scientifique la métaphysique de Hegel, qui n'est elle-même qu'une transposition de doctrines théologiques : le Dieu des armées est toujours complice du succès.

Mais que valent ces affirmations ? D'abord, il n'est pas vrai que des croyances nuisibles fassent aussi vite disparaître une société qu'une tare physique fait périr un individu. — Puis, il paraît impossible de montrer que les croyances religieuses

---

1. Cf. *supra*, p. 40. Voir, outre les ouvrages déjà cités de la collection *Natur und Staat* (Iéna, 1903), Schaeffle, *op. cit.*; Kidd, *Social Evolution* (Macmillan, 1895); Leslie Stephens, *The Science of Ethics* (L^n, Smith, Elder, 1882); Alexander, *Moral order and progress* (1e éd. L^on. Kegan Paul, 1899); Ritchie, *op. cit.* et *Studies in political and social Ethics* (1902).

des peuples primitifs aient toujours correspondu strictement à un intérêt social. — Ajoutons que la force même de l'idéal moral peut être pour un peuple une cause, non de triomphe, mais de mort : une société peut *se surmener* pour son idéal ; suivant une idée de Woltmann[1], les races supérieures se sacrifient à l'espèce humaine. — Enfin la mort d'un peuple n'est pas nécessairement liée à un amoindrissement de son idéal : elle peut provenir de causes tout extérieures, par exemple d'une invasion. L'idéal moral n'est donc pas, pour les sociétés, une condition de survie.

Cette conclusion s'applique particulièrement aux civilisations modernes, où l'idéal est devenu international : que de conflits s'élèvent et se sont élevés entre cet idéal et l'intérêt particulier des sociétés! Dans l'ancienne Grèce, déjà, Aristophane avait bien vu le danger des doctrines de Socrate : il y avait là un idéal rationnel qui dépassait, contredisait l'idéal de la *cité*. Mais d'autres l'acceptèrent ouvertement : l'empire d'Alexandre, nous apprend Plutarque, réalisait le rêve cosmopolite des stoïciens[2]. Plus tard, le Dieu des premiers chrétiens s'opposait à l'idéal national de Rome. Il est enfin un exemple typique d'un peuple qui, consciemment, sacrifia sa vie nationale à sa foi : certains prophètes d'Israël comprirent qu'il fallait choisir entre la vie propre du peuple Juif et l'idéal universel qu'il portait en lui[3]. L'idée sociale peut donc s'opposer à l'intérêt social. La France, par exemple, a souvent défendu l'*idée* au risque de compromettre sa sécurité propre[4] ; elle a « lancé » ces idées de justice

---

1. Woltmann, *op. cit.*, p. 293.

2. Plutarque, texte cité dans Zeller, *Die Philosophie der Griechen*, III, 1, 4e édition (1909), p. 307.

3. Renan, *Histoire du Peuple d'Israël*. Renan a exprimé dramatiquement la même antinomie dans le *Prêtre de Némi*.

4. Notamment au XVIIe siècle, où, suivant Guizot, elle représente à ses risques la civilisation, contre la puissance matérielle, économique, que

sociale que des peuples plus pratiques ont su réaliser bien mieux qu'elle.

Dira-t-on cependant qu'*en gros* l'idéal moral contribue à la conservation de la vie sociale, à la survie de l'instinct de sociabilité ? Mais la question, ainsi posée, est beaucoup trop générale pour qu'on y puisse répondre.

On a pourtant essayé de démontrer *a priori* que l'idéal moral tend à maintenir la vie des sociétés : s'il en était autrement, selon M. Durkheim [1], les sociétés humaines auraient disparu par l'effet de la sélection naturelle. Mais, outre qu'on réduit à tort la croyance morale au type social moyen, la présence d'un idéal au sein d'une société ne prouve nullement que cet idéal contribue à l'intérêt social : tout au plus peut-on conclure qu'il n'est pas immédiatement mortel. « L'observation des faits historiques, dit justement M. Seignobos [2], ne montre pas que les choses se soient toujours passées de la façon la plus avantageuse aux hommes ou la plus rationnelle. »

Au fond, les théoriciens que nous critiquons obéissent à la crainte d'un idéalisme métaphysique ou religieux. Au XVIII° siècle, l'homme, ayant rompu avec Dieu, n'aperçut plus d'autre idéal que celui de la vie égoïste : de nos jours on fait jouer le même rôle à l'intérêt social. Mais, après la disparition des préjugés religieux et métaphysiques, l'humanité

représente la Hollande (*Histoire de la Civilisation en Europe*, p. 13; cf. pp. 376 et suiv.).

1. Voir *Les Règles de la Méthode sociologique*, p. 73 : « Cette généralité [des caractères dont la réunion forme le type normal]... serait inexplicable si les formes d'organisation les plus répandues n'étaient aussi, *du moins dans leur ensemble*, les plus avantageuses. Comment auraient-elles pu se maintenir dans une aussi grande variété de circonstances si elles ne mettaient les individus en état de mieux résister aux causes de destruction ? » Cf. *ibid.*, p. 119-120 : « Si l'utilité du fait n'est pas ce qui le fait être, il faut généralement qu'il soit utile pour pouvoir se maintenir. Car c'est assez qu'il ne serve à rien pour être nuisible par cela même, puisque, dans ce cas, il coûte sans rien rapporter... »

2. Langlois et Seignobos, *Introduction aux études historiques*, p. 249.

ne maintiendra-t-elle pas, au-dessus de l'intérêt social, un un idéal social?

Puis c'est un étrange postulat de n'admettre de lutte pour la vie qu'entre les sociétés nationales! L'homme moderne fait partie de sociétés qui débordent les frontières (églises, partis, classes, etc.) : la lutte s'engage dès lors entre des *idées,* notamment entre l'idéal national et l'idéal international[1]. Et ce n'est pas le succès, c'est la conscience qui, dans chaque cas, décide[2].

Une autre idée, que ces théories transportent de l'ordre biologique dans l'ordre social, est celle du *triage,* s'effectuant grâce aux *variations utiles,* à la persistance d'*accidents heureux.* Cette conception de « l'accident heureux » n'est pas sans application possible[3] : des causes accidentelles ont souvent amené, dans l'histoire, des modifications profondes[4]. Mais on pose mal le problème quand on demande quelle est la part du *hasard* dans la vie des peuples : il faut demander s'il y a, ou non, des directions définies, prédéterminées de l'évolution[5]. Or ces directions existent. De plus, la sélection naturelle n'est pas ici seule à agir : l'homme inter-

---

1. Certains représentants de la morale biologique obéissent à un préjugé nationaliste, et surtout allemand : l'Allemagne, étant le pays le plus fort, représente l'Idée!

2. Ce n'est pas le lieu d'approfondir ce problème : mais nous croyons qu'à le poser en termes modestes, beaucoup d'antithèses dramatiques, familières à nos polémistes turbulents, doivent disparaître (Voir, *infra,* le cours sur *la Patrie*).

3. Voir Cournot, *Considérations sur la marche des idées et des événements dans les temps modernes.*

4. Langlois et Seignobos, *op. cit.,* p. 215 : « Une troupe de chevaux amenée par les Espagnols a peuplé toute l'Amérique du Sud. Dans une inondation, un tronc d'arbre peut barrer le courant et transformer l'aspect d'une vallée... L'Angleterre, au XVIe siècle, a changé trois fois de religion par la mort d'un prince. »

5. L'opposition entre historiens et sociologues correspond, sur ce point, à celle des darwiniens et des néo-lamarckiens. (Voir plus bas, p. 54-55.)

vient dans l'évolution sociale, comme l'éleveur dans l'évolution biologique par la sélection artificielle. — On applique encore ici la conception de la *concurrence vitale* : c'est ce que font les économistes orthodoxes, bien qu'ils se cramponnent, par ailleurs, à des privilèges qui en entravent le libre jeu. Mais l'homme n'a-t-il pas le droit d'adapter les forces naturelles à des fins propres? — Enfin on invoque, en l'assimilant presque à l'hérédité organique, une prétendue force d' « *hérédité sociale* ». Mais cette expression n'a évidemment que la valeur d'une métaphore.

Nous ne pouvons donc, en définitive, comme le font ces morales biologiques, éliminer des problèmes moraux l'étude directe de la conscience et des croyances humaines.

Une théorie morale analogue aux précédentes est celle qui *pourrait* se déduire des idées de M. Bergson[1] sur la nature purement pratique de la science, sorte d'œil immense dirigeant un bras immense. Le pragmatisme, qui, en Angleterre et en Amérique, correspond à cette philosophie, aboutit, d'ailleurs, en morale, soit au « *personal idealism* » de l'Université d'Oxford, qui s'inspire de W. James, soit à une morale de la contemplation (Taylor, Bradley), morale de l'artiste ou de l'homme religieux, qui rejette l'action à un rôle secondaire[2].

Ajoutons que toutes les morales dont nous avons parlé sont fondées sur des conceptions darwiniennes ou néo-darwiniennes de la biologie : le principe en est que tout se passe dans la nature comme si elle avait pour objet de maintenir la vie de l'espèce au travers d'accidents heureux. Or cette conception n'est pas seule régnante. Les néo-lamarckiens admettent dans la nature des directions définies, une unité qui

1. Cf. la conception de la science chez M. Leroy et M. Wilbois.
2. [Pour une discussion plus étendue du pragmatisme, v. *infra*, p. 395].

paraît résulter d'un plan : les uns, il est vrai, tels que Cope, Baldwin, trouvent à ces directions un but utilitaire où tendrait une certaine intelligence inconsciente des espèces ; mais pour d'autres, tels qu'Eimer[1] (et cette idée nous intéresse davantage), l'« *orthogénèse* » se poursuit indépendamment de toute utilité : les *formes* différentes se succèdent en vertu d'une sorte de plan géométrique. Cette conception quasi-mathématique, esthétique, de l'évolution pourrait, au même titre que la conception utilitaire des darwiniens, donner naissance à une morale ; et celle-ci, fondée sur l'indifférence de la nature, contrasterait avec les morales biologiques précédemment étudiées. Elle n'aurait d'ailleurs pas plus de valeur : mais il est de bonne polémique de l'y opposer.

*

Notre étude des morales biologiques nous a-t-elle permis de vérifier ce principe : que toute doctrine qui ne limite pas la spéculation par une perception morale commune, ou susceptible de le devenir, aboutit à des sophismes ? — Ces sophismes, consistant à donner un sens précis à une proposition indéterminée ou à élever à l'absolu un fait spécial, nous les avons trouvés dans la partie métaphysique des théories en question.

Mais si celles-ci réussissaient à interpréter le fait moral d'un point de vue biologique, notre thèse en serait infirmée : nous serions tenus de remplacer le fait moral par un fait d'un autre ordre. Une croyance morale prévalente serti-

---

1. Eimer, *Orthogenesis der Schmetterlinge*. Ce sont les formes géométriques des stries des papillons ou de la coquille des escargots qui permettent de classer les espèces : or elles ne correspondent à aucune utilité. Un grand nombre de faits de mimétisme s'expliquent sans aucune raison d'utilité, par une action purement mécanique du milieu.

elle donc à promouvoir, soit la vie physique de l'espèce, soit la vie des sociétés humaines ? — Nous avons montré qu'il n'en était rien. Où l'on invoque directement la vie, l'intérêt social, c'est, en réalité, la croyance à la vie, la croyance à l'intérêt social, qui agissent.

Nous avons donc écarté l'un des deux grands types que peut présenter toute théorie morale objective : celui où le phénomène objectif (dans l'espèce, biologique) est considéré comme *facteur* de la croyance morale. Reste l'autre attitude, consistant à n'y voir qu'un *signe* de cette croyance : la croyance à la vie ou à l'intérêt social serait tout le contenu de la morale. Mais, même sous cette forme, les théories biologiques ne sont pas acceptables : il y a des croyances morales qui dépassent celles-là... Dès lors, nous entrevoyons (bien que nous ne puissions encore l'établir) la méthode à suivre pour savoir ce qu'un peuple ou un individu doivent croire ; il faudra se référer, non pas à un signe extérieur de la croyance, mais à la croyance elle-même. La question sera de distinguer les consciences compétentes, puis, l'enquête faite, de voir quel résidu d'idéal reste au fond de la nôtre.

Nous avons vérifié enfin que certains faits extérieurs pouvaient, à condition de considérer de très longues périodes historiques, servir de signes à des croyances morales : ainsi le devoir envers la vie, ou envers l'intérêt social, étant admis, et confirmé par une longue induction, la vie, l'intérêt social, peuvent être pris pour signes de l'idéal. Mais cela ne sert guère dans la pratique : en attendant que la concordance soit établie, nous sommes obligés d'écouter notre conscience. Il se peut que des conflits éclatent un jour entre l'amour, par exemple, et certaines prévisions dues aux lois de l'hérédité : pour le moment, nous n'avons pas de raison suffisante de sacrifier, systématiquement, à des lois encore mal établies, des sentiments réels. La science révélera peut-être dans l'avenir ce qui aurait été aujourd'hui notre devoir; mais elle arrive trop tard; l'action ne peut attendre. Nous fier, pour le présent, à notre sentiment immédiat de l'idéal, c'est faire notre devoir de vivants : la postérité, qui sera positive et historienne, ne nous condamnera pas.

CHAPITRE II

LES MORALES SOCIOLOGIQUES

I. — LA THÉORIE DES RACES ; L'ANTHROPOGÉOGRAPHIE

Nous commençons maintenant l'étude des conceptions sociologiques de la morale. La variation des valeurs morales correspond-elle toujours à une variation des croyances collectives, ou de certaines d'entre elles ? Tel est le problème général à résoudre[1].

Nous rencontrons d'abord une conception anthropologique, selon laquelle les croyances collectives expriment la *race*, et qui, au premier abord, diffère peu des théories biologiques précédemment étudiées. La différence existe pourtant : tandis que ces dernières, en général, considéraient globalement l'espèce humaine, les théories dont nous allons parler divisent l'humanité en sociétés particulières, ayant chacune une histoire différente. De plus, elles sont indépendantes des idées darwiniennes, qui sont, nous l'avons vu, à la base de la plupart des morales biologiques. — Sous la diversité des croyances collectives, il faut chercher, dit-on, des différences de races : par là on entend s'opposer à l'idéal rationaliste du xviiie siècle, sans apercevoir le parti qu'une méthode positive, appliquée à la morale, en pourrait encore tirer. — Ces théories se présentent sous deux formes : tantôt on voit dans les différences

---

[1]. Sur les théories en question, voir Barth, *Die Philosophie der Geschichte als Soziologie*, Leipzig, Reisland, 1897.

de races la *cause* des différences sociales ; tantôt les premières ne sont-elles-mêmes regardées que comme des effets : la race est, non plus une cause, mais un *signe* de l'évolution sociale.

Il y a, suivant les premières de ces doctrines[1], certaines *qualités de race*, qui manifestent extérieurement la nature psychologique et morale d'un groupe d'hommes[2] : ces qualités sont la couleur de la peau, des cheveux, la taille, la forme du nez, etc.[3], et surtout l'indice céphalique. Mais on ne peut soutenir qu'à telle forme crânienne corresponde tel développement mental. Ce qui importe le plus comme signe de ce développement, c'est le poids du cerveau : or ici même il n'est pas certain qu'on ait affaire à une correspondance rigoureuse[4]; en tout cas, ce poids n'est pas en rapport avec la conformation extérieure du crâne. Une autre difficulté, c'est que, chez les populations civilisées, les différences de races deviennent de moins en moins sensibles ; les différences de classes, en Europe, sont plus marquées. Aussi bien Woltmann, par exemple, est-il forcé d'admettre de faux brachycéphales et de faux dolichocéphales[5]; et comme l'existence

1. Bibliographie très abondante. A consulter particulièrement, parmi les critiques de la théorie des races : Lacombe, *De l'histoire considérée comme science* (1894), ch. xviii; Deniker, *Les Races et les peuples de la Terre* (1900); Manouvrier, *L'indice céphalique et la pseudo-sociologie*, Revue de l'Ecole d'Anthropologie, 1899; Ripley, *the races of Europe*, 1899; Hertz, *les Sources psychologiques des théories des Races*, Revue de Synthèse Historique (1903-4); Robertson, *The Saxons and the Celts*; Renan. *Qu'est-ce qu'une nation? (Discours et conférences)*; Colajanni, *Latins et Anglo Saxons, races supérieures et races inférieures* (trad. fr., Alcan, 1905); parmi les partisans de cette théorie : Gobineau, *Essai sur l'inégalité des races humaines*, 2ᵉ édit., 1884 (cf. Seillère, *Le comte de Gobineau et l'aryanisme historique*, et le c.-r. de G. Richard dans la Revue Philos., 1903, 2, p. 433); les ouvrages déjà cités de V. de Lapouge, O. Ammon et Woltmann.

2. Ces théories ne reposent pas nécessairement sur l'hérédité des qualités acquises : M. V. de Lapouge, par exemple, limite l'action de ce facteur et accorde beaucoup plus d'importance à la sélection naturelle.

3. Voir la liste dans Deniker *op. cit.*, ch. i-iii.

4. Manouvrier l'admet (art. Cerveau dans le *Dictionnaire de Physiologie* de Ch. Richet, p. 671-718); Deniker exprime des réserves, *op. cit.*, p. 123.

5. Woltmann, *op. cit.*, p. 67.

de Juifs blonds ou roux gêne son antisémitisme, il suppose que David et Jésus n'étaient pas de vrais Juifs[1]! Nous n'admettrons donc pas, sur cette question des races, les conclusions hardies de M. de Lapouge[2].

La seconde forme que peut présenter la théorie des races, c'est la conception nationaliste : il s'est constitué, dans certains groupes d'hommes, des types psychologiques irréductibles, qui se sont transmis par l'hérédité. Cette conception, d'origine allemande, s'est développée sous deux influences : la guerre de 1870, qui a donné lieu à des justifications philosophiques de l'annexion (la théorie en question est celle de Bismarck[3]) et l'antisémitisme, qui inspire, par exemple, Treitschke. En France, cette doctrine, qui attache à l'hérédité une extrême importance, a été soutenue par MM. Barrès, Maurras, Drumont, Soury. — Elle contient quelque chose de positif. En fait, des races se créent sous l'influence des conditions d'existence : même si les Juifs ne formaient pas, avant la dispersion, un groupe ethnographiquement défini, il a pu se constituer, depuis lors, une race juive. C'est ainsi que des types professionnels en arrivent à se transmettre.

Seulement, les signes héréditaires n'ont pas l'importance qu'on leur attribue : ils ne correspondent pas nécessairement à des survivances psychologiques. Et il peut y avoir moins de différence d'une race supérieure à une race inférieure que d'un homme de génie à la masse de ses concitoyens. — On

1. Woltmann, ib., p. 289.
2. Cet auteur distingue trois races européennes : au nord, des dolichocéphales blonds ; au centre, des brachycéphales bruns ; au sud, des dolichocéphales bruns. Actuellement les dolichocéphales blonds, les Anglo-Saxons, sont supérieurs ; les brachycéphales bruns sont en train d'être mangés par les Juifs (Sélections sociales, chap. 1 et suiv.). Mais de la guerre russo-japonaise résulterait, sans doute, quelque modification de cette théorie ?
3. Bismarck oppose la rudesse des Germains à la mollesse des Celtes (Andler, Le prince de Bismarck, p. 116). Cette théorie fut enseignée en Allemagne : voir Guilland, L'Allemagne nouvelle et ses historiens, p. 135.

invoque des qualités de race absolument irréductibles ; mais il paraît difficile de les désigner. Par exemple, il est très douteux que toute race noire soit incivilisable[1]. Les caractères nationaux changent[2]. L'immigration, entre autres causes, contribue constamment à les modifier[3].

Dès lors, le problème se pose ainsi : d'une part, y a-t-il actuellement des répugnances invincibles de race à race? D'autre part, avons-nous le devoir de les maintenir? Sur l'un et l'autre point, la réponse *peut* être affirmative : on peut concevoir, pour les Boërs, par exemple, le devoir de maintenir pur le type psychologique national. La première question est affaire de discussion positive ; la seconde, affaire de conscience. On reconnaîtra le sentiment raisonnable à ce signe, qu'il résiste à l'épreuve. Si l'on fait cette enquête, on aboutira de plus en plus à des sentiments en *équilibre mobile;* on distinguera, par exemple, entre l'union politique et l'union sociale ou sexuelle : il se peut que, de telle à telle race, l'une soit impossible et non les autres. Les conflits se résoudront d'eux-mêmes à mesure que nos sentiments deviendront moins *globaux*.

Nous ne dirons que quelques mots des théories sociologiques qui se rattachent à la « géographie humaine » : elles ressemblent aux précédentes, et d'ailleurs n'étudient pas spécialement les croyances morales. Elles se présentent d'abord sous une

---

[1]. Quoi qu'en disent MM. Langlois et Seignobos, *Introd. aux études historiques*, p. 235. Cf. en faveur des États nègres, St. Merrill, *La question noire aux États-Unis*, II, dans l'*Européen* du 11 février 1905. Pour les races jaunes, les mêmes réserves s'imposent encore bien davantage. L'Extrême-Orient a été positiviste en morale avant l'Occident, et sa morale est très haute : cf. Chavannes, *Le prix de vertu en Chine* (Académie des Inscriptions, séance publique de l'Institut, 1904).

[2]. Par exemple, au xviiᵉ siècle, l'Angleterre était révolutionnaire : elle est aujourd'hui le peuple conservateur par excellence ; pour la France, c'est le contraire, etc..

[3]. Cf. Ratzel, *Anthropogeographie*, I (2ᵉ édit., 1899), pp. 114-149.

forme sentimentale ; le patriotisme est alors assimilé à l'amour du sol ; — puis sous une forme politique : c'est la théorie des « frontières naturelles », qu'on trouve chez Mommsen, chez Treitschke[1] (tout grand pays a besoin de s'arrondir), et qui guidait la politique de Frédéric II, les guerres françaises de l'ancien régime et de la Révolution ; — enfin, sous une forme scientifique : Michelet, par exemple, a prétendu donner à l'histoire une base géographique[2] ; — mais c'est en Allemagne qu'il faut chercher, chez Herder et son disciple, le géographe Ritter, les origines de la conception « anthropogéographique », actuellement représentée par Ratzel[3].

D'après cette conception, le corps et l'esprit des hommes se modifient peu à peu sous l'empire d'influences géographiques : influences statiques (action du sol) et dynamiques (voyages, migrations), d'où peuvent résulter des races. De là on tire parfois une apologétique patriotique[4]. Mais, si cette théorie est susceptible d'applications scientifiques[5], la base géographique d'une société ne saurait du moins, pas plus que

1. Mommsen, *Römische Geschichte*; Von Treitschke, *Politik, Vorlesungen gehalten an der Universität zu Berlin* (1897-1898).
2. Voir ses lettres à Peyrat. Cf. Jullian, *Extraits des Historiens français du XIX*e *siècle*, introd., pp. XIIS-I.
3. Ratzel, *Der Staat und sein Boden geographisch beobachtet* (1896); *Anthropogeographie*, 2e édit (1899), où se trouve l'historique de ces théories ; *Politische Geographie* (1897). Cf. Vidal de la Blache, *La Géographie politique (à propos des écrits de M. F. Ratzel)* dans les Annales de Géographie, vol. VII (1898), et du même, *La Géographie Humaine (ses rapports avec la géographie de la vie)*, dans la Revue de Synthèse Historique (1903), ainsi que les c.-r. de Durkheim (Année Sociologique, t. I, p. 533 sq.; t. II, p. 522 sq.).
4. Cf. Vidal de la Blache, *Tableau de la géographie de la France*, t. I de l'*Histoire de France* de Lavisse ; Schrader, *La Synthèse géographique, historique et morale de la France*, Union pour l'Action morale, juin 1898 : les destinées de la France seraient inscrites dans son sol.
5. L'Angleterre, dont la population anglo-saxonne, essentiellement maritime, devint agricole, offre un des plus beaux exemples de la transformation du tempérament d'un peuple par son sol. Cf. Boutmy, *Essai d'une Psychologie politique du peuple anglais au XIX*e *siècle*, p. 109. Ratzel montre que les nomades sont naturellement conquérants (*Anthropogeographie*, I, 2e édit., pp. 152-155 ; *Politische Geographie*, 2e édit., p. 132).

la race, imposer aux croyances morales une direction déterminée. Avant 1870, Michelet croyait l'Allemagne prédestinée par son sol à la division politique (ainsi qu'au panthéisme) : l'histoire a démenti la géographie[1]. Ce qui importe, ce n'est pas le sol, c'est l'usage qu'en fait la technique humaine.

Prenons, par exemple, l'idée de frontière ; Ratzel lui-même a bien montré tout ce que cette notion comporte d'idéologique, d'idéal, même lorsqu'il y entre des éléments naturels. Peut-on dire, à la rigueur, qu'un fleuve *sépare* deux peuples? Inversement, bien des frontières purement artificielles sont absolument sûres. Quand un peuple se fixe une « frontière naturelle », c'est seulement une limite qu'il fixe à l'intensité de son désir d'expansion. Ici comme ailleurs (ce fut, notamment, l'effort de Marx et d'Engels dans la théorie de la valeur), il faut, par delà les symboles matériels, dégager les désirs, les croyances, les facteurs humains et psychologiques qui en sont la substructure[2].

Nous aboutissons donc à une double conclusion. D'une part, la nature, tant physique que sociale, peut être modifiée par l'idéal humain : comme l'a vu Comte, elle est quelque chose de plastique. Mais d'autre part, nous n'acceptons, pas plus qu'un réalisme matérialiste, cet idéalisme abstrait qui croit à une transformation soudaine et absolue du monde par l'idée. L'institution de la république sociale ne ferait pas, du jour au lendemain, disparaître ces besoins collectifs qu'expriment les frontières : elle pourrait seulement les organiser de

1. De même Proudhon croyait l'Italie prédestinée au fédéralisme (*La Fédération et l'Unité en Italie*, 1862) ; c'était aussi l'avis de Taine, qui déclarait les Italiens trop légers pour faire un Etat (*Voyage en Italie*, II, pp. 428-430).

2. Ce n'est pas la pluie qui chasse le promeneur, fait remarquer M. Belot (*L'Utilitarisme et ses nouveaux critiques*, Rev. de Métaphysique et de Morale, 1894, p. 454), mais le désir de s'en préserver : un fou ne bougerait pas.

façon nouvelle. L'idéal doit donc être conçu comme une « idée expérimentale », qui s'éprouve sans cesse au contact des circonstances.

II. — LE MATÉRIALISME HISTORIQUE

Les théories que nous allons maintenant examiner sont plus strictement sociologiques : elles considèrent la réalité collective en elle-même. Il y en a de très diverses : les premières dont nous parlerons sont des conceptions globales de la société, qui ne distinguent pas du fait social le fait proprement moral. La société est regardée comme un *ensemble*. Quelques-unes des doctrines en question font dépendre cet ensemble d'un élément particulier, d'une espèce déterminée de faits sociaux. D'après le « matérialisme historique », qu'il serait plus précis d'appeler « conception économique de l'histoire », cet élément consiste dans les faits économiques : c'est suivant la transformation des besoins économiques que s'opérerait l'évolution sociale tout entière [1].

[1]. Principaux textes : — Exposés généraux de la doctrine : Marx et Engels, *Die heilige Familie, oder Kritik der kritischen Kritik, gegen Bruno Bauer und Consorten* (Francfort, Rütten, 1845), publié de nouveau par Mehring, *Nachlass von Marx, Engels und Lassalle* (4 vol. parus depuis 1902) ; — *Le Manifeste communiste* (1847), traduction avec *Introduction historique et Commentaire*, par Ch. Andler (Bibliothèque socialiste de la Société nouvelle de librairie et d'édition, Paris, n°8-10).
Marx, *La misère de la philosophie*, réponse à la *Philosophie de la misère* de M. Proudhon (Paris, Franck, 1847), nouv. édit. dans la Bibliothèque socialiste internationale (Paris, Giard et Brière, 1896) ; — *Zur Kritik der politischen Œkonomie* (1859) = *Critique de l'Économie politique*, trad. française de Léon Rémy (Paris, Schleicher, 1899) ; — *Das Kapital*, livre I (1867 ; 4e édit. en 1890) = *Le Capital*, trad. française revue par Marx (à la librairie du Progrès, Paris, 1872-73) ; livre II (édité par Engels, 1885), livre III (édité par Engels, en 2 vol., 1894), traduits en français en Belgique (Bruxelles, Institut Sciences sociales, 1900-02).
Engels, *Herrn Eugen Dühring's Umwälzung der Wissenschaft* (cité sous le titre : *Anti-Dühring*) (1878 ; 2e édit., avec préface, Zürich, Volksbuchhandlung, 1886) ; — extrait remanié du précédent : *Die Entwicklung des Sozialismus von der Utopie zur Wissenschaft* (1882 ; 4e édit., Berlin, librairie du Vorwärts, 1891) : fragments traduits sous le titre : *La Force*

Remarquons avant tout que les idées de Marx et d'Engels sont des vues d'hommes d'action. Elles ont pris, par la suite, une grande importance doctrinale ; mais, originellement, la théorie n'a pas été une théorie de cabinet ; militants, ses créateurs avaient bien autre chose à faire ! Le matérialisme historique est une idée surgie de l'action, puis projetée dans l'histoire. Cette origine n'est pas pour la disqualifier ; si elle explique les incohérences de la doctrine, elle est aussi la

et l'Économie dans le Développement social, dans la revue Le Devenir social, 1ᵉ année (Paris, Giard et Brière, 1896) ; — Ludwig Feuerbach und der Ausgang der klassischen deutschen Philosophie (1888 ; 3ᵉ édit., Stuttgart, Dietz, 1903) ; — Ueber den historischen Materialismus, dans la Neue Zeit, XI. Jahrgang, Bd. I (1892-93) ; — Lettres traduites dans le Devenir Social (mars 1897) et reproduites par A. Labriola, Socialisme et Philosophie, appendice II, pp. 249-262 (Paris, Giard et B., 1899) ; de nombreux articles d'Engels ont été traduits dans le Devenir social.

Applications de la théorie à des questions spéciales :
Marx, Révolution et Contre-Révolution en Allemagne, trad. fr. de Laura Lafargue (Bibl. soc. internat., Paris, Giard et Brière, 1900) ; — Die Klassenkämpfe in Frankreich, 1848 bis 1850 (1850, réédité avec une préface d'Engels, Berlin, Vorwärts, 1895) ; — Der achtzehnte Brumaire des Louis Bonaparte (1852 ; 3ᵉ édit., avec une introduction d'Engels, Hambourg, M. Issner, 1885) ; = La lutte des classes en France (1848-1850) ; le 18 Brumaire de Louis Bonaparte, trad. fr. de Léon Rémy (Paris, Schleicher, 1900), ouvrage particulièrement remarquable.

Engels, Der Ursprung der Familie, des Privateigentums und des Staats (1884 ; 4ᵉ édit. revue et avec une préface nouvelle, Stuttgart, Dietz, 1891).

Critiques : consulter surtout Masaryk, Die philosophischen und sociologischen Grundlagen des Marxismus (Vienne, Konegen, 1899), d'une grande richesse de documentation ; nous citerons encore : Wollmann, Der historische Materialismus (Düsseldorf, 1900) (étudie les origines du marxisme dans la philosophie allemande) ; Seligman, The economic interpretation of history (New-York, 1902) (trad. fr., Paris, Rivière, 1910) ; Benedetto Croce, Matérialisme historique et économie marxiste (trad. fr. Paris, G. et B., 1901) ; Ant. Labriola, op. cit., et Essais sur la conception matérialiste de l'histoire (Paris, Giard et Brière, 1897) (met en relief l'idée que le marxisme est une philosophie de l'action) ; Jaurès et Lafargue, Idéalisme et matérialisme dans la conception de l'histoire (brochure contenant une discussion contradictoire entre les deux auteurs, 1895) ; Andler, Commentaire du Manifeste communiste ; Le matérialisme historique d'après M. Ant. Labriola (Revue de Métaphysique et de Morale, 1897). — Applications à l'histoire : Kautsky, La lutte des classes en France en 1789 (trad. fr., Jacques, 1901) ; Jaurès, Histoire socialiste : la Constituante, la Législative, la Convention (voir la préface) ; G. Sorel, La Chute du Monde antique. Cf., d'un point de vue non-marxiste : Guiraud, La Propriété foncière en Grèce (1898) ; La main-d'œuvre industrielle dans l'ancienne Grèce (1900) ; Études économiques sur l'antiquité (1905) ; Beloch, Griechische Geschichte (1893).

raison de sa très grande autorité. Seulement, il nous faudra distinguer du fond vivant de la théorie l'idéologie philosophique et historique qui s'y est superposée : ce faisant, nous ne ferons que critiquer Marx et Engels selon leur propre esprit.

Commençons par exposer leur thèse [1]. Les besoins élémentaires de l'homme exigent, pour se satisfaire, une certaine technique industrielle, par suite, une division du travail, qui se présente nécessairement sous la forme primitive d'une division en deux classes : l'une « exploiteuse », l'autre « exploitée ». L'esclavage a été une condition indispensable du progrès humain. A ce stade de l'évolution ne peut correspondre qu'une morale aristocratique. Mais, par suite des progrès de la technique, l'esclavage cessa d'être nécessaire : le développement économique émancipa la classe opprimée. C'est par un processus tout à fait comparable que s'est effectué le passage du régime féodal au régime bourgeois (précapitaliste) : les découvertes du XVe siècle multiplièrent les forces économiques, amenèrent une dépréciation des propriétés foncières, assurèrent la suprématie de classe aux possesseurs des métaux précieux. Enfin le triomphe actuel de la bourgeoisie capitaliste s'explique par le développement des instruments de production au XVIIIe siècle. Mais le capitalisme, à son tour, travaille à se supprimer lui-même. Par la concentration inévitable des prolétaires dans les grandes usines, il éveille chez ceux-ci la conscience de classe, crée contre lui-même des armées. L'armée proprement dite, la grande armée populaire, issue des principes égalitaires, dont eut besoin la Révolution bourgeoise, se compose d'ouvriers et se retour-

---

[1]. Voir, sur le matérialisme historique des socialistes français de 1840 (Pecqueur, Proudhon), le *Commentaire* de M. And'er au *Manifeste communiste*, p. 71 et suiv.

nera contre le capital. De plus, le capitalisme est forcé à la surproduction : d'où résultent des crises endémiques de chômage et de misère, qui suscitent des masses de révoltés. Et voici la traduction en langage économique de la dialectique de Hegel : du jour où les forces productives sont suffisantes, la suppression des classes est possible ; l'évolution automatique d'un système économique produit la lutte des classes, et, à son tour, celle-ci détruit automatiquement le système économique.

C'est cette évolution économique qu'il faut chercher à la base de l'idéologie de chaque époque. Que l'on considère le droit moderne : la bourgeoisie utilise l'État et la loi pour se faire du prolétaire un instrument ; tant que l'exploitation illimitée des femmes et des enfants, les journées de travail surhumaines ont été nécessaires au capitaliste, la législation les a tolérées. De même que le droit, la morale n'a jamais été, jusqu'ici, qu'une chose de classe [1] ; il y a une morale bourgeoise, comme il y a encore, dans l'Allemagne moderne, une morale féodale et patriarcale (« Dieu, famille, propriété »), qui est celle de la classe agrarienne, protestante ou catholique suivant les milieux. La morale bourgeoise s'exprime dans la *Déclaration des Droits de l'Homme* : la liberté qui s'y trouve proclamée, c'est, au fond, la liberté des échanges, nécessaire à la classe bourgeoise. Le sentiment de l'injustice se produit précisément lorsqu'une certaine forme sociale est en train de périr ; dans tout autre cas il ne faut pas s'y laisser aller sans contrôle, et Marx signale avec force ce qu'il y eut de prématuré et d'insuffisant, en dépit de sa signification profonde, dans la révolte ouvrière de juin 1848 [2]. Il eût été absurde, dit-il ailleurs, de vouloir, au temps féodal, supprimer le servage et les privilèges : il fallait attendre que le système lui-

1. V. Engels, *Anti-Dühring*, 2e éd. (1886), p. 82.
2. Marx, *Lutte des classes*, p. 46; cf. p. 41-42.

même développât les germes de sa propre mort[1]. La morale n'est donc, en définitive, qu'une superstructure, recouvrant la réalité économique.

Marx applique ce principe d'explication : à la question juive[2], où il voit uniquement l'opposition de la classe foncière et de la classe financière ; à la question des nationalités : en 1848, les capitalistes voulaient la paix dans l'intérêt des échanges, tandis que la cause des nationalités était liée à l'émancipation des prolétaires[3]. De même, c'est le régime économique qui explique la situation actuelle de la famille, ici dominée par le sentiment de l'intérêt, là disloquée par l'usine : romantique, Engels croit que l'amour, opprimé par le système capitaliste, pourra refleurir après sa chute, sous la forme de l'union libre[4]. Il n'est pas jusqu'aux religions qui ne soient des religions de classes : le christianisme fut un mouvement de prolétaires misérables, la Réforme une révolution bourgeoise. Le capitalisme, qui ne produit qu'en vue de l'échange et qui est le règne de la « marchandise abstraite », s'exprime idéologiquement par les régions abstraites (comme le christianisme, le protestantisme surtout, et enfin le déisme), par la conception d'un homme abstrait[5]. La science n'est que l'instrument des besoins industriels d'une époque : c'est du besoin d'utiliser les torrents qu'est née l'hydrostatique de Torricelli. Même interprétation pour la philosophie : le matérialisme de Hobbes est la doctrine de l'aristocratie foncière,

1. *Misère de la Philosophie*, p. 168-9 : « C'est le « mauvais côté » de chaque régime qui produit le mouvement qui fait l'histoire, en constituant la lutte. »

2. Voir l'article de Marx sur *la question juive* publié par Mehring, *op. cit.*, traduction française dans le recueil intitulé *Études socialistes*, Paris, 1903.

3. Marx, *Lutte des classes*, p. 7-8, p. 43, etc..

4. Engels, *Ursprung der Familie*, pp. 65-73 — Cf. Masaryk, *op. cit.*, p. 377 et 381.

5. Marx, *Capital*, tr. fr., p. 31. — Cf. p. 318, et *passim*; *Crit. Écon. polit.*, p. 171, etc..

opposée au libéralisme bourgeois ; la philosophie de Locke exprime un compromis de classes, survenu après 1648, et où la bourgeoisie a la meilleure part ; la philosophie du xviii° siècle français est celle d'une bourgeoisie qui a besoin pour ses échanges d'une liberté mondiale. D'après Marx, cette idéologie est une illusion nécessaire : la bourgeoisie de Louis-Philippe *avait besoin* de se cacher à elle-même, sous un voile d'antiquité romaine, l'objet étroit de sa politique[1]. Et de même, c'est nécessairement que le paysan transfigure en patriotisme, en culte napoléonien de l'armée, l'instinct propriétaire qui l'attache à son lopin[2]. Pour s'émanciper, le peuple devra se débarrasser de ces superstructures idéologiques ; mais cela même se produira encore par un développement automatique.

Voilà la théorie. Avant de la critiquer, montrons ses indécisions, les variations qu'elle présente chez ses auteurs.

Et d'abord, que faut-il entendre par régime économique ? — D'après certains textes, il s'agit expressément des instruments techniques de production : les modes d'échange, de transport, etc., seraient secondaires par rapport à l'industrie[3]. Mais ailleurs, et à mesure que la théorie se développe, l'activité commerciale est mise sur le même pied que l'activité proprement industrielle[4].

Quel est, d'autre part, le rôle exact du régime politique ? On nous le présente souvent comme variant avec le régime économique : l'État n'aurait aucune efficacité propre[5]. D'après

---

1. Marx, *18 Brumaire*, tr. fr., p. 193.
2. Marx, *18 Brumaire*, tr. fr., p. 315 et suiv., p. 355.
3. Voir, par exemple, Engels, préface à la 3° édition allemande du *18 Brumaire* (tr. fr., p. 189) : le mode d'échange « dérive » du mode de production.
4. Voir les dernières lettres d'Engels, dans Labriola, *Socialisme et Philosophie*, p. 247 et suiv..
5. V. Masaryk, *op. cit.*, p. 403 et suiv..

l'*Anti-Dühring* d'Engels, la propriété ne résulte pas de la conquête[1]. Suivant le *Capital* de Marx, au contraire, l'accumulation du capital est l'œuvre de violences, de ruses; son histoire est une histoire de sang[2].

En outre, on fait parfois intervenir d'autres facteurs que le facteur économique : Marx admet, au troisième volume du *Capital*, la race comme facteur secondaire[3]; Engels invoque même, dans des lettres de la fin de sa vie, les conditions géographiques[4]. Ainsi entendue, la théorie reste matérialiste, mais non plus strictement économique.

Enfin, qu'est-ce au juste que le facteur économique lui-même? Ce qu'au fond le marxisme entend par là, ce ne sont pas simplement des *choses*, des réalités matérielles : ce sont les besoins élémentaires que traduisent ces choses; ce sont des réalités psychologiques. Et, en effet, ce n'est pas la psychologie qu'Engels et Marx redoutent : c'est seulement la psychologie abstraite du *genus homo*. Il y a des besoins spéciaux à chaque moment historique : le capitalisme, par exemple, se caractérise par l'*auri sacra fames*, par le désir infini de produire et d'échanger. L'homme est mené par des besoins collectifs inconscients[5] : et quand Marx veut « remettre sur ses pieds » l'idéologie de Hegel[6], ce n'est pas pour y substituer l'étude des choses comme telles, mais l'étude de cet inconscient.

On trouve donc, chez Marx, une *psychologie économique* : il y a ainsi une psychologie du producteur patriarcal, une autre du marchand, une autre du capitaliste. On sait en

---

1. *Anti-Dühring*, p. 153.
2. *Capital*, p. ex. (tr. fr.) p. 315, pp. 336 et 340.
3. Masaryk, *op. cit.*, p. 99-100.
4. Masaryk, *op. cit.*, p. 103.
5. L'idée est fortement exprimée dans la préface de la 1re édit. du *Capital* (tr. fr., p. 11). — Cf. *Critique Écon. polit.*, p. 177, p. 211.
6. *Capital*, préface de la 2e éd. allemande (1873) : v. tr. fr., p. 351.

quoi consiste, par exemple, cette dernière. La mentalité capitaliste poursuit l'échange, non pour la consommation, mais pour l'échange lui-même, l'action pour l'action : qu'on songe au financier de Balzac ! C'est comme moyen d'action et d'échange que l'argent règne : quant au luxe, ce n'est guère aujourd'hui qu'un épiphénomène social. L'instrument de production varie suivant des besoins humains : il est le signe caractéristique d'un régime, le geste matériel par où s'exprime chacun de ces types psychologiques. Prise en elle-même, la machine à vapeur, pas plus que le moulin, n'a de signification économique : elle est un symbole. « Pas une fibre du lin n'a changé, mais une nouvelle âme sociale s'est glissée dans son corps[1]. » Marx reproche à ses devanciers de *matérialiser* les relations économiques[2] : mercantilistes, orthodoxes, physiocrates ne considèrent que des *choses* : l'argent, la quantité de travail, la marchandise naturelle. Or ce qui fait le capitalisme, ce n'est pas la monnaie, mais une certaine façon de s'en servir ; la quantité de l'argent, invoquée par James Mill[3], ne détermine pas sa valeur. De même, le travail n'est pas, comme l'imaginait A. Smith[4], une quantité donnée et fixe, et ce n'est pas non plus la densité de la population qui détermine *ipso facto* la pauvreté du salarié. On voit que, en un sens, le marxisme est un spiritualisme économique : le régime économique est modifiable au gré des besoins humains ; seul l'égoïsme collectif des capitalistes leur en dissimule la plasticité.

Il y aurait, de même, en ce qui concerne la lutte des classes, quelques corrections à faire à l'interprétation cou-

---

1. Marx, *Capital*, trad. fr., ch. xxx, p. 332. — Cf. p. 311 : l' « âme capitaliste » des moyens de production, utilisés pour exploiter le travail, est confondue par l'économiste avec leur « substance matérielle » elle-même.
2. Marx, *Critique de l'Économie politique*, p. 222-3 et suiv.. — Cf. p. 20, etc.
3. Marx, *Critique Économie politique*, p. 259 et suiv.
4. Marx, *Critique Écon. polit.*, p. 57-58 ; cf. *Das Kapital*, t. II, ch. 19, p. 373-4 ; ch. 10, pp. 186-195.

rante du marxisme. Marx et Engels reconnaissent souvent qu'il existe plus de deux classes : il y a la classe des petits bourgeois, celle des paysans ; il y a, dans la classe capitaliste elle-même, divers types : capitalisme financier, industriel, foncier[1]. Ainsi se trouve assoupli l'automatisme qui, dans une conception purement schématique, régnerait sans réserve : il s'introduit dans le système des fissures, qui laissent place à d'autres besoins que les besoins économiques, notamment aux besoins intellectuels. La lutte elle-même a varié dans sa forme. Dans la préface du *18 Brumaire*, Marx indique les différences que présente la lutte des classes dans les temps anciens et modernes; il cite une formule de Sismondi : « le prolétariat romain vivait aux dépens de la société, tandis que la société moderne vit aux dépens du prolétariat[2]. » Enfin, la Révolution sociale est-elle pour Marx un réflexe purement automatique de la misère et du chômage? En réalité, les éditions successives des volumes du *Capital* attribuent à l'intelligence un rôle croissant[3] : la misère n'est pas libératrice, mais bien plutôt abrutissante. Les facteurs idéologiques ne sont pas entièrement méconnus : si Marx interprète la lutte de la monarchie légitime et de la monarchie orléaniste comme une lutte de la propriété foncière et de la propriété bourgeoise, il ajoute qu' « en même temps, des souvenirs..., des appréhensions et des espoirs..., des convictions et des articles de foi, des principes liaient ces fractions à l'une ou à l'autre des maisons[4] ». Ailleurs il fait appel, pour abréger et régulariser la Révolution, à l'intérêt bien entendu

---

1. Cf. Andler, *Commentaire*, p. 82, note.
2. Marx, *18 Brumaire*, trad. fr., p. 187-8.
3. Voir surtout le troisième volume : citations dans Masaryk, *op. cit.*, p. 98 et suiv..
4. Marx, *18 Brumaire*, p. 235-6. Cf. *Révolution et Contre-Révolution en Allemagne*, p. 25 et p. 124 : Vienne, malgré son développement industriel, est paralysée par l'ignorance où Metternich a réussi à la maintenir.

des capitalistes¹. Engels, de même, admet parfaitement l'influence des facteurs idéologiques, des idées juridiques, morales, religieuses², et va jusqu'à leur reconnaître un développement propre, autonome. Ainsi entendu, le matérialisme de l'histoire se réduit à ceci : si l'on considère une grande courbe historique, on voit qu' « *en dernière instance* » le facteur économique est dominant. La doctrine revêt ainsi sa forme la plus acceptable; mais quel en peut être dès lors, pour nous qui vivons dans le moment, l'usage pratique? Quoi qu'en pensent certains marxistes intransigeants, qui ne se préoccupent que de changer les conditions matérielles de la vie, et, après eux, les syndicalistes qui se désintéressent de l'action politique, nous sommes bien forcés de nous en tenir, dans notre conduite, aux « facteurs idéologiques » : quitte à laisser nos descendants découvrir, si elle existe, l'infrastructure économique de nos croyances.

Il y a certainement, chez Engels et Marx, une morale. La chute du capitalisme libérera l'idéal humain³. Le progrès de la civilisation leur apparaît comme suprêmement précieux⁴ : ils ont peur de la barbarie qui résulterait d'une révolution prématurée. Si on poussait un peu, pas beaucoup, leur pensée, on aboutirait à proclamer que la transformation économique n'est qu'un moyen, pour l'humanité, de sauver son idéal supérieur. S'ils ne le disent pas, c'est du moins, à les lire sans prévention, ce que dit leur système, considéré (suivant leur propre méthode) comme une réalité vivante, indépendante de la représentation qu'ils s'en font. — Et c'est dans la décou-

---

1. Marx, préface de la 1ʳᵉ éd. du *Capital*, p. II.
2. Voir Engels, *Feuerbach.*, p. 44-5, et surtout *Lettres posthumes*, dans Labriola, *op. cit.*, p. 253 et suiv..
3. Voir une belle page d'Engels dans l'*Anti-Dühring*, p. 82 : cf. p. 270-71.
4. Cf. Marx, *Misère de la Philosophie*, trad., p. 170 : « Comme il importe avant tout de ne pas être privé des fruits de la civilisation, des forces productives acquises... »

verte d'un sophisme moral que consiste le meilleur mérite de Marx. Le régime présent est caractérisé par une exploitation *inconsciente* de toute une partie de la société par une autre partie : Marx a montré pourquoi cette exploitation nous est cachée, et ruiné ainsi le sophisme par lequel on justifie l'ordre social actuel. Nous vivons sous le régime de l'échange : ce qui fait que l'ouvrier *semble* échanger avec le capitaliste marchandise contre marchandise. *En réalité*, ce dernier échange de l'argent contre une certaine *force de travail*, au fond, contre la personne même de l'ouvrier : du fait qu'il détient les moyens de production, le capitaliste est au salarié ce que le maître est au serviteur. L'argent, symbole de l'échange, dissimule les rapport profonds de classe à classe. Il y a là deux idées très fortes : d'une part, nous sommes souvent dominés par des mobiles collectifs inconscients; d'autre part, la conscience peut se déclarer responsable de ce qui n'est pas son œuvre : c'est ce qui arrive, une fois qu'on s'est aperçu de l'exploitation capitaliste; on sent qu'on participe à un crime social quotidien. L'intuition psychologique et morale de Marx est ici d'une haute valeur.

Nous venons de passer en revue les indécisions de la doctrine. La méthode elle-même comporte des variations, des hésitations du même genre : on ne sait pas très bien quelle est la relation du facteur économique avec les facteurs supérieurs. Tantôt il semble que le premier *produise* le développement idéologique; tantôt les forces morales, juridiques, religieuses, sont simplement utilisées par les besoins économiques, accaparées par telle ou telle classe. Souvent aussi, on se borne à chercher, entre divers facteurs de l'évolution sociale, des rapports de similitude : le Dieu abstrait correspond à la marchandise abstraite. La méthode n'a donc pas toute la raideur qu'on lui donne parfois.

Marx et Engels n'ont pas, d'ailleurs, la prétention d'enfermer l'histoire du monde dans une formule étroite. Il n'y a pas, pour eux, de *vérités éternelles* : il n'y a que des vérités historiques, mobiles. Ils s'opposent aux principes universels et abstraits d'où les économistes orthodoxes déduisent leur science : l'homme que ceux-ci décrivent n'a rien de réel; c'est Robinson dans son île [1]. Ils remplacent cette méthode par un « historisme », qui, sans doute, ne leur est pas propre, mais qui, appliqué à l'étude du régime capitaliste *actuel*, revêt chez eux une précision nouvelle. En un sens, le système marxiste est la négation de tout système.

Ajoutons que le marxisme n'est pas une méthode purement spéculative. Pour Marx, la science dépend de l'action : pour connaître un temps donné, il faut agir dans ce temps. Il ne s'agit plus, répète-t-il avec Feuerbach, de connaître le monde, mais de le changer [2]. L'action seule révèle le réel, l'action, qui naît comme un réflexe au contact du réel. Cette théorie de l'*action révolutionnaire* n'est pas sans analogie avec la philosophie de M. Bergson : on sait que, pour ce dernier, la perception dépend de l'action. Seulement, pour M. Bergson, l'action ne fait que s'insérer dans le réel comme une pointe subtile, tandis que Marx subordonne entièrement le monde réel au point de vue de l'action. Il y a, entre les deux doctrines, à la fois contraste et parenté.

Abordons, enfin, directement, la critique de la conception matérialiste. D'une façon générale, Engels et Marx, frappés d'un certain caractère actuel de l'évolution économique, ont

---

1. Cette méthode économique compte encore des représentants. Voir Cairnes. *Le Caractère et la Méthode logique de l'Économie politique* (tr. fr., G. et B., 1902).

2. Marx, thèses sur Feuerbach, en appendice au *Feuerbach* d'Engels, 3ᵉ édit., 1903, p. 59-62 (v. Andler, *Commentaire du Manifeste communiste*, p. 34 et 159); cf. Engels. *Anti-Dühring*, et ses lettres dans Labriola, op. cit.

trop hâtivement projeté leur observation dans le passé. Frappés, aussi, de l'aspect automatique de cette évolution, ils ont trop méconnu le rôle actif de l'idée et celui de l'individu.

C'est surtout l'industrie anglaise que nos auteurs ont eue devant les yeux : ce sont les grandes transformations amenées, notamment dans l'industrie du coton, par les découvertes techniques : Engels, dans son ouvrage de 1845[1], est tout imprégné de ce spectacle. Mais, à considérer l'ensemble de l'histoire, ces découvertes n'ont pas toujours présenté une telle importance sociale. Dès l'antiquité, remarque Marx, le poète Antiparos, cité par Aristote, prédisait que le moulin à eau supprimerait l'esclavage[2] : or il n'en a rien été. Le capitalisme est né bien avant la machine à vapeur ; le crédit se constitue dès le XVIᵉ siècle[3]. A la technique industrielle il faut au moins adjoindre le commerce, l'échange : ils se sont développés avant elle[4] ; de nos jours, ce n'est pas l'industrie qui domine, c'est la finance, c'est-à-dire l'échange de choses irréelles, la *spéculation* sur des marchandises imaginaires : sorte d'idéalisme à rebours et malfaisant ! De plus Marx et Engels ont eu tort de négliger la consommation, facteur considérable de l'évolution humaine[5] : n'est-ce pas le besoin des épices qui a produit les grands voyages de découverte ? Ainsi, même en ce qui concerne le présent, ils ont exagéré l'action propre de la technique industrielle.

Sur la relation de la politique à l'économie, même critique. Il est certain qu'on n'a pas, d'ordinaire, en histoire

1. *Die Lage der arbeitenden Klassen in England* (1845).
2. *Capital*, tr. fr., p. 176.
3. Voir, sur ces stades anciens de l'évolution capitaliste, les ouvrages de M. Hauser.
4. Exemples : les Phéniciens ; les républiques italiennes. Cf. Georges Renard, *Coup d'œil sur l'évolution du travail dans les quatre derniers siècles*, Revue politique et parlementaire, 1901, p. 517.
5. L'école américaine protectionniste de Patten (*The theory of prosperity*, N.-Y., 1902, etc.), y attache une importance toute spéciale.

ancienne, prêté assez d'attention aux faits économiques.
M. Guiraud remarque[1] pourtant que les historiens anciens
eux-mêmes, et particulièrement Thucydide, s'en préoccupaient
extrêmement; Platon songe à régler la distribution des
terres, etc.. En fait, l'histoire de la Grèce finissante est dominée par la lutte des riches et des pauvres : c'est pour se
défendre contre ceux-ci que les premiers appellent les
Romains. Beaucoup de lois athéniennes s'expliquent par des
raisons économiques : les fonctions publiques étant payées,
on raye des citoyens pour n'avoir pas à les nourrir; c'est ce
qui arrive, sous Périclès, à 5 000 citoyens, par suite d'une
disette. A Rome, la plèbe lutte contre l'admission des Italiens
au droit de cité, qui revient à lui enlever le pain de la bouche.
— Au moyen âge, de même, la propriété immunisée est à
l'origine de la souveraineté. — Il arrive, d'autre part, que
les transformations politiques n'aient aucune influence sur le
développement économique : aux Indes, les différents gouvernements se sont succédé sans rien changer à la condition
économique du peuple; en France, les modifications les plus
étendues du régime politique n'ont pas affecté profondément
les relations économiques. Bien plus, la noblesse française
avait pour principale source la richesse : d'après un généalo-
giste du XVIII° siècle, les 18 vingtièmes des familles nobles
étaient, en réalité, d'origine roturière. — Mais pourtant, à
tout prendre, l'intervention de l'État joue un rôle encore plus
important que les facteurs économiques. Un homme, certes,
est puissant parce qu'il est riche : mais surtout, il est riche
parce qu'il est puissant, parce qu'il appartient à telle classe
sociale. C'est toujours, a-t-on remarqué, la classe dominante
qui « donne le ton » dans une société : dans une aristocratie,
c'est le commerce de luxe qui l'emporte; dans une démo-

---

[1]. Guiraud, *Études économiques sur l'antiquité*, Paris, Hachette, 1935, passim.

cratie, celui des objets de consommation¹. Dans l'ancienne Grèce, c'est l'amour du pouvoir qui inspire au peuple l'amour du loisir, et par suite, indirectement, le désir des richesses. Dans les temps modernes, la constitution des nations n'est pas uniquement due à des causes économiques, mais plus encore à des causes dynastiques.

Le fait réel qui a hypnotisé Marx et Engels, c'est l'action, plus forte que jamais, exercée de nos jours par la finance sur les gouvernements : ce sont les Rothschild, en 1848, imposant au roi de Prusse une constitution². Aujourd'hui même, suivant M. Seignobos³, des considérations financières autorisent les nations civilisées à s'occuper des affaires intérieures de la Russie : le principe de non-intervention a-t-il empêché, pour la dette égyptienne, la dette ottomane, l'intervention constante des États européens? — Toutefois, la vive impression produite par des événements contemporains a provoqué, chez Engels et Marx, une généralisation abusive : de nos jours même, le fait est limité. En Russie, par exemple, la vie politique domine la vie économique : l'industrie n'y a pu vivre que par le patronage de l'État⁴. Marx lui-même, qui croyait, avant 1848, que les prolétaires devraient profiter du prochain ébranlement révolutionnaire pour renverser le régime économique⁵, ne pensait plus, en 1850, que l'émancipation ouvrière pût être alors réalisée chez un peuple sans provoquer des conflits internationaux⁶. En

---

1. Seignobos, *La méthode historique appliquée aux sciences sociales*, p. 305.
2. Marx, *Révolution et Contre-Révolution en Allemagne*, p. 23-4.
3. Seignobos, *La Pratique « loyale » de l'alliance russe* dans l'*Européen* du 18 fév. 1905.
4. Voir Milioukov, *Essai sur l'Histoire de la Civilisation russe* (trad. fr., 1901), p. 105-111.
5. Voir Jaurès, *Études socialistes*, Paris, Ollendorff, 1902, p. xiv et suiv.; cf. p. 36. Cf. Andler, *Introd.*, p. 42.
6. Marx, *Lutte des classes*, p. 16, p. 128-9.

Pologne, le mouvement économique devint dominant en 1862 : on s'y aperçoit aujourd'hui, ayant, en cas de grève, affaire aux cosaques, que l'affranchissement national et politique est d'une importance primordiale. Marx et Engels oublient que tout pouvoir, quelle qu'en soit l'origine, tend à se développer d'une manière autonome : il y a une psychologie du gouvernant, du fonctionnaire d'État, très distincte de la psychologie capitaliste ; le haut personnel de certains ministères, en France et ailleurs, travaille, en mainte occasion, pour la classe ouvrière contre le patronat. — Ainsi Marx et Engels ont méconnu l'indépendance respective de la politique et de l'économie, voire la prépondérance fréquente de celle-là.

En ce qui concerne la religion et, en général, l'idéologie, leur thèse n'est pas moins excessive. Quelque rôle qu'aient pu jouer, dans la constitution de la famille primitive, les raisons économiques (la femme y fut souvent un instrument de production), c'est surtout à des influences religieuses que furent soumis les premiers temps de l'humanité. L'homme primitif a vécu dans le songe : son imagination mythique, suivant une idée de Nietzsche, transfigurait constamment ses impressions réelles, comme celle du rêveur, pour qui un malaise d'estomac devient une attaque d'ennemis. Pour cet homme, le besoin économique fut bien moins essentiel que le besoin d'échapper aux morts, aux dieux méchants. Le rêve d'un roi éthiopien, interprété comme l'annonce d'une conquête, décidait un jour du sort de l'Égypte[1]. La technologie est restée longtemps sous l'empire d'idées religieuses : les arts furent regardés comme sacrés, par suite comme immodifiables[2], et Horace maudit encore le premier impie qui traversa les mers. Au moyen âge, c'est la piété qui fit la richesse

---

1. D'après M. Maspero.
2. Voir Espinas, *Les origines de la technologie*, Paris, Alcan, 1897, t. I*er*, ch. I.

de l'Église. A Rome, le formalisme religieux, figeant en gestes les règles juridiques, arrête l'évolution du droit. Ce ne sont pas des causes économiques qui font que beaucoup de peuples orientaux s'abstiennent de porc, ou que l'architecture chrétienne adopte pour ses édifices la forme d'une croix : la religion exerce sur la vie sociale une action propre. Cette action peut retentir jusque sur le développement économique : sans la Réforme, la machine à vapeur n'eût pas existé. C'est le « déterminisme protestant », dit Masaryk, qui a habitué les peuples à commercer *sérieusement*[1] : dans un pays comme la Russie ou l'Autriche, le commerce n'est qu'un jeu. — Au facteur religieux il en faut ajouter d'analogues, tels que le patriotisme, l'idée du dévouement à l'État. Et tous les *prestiges* : l'idée d'empire, de Charlemagne à Napoléon, est une force réelle, agissante. Et aussi, les sentiments d'un caractère purement spirituel, idéaliste : sentiments de vanité, d'humiliation, si importants dans l'histoire des classes opprimées. Et enfin l'idéologie proprement dite, devenue surtout puissante du jour où la religion fut mise en doute : les hommes du xviiie siècle eurent foi dans le raisonnement ; des sophismes ont mené le monde. On a résisté à la découverte de Parmentier parce que la pomme de terre ressemblait à la belladone : une vague analogie fait obstacle au progrès matériel.

Pourquoi Marx et Engels ont-ils méconnu l'action de tous ces facteurs spirituels ? Ici encore, ils ont été frappés d'un fait contemporain : ils ont vu les classes possédantes de leur temps user de la religion comme d'un moyen de défense et de domination. Elles le reconnaissent elles-mêmes : si le peuple n'a pas de religion, dit en substance Montalembert lors de la discussion de la loi Falloux, que deviendra la propriété ? Ils ont vu également la bourgeoisie faire servir certains argu-

---

1. Masaryk, *op. cit.*, III, § 3i, p. 113-5.

ments « rationalistes » à favoriser ses intérêts de classe, peut-être à se les dissimuler à elle-même : la liberté de mourir de faim, tirée de la Déclaration des Droits de l'Homme ! Et leur conscience s'en est indignée. — Il y a là des observations d'une vérité certaine ; pourtant, ici même, il faut faire des réserves. L'idéologie et la religion, aujourd'hui encore, agissent d'une manière efficace : ne sont-ce pas des patrons catholiques qui, dans le Nord, ont fait le plus pour leurs ouvriers ? n'est-ce pas à des sophismes métaphysiques qu'obéissent souvent les « intellectuels » qui vont au prolétariat ? Enfin, c'est à tort que le marxisme méconnaît l'influence du sentiment national. Sans doute, le patriotisme cède parfois à des considérations économiques : l'emprunt allemand de 1901, avantageux, fut couvert quatre fois, et préféré, en France, à la rente française [1]. Mais d'autre part, l'accueil favorable fait aux emprunts russes n'est dû qu'à des raisons de sentiment. On sait que les classes ouvrières, sous Louis-Philippe, étaient militaristes : bien qu'on ait tenté d'expliquer ce fait par des causes économiques, on ne saurait nier l'importance propre de l'élément passionnel. L'expansion commerciale de l'Allemagne moderne a été secondée par le prestige de ses victoires : la baisse de l'émigration française par rapport à l'émigration allemande et italienne a nui, paraît-il, à l'exportation des vins français [2].

Il y a, dans le marxisme, un élément très solide : c'est le *réalisme moral*. Nos idées morales et juridiques ne résultent pas de théories abstraites, elles sont historiques, momentanées ; et, de plus, elles n'ont de valeur que forgées dans l'action, vécues et non déduites. La notion de « lutte des classes » concrétise cette conception. Et, certes, il est profondément vrai

---

1. Vialles, *La consommation et les crises économiques*, p. 173.
2. D'après une revue du commerce des vins.

qu'il y a des morales de classe : les idées sur le droit de propriété, par exemple, varient beaucoup avec le degré de fortune ; il y a même des vertus de classe : certaines vertus qui impliquent la méthode, la tenue, la suite des idées, comme la probité, sont particulièrement développées dans la classe bourgeoise, tandis que, dans la classe ouvrière, ce sont plutôt les vertus de solidarité. Mais, d'abord, c'est surtout à notre époque que la conception s'applique : notre morale s'est différenciée davantage en devenant terrestre, en se dépouillant des superstitions idéalistes, mythiques. Et ce réalisme ira croissant : de plus en plus, c'est de l'action et de l'histoire prochaine, non plus de principes éternels, que les hommes tireront leurs règles pratiques ; la religion et la philosophie n'inspireront plus que des « élévations » réservées à certains jours de choix, elles ne seront plus les guides de la conduite. — D'autre part, il faut élargir la théorie marxiste, à l'idée d'une morale de classe substituer celle d'une morale réaliste. Sans doute, c'est dans la conscience prolétarienne que nous trouvons aujourd'hui les linéaments de cette morale : fait nouveau, puisque, auparavant, tout au contraire, la classe ouvrière recevait ses idées de la bourgeoisie. La solidarité économique, la « solidarité de la faim » sera essentielle dans la morale de demain. Seulement, cette morale ouvrière doit s'épanouir en morale humaine : le prolétariat ne doit pas perdre de vue la continuité sociale, il faut qu'il incorpore à sa conscience tout l'acquis de la civilisation.

En définitive, le marxisme nous fournit un exemple de ces conceptions, qui, tout en ayant un caractère sociologique, représentent d'une manière trop étroite la réalité collective, la figent sous une certaine forme. De plus, il faut distinguer dans cette complexité, — ce qu'omet le marxisme, — le fait proprement moral d'avec le fait social ; peut-être même faut-il distinguer d'avec le *socialement moral* l'idée morale née dans une conscience individuelle.

III. — LA PHILOSOPHIE DE L'HISTOIRE

Comme le matérialisme historique, les théories dont nous allons parler font varier la réalité collective en fonction d'un seul facteur ; mais, à l'inverse de la doctrine précédente, ce facteur est idéologique. Cette conception peut s'entendre de deux manières : on peut admettre que l'humanité est dirigée par un plan idéal, déterminé indépendamment de la conscience humaine, ou bien par ses propres idées cosmologiques, philosophiques, religieuses, par des représentations plus ou moins conscientes. Les deux points de vue sont d'ailleurs, en fait, très souvent confondus [1].

Si l'on essaye de classer ces théories, on trouve : d'abord, des conceptions religieuses, soit catholiques, comme celle de Bossuet ou celle de J. de Maistre et de Bonald (la différence étant que, d'après celui-là, c'est pour réaliser une certaine idée du monde que Dieu conduit l'humanité, tandis que chez ceux-ci la réalisation du dogme catholique passe au second plan, celle de la hiérarchie ecclésiastique au premier), soit protestantes, à la façon de Schelling. Puis des conceptions philosophiques, dont le type nous est fourni, soit par Hegel, ou encore par Lessing et par Herder, soit par des théories positivistes : pour Spencer, l'évolution de l'humanité reproduit les étapes de l'évolution naturelle, se rattache même à la force inconnaissable ; chez Comte lui-même, bien que le « règne social » possède une existence autonome, la sociologie n'est, en un sens, que l'achèvement d'une philosophie de la nature.

---

1. Consulter Barth, *op. cit.*; P. Janet, *Histoire de la Science politique*; Flint, trad. fr. Carrau : *La philosophie de l'histoire en France*, 1878 (réédition anglaise en 1893) ; *La philosophie de l'histoire en Allemagne*, 1878.

Une autre classe se compose de conceptions juridiques et politiques. Pour Condorcet et les hommes du xviii° siècle, l'histoire révèle le progrès par la raison ; Kant croit encore que tout le développement historique ne tend qu'à préparer le règne de la raison humaine[1]. Wundt, dans son *Ethik*, caractérise l'humanité par une conscience réfléchie de l'instinct[2] : c'est la conscience qui dirige l'évolution, en sorte que les réflexes eux-mêmes ne sont que des volontés cristallisées. Il y a, chez Hegel, une « philosophie du droit », d'après laquelle l'humanité est menée par des idées conscientes ; c'est l'antithèse de Marx, qui prétendit, comme on sait, « remettre Hegel sur ses pieds ». Par exemple, tandis que, selon Marx, la conception des « droits de l'homme » ne fait que traduire le règne de l'argent, Hegel, au contraire, fait de l'argent le résultat du besoin d'égalité et de justice[3]. A en croire Engels, dans l'*Anti-Dühring*, certaines institutions militaires ne font qu'exprimer le régime industriel de l'usine : Hegel trouve dans l'arme à feu l'expression de la forme moderne du courage, qui est le courage abstrait, universalisé[4]. C'est la Déclaration des Droits de l'Homme qui a fait le fusil : bel exemple d'une théorie idéologique pure ! — La fin assignée à l'humanité peut d'ailleurs être, ou non, d'ordre strictement moral : c'est, pour Kant, la réalisation de la justice, pour Hegel, le triomphe des idées supérieures ; pour Wundt, c'est l'organisation des masses, pour Münsterberg[5], au contraire, comme pour Nietzsche, c'est la production d'individualités supérieures,

---

1. Cf. Kant, *Idee zu einer allgemeinen Geschichte in weltbürgerlicher Absicht*, analysé par Flint, *Philos. de l'histoire en Allemagne*, tr. fr., pp. 87 et suiv., notamment 89-90, 93.
2. Cf., par exemple, *Ethik*, I, III, I, a (2° éd. Stuttgart, Enke, 1893), p. 107-103.
3. Hegel, *Philosophie des Rechts* (Werke, 1833, t. VIII), p. 390.
4. *Ibid.*, p. 123.
5. Münsterberg, *Der Ursprung der Sittlichkeit*, Freiburg, 1889.

l'efflorescence de la civilisation, le règne des valeurs les plus hautes.

Comment se présente aujourd'hui le problème ? Si on entend ces philosophies de l'histoire comme des essais de *déduire* la morale à partir de principes cosmologiques, elles doivent être rejetées pour les mêmes raisons que les autres doctrines métaphysiques. Mais si on les envisage sous leur autre forme, en tant qu'elles voient dans certaines croyances impersonnelles un facteur déterminant de l'évolution humaine, il y a là une question de fait à se poser.

Dans quelle mesure la religion, comme conception cosmologique, a-t-elle mené les hommes ? Chez les peuples primitifs, elle n'agit nullement en tant que cosmologie, mais plutôt comme représentation d'une humanité amplifiée ; c'est si vrai que l'idée même d'un ordre des choses, d'une loi, n'a pas pour origine le spectacle de la nature, mais bien la contrainte sociale. Les dieux des religions classiques, gréco-latines, sont encore des dieux nationaux et familiaux : représentations anthropomorphiques, où n'intervient pas efficacement la notion d'un ordre impersonnel. Le bouddhisme offrirait, en revanche, un exemple contraire ; et l'on voit, au moyen âge, la morale impersonnelle du christianisme, héritier des traditions juives, grecques et romaines, s'opposer aux morales de terroir, d'origine féodale et germanique. Mais on ne peut dire que les croyances impersonnelles l'aient emporté : la religion s'est progressivement *nationalisée* : la Réforme fut un mouvement dans ce sens. De nos jours, les religions se désintéressent de plus en plus de la vérité et de l'erreur, soit pour s'unir avec la notion de patrie (on a défendu, en France, l'idée d'un *catholicisme athée*), soit, chez les protestants, pour se réfugier dans le for intérieur des individus. En somme, l'action efficace de la religion, comme conception cosmologique, paraît en régression ; de plus en plus, sous l'influence de la science, la religion se trouvera réduite à ses forces de tradition ou de sentiment.

Considérons maintenant d'autres facteurs du même ordre : les idées philosophiques et scientifiques. Elles exercent une action réelle : dans beaucoup de consciences, détachées de la religion, la notion des droits de la vérité impersonnelle apparaît comme un substitut de la conception chrétienne : le mensonge semble alors un « *crime contre l'objectivité* ». C'est de cette tendance que procèdent les morales naturalistes à la façon de Spencer, qui ne veulent admettre, en fait de règles, que des lois de la nature. Il y a là, croyons-nous, une erreur : il n'existe pas de réalité extérieure à l'humanité qui s'impose à elle comme modèle. Seulement, nous avons le devoir de ne pas nous crever les yeux quand nous sommes en présence d'une vérité, de ne pas déformer la vérité en vue de fins humaines. — Nous disons, en premier lieu, qu'il n'existe aucune raison *a priori* de soumettre notre action à des lois naturelles. D'abord, nous ne connaissons de la nature que très peu de chose. Puis, Comte a montré que les conceptions scientifiques varient, souvent, parallèlement aux croyances morales, font partie d'un même ensemble : en sorte qu'on ne peut subordonner celles-ci à celles-là. De plus, les idées scientifiques ne sont souvent que des façons de voir de l'esprit, auxquelles on n'oserait dire que la nature corresponde : elles nous renseignent donc sur l'histoire de l'esprit humain lui-même plutôt que sur la réalité objective. On peut, dès lors, se poser le problème que tranchait Kant : notre vie pratique n'a-t-elle pas des postulats qui lui soient propres, qui n'appartiennent pas à la raison spéculative ? Ainsi, pour Kant, l'affirmation de la liberté. C'est, en somme, sous des formes différentes, la théorie de Renouvier, et aussi de William James, dans l'*Expérience religieuse* ; et enfin, celle d'Auguste Comte, qui va jusqu'à vouloir que l'homme social règle la connaissance d'après ses besoins pratiques, détermine ce qu'il veut connaitre dans les choses. Il y a beaucoup de vrai dans cette conception : il faut dénoncer la superstition de l'objectivité, d'où procède, par exemple, le culte exclusif de l'érudition et de l'art pour l'art. La *loi du salut* est supérieure (en un sens) à la *loi de la vérité*. C'est chose légitime et nécessaire que l'adaptation du savoir : il serait fou de vouloir tout enseigner à tous sous la même forme, et ce n'est même pas uniquement à l'usage des enfants qu'une pédagogie s'impose. En ce sens, la vérité impersonnelle est au service de l'homme, de ses besoins moraux.

Mais voici l'autre aspect de la question : la conscience humaine, sincèrement consultée, dit, aujourd'hui, qu'il faut regarder toute vérité en face. C'est à tort que certaines consciences pseudo-religieuses se croient le droit de voir la réalité comme elles veulent, au gré de leurs besoins sentimentaux. Ces croyants se cachent à eux-mêmes la vérité scientifique : c'est lâcheté. Il n'y a qu'un cas où il soit permis de « prendre les choses du bon côté » : c'est lorsqu'elles en ont deux, c'est-à-dire là où il n'y a pas certitude, vérité fixe. Ainsi, pour Kant ou pour W. James, l'existence de Dieu, l'immortalité de l'âme sont, du point de vue théorique, des vérités possibles ou probables : on a le choix d'y croire ou non. Mais ce que la conscience n'admet pas, c'est qu'aux exigences de l'équilibre moral on sacrifie la vérité.

Nous ne nous arrêterons pas sur une conception connexe aux précédentes, celle du consensus social : on la trouve chez Comte. Tous les facteurs sociaux varieraient constamment ensemble : théorie aussi insuffisante (à la considérer sans restriction) que celles qui font dépendre d'un facteur unique l'ensemble de l'évolution sociale. La plasticité de la réalité collective : voilà ce qui ressort de toute notre critique. Cette réalité, nous l'étudierons maintenant en elle-même, et nous tâcherons de déterminer ce qu'il y a en elle de proprement moral.

IV. — ASPECTS DIVERS DE LA RÉALITÉ SOCIALE : LA SOCIOLOGIE OBJECTIVE

L'histoire. — La réalité collective se prête d'abord à des distinctions dans l'étendue. Les doctrines biologiques divisent, à cet égard, l'humanité en races ; la théorie du *Volksgeist* la répartit entre différents types sociaux, représentés chacun au cours de l'histoire humaine par des nations différentes : telle est la conception de Hegel, ainsi que celle de Lazarus[1] et de Bastian. A la tendance particulariste dont ces théories offrent un exemple, s'oppose une tendance universaliste qui, pour n'être pas étrangère aux auteurs précédents, s'est manifestée principalement en France, chez Guizot, chez de Bonald ou de Maistre : ces écrivains admettent une évolution globale de l'humanité.

Mais c'est surtout dans le temps, et d'un point de vue historique, que nous considérons aujourd'hui la réalité sociale. En quel sens les sociologues entendent-ils l'histoire ? Qu'est-ce qu'une connaissance historique a de spécifique[2] ?

Une première question consiste à savoir s'il y a lieu de restreindre l'histoire, comme le veut M. Simiand, à l'étude des phénomènes collectifs, ou si, comme le soutient

---

1. Cf. Bouglé, *Les sciences sociales en Allemagne*, Alcan.
2. Consulter Flint, *op. cit.* ; Langlois et Seignobos, *Introduction aux études historiques* (voir pp. 217, 219, 251) ; Lacombe, *De l'histoire considérée comme science* ; articles dans la *Revue de Synthèse Historique* ; Simiand, *Méthode historique et science sociale* ; Mantoux, *Histoire et sociologie* (1903) ; Xénopol, *La causalité dans la succession* (1905) ; Segond, *Les idées de Cournot sur l'histoire* (1905) (c'est à Cournot qu'il faut en revenir pour définir avec précision la nature de l'histoire). — Cf. Langlois et Seignobos, *Manuel de Bibliographie historique* ; Bernheim, *Lehrbuch der historischen Methode* ; Simmel, *Die Probleme der Geschichtsphilosophie, eine erkenntnistheoretische Studie* (3ᵉ éd., Leipzig, Duncker, 1907).

M. Seignobos, il y faut faire place à l'action des individus. — Le fait historique peut, tout en étant individuel, s'expliquer en partie par l'influence réelle de certaines abstractions : les abstractions vivent, et c'est ce que M. Seignobos a tort de nier. Mais, en quoi il a raison, c'est qu'il faut accorder une grande place aux faits individuels et concrets. Un individu peut jouer, dans l'histoire d'un pays, un rôle aussi considérable qu'une institution ; et d'ailleurs les événements particuliers retentissent sur les institutions : notre Code se comprend-il sans l'histoire de Napoléon ? On ne doit donc négliger aucun des deux éléments[1]. Le sociologue s'imagine trop volontiers que les abstractions sociales, la cité, la famille, etc., sont les seules réalités agissantes : c'est attacher trop de valeur à l'universel comme tel, et tomber dans une illusion quasi métaphysique. L'historien, en revanche, commet souvent la confusion grossière du réel et du concret : en fait, *tout se passe comme si* les abstractions agissaient. Par exemple, aujourd'hui, l'*homo œconomicus* existe, l'échange, l'argent sont des choses vivantes : la pièce de cent sous, cette abstraction, nous domine.

Mais, cette distinction une fois faite, qu'est-ce qu'un phénomène historique ? — C'est la succession comme telle, la succession du particulier. Rechercher des lois de succession qui peuvent se produire à un moment quelconque du temps, c'est faire de la dynamique sociale, non de l'histoire : l'objet propre de l'histoire, dit M. Seignobos, c'est d'étudier « les différences[2]. » Conception nouvelle, bien caractéristique de notre temps : le transformisme n'est-il pas l'introduction de l'histoire dans les sciences naturelles[3] ? Nous sommes essentiellement historiens, et de plus, préoccupés surtout, en esprits

1. Cf. Hauser, *L'enseignement des sciences sociales*, p. 113 et suiv..
2. Langlois et Seignobos, *Introduction aux études historiques*, p. 193.
3. Cf. Le Dantec, *Les influences ancestrales*, notamment Introduction, p. 5.

réalistes, du présent et de l'histoire prochaine. Non qu'on doive éliminer toute étude du permanent, des généralités : mais s'il existe des conditions générales et abstraites des phénomènes sociaux, on reconnaît aujourd'hui ce qu'elles ont d'indéterminé. Jusqu'à présent, le point de vue physico-mathématique a régné jusque dans les sciences sociales : on voulait, comme Stuart Mill et même Comte, faire sortir l'histoire d'une psychologie de la « nature humaine », ou encore, ainsi que l'observe Cournot, faire tenir dans une formule tout le devenir historique : ce n'est point là de l'histoire. La vieille « philosophie de l'histoire », devenue seulement plus savante, se survit aujourd'hui encore, souvent, chez M. Durkheim ou M. Simiand. Le présent, semblent-ils dire avec Comte, n'est qu'un point entre le passé et l'avenir : non, faut-il répondre, nous sommes tout entiers dans le présent.

Mais, entre les phénomènes particuliers qu'étudie l'histoire, ne peut-on légitimement déterminer des relations ? — On le peut, et voici comment. Un premier procédé consiste à éliminer de ces phénomènes tout ce qui n'est pas particulier, tout ce qui peut se réduire à l'universel ; en second lieu, on applique à la relation des faits particuliers les règles ordinaires de la méthode scientifique (règle des variations concomitantes, etc.). Et parmi ces faits, on cherchera surtout à dégager ce qui, dans les limites d'une période déterminée, produit le plus d'effets, ce qu'il y a de plus durable : *le permanent entre deux dates*. Tel est le point de vue propre à l'histoire : elle établit des rapports définis entre des faits spéciaux, singuliers. Nous n'admettons plus aujourd'hui l'ancienne antithèse entre le hasard absolu et la loi absolue, parfaite, conçue comme une essence : Aristote introduisait déjà un intermédiaire, avec sa formule ὡς ἐπὶ τὸ πολύ. Nous croyons, en *actualistes*, à une critique possible du particulier. Ce n'est pas l'universalité, mais l'irrésistibilité, qui caractérise la certitude : pourquoi celle-ci ne résulterait-elle pas de l'opération du *dénombrement* appliquée à des faits particuliers[1] ?

Il importera donc de discerner, parmi les faits sociologiques, ce qui est proprement historique d'avec ce qui est statique ou dynamique, au sens que les sciences physico-chimiques donnent à ces mots. La plupart des traités de sociologie, tels que ceux de Gumplowicz, de Kidd[2], ne recherchent dans ces faits que le permanent, non l'historique : d'où maint sophisme, comme celui qui explique par les lois de la division du travail, c'est-à-dire par une forme indéterminée, le régime économique actuel[3]. De même, l'économie orthodoxe confond la notion très générale d'autorité économique avec la notion bien précise de patronat; de même encore, on identifie élite et noblesse héréditaire, ou bien, avec Brunetière, discipline nationale et militarisme : mais l'une peut être réalisée sans l'autre, ne fût-ce qu'en Egypte, par exemple, ou en Chine; et même, la discipline de nos armées eût-elle pu se constituer sans celle des usines ? — M. Durkheim lui-même occupe, dans la *Division du Travail*, une position intermédiaire entre la sociologie purement abstraite et l'histoire : la division du travail lui apparaît, somme toute, comme un moyen de réaliser la « solidarité organique », but général où tendent les sociétés; pourtant, il admet, comme une condition plus précise à la réalisation de ce but, la nécessité préalable d'un sentiment intérieur de solidarité, fondé sur une certaine organisation professionnelle. — On devra donc distinguer, parmi les conditions d'existence des sociétés, divers degrés

---

1. [Cf., sur l'histoire, *infra*, p. 115 et suiv., p. 152 et suiv.]
2. Kidd, *op. cit.*; Gumplowicz, *Précis de sociologie* (trad. fr., 1896).
3. Cf. Bouglé, *Revue générale des théories récentes sur la division du travail*, dans *l'Année Sociologique*, t. VI.

de généralité. C'est ce que fait M. Simmel relativement aux règles juridiques : le principe que le plaignant doit faire la preuve, ou le plus ou moins d'autorité qui est accordé au droit coutumier, sont des formes moins générales que celle-ci : tout système juridique se réalise par des règles fixes ; et c'en est une plus générale encore que tout acte juridique suppose une liaison entre un fait extérieur et certaines dispositions morales, une relation des choses avec l'esprit humain.[1] Mais notre temps a complètement retourné le rapport des lois historiques aux lois générales et abstraites. Un Guizot déduit encore des lois les plus générales des faits tels que le triomphe du tiers état ; les hommes du xviiie siècle, hantés par l'idée newtonienne de la science[2], supprimaient, en réalité, l'histoire. Aujourd'hui, ni l'histoire ni la morale vivante ne voient plus dans les lois générales que des cadres très vagues, laissant place à des variations multiples : ces lois n'ont besoin d'être rappelées qu'aux utopistes, à la façon d'Elisée Reclus ; la plasticité de la nature humaine n'est limitée que par les bornes les plus larges.

Relation du social avec d'autres réalités. — Sur la relation de la réalité collective avec d'autres réalités, psychologiques ou organiques, nous rencontrerons des confusions analogues.

C'est un fait qu'il existe des réalités collectives : en s'unissant, les individus forment un être psychologique nouveau, d'une nature spéciale ; la société n'est, si l'on veut, qu'une somme d'individus, mais d'individus « socialisés ». La croyance sociale est relativement autonome par rapport aux faits objectifs : de nos jours, par exemple, la *spéculation* financière, fort bien nommée, puisqu'elle consiste en un *jeu d'idées*, de

---

1. Simmel, *Die Probleme der Geschichtsphilosophie*, p. 7.
2. Cf. E. Halévy, cité plus haut, p. 21.

croyances, d'espérances, indépendantes des réalités matérielles, pénètre de spiritualisme notre vie sociale ; la Bourse est, si l'on peut dire, un foyer d'idéalisme ! — Il y a donc une « nature sociale », comparable à la nature physique : véritable découverte, qui date de Comte. L'individu trouve la réalité sociale toute constituée, et se l'adapte : c'est d'elle que lui vient sa plus grande force. Isolé, il serait incapable d'art, d'industrie : il a existé des Robinsons réels, et ils n'ont rien fait[1]. La science elle-même n'est elle pas, comme le montre Comte dans la *Synthèse subjective*, fonction du milieu social ? — C'est en vain que Tarde a tenté de ramener les lois de la réalité collective à celles de la psychologie interindividuelle : M. Durkheim a fortement réfuté sa théorie de l'imitation[2] ; la conscience collective n'est pas constituée par des individus qui s'imitent, mais par des individus qui pensent à l'unisson. A cet égard, on peut rapprocher de Tarde les économistes de l'école autrichienne, tels que Kreibig[3], qui, dans leur théorie de la valeur, s'attachent non pas à des croyances collectives, mais aux lois de nos préférences psychologiques *en général*.

Le problème, dès lors, se pose ainsi : comment distinguer dans nos croyances l'élément proprement sociologique et l'élément humain, c'est-à-dire ce qui dépend des lois générales, organiques ou psychologiques, de la nature humaine ? On ne pourra répondre d'une façon satisfaisante que lorsque la sociologie, plus avancée, permettra de délimiter l'un et l'autre domaine : contentons-nous de quelques indications. Les folies changent de forme avec le milieu social : n'empêche qu'elles ne se manifestent que chez des individus

1. Cf. Ratzel, *Anthropogeographie*, II (1891), p. 710.
2. Durkheim, *Le Suicide*, p. 107 et suiv..
3. Kreibig, *Psychologische Grundlegung eines Systems der Wert-Theorie* (Vienne, Hölder), 1902.

organiquement prédisposés ; le suicide, aujourd'hui, résulte, entre autres causes, comme l'a montré M. Durkheim, de l'instabilité de notre régime social : mais il reste place pour une étude des lois psychologiques de l'instabilité. On peut appliquer aux relations de famille la même distinction du social et de l'organique : non seulement l'amour paternel n'existe pas dans certaines sociétés, mais l'amour maternel lui-même n'est instinctif que dans une certaine mesure : chez certaines peuplades, les mères donnent leurs enfants[1]. C'est par notre système d'héritage (fait social) que s'explique en France la tendresse particulière de nos relations de famille. Et d'autre part, dans les sociétés où le mariage ne dépend pas de préférences individuelles, mais uniquement du choix préalable des parents, comme il arrive aujourd'hui en Orient, il subsiste pourtant des sentiments naturels en lutte contre l'influence sociale, puisque des pénalités sont prévues contre les infractions à cette règle. Une question semblable se pose au sujet du féminisme : jusqu'à quel point la condition organique de la femme permet-elle son affranchissement social[2]? Et de même, enfin, pour des problèmes d'économie ou de politique : il y a un abus de la psychologie, aussi bien chez les économistes orthodoxes, qui, comme M. Molinari ou Courcelle-Seneuil, fondent le régime capitaliste sur l'égoïsme et la paresse admis comme seuls mobiles de la conduite humaine, que chez certains socialistes, comme M. Landry[3], ou chez des économistes historiens,

1. Cf. Karl Bücher, traduction : *Études d'histoire et d'économie politique*, Alcan (1901), I, p. 11-15.
2. Cf. Jacques Lourbet, *Le problème des sexes* (Giard et Brière, 1900). La plupart des biologistes sont antiféministes; voir, pourtant, en sens contraire, Ward, *Pure sociology* (Macmillan, 1903), ch. xiv, notamment p. 372-3; cf. p. 123.
3. Landry, *L'utilité sociale de la propriété individuelle* (Paris, Soc. nouv. de librairie et d'édition, 1901).

comme Schmoller et Wagner[1]. L'intérêt joue dans toutes les époques : il faut commencer par déterminer historiquement un certain régime; on se demandera ensuite comment, ce régime donné, les tendances humaines y fonctionnent. Il y a des préférences nationales, qui parfois gênent l'échange, limitent le principe général de l'intérêt. Pareillement, si les petites associations revêtent de nos jours une forme démocratique, cela ne s'explique que par des raisons historiques et sociales : au moyen âge, elles étaient dominées par la relation féodale de fidélité.

Une autre question consiste à savoir, non plus s'il existe des réalités collectives, mais si ces réalités ont des lois qui leur soient propres. Beaucoup pensent, avec M. Paulhan, que les lois de la psychologie générale s'y appliquent. MM. Durkheim et Mauss[2] croient découvrir, dans les classifications primitives, certaines lois de logique sociale : mais il n'apparaît pas que celles-ci soient irréductibles aux lois classiques de l'association. Sur un point, il est vrai, la vie sociale semble soumise à des lois spécifiques : tandis que l'individu tend toujours à se conserver, il y a des moments où les peuples tendent à mourir : ainsi les sauvages, au contact des civilisés, s'abandonnent, atteints d'« asthénie collective ». Pourtant, à en croire M. Metchnikoff[3], cette tendance à mourir devrait de même, normalement, se rencontrer chez le vieillard, comme elle se rencontre parfois chez le neurasthénique... Enfin nous retrouverons la question de savoir s'il existe une morale

---

1. Schmoller, *Principes d'Économie politique*, 1re partie, t. I, tr. fr., Paris, Giard et Brière, 1905; Ad. Wagner, *Les Fondements de l'Économie politique*, t. I, tr. fr. 1904 (cf. le c.-r. de Landry dans la *Revue Philosophique*, 1905, I, p. 432).

2. Durkheim et Mauss, *De quelques formes primitives de classification. Contribution à l'étude des représentations collectives*, dans l'*Année sociologique*, t. VI.

3. Metchnikoff, *Études sur la nature humaine* (Paris, Masson, 1903), chap. xi, p. 368 et suiv.

spécifiquement collective, distincte de la morale des individus[1].

Nous venons de parler des relations de la « nature sociale » avec la nature psychologique. On pourrait compléter cette étude en traitant des rapports de la réalité collective, non plus avec le *genus homo*, mais avec l'individu comme tel : nous aurons également l'occasion d'y revenir[2].

Le social en lui-même. — Nous avons étudié la réalité collective dans son rapport avec d'autres réalités : étudions-la maintenant en elle-même. Dépend-elle de conditions externes, ou est-elle autonome ? Chez certaines populations, les variations de la société se produisent en fonction de faits physiques tels que la race ou bien, comme chez les Eskimos, le climat[3]. D'autre part, il y a des sociétés, et c'est surtout le cas des sociétés modernes, où ce sont, au contraire, les institutions sociales qui utilisent les forces physiques, les mettent au service des idées sociales. Voici, par exemple, une question débattue entre les historiens : la chute de Rome est-elle due à l'invasion des barbares ou à des causes internes d'affaiblissement ? On sait que, pour Fustel de Coulanges, la désorganisation de la classe moyenne, la diffusion du christianisme suffisent à l'expliquer.

Sur ce problème de la vie spontanée des sociétés, trois hypothèses sont possibles. 1° L'évolution de la société dépendrait entièrement de conditions physiques et biologiques : conception toute mécaniste, matérialiste, à peu près abandonnée aujourd'hui. Elle suppose que certains facteurs agissent du dehors sur une nature humaine, organique ou psychique, partout identique à elle-même, comme celle qu'imaginaient les

---

1. Voir plus bas : *La notion d'individualité*, pp. 103-109.
2. Voir la dernière partie du cours : *les Morales individualistes*, pp. 105-125.
3. Cf. Mauss (en collaboration avec Beuchat), *Les variations saisonnières des sociétés Eskimos*, dans l'*Année sociologique*, t. IX.

hommes du xviii° siècle. 2° On peut concevoir la société comme une réalité spécifique, mais dont les variations seraient déterminées par celles d'éléments extérieurs, comme la race, ou encore (nous pensons à la théorie de Comte) correspondraient à diverses faces de la psychologie humaine. 3° Enfin, on peut, avec les sociologues contemporains, reconnaître à la réalité collective une véritable autonomie : le sol, la race, tous les facteurs externes ne font que servir d'instruments à la conscience sociale. — On trouverait, en biologie, le pendant de cette classification. Selon le mécanisme cartésien, renouvelé de nos jours par M. Le Dantec, il n'y a dans l'être vivant qu'une combinaison de mouvements ; Claude Bernard reconnaît la spécificité du vivant, mais n'explique la variation de ses formes, une fois données, que par l'action de forces physico-chimiques ; enfin, pour Darwin, et surtout pour Lamarck, l'évolution du vivant est déterminée, non pas simplement du dehors, mais encore par une tendance interne, profonde, à maintenir et accroître la vie. — Telles sont, de part et d'autre, les trois attitudes possibles ; le plus souvent, d'ailleurs, elles ne sont pas consciemment distinguées.

Nous admettons que la société possède une vie spontanée, autonome : mais comment entendre cette spontanéité? Faut-il se représenter des besoins, des tendances, comparables aux tendances individuelles? — On peut (et telle est, semble-t-il, la pensée de M. Durkheim) concevoir dans la société des tendances internes, mais qui diffèrent nettement des sentiments humains par l'absence de toute logique inconsciente, de toute finalité psychologique : *directions psychiques*, mais où n'entre nulle *intention*. Les traditions, les coutumes en donnent bien l'idée : elles persistent par leur force acquise, et, trop dénuées d'intelligence pour poursuivre leur intérêt, n'opposent aux forces contraires qu'une résistance toute mécanique. Que l'on songe, pour imaginer les directions psychiques élémentaires, à un homme distrait, qui marche droit devant soi, jusqu'à ce qu'on le détourne ou qu'il heurte un obstacle! Ainsi se comprend la survivance de rites sans raison, le *formalisme*. Simmel rappelle, dans cet ordre d'idées, que la régularité de certaines impulsions sociales (de celle qui a toujours entraîné, par exemple, les peuples germaniques vers l'Italie) les a fait comparer à l'instinct des oiseaux[1]; bien souvent, un peuple continue d'être belliqueux après que la guerre a cessé d'être utile. Ces forces psychiques se comportent comme des forces matérielles : la division du travail social, selon M. Durkheim, est déterminée par l'accroissement de la densité de la population; mais cet accroissement lui-même résulte, si nous l'entendons bien, d'une tendance interne de la société, se développant dans un certain sens : tendance brute, sans autre origine que le frottement qui s'établit entre les segments sociaux et fait disparaître, par usure, les barrières qui les séparent. Cette conception d'une direction quasi mécanique des événements, direction qui n'est pas nécessairement un progrès, qui va vers un certain terme, mais ne se confond pas avec la poursuite volontaire d'un but, les historiens l'appliquent souvent : on la trouve, notamment, chez M. Seignobos[2].

Il y en a une autre. On peut soutenir que la vie des sociétés est dirigée par des jugements plus ou moins conscients sur les fins et les moyens : théorie utilitaire, dont Marx nous fournit une application lorsqu'il fait voir dans les systèmes idéologiques l'hypocrisie inconsciente des classes. Mais il y a bien des façons d'entendre cette théorie. On peut admettre que les sociétés ne tendent qu'à leur conservation pure et simple, prennent, par exemple, une forme politique appropriée à ce but. Mais les sociétés peuvent aussi tendre à

---

1. Simmel, *Probleme der Geschichtsphilosophie*, p. 16.
2. [A ce sujet, v. *infra* : *Problèmes de philosophie morale*, pp. 156-8].

s'accroître : s'il est des peuples somnolents, qui ne veulent que vivoter, il en est aussi de conquérants, qu'anime une « volonté de puissance », un impérialisme à la Roosevelt. Parfois aussi, peut-être, les sociétés, frappées d' « asthénie collective », tendent à mourir : à de certains moments, cette tendance serait un fait naturel, dû à des causes tout internes, de même que normalement, suivant M. Metchnikoff, la vieillesse humaine devrait désirer la mort. La question est de savoir si les sociétés veulent seulement *être*, ou bien si elles veulent encore être ceci ou cela, être heureuses, par exemple : en 1848, la France fit, nous dit-on[1], une révolution par ennui, par une sorte de lassitude du bonheur ; Auguste Comte, citant Georges Leroy pour l'auteur de cette idée[2], indique l'ennui des sociétés comme un facteur secondaire de l'évolution. Il peut encore y avoir, pour une société, d'autres fins que le bonheur : l'honneur, par exemple, le besoin de justice ; voire même des besoins plus abstraits, d'ordre rationnel, métaphysique : les études de MM. Durkheim, Hubert et Mauss ont révélé, chez les sociétés primitives qui répartissent tout l'univers dans les cadres de leurs totems, le besoin fondamental de généraliser d'après certaines notions cardinales[3]. — A propos de toutes ces tendances, on peut se demander dans quelle mesure la spontanéité sociale est analogue à la spontanéité individuelle. De plus, il y aurait à faire une distinction, négligée d'ordinaire, entre les besoins sociaux et les volontés sociales. Quoique un grand idéal soit par lui-même une force, un peuple peut avoir un idéal sans avoir la

---

1. Comte de Rambuteau, *A la Préfecture de la Seine, février 1848* : *Revue de Paris*, 1er février 1905, p. 481.

2. *Cours de philosophie positive*, t. IV, p. 419. Cf. Durkheim, *Division du travail social*, p. 336.

3. Durkheim et Mauss, *De quelques formes primitives de classification*, *Année Sociol.*, t. VI. Cf. Hubert et Mauss, *Théorie générale de la Magie*, *il.*, t. VII. *Le Sacrifice*, *ib.*, t. II.

volonté de la réaliser : y a-t-il chez la France d'aujourd'hui, par exemple, une énergie suffisante au service des idées avancées qu'elle représente? Peut-être le libre arbitre individuel est-il fonction du libre arbitre social, c'est-à-dire de l'intensité de ce vouloir collectif.

Le « socialement moral ». — Après avoir tenté de déterminer ce qu'est le social, il faudrait, à l'intérieur du social, déterminer le « socialement moral ». Certaines théories, tout d'abord, ne le définissent pas autrement qu'à l'aide de cette *tendance à être* qui est la forme même de la spontanéité sociale. Qu'y a-t-il de moral ? C'est, répond-on, ce qui est conforme à l'intérêt de la société.

Ces théories, que nous avons déjà critiquées, se présentent sous deux formes. L'utilitarisme objectif, appliquant littéralement aux sociétés l'idée de la sélection, soutient que toutes les croyances qui y survivent sont des croyances utiles : nous avons montré précédemment [1] que cette conception est indéfendable. L'utilitarisme psychologique affirme seulement que les sociétés se guident par la poursuite de leur intérêt. Mais, si des préoccupations de cet ordre ont exercé de bonne heure une action très réelle, il est faux, nous le savons, que les sociétés n'aient jamais cherché que leur salut, ne l'aient jamais subordonné à des fins supérieures : nous avons distingué entre l'idéal social et l'intérêt social. Si, par exemple, le châtiment de l'homicide est plus sévère que celui de la banqueroute, quoique le premier crime lèse moins gravement l'intérêt collectif, c'est qu'il y a contre le meurtre une répugnance très forte, indépendante de tout sentiment utilitaire [2].

---

[1]. Cf. *supra*, *Morales biologiques*, pp. 33 et suiv.

[2]. On peut citer, comme représentant de la théorie utilitaire, un sociologue de grand talent, A. Dumont (*Dépopulation et civilisation*, Paris, Vigot, 1890; *Natalité et Démocratie* et *La morale basée sur la démographie*, Schlei-

En somme, l'utilitarisme ne distingue pas encore nettement le « socialement moral » d'avec le social en général. C'est à M. Durkheim et à la sociologie objective que revient le mérite de cette distinction. Telle ou telle fonction sociale ne se justifie, dans cette conception, que par l'effet proprement moral qu'elle produit[1].

Comment donc détermine-t-on le « socialement moral »? On considère, parmi les valeurs communément admises, celles qui se prêtent à des définitions précises et à des mesures objectives, en un mot : celles dont on peut faire la science. « Un acte est criminel, dit M. Durkheim[2], quand il offense *les états forts et définis de la conscience collective.* » Ces sentiments collectifs se manifestent de façon concrète au moyen des sanctions par où ils réagissent : sanctions pénales, s'appliquant au crime proprement dit; sanctions diffuses, consistant dans un simple blâme de l'opinion, et s'appliquant aux actes simplement immoraux. Ainsi se trouve délimité, par un criterium tout objectif, le domaine des croyances morales. On s'arrangera, de plus, pour les soumettre à la mesure, et dans ce but, on en cherchera l'expression dans *l'opinion moyenne*, que nous révèlent les statistiques. Voilà comment, chez M. Lévy-Bruhl comme chez M. Durkheim, ces croyances se réduisent, *par définition*, à des éléments objectifs et mesurables. — Qu'en faut-il penser?

---

cher, 1898 et 1901). L'utilitarisme anglais, toujours persistant, s'est modifié sous l'influence des conceptions biologiques de Spencer et de Darwin : cf. Leslie Stephens, *The Science of Ethics* (London, Smith, 1882); Sidgwick, *The Methods of Ethics* (London, Macmillan, 6ᵉ éd. en 1901); Lester Ward, *Pure Sociology* (New-York, Macmillan, 1903).

1. Durkheim, *Division du travail social*, 1ʳᵉ éd., p. 41 : « Un devoir peut être contenu et modéré par un autre devoir, mais *non par des nécessités purement économiques*. Si la division du travail ne se recommande que par des avantages matériels, elle n'a pas qualité pour restreindre l'action d'un précepte moral. » Cf. *ibid.*, 2ᵉ éd., p. 19 : « Dans ce cas, les services économiques qu'elle [la division du travail] peut rendre sont peu de chose à côté de l'effet moral qu'elle produit. »

2. *Ibid.*, 2ᵉ éd., p. 47.

Remarquons d'abord que ces sociologues partent d'une conception trop étroite de la science. Ce n'est nullement un postulat nécessaire qu'il n'y ait de science que des réalités objectivement déterminables et mesurables. Ce parti-pris conduit à négliger un grand nombre de faits impondérables et pourtant essentiels : on commettra la confusion, signalée par Comte, du certain avec le précis. On donnera, d'autre part, à certains faits une précision factice, dont ils ne sont pas susceptibles : rien de plus difficile que la statistique en matière morale, même en ce qui concerne le nombre des suicides ou la criminalité. Ne peut-on noter, chez M. Simiand, un certain besoin d'élargir cette méthode, lorsqu'il recommande d'éclairer, le cas échéant, par la littérature l'étude du développement juridique : le droit contemporain, par exemple, à l'aide d'Anatole France[1] ?

Si le postulat sur lequel on s'appuie peut encore passer, moyennant certaines réserves, pour un postulat scientifique, il n'a, en tout cas, rien de moral. Parce qu'une croyance sera reconnue comme *moyenne*, devra-t-on s'incliner devant elle ? Sans doute, à de certaines époques de l'histoire, aucun écart n'existe entre la croyance moyenne et la conscience morale des individus : chez les peuples primitifs, il n'y a pas d'hérétiques. Quand certaines croyances sont admises par tous, il y a, en quelque sorte, une *nature* sociale, qui s'impose à l'esprit, comme s'impose le spectacle d'une réalité objective. Il en est ainsi, à un moment donné, pour toutes les croyances : aux yeux de la postérité, certaines des nôtres auront cet aspect. Ajoutons que cette théorie comporte une application pédagogique : dans un pays divisé, l'enseignement public doit s'en tenir aux croyances moyennes. — Mais la question est tout autre si un individu s'interroge sur ce qu'il doit

---

1. Simiand, *Notes Critiques*, février-mars 1905, p. 49.

faire. La morale s'est faite le plus souvent par la réaction d'individus ou de groupes contre la croyance moyenne. Jamais une certitude, pas plus morale que scientifique, ne se détermine par la recherche des moyennes : un géomètre n'étudie pas le cercle moyen, mais le cercle-type. A toute époque il existe des consciences à qui fait horreur la vertu sociologique, analogue aux photographies composites de Galton. Ce qui sera demain le courant collectif[1] peut naître aujourd'hui dans une conscience individuelle, infinitésimale : *idée* sociale, se posant par elle-même, et capable, jusqu'à un certain point, de créer la réalité sociale. Et notre conception ne vaut pas seulement pour les inventeurs de la morale, mais pour quiconque veut *comprendre*. Si la théorie sociologique était vraie, comment une idée nouvelle entrerait-elle jamais dans le monde ?

On dit que la consultation de la conscience n'est nécessaire que parce que notre science est incomplète. Certes, la connaissance des faits peut quelquefois suffire à juger un idéal : elle ferait renoncer, par exemple, à réaliser la démocratie au milieu des Papous. Mais, le plus souvent, elle n'aboutit qu'à un risque à courir : il faut tenter la chance pour l'idée. C'est là une nécessité, non pas simplement provisoire, mais humaine. Il y a de l'utopie à concevoir une conscience humaine uniquement contemplative, qui soit un pur miroir, qui n'ait pas besoin d'idées pour transformer la réalité ; c'est supprimer la catégorie de l'action[2]. — Assurément, notre point de vue entraîne, pour la science morale, une part d'indétermination. Mais M. Durkheim ne dit-il pas souvent que son détermi-

---

1. Cf. Durkheim, *Suicide*, pp. 356-357 : « [La vie collective] est extérieure à chaque individu moyen pris à part... De toutes les consciences particulières qui composent la grande masse de la nation, il n'en est aucune par rapport à laquelle le courant collectif ne soit extérieur, presque en totalité, puisque chacune d'elle n'en contient qu'une parcelle. »

2. [Cf. Rauh, *Science et conscience*, Revue philos., 1904, I, p. 359-67].

nisme peut se concilier avec le libre arbitre? Eh bien, l'indétermination qu'il demande pour le libre arbitre, nous la demandons pour l'idée : il y a place pour elle dans le cadre très large de la réalité collective. Certaines idées, sans doute, n'ont pas le droit de naître ; mais la voie reste ouverte à plus d'une !

Nous posons donc le problème moral à l'inverse des sociologues. Ils se demandent, à la façon de Kant : pour qu'une morale soit scientifique, que doit-elle être? Nous, au contraire, nous partons d'un fait moral, c'est-à-dire d'une certaine préférence pour telle ou telle valeur incommensurable ; et nous nous demandons alors si à cette idée correspond une réalité, si cette valeur varie en fonction de la race, de l'intérêt social, etc.

Par leur attitude générale, les sociologues sont conduits, de plus, à distinguer trop radicalement entre la morale proprement dite et l' « esthétique de la morale » : celle-là, pensent-ils, représente le « minimum indispensable », le « pain quotidien »[1] ; l'autre est un luxe. Mais une conscience moderne compétente acceptera-t-elle ce divorce ? L'honnête homme confrontera, là où elles se heurtent, les croyances moyennes et les nouvelles valeurs : il ne se croira pas d'avance astreint à suivre les premières.

Nous pouvons, de même, indiquer comment doit se résoudre un autre problème, qui a préoccupé particulièrement les moralistes allemands. Parmi ces valeurs incommensurables, faut-il, avec Wundt, Paulsen, Höffding, et, semble-t-il, avec M. Durkheim, mettre au premier rang les valeurs proprement morales, au sens social du mot, ou au contraire, avec Münsterberg, avec Nietzsche, considérer les valeurs de civilisation (valeurs artistiques, scientifiques,

---

[1]. Durkheim, *Division du travail*, 2ᵉ éd., p. 11 : « La morale, c'est le minimum indispensable, le strict nécessaire, le pain quotidien sans lequel les sociétés ne peuvent pas vivre. »

philosophiques) comme le vrai but de l'humanité ? Ici encore, on ne peut répondre qu'en consultant méthodiquement la conscience : la réponse variera selon les moments, selon les hommes. De nos jours, les consciences les plus individualistes, celles des hommes de lettres, se reconnaissent des devoirs sociaux; seulement certains hommes possèdent, en outre, une vocation intellectuelle spéciale : leur vrai devoir est de développer leur génie, sans se mêler de la « grosse besogne » sociale. Trop de gens, peut-être, se croient *voués*: mais peu importe ici. Retenons seulement que les valeurs proprement morales ne sont pas les seules qui s'offrent au choix de la conscience. L'*idée* morale, dont nous parlions tout à l'heure, ne doit pas s'entendre en un sens étroit.

Notons enfin que cette idée est dépourvue de tout caractère transcendant. Renouvier a eu le mérite de reconnaître l'immanence de l'idée morale, de faire descendre sur la terre l'impératif kantien; mais l'idée morale, pour lui, est encore statique, figée : sa morale est celle du contrat éternel. Pour nous, au contraire, l'idée morale ne se révèle que par des méthodes très positives; mais cette idée — et c'est ce qui reste du kantisme — dépasse et juge, loin de s'y réduire, la réalité sociale et les croyances communément admises.

TROISIÈME PARTIE

LES MORALES INDIVIDUALISTES

1. — LA NOTION D'INDIVIDUALITÉ : MORALE INDIVIDUELLE ET MORALE COLLECTIVE

La conception sociale de la morale est-elle la seule possible? N'y a-t-il pas place pour une morale individualiste?

Avant tout, il faut distinguer plusieurs notions souvent confondues sous le nom d'individualité. Il ne faudrait pas croire, d'une part, qu'une morale sociale soit nécessairement une morale traditionnaliste, une morale du passé : dire qu'une morale est sociale n'implique rien sur son contenu. D'autre part, ce qu'on entend souvent quand on parle d'individualité, c'est en réalité l' « individu socialisé » : par exemple, lorsqu'on oppose l' « individualisme » du moyen âge à l'étatisme moderne, on oublie que l'individu féodal, appartenant à des groupes plus restreints que l'État, obéissait à des règles collectives très strictes : il n'est pas jusqu'au respect de l'honneur individuel qui ne fût défini et imposé par la collectivité. Il ne faut pas confondre avec l'individualisme proprement dit l'individualisme corporatif : certains littérateurs, qui se disent individualistes et réclament pour eux une morale exceptionnelle, défendent bien moins leur *moi* que la classe des gens de lettres. — La morale civique, étatiste, nous présente une autre forme d'individualité sociale : le *citoyen* antique, s'il est soumis à une loi plus abstraite, plus impersonnelle que le féodal, tire, lui aussi, son orgueil individuel de la collectivité à laquelle il participe. Dans la société de type étatique, le développement du droit *privé* affranchit, en partie, l'individu : mais celui-ci n'est libre que par l'intervention de la collectivité, et grâce à la garantie de l'État. — De même, les vertus *privées* (vertus de famille, courage, tempérance) varient dans leur forme en fonction du milieu social. — Enfin, lorsqu'on oppose l'individu à la société, on entend souvent opposer l'inventeur social et la foule, l'*idée* sociale et la réalité collective : or les individualités éminentes plongent elles-mêmes leurs racines dans la masse. Ici encore il s'agit de l' « individu socialisé ».

Passons maintenant aux conceptions proprement individualistes, dans lesquelles l'individu s'oppose radicalement à la société. — Il y a d'abord un individualisme religieux, chrétien, qui met l'individu en relation avec un Être transcendant. L'individualisme métaphysique, rationaliste, n'est qu'une transposition laïque du précédent. C'est l'idée kantienne de la *république des fins* : les êtres raisonnables qui la composent recherchent leur salut par la culture de l'âme; la transformation sociale elle-même a son principe dans les individus considérés comme tels. — Tout autre est l'individualisme proprement moderne, individualisme du sentiment ou de la volonté; l'individu, selon cette conception, doit chercher sa nuance propre, spécifique, ce qui le distingue de tous ses semblables. Les représentants de cette doctrine, et surtout les romantiques, se réclament parfois de l'individualisme féodal; mais ils s'en séparent, en réalité, par une différence profonde : leur individualisme est nettement anti-social, et le sentiment du respect y fait défaut (du moins en général : car Nietzsche réclame des masses l'obéissance aux hommes supérieurs).

Il y a donc différents types d'individualisme, et qui, de nos jours même, sont très vivants. Supposons un homme qui a reçu un soufflet : dans cette circonstance, le « féodal » voudra venger lui-même son honneur individuel; le « citoyen » poursuivra en correctionnelle; quant à l'intellectuel pur, religieux ou métaphysicien, il ne comprendrait pas, et dirait seulement : « Ce monsieur est bien déplaisant... »

∴

Le problème qui se pose maintenant à nous est le suivant : quelle place faut-il faire à l'individu dans une morale sociale ? Nous considérerons d'abord l' « individu socialisé », puis l'individu proprement dit.

Demandons-nous, à propos du citoyen moderne, dans quelle relation se trouvent, en fait, la morale du droit collectif et la morale du droit privé. Celle-ci concerne l'individu pris en lui-même; celle-là ne l'envisage que dans sa relation avec une collectivité : État, par exemple, ou classe sociale. Or, sous ces deux formes précisément, nous constatons aujourd'hui l'existence ou la renaissance d'une morale proprement collective.

Le droit de grève, par exemple, appartient à l'ouvrier, non pas en tant qu'individu, mais en tant que membre d'une corporation ou d'une classe. Un droit de classe ainsi entendu se développe de nos jours, comme un moyen de libération sociale, aux dépens d'un droit purement privé, qui ne fait aucune acception des classes, mais favorise d'autant mieux la classe dominante. Dans le même ordre d'idées, il convient de faire une différence, souvent omise par la polémique socialiste courante, entre le vol proprement dit et l'exploitation inconsciente résultant de tout le mécanisme de la société actuelle : l'individu capitaliste ne participe à cette exploitation que comme membre d'une classe; la règle applicable à son cas diffère, par suite, de celle qui s'applique à l'individu isolé. — Considérons maintenant l'individu non plus comme membre d'une classe, mais comme soumis à l'État. Ici encore, il y a, pour la collectivité, des règles morales spécifiques : on ne peut assimiler brutalement les règles de la morale individuelle et celles de la morale nationale. L'égoïsme d'une nation paraît légitime : l'Europe a reçu avec honneur le président Krüger, mais n'a pas bougé pour les Boers; une semblable attitude eût été autrement blâmable, s'il se fût agi, non plus de peuples, mais d'individus. — Cette distinction entre la morale collective et la morale privée trouve place dans une multitude de cas. Marx l'a très nettement faite : l'un de ses mérites est d'avoir *impersonnalisé* les sentiments de révolte de la classe ouvrière : l'idée de la lutte des classes fait paraître arriérées les haines individuelles. L'individu isolé n'a guère aujourd'hui d'action efficace : la conception contraire est à la fois anarchiste et très bourgeoise ! L'effort individuel n'est fécond qu'à condition de s'appliquer à des transformations collectives.

Il existe donc et, sur certains points, il se développe une morale proprement collective (au sens où l'on parle d'un droit collectif, par opposition au droit privé). Mais, d'autre part, il est également vrai que, sur certains points, les règles de cette morale collective tendent à prendre la forme des règles de la morale privée. En premier lieu, la morale internationale se rapproche de plus en plus, dans les consciences compétentes, de la morale inter-individuelle. En second lieu, les rapports entre l'individu et l'État en viennent à être conçus sous les espèces d'un contrat ou, comme on dit, d'un *quasi-contrat*[1] : d'où suit un double devoir du prolétaire envers le pays et du pays envers le prolétaire.

Ainsi l'évolution se poursuit en deux sens. On se décidera,

---

1. Cf. Léon Bourgeois, *Solidarité* (3ᵉ éd. 1902) ; et l'article d'Andler, *Du quasi-contrat social et de M. Léon Bourgeois*, *Revue de Métaphysique*, 1897.

dans chaque cas d'espèce, d'après l'« expérience morale » : le dernier mot appartient à la conscience. La solution différera, par suite, selon la diversité des types moraux et des vocations individuelles.

Reste à s'interroger, non plus sur l'« individu socialisé », mais sur l'individu proprement dit. Nous examinerons pour cela les différentes formes de l'individualisme subjectif.

II. — L'INDIVIDUALISME DE LA FORCE

La théorie individualiste de l'homme « fort » n'appartient qu'à notre époque : elle s'oppose, par son caractère aristocratique, à l'individualisme démocratique du xviiie siècle et de la Révolution, qui n'est qu'un *Massenindividualismus*. On la trouve chez Max Stirner[1], qui ne présente plus qu'un intérêt historique, et chez Nietzsche[2], dont l'influence est encore très agissante. En étudiant ce dernier, nous rencontrerons ce que l'individualisme offre de plus acceptable.

L'idée essentielle de Nietzsche, c'est qu'il faut écarter toutes les conceptions idéologiques de la morale : les morales, les religions ne sont que des inventions des faibles pour se consoler ou pour se défendre contre les forts. Les faibles eux-mêmes éprouvent l'instinct de combativité ; mais, comme leur impuissance les empêche de le traduire en actes, ils se satisfont en imaginant, pour les imposer aux forts, de prétendues règles idéales : Dieu d'abord, puis la morale, qui n'en est que le substitut. Quant aux forts, ils n'ont pas besoin d'« idéal » : l'action en elle-même, en dehors de toute règle

---

1. Stirner, *L'Unique et sa propriété*, trad. Lasvignes, Paris, 1900. Cf. Basch, *L'individualisme anarchiste : Max Stirner* (Alcan).

2. Bibliographie énorme. Voir Nietzsche, *Friedrich Nietzsche's Werke*, Gross-&-Gesamt-Ausgabe, XIX vol., Kröner, Leipzig.

transcendante, leur suffit. Ainsi la véritable morale commence où cesse la moralité.

Quelle est donc la réalité vivante que doit nous révéler directement l'action? Est-ce le plaisir? Nietzsche le dit parfois. Mais le plaisir est bon moins pour lui-même que pour la spontanéité qu'il manifeste; et il ne s'agit pas d'un plaisir quelconque, mais du plaisir subtil de l'homme supérieur : vin généreux, et qu'il faut épargner. Le vrai but de l'homme ne se trouve pas dans le plaisir, mais dans la volonté ; or celle-ci ne se déploie que dans un sens tout à fait opposé au bonheur. L'homme fort dédaigne le malheur et le défie. Le christianisme a affadi l'homme en lui proposant un idéal sans vigueur. Il faut développer ce vouloir-vivre, qui n'est pas simplement *tendance à être*, mais *tendance à être plus*, « volonté de puissance ». Ce vouloir-vivre, Schopenhauer l'a découvert, mais mal compris : l'interprétation qu'il en donne est encore chrétienne! La volonté de puissance est ce qu'il y a dans l'homme de plus profond : toutes les théories de la connaissance, toutes les doctrines philosophiques ne sont que des manifestations de l'instinct vital, des moyens d'affirmer le besoin de vivre. Nietzsche étend à la nature elle-même cette conception pragmatiste : sous ce système de signes qu'est le mécanisme, il n'y a, dans la nature, que des volontés.

Maintenant, cette volonté de puissance trouve-t-elle la mesure de sa valeur en elle-même, ou bien dans le succès extérieur? Question connexe : cette volonté vaut-elle indépendamment de son contenu, ou faut-il encore admettre une certaine hiérarchie des valeurs? A ces questions, Nietzsche ne répond pas toujours de la même manière : voici pourtant ce qui semble le fond de sa pensée. D'une part, la volonté de puissance a moins de prix pour ses effets que comme activité intérieure. D'autre part, toutes les valeurs humaines ne sont pas équivalentes : il y a une hiérarchie des valeurs et des volontés. Ce qui peut faire illusion à cet égard, c'est que Nietzsche glorifie les « beaux crimes » du moyen âge et de la Renaissance ; mais sans doute ne lui paraissent-ils bons que pour un certain moment historique. Nietzsche ne supprime pas l'idée de valeur : son dessein consiste en une « transvaluation » des fins humaines.

De plus, Nietzsche ne pose pas l'individu *in abstracto* : il le rattache, d'une part, à son milieu ethnique : l'homme fort, c'est l'homme d'une race forte, et il existe un individualisme des nations ; d'autre part, à l'histoire : Nietzsche n'en a jamais méconnu le rôle. L'individualisme même ne convient qu'au moment où nous sommes. Nietzsche voudrait que l'on fit une histoire des idées morales dans tout l'univers : il esquisse lui-même cette entreprise dans la *Généalogie de la Morale*. Il rattache sa propre doctrine à l'individualisme égalitaire de la Révolution ; il admet même la nécessité historique du socialisme.

Ainsi la morale de Nietzsche est un individualisme, non du plaisir, mais de l'action ; idéaliste et non réaliste ; non pas, enfin, détaché de l'histoire et de la société, mais plutôt y incorporant, dans une certaine mesure, l'individu lui-même. Ce n'est nullement ici (malgré les traces de romantisme qu'on trouve chez Nietzsche) l'individualisme sentimental, impulsif, des romantiques allemands et français. Ce qui caractérise l'homme fort, c'est la maîtrise de l'intelligence sur les passions : la dissipation, la débauche, les gestes violents, permis, sans doute, aux forts, ne sont le plus souvent que des signes de faiblesse. — Nietzsche, de plus, reconnaît la nécessité d'une hiérarchie entre les individus : il faut savoir obéir aussi bien que commander. Dans cette conception toute féodale, le sens du respect est une vertu. — Puis, Nietzsche, malgré certaines boutades, n'a sans doute jamais pensé qu'il fallût rejeter complètement la morale moyenne : il ne s'agit que de la critiquer ; l'individu, sans s'y laisser enliser, doit parfois donner raison à la règle. — Il n'a jamais, non plus, condamné toute espèce de sacrifice. Il a horreur du sacrifice par faiblesse, par sentimentalité : mais le don volontaire de soi-même, par plénitude et surabondance de force, est le triomphe de l'individualité. Nietzsche réclame seulement une bonté sévère : il faut être, pour son ami, dur comme un lit de camp. — Enfin, la morale de Nietzsche ne se présente qu'à l'usage d'une élite : la règle commune doit rester celle du plus grand nombre. Nietzsche déteste ceux qui s'exaltent sans puissance. S'il combat la morale chrétienne, ce n'est pas qu'il veuille l'anéantir : elle convient au troupeau. La morale commune est le terreau d'où doit émerger l'individu supérieur. Aussi Nietzsche s'oppose-t-il violemment à Darwin : par la sélection naturelle, l'évolution n'aboutirait nullement à un progrès de la moyenne des hommes, mais au contraire à la domination des médiocres ; il ne faut pas la laisser faire, mais bien lutter contre elle pour la victoire des forts.

En somme, la vertu fondamentale, pour Nietzsche, c'est la loyauté intellectuelle à l'égard de soi-même et des choses. Il méprise les « bons » qui ont peur de la vérité ; il exige une attitude sérieuse devant la vie : les idéologues, les prédicateurs sont des *phraseurs*, qui n'osent pas voir la vie en face. Cette loyauté, dans l'ordre de l'action, commande à l'homme de se poser lui-même tel qu'il est : la vertu doit être nous-mêmes ; c'est la *vertu pour soi*, la conscience absolument probe de ce qu'on est. L'humanité de l'avenir sera peut-être faite de sincérités qui s'équilibrent : les hommes se battront encore, mais en ennemis qui se comprennent et se respectent. Dans l'ordre spéculatif, cette même loyauté se traduit par la haine du *système* : Nietzsche y oppose la joie de l'affirmation pure, de la « bienfaisante affirmation ». De là son polythéisme, son aversion pour le monothéisme unitaire : la nature ne se révèle à nous que par des lueurs discontinues. Il faut avoir le courage des certitudes limitées : à chacun son chemin, mais « *le* chemin », dit Zarathoustra, n'existe pas. On doit repousser le mensonge des philosophies globales, accepter le hasard dans les choses. L'homme peut *aujourd'hui* écarter les catégories fictives qui voilaient à ses yeux la vérité directe, spéciale ; car il est devenu assez fort pour oser se regarder lui-même et s'affirmer. L'homme fort n'a plus besoin de ces trompe-l'œil supra-terrestres : la joie de la certitude (c'est là, suivant Nietzsche, ce qu'exprime Spinoza) se suffit à elle-même.

Nous avons, en exposant la conception de Nietzsche, dégagé le sens et la valeur de l'individualisme. On doit accorder à Nietzsche qu'un nouveau dogme s'est imposé à l'homme depuis la disparition des religions : c'est celui de la Raison abstraite et universelle. Il faut aujourd'hui s'en défaire. La sincérité, le sentiment intérieur de l'irrésistibilité d'une croyance : voilà le seul critérium de la certitude. Et il est vrai, d'autre part, que, pour parvenir à cet état de certitude, un effort de volonté très puissant est nécessaire : la sentimentalité passive, les « bêlements tolstoïens » doivent être surmontés. Mais voici ce que nous reprocherons à Nietzsche : en donnant à l'intelligence et à la volonté formelles un contenu nécessairement individualiste, il n'est pas allé assez loin dans le sens de sa propre doctrine ; il n'a pas été assez nietzschéen. L'attitude où il veut qu'on se place est bien celle qui convient ; mais nous ne pouvons pas dire d'avance qu'on doive, en s'y plaçant, aboutir à l'exaltation de l'individu plutôt qu'à son absorption dans la société : cela dépend des cas et des moments. Nietzsche n'a pas encore un sens suffisant de la relativité : il est encore trop systématique.

Cela est visible dans le détail. Nietzsche abhorre la démocratie ; il a une prédilection pour les vertus romantiques et féodales. Or, si on consulte cette certitude interne dont nous venons de parler, on verra que notre individualité même est, pour la plus grande part, sociale : nous sommes, en tant qu'individus, comme une pointe d'aiguille dans un tas de foin. Les plus individualistes des hommes, les artistes, les gens de lettres, acquièrent de nos jours le sentiment de cette vérité : si une certitude intérieure pousse les « intellectuels » dans la mêlée des partis, qu'y a-t-il là d'absurde ? — En ce qui concerne la volonté, pourquoi Nietzsche ne consent-il pas qu'elle se mette au service de la solidarité ? Il faut encore être debout pour donner la main aux autres ! En réalité, Nietzsche n'a pas compris l'esprit du socialisme moderne : l'idéal socialiste n'est pas d'établir sur la terre le règne des miséreux, mais au contraire d'amener à la vie ceux qui méritent de vivre, ceux qui pourraient être forts. Nietzsche a méconnu ses propres affinités avec le marxisme.

Une autre erreur de Nietzsche, c'est la superstition du *concret* : il ne conçoit l'individualité que sous sa forme la plus sensible, la plus matérielle. Il commet, au fond, la confusion du concret et de l'intense. Oui, dirons-nous, la certitude idéale est intensive : on n'y atteint pas en établissant des moyennes, mais en appréhendant directement des vérités définies. Seulement il faut distinguer d'avec cette certitude la réalité sensible qui lui sert parfois de symbole : Nietzsche matérialise l'idée de la certitude directe, en y substituant celle de l'individualité. Ainsi font M. Bergson et M. Le Roy, lorsqu'ils regardent comme la seule réalité véritable le donné concret que saisit l'intuition : il nous paraît, au contraire, que les certitudes abstraites, pourvu qu'elles soient intensives, n'ont pas moins de valeur que les autres. Le savant vaut l'artiste. Nietzsche reproche aux savants d'avoir

« calomnié le désir »; et certes la morale monacale des méditatifs ne s'impose nullement. Mais pourquoi donner des places? Il y a des gens et des moments pour agir, d'autres pour penser.

Notre critique de Nietzsche nous conduit, en définitive, à un kantisme modernisé. Il faut maintenir, mais en le rendant plastique, le formalisme de Kant. Le formalisme seul nous permettra d'éviter tous les mysticismes transcendants, tout ce que Nietzsche appelle *Schwärmerei* : que la voix de Jéhovah éclate dans les nues, c'est encore la conscience humaine qui juge cette voix; c'est l'idée qui prononce sur la réalité, l'invisible sur le visible. Tel est bien le sens de l'*a priori* rationaliste. Seulement cette certitude formelle n'est pas pour nous, comme pour Kant, une certitude figée : elle est mobile, elle se fixe ici ou là. L'individualisme, pas plus que la doctrine contraire, ne nous révèle une fois pour toutes ce que l'épreuve de la conscience nous apprendra.

III. — L'INDIVIDUALISME DU SENTIMENT : LES SENTIMENTS MORAUX

Sous sa forme classique, la « morale du sentiment » est aujourd'hui périmée : c'est la doctrine de Shaftesbury, de Hutcheson, d'Adam Smith, selon laquelle la réalité morale est perçue par un *sens*, une sorte de goût (*taste*). En tant que cette perception possède une matière qui ne dépend pas de la conscience individuelle, la conception de ces moralistes, et surtout des Écossais, présente une face objective : elle se rapproche, sous cet aspect, des morales sociologiques, qui admettent de même une réalité morale, indépendante de l'individu et perçue par lui. Seulement les moralistes du sentiment sont dans la situation d'un physicien qui, pour connaître la réalité physique, en appellerait à la sensation; pour les sociologues, au contraire, l'opinion morale n'est que l'expression superficielle d'une réalité inconsciente et profonde. Le point commun, c'est que, de part et d'autre, on renonce à construire la morale, on prétend recourir à l'observation passive ; la morale du sentiment a réagi, à cet égard, contre les tendances déductives de l'utilitarisme. On voit aussi en quoi cette morale s'éloigne d'une conception qui, comme la nôtre, fait une place à l'idée morale (en tant que celle-ci se distingue de la simple réalité sociale) : la conscience qui juge n'est pas, pour nous, la conscience vulgaire, mais la conscience compétente et informée ; son jugement intervient au terme de l'analyse morale, et non pas dès l'abord.

Mais la morale du sentiment se présente encore sous une autre forme : nous voulons parler de la conception qui attache au sujet comme tel une valeur incommensurable, qui mesure la moralité, non pas à la valeur des actes, mais à celle de l'agent. Cette théorie se rencontre, en un sens, chez Kant : il fait du sentiment subjectif du devoir le critérium de la vérité morale. Mais ce n'est là qu'un fragment du kantisme, et qui pourrait parfaitement en être détaché : l'essentiel, chez Kant, c'est la doctrine rationaliste de la *loi* morale universelle. La théorie du devoir est le seul point par où il se rapproche de la morale individualiste : au fond, lors même qu'il fait du respect des individus la matière de la loi, il subordonne, dans sa troisième formule, l'individu à la loi. On en trouve la preuve dans les *Principes métaphysiques du Droit* : en toute occurrence, *il faut* que le criminel soit puni ; la loi se manifeste indépendamment de la personne du coupable[1]. Kant, sur ce point, devance Hegel. — On pourrait invoquer, il est vrai, la théorie kantienne de l'intention : les hommes doivent être jugés par leurs intentions, non par leurs actes. Seulement

---

1. Cf. *supra*, p. 24.

cette thèse subjectiviste n'a été soutenue par Kant qu'à l'époque où il subissait encore l'influence de Rousseau et du sentimentalisme anglais. Ainsi, dans les *Observations sur le sentiment du beau et du sublime* (1764), la valeur morale de l'individu est évaluée en raison directe de la résistance que la bonne volonté doit vaincre. Mais, dans les ouvrages de la période classique, l'intention à laquelle on se rapporte (*Gesinnung*) n'est nullement l'intention empirique, phénoménale, telle que nous la saisissons par la conscience, c'est l'intention profonde du moi pur et intelligible, telle qu'elle se manifeste par les actes : un enfant qui ment à cinq ans est radicalement mauvais ; c'est maintenant la doctrine du péché[1].

Quoi qu'il en soit, la théorie de l'impératif catégorique rattache Kant à la morale du sentiment, puisqu'elle mesure à l'intensité d'un certain état subjectif la valeur morale de l'acte. La seule différence qui, sur ce point, le sépare des Anglais, c'est que l'état interne qu'il considère est pénible au lieu d'être agréable. Mais cette théorie n'a manifestement chez Kant que des origines toutes contingentes. Il y fut conduit par réaction contre le sentimentalisme fade, dont il avait lui-même subi l'attrait. Ses contemporains aimaient à représenter la vertu comme agréable et charmante[2] : Kant s'en irrita et, par opposition, fit de la contrainte le signe de l'action morale : de là les métaphores de la *consigne*, du *soldat du devoir*. A cette raison se joint l'influence du piétisme ; Vaihinger ajoute qu'une telle doctrine répondait bien au tempérament maladif et mélancolique de Kant. Ce n'est pas, en tout cas, par sa pensée profonde que Kant représente l'individualisme du sentiment.

1. Nous ne voyons guère qu'un seul ouvrage qui ait développé, depuis Kant, la conception subjectiviste de l'intention : c'est la thèse de M. Vallier, *De l'Intention Morale*, (Paris, Germer Baillère, 1833).
2. Cf. Paulsen, *System der Ethik* (4e éd. 1903), I, p. 193.

Il faut en chercher l'expression chez les romantiques allemands, surtout chez Schlegel et Jacobi[1]. Hegel s'est élevé avec force contre ces conceptions subjectives de la morale. Elles subsistent encore, néanmoins, d'une manière diffuse : on rencontre cet individualisme chez des anarchistes chrétiens, comme Tolstoï, dans certaines sectes russes, hollandaises[2], qui voudraient s'opposer par un refus passif au service militaire, aux abus de l'autorité. On le rencontre également chez des esprits bien différents, des égotistes sentimentaux, comme M. Barrès première manière[3] : l'homme doit être jugé au nom d'états purement intérieurs ; la femme adultère peut valoir plus que la femme honnête. On retrouve enfin ce genre d'individualisme dans la plupart des livres de morale scolaire : tous ceux qui ont été écrits chez nous depuis 1870 ont vanté la purification intérieure, la vertu d'intention, la perfection solitaire et scrupuleuse du moi ; on a exhorté les enfants à la confession, à l'examen de conscience. C'est la doctrine du moralisme subjectif.

Or cette forme de la morale du sentiment n'est que la morale chrétienne décapitée : c'est le côté évangélique du christianisme. Si on voulait chercher les origines de cette doctrine dans la pensée catholique, il faudrait remonter aux jésuites, à leur théorie, flétrie par Pascal, de la direction d'intention. (La morale de Kant, au contraire, est, en son fond, la morale paulinienne, la morale de la prédestination.) Mais si le christianisme a donné tant d'importance à la vie intérieure, c'est qu'elle était un colloque avec Dieu : du jour où l'on cesse de croire à un Être transcendant, il ne reste plus dans la conscience dépeuplée que l'individu lui-même, et c'est un pauvre contenu. Pareil phénomène s'est produit en psychologie : les

---

1. Cf. Lévy-Bruhl, *La philosophie de Jacobi* (Paris, Alcan, 1894).
2. V. la revue *l'Ère nouvelle*.
3. V. *le Jardin de Bérénice* (1ʳᵉ éd. Perrin, 1891).

Cousiniens, en se réduisant à la description de la conscience subjective, laissèrent échapper toutes les sources profondes de la vie consciente. Les moralistes qui s'intéressent à l'individu comme tel, ne pouvant plus le rattacher à Dieu, ni à une réalité sociale ou inconsciente, se condamnent à des analyses subtiles et étriquées : ils aboutissent à un résidu de résidu, à l'ombre d'une ombre. Toutes ces morales du moi pur ne sont que des reflets lointains de représentations religieuses et métaphysiques disparues.

Pour montrer ce qui peut subsister des *sentiments* moraux proprement dits dans une conception plus large de la morale, examinons par exemple le sentiment du devoir. Il est certain que, si on élimine de ce sentiment toute croyance à un commandement divin, on ne peut plus sans superstition lui conserver une valeur transcendante. Certains sociologues, il est vrai, lui restituent cette valeur, parce qu'ils font de la société une entité qui remplace Dieu[1]. Mais nous ne pouvons admettre cette assimilation : la société n'a de valeur morale qu'une fois consentie. Que devient dès lors le sentiment du devoir ? Il ne consiste plus qu'en un simple état psychologique, très réel, qui accompagne nos déterminations morales. La nature en est complexe, mêlée de douleur et de joie : nous éprouvons, d'une part, la pression de l'idée à laquelle nous adhérons, d'autre part, la contrainte des passions qui s'y opposent ; enfin, la volonté mise au service de l'idée nous donne, si elle triomphe, un sentiment joyeux de libération. Maintenant, peut-on, d'après les variations de cet état interne, juger de la valeur morale de nos actes ? Non, car le sentiment de la contrainte varie selon les individus et selon les moments : il y a des cas où l'effort est pénible, d'autres où l'on est emporté par l'idée au point de le sentir à peine : on n'en peut rien conclure quant à la vérité morale. Il arrive même souvent que la faiblesse de ce sentiment ait pour cause la puissance de l'idée et soit, par conséquent, le signe d'une moralité forte. Le sentiment du devoir ne peut donc être pris pour critérium de la moralité.

On peut en dire autant des autres sentiments moraux. L'intensité du remords ne nous apprend rien sur la vérité morale ni sur

1. Durkheim, *Le Suicide*, p. 352. [Cf. la thèse soutenue par M. Durkheim à la *Société de philosophie* sur *la Détermination du fait moral* (*Bulletin Soc. franç. Philos.*, 1906)].

la valeur des individus. Il y a des âmes élevées où ce sentiment n'apparaît jamais : les hommes d'action brûlent l'étape du repentir, et vont de l'avant. Il faut débarrasser les sentiments moraux de l'idée anthropomorphique d'un commandement divin ou social : ils ne disparaîtront pas, mais prendront une nouvelle forme, deviendront plus intellectuels : la joie de bien agir se rapprochera de la joie rationnelle du savant [1]. — De même, le sentiment du *respect de la loi* perd à nos yeux l'importance et le caractère sacré que lui conférait Kant : lorsque l'idée morale s'impose comme une vérité, ce n'est pas du respect que nous éprouvons, mais plutôt de la joie intellectuelle. — De même enfin, l'intention n'a pas la valeur absolue que lui accordent certains protestants détachés du dogme, qui, ayant brisé le vase, veulent garder le parfum : l'intention n'est respectable qu'en tant qu'elle est une promesse d'action [2].

En définitive, nous ne songeons pas à restreindre la partie intime de la vie morale : il est bon de creuser sa conscience, de surveiller ses intentions. Mais le but essentiel est, pour nous, l'action morale déterminée. Pour arracher l'homme à l'égoïsme, le meilleur moyen n'est pas de le renfermer en lui-même, mais de mettre sa conscience au contact des réalités sociales et de l'ouvrir aux idées qui en jaillissent. Il faut objectiver la conscience humaine.

Remarquons d'ailleurs que la conception d'une morale purement intérieure ne remonte pas plus haut que le christianisme ; pour les peuples primitifs, comme pour l'antiquité classique, l'ordre moral est un ordre objectif ; et dans le christianisme lui-même, l'importance accordée à la vie intérieure n'exclut pas la notion complémentaire d'un ordre universel. Séparé du dogme, l'individualisme du sentiment n'est qu'une survivance.

IV. — L'INDIVIDUALISME HÉDONISTE : L'IDÉAL ET LE BONHEUR

La morale du bonheur individuel est aujourd'hui en régression. L'utilitarisme de Leslie Stephens, de Sidgwick, de Ward [3]

---

1. Ajoutons d'ailleurs une réserve : nous n'entendons nullement contester la croyance au libre arbitre qui intervient dans le devoir. La foi dans les idées, le sentiment de l'action et du risque sont des *faits* indéniables.
2. [Cf. Rauh, *Expérience morale*, 2ᵉ éd., 1909, pp. 16-39].
3. V. les ouvrages cités plus haut, p. 101.

est plutôt une morale de l'intérêt social; et même l'idée de bonheur, sous l'influence de l'évolutionnisme, y cède la place à l'idée de vie. L'égoïsme actuel n'est plus l'égoïsme du plaisir, mais celui de la force, tel qu'on le trouve chez Nietzsche. L'égoïsme sentimental ne se rencontre guère que chez des hommes de lettres et des publicistes : c'est la théorie des plaisirs de choix, qu'illustrent, par exemple, Stendhal et les premiers livres de M. Barrès. Elle propose à l'activité humaine, non pas le plaisir en général, mais un certain idéal de plaisir : volupté raffinée, dont la conquête exige des sacrifices. Ainsi la morale hédoniste a changé de contenu; elle a également changé de forme. Ses véritables représentants actuels sont des psychologues de la valeur, comme Meinong[1]; cette conception, qui fait entrer le plaisir lui-même dans une hiérarchie générale des valeurs, est à l'hédonisme classique ce qu'est à la notion du travail, fondement de l'ancienne mécanique, la notion, plus moderne et plus large, de l'énergie.

L'hédonisme peut se présenter sous deux aspects. On peut prétendre, ou bien que le bonheur est le but de la morale, ou bien que la morale mène, sans qu'ils s'en doutent, les hommes au bonheur.

La première thèse est manifestement insoutenable. Il n'y a de coïncidence entre le bonheur et la vertu que pour qui croit à la vie future : Locke, Hume, les utilitaires du xviiie siècle sont tous providentialistes. Mais cette croyance est tout à fait récente : les peuples primitifs, les héros d'Homère ne se font de la vie future qu'une représentation indécise, en tout cas exempte de signification morale[2]. De nos jours, nul philosophe sérieux ne prétend plus démontrer l'immortalité. — Puis, l'hédonisme repose sur une psychologie

---

1. Meinong, *Psychologisch-ethische Untersuchungen zur Werththeorie* (Graz, Leuschner), 1894.
2. V. Chantepie de la Saussaye, *Manuel d'histoire des religions*, passim.

étroite : le plaisir n'est pas le seul mobile des actions humaines; il est moins profond que les tendances, les habitudes, les phénomènes de suggestion, d'imitation, etc.. Il est très fragile, vit d'illusions passagères; la conscience de l'obligation intervient constamment pour le soutenir : le sentiment amoureux, par exemple, ne suffirait pas à fonder le mariage. — D'ailleurs le calcul des plaisirs paraît bien être une notion contradictoire. Les analyses de M. Bergson nous obligent à résoudre cette arithmétique en une comparaison qualitative, exigeant un souvenir exact de la qualité de chaque plaisir. Or il est fort douteux que de tels souvenirs existent : on prend souvent, remarque Taylor[1], le plaisir du souvenir pour le souvenir du plaisir. — Enfin et surtout, l'hédonisme ne s'accorde pas avec ce que nous savons aujourd'hui sur la place de l'individu humain dans l'univers et dans la société. Il nous semble puéril de faire varier les croyances morales en fonction de cette petite force qu'est la conscience individuelle. — Ajoutons que cette théorie se prétend à tort individualiste : l'âpre recherche du plaisir, loin d'exprimer l'aspiration constante de l'individu, caractérise certaines périodes sociales. Cet idéal ne naît que dans les civilisations très avancées, comme la nôtre, comme celle des décadences grecque et romaine. Mais, de nos jours, il ne règne pas seul : nous assistons, sous diverses formes, à la renaissance d'une foi sociale.

On ne peut donc admettre que les hommes aient cherché le bonheur dans la pratique des règles morales; on ne peut croire davantage qu'ils l'y aient toujours trouvé. Pendant de longs siècles, l'intérêt de l'individu compta pour rien. Les théories que nous critiquons s'inspirent visiblement d'une double préoccupation, spéculative et pratique. D'une part, en

---

1. Taylor, *The Problem of Conduct*, p. 113-117.

identifiant l'intérêt individuel et la moralité, on a poursuivi pour la morale l'idéal de simplicité logique et d'harmonieuse unité dont la science newtonienne offrait le modèle. D'autre part, ce postulat optimiste permettait aux premières conceptions laïques de retrouver le paradis sur terre : la nature, bienveillante à l'homme, le conduit au bonheur par la moralité. La sympathie rend heureux, déclare encore Höffding[1]; la joie n'a pas besoin d'être justifiée. Spencer établit *a priori* l'harmonie du bonheur et de la morale : la vie cesserait, pense-t-il, si le besoin de bonheur était en contradiction avec elle[2]; mais, dirons-nous, pourquoi ne se soutiendrait-elle pas par des tendances inconscientes ? La vie est bonne, dit-on encore, puisque les hommes la préfèrent à la mort : mais on oublie que la vie est une force plus profonde que la conscience, en sorte qu'il n'est pas besoin de l'aimer pour y tenir.

L'hédonisme, sous cette seconde forme, renonce sans doute à faire du plaisir le critérium de la moralité ; mais il prétend encore que l'action morale n'est achevée que par le plaisir qui s'y attache. C'est la conception aristotélicienne du plaisir. On trouve cette théorie chez Paulsen : l'éthique, science générale de la conduite, où la médecine entre comme élément, a pour fin le perfectionnement de la vie humaine; dans la moralité s'unissent l'action la plus complète et le véritable plaisir. Mais ce principe, posé au début de l'ouvrage[3], ne reparaît plus dans la suite : c'est qu'il est trop indéterminé pour comporter aucune application. De même, et pour la même raison, Höffding oublie son principe fondamental, un peu plus précis, mais encore très vague : l'activité sympathique, nécessairement accompagnée de plaisir. Stuart Mill

1. Höffding, *Morale* (tr. fr., 1903), ch. III, pp. 31-42; cf. ch. VII.
2. Spencer, *Principes de Psychologie*, trad. fr. (éd. 1899, t. I, § 124-5, p. 285; *Les bases de la morale évolutionniste* (éd. 1893), § 33, p. 67-71.
3. Paulsen, *System der Ethik*, t. I, (éd. 1903), Einleitung ; cf. p. VIII, p. 238.

admettait différentes qualités de plaisir, correspondant à différents types d'action ; mais cela ne nous avance guère, car il ne nous dit pas en quoi consistent ces types et ces qualités. En somme, ces théories ont eu le mérite d'apercevoir que le plaisir, loin de définir la moralité, ne se définit lui-même que par son objet : elles ont dégagé l'hédonisme de son erreur la plus criante. Mais elles en commettent une autre lorsqu'elles font du plaisir le complément nécessaire de l'action morale. Les vérités géométriques sont indépendantes du plaisir ou de l'ennui qu'on trouve à les rechercher ; les vérités morales ne le sont pas moins. Il y a des gens qui ont la vertu joyeuse ; d'autres l'ont triste : c'est affaire de tempérament. Peut-être même l'homme de vertu médiocre trouve-t-il plus de plaisir qu'un autre quand il se paye le luxe d'une bonne action : ces considérations ne présentent aucun intérêt moral. On peut dire, sans doute, que la poursuite d'un idéal moral est un bon moyen d'être heureux : encore faut-il savoir se passer de plaisir. En aucun ordre, l'homme sérieux ne s'arrête à son plaisir : il agit, il travaille, il marche sans y penser. Les théories en question nous offrent une fausse psychologie de l'idéal.

On peut traduire en termes positifs le problème que pose l'hédonisme. Dans quelle mesure voulons-nous nous sacrifier à notre idéal ? Le plaisir peut servir, non à apprécier l'idéal, mais à mesurer la force que nous y pouvons consacrer. Toutes les époques n'ont pas également besoin de sacrifices individuels : les progrès de la démocratie rendent le héros moins nécessaire. Du moins, l'héroïsme change de caractère : comme nous n'avons plus à résoudre que des questions « sériées » et non globales, il faut aujourd'hui *monnayer* le sacrifice, comme la certitude. A priori, il n'y a ni désaccord absolu ni accord nécessaire entre l'idéal et le bonheur : seule convient en cette matière une solution historique. Dans quelle mesure, peut-on se demander encore, un idéal donné permet-il les calculs de prudence ? Question d'équilibre des valeurs, dont la réponse doit varier au jour le jour.

Sur d'autres points, il y aurait de même lieu à enquête. C'est un fait que les idées morales s'accompagnent plus ou moins d'émotions : peu d'hommes sont enthousiastes de justice; les sentiments de famille, au contraire, possèdent une grande force affective. La nature abstraite des idées collectives n'est pas, quoi qu'en dise Comte, une explication suffisante : car les idées abstraites, même non comprises, peuvent agir très puissamment sur la sensibilité populaire. — Autre problème : dans quelle mesure le plaisir lui-même peut-il être l'idéal d'une époque ou d'un individu? Il n'est pas impossible que l'expérience morale révèle, chez certains hommes, la vocation des plaisirs de choix. — Toutes ces questions concernent les rapports du plaisir et de l'idéal. Resterait un problème pédagogique : que vaut le plaisir comme moyen de soumettre l'homme à la moralité? Dans quelle mesure faut-il la rendre agréable pour la rendre efficace?... Ainsi peuvent se transposer, se résoudre en questions spéciales les morales philosophiques du plaisir.

CONCLUSION

LA CROYANCE MORALE ET L'ENQUÊTE MORALE

Résumons les résultats de notre recherche.

Nous sommes partis d'une définition provisoire des croyances morales : nous avons entendu par là certaines valeurs incommensurables, celles-là même qu'on désigne communément sous ce nom. Nous nous sommes alors demandé si l'affirmation de ces valeurs pouvait se déduire d'autres vérités, métaphysiques ou scientifiques : nous avons montré que non, en décelant, dans tout un groupe de théories, le sophisme par lequel elles passent d'une notion indéterminée à une notion précise. — Mais certaines théories, d'un caractère plus proprement scientifique, font varier ces valeurs incommensurables en fonction d'une réalité objective et notamment biologique : celles-là ne sont pas totalement indéfendables; elles correspondent à quelques faits. Aucune, pourtant, ne les explique tous; aucune ne *réussit* dans tout son domaine. Ces réalités objectives, loin de déterminer la croyance sociale, sont utilisées par elle au gré de ses besoins propres. La nature sociale est quelque chose de spécifique. — Nous avons donc été conduits à l'examen des morales sociologiques. Nous avons vu que la réalité sociale ne pouvait se réduire à un type unique de faits, tel que les faits économiques; nous avons distingué, au sein du social, le « socialement moral »; du « socialement moral », nous avons distingué encore *l'idée* morale proprement dite. — Ainsi la moralité ne se laisse ramener à aucun facteur objectif, extérieur à elle-même. D'autres doctrines invoquent dans le même but un facteur subjectif, un état interne de l'individu : la critique des morales égoïstes, sentimentales, hédonistes, nous a montré l'échec de cette prétention. L'idée morale ne se confond avec rien d'autre : il faudra la saisir en elle-même.

Nous avons vu, en outre, que les théories morales, alors même qu'elles réussissent partiellement, sont pratiquement stériles : leurs inductions, ne pouvant se vérifier que sur de longues périodes d'histoire, ne servent à rien pour la conduite présente. Si la morale sociologique, par exemple, nous fournit des règles, celles-ci ne sauraient nous guider de notre vivant. Enfin nous avons signalé, dans plusieurs de ces doctrines, une conception étroite et fausse de la science.

L'idée morale, avons-nous dit, est spéciale, irréductible ; mais quel est son contenu ? Sur ce point aussi nous avons fourni quelques indications : ce contenu doit être élargi. A côté des valeurs communément appelées morales, il y a des *valeurs de civilisation* (valeurs scientifiques, artistiques, etc.) : une conscience sincère confronte les unes et les autres. La morale n'est autre que l'idée générale d'une confrontation des valeurs et du choix qui en résulte.

Mais comment s'opère ce choix ? Au nom, sans doute, d'une préférence invincible qui s'impose à l'individu : ainsi le loup de la fable préfère au collier doré la liberté et ses risques. Seulement il faut ajouter ceci : on doit se placer, pour choisir, dans une attitude impersonnelle, désintéressée. Un coquin professionnel, qui choisit son genre de vie, manifeste des préférences ; mais il n'est pas capable de l'attitude dont nous parlons : un assassin ne se pose pas de questions, n'applique pas la méthode d'épreuve. La raison doit se définir non par l'universalité *actuelle* de ses formules, mais par la conscience d'une généralisation *possible* : être raisonnable, ce n'est pas énoncer des vérités universelles, mais situer sa pensée dans l'horizon intellectuel qui nous est présent. Un homme détaché des croyances métaphysiques, et qui n'est pas un impulsif, ne peut se décider que par le critérium de l'irrésistibilité, c'est-à-dire par un sentiment de rationalité tout à fait analogue à celui qu'on éprouve en présence d'une vérité objective. Nous sommes donc très loin d'une morale purement esthétique : l'artiste se contente d'affirmer son tempérament propre (héros ou gredin), de réaliser un type parfait en lui-même, une belle statue ; l'honnête homme met sa croyance en contact avec toutes les croyances ambiantes ; sa conviction peut être faite de pièces et de morceaux : il n'est pas toujours intéressant à voir [1].

En quoi donc consiste cette épreuve dont nous venons d'indiquer le sens général ? Elle ne s'accommode pas d'une méthode linéaire : c'est une méthode *en éventail* qui convient ici. La croyance morale, en d'autres termes, est l'aboutissant de voies nombreuses et diverses : c'est un *résidu*. Cela ne signifie pas qu'elle soit nécessairement une *moyenne :* elle n'est nullement vague ; mais plutôt, comme cette impression d'ensemble qui se dégage parfois des tableaux des peintres pointillistes, elle est faite d'une multitude de touches discontinues. Toute sorte de disciplines, d'enquêtes psychologiques, physiologiques, sociologiques, concourent à la former. — De plus, cette croyance où l'on aboutit est actuelle, vivante : ni le prestige du passé ni celui de l'avenir ne s'imposent à la conscience ; la question qu'elle se pose est celle du moment. En cela encore l'honnête homme ressemble au savant, qui, loin d'être placé au point de vue de l'éternel, ne fait que « prendre la file » dans l'histoire de la science.

---

1. [Cf. *infra*, *Problèmes de philosophie morale*, pp. 108-9.]

A quelles règles cette méthode nous conduit-elle? — Nous constatons d'abord que notre conscience n'est pas purement individuelle, mais résulte en grande partie du milieu social. Nous devrons donc étudier cette réalité qui englobe et dépasse notre conscience. L'opinion publique nous en fournit une expression, tant par les lois où elle s'incorpore que par les croyances diffuses. Mais ce n'est pas tout : il faudra étudier aussi certaines consciences individuelles qui se détachent de ce fonds collectif. Ces consciences seront appréciées quant au nombre et quant à la qualité. Quelles sont donc les consciences *qualifiées*, c'est-à-dire celles qui me paraissent telles quand je suis sincère ? — Ce sont celles qui ont pensé dans la vie, dans l'action : sont éliminées toutes les affirmations déduites d'un système, et aussi toutes les théories des littérateurs qui n'ont exprimé une idée que parce qu'elle leur plaisait, qui n'ont jamais *mis la main à la pâte*. Il faut encore, pour qu'une conscience ait de la valeur, qu'elle soit désintéressée (au moins dans la question spéciale qui nous occupe) et intelligente (celui qui remplace l'idée par les coups n'est pas un témoin qui compte), et même qu'elle possède l'intelligence spéciale des choses en question (certains individus sont compétents en morale privée sans l'être en morale sociale, connaissent l'hygiène psychologique du penseur, mais voient trouble sur la place publique).

Une fois terminée cette enquête sur la croyance elle-même, il faudra encore s'interroger sur les rapports qu'elle soutient avec les autres croyances : il faudra voir, par exemple, si le fait d'y adhérer ne nous oblige pas à renoncer à une autre. On se demandera, d'autre part, si certaines croyances ne sont pas de simples survivances du passé, et si l'avenir n'indique pas quelque danger qui en résulte. Il se peut d'ailleurs qu'on doive, à certains instants et pour certaines causes, lutter en *désespérés :* l'avenir et le passé doivent être consultés, mais la conscience actuelle juge seule en dernier ressort.

La croyance ainsi éprouvée, il ne reste qu'à s'y tenir. Il est possible que des conflits éclatent entre plusieurs consciences également éclairées. En ce cas, on recherchera par la discussion si quelque élément d'information n'a pas été négligé. Si l'on ne peut se mettre d'accord, il faut accepter le désaccord comme un fait, et agir conformément à sa conscience : il y a des types moraux irréductibles, — ce qui ajoute à la variété de la vie!

On voit en quoi cette conception se sépare de la morale purement sociologique. La conscience collective n'est pas, pour l'honnête homme qui cherche sa croyance, le seul objet d'étude : nous y ajoutons les consciences individuelles qualifiées. Voilà la différence des méthodes; et voici celle des résultats. Tandis que les sociologues déterminent le contenu de la croyance par une courbe objective qui s'impose à l'individu, nous laissons, au contraire, la voie ouverte à l'invention morale, à l'idée.

On voit enfin en quoi consistent, dans la formation des croyances, l'usage légitime de l'histoire et celui de la prévision. L'histoire très lointaine peut parfois servir à déceler d'inconscientes survivances (notre horreur de l'homicide contient peut-être quelque chose des primitifs *tabous* relatifs au sang); mais, en général, l'histoire prochaine est la seule qui importe. Pour soigner une maladie d'adulte, le médecin n'a pas à se soucier d'embryologie, bien que son malade ait jadis été fœtus : de même, la vie du clan n'intéresse pas notre conduite actuelle. L'histoire est incorporée en nous; ou, si la croyance ancienne n'a pas d'*écho dans les cœurs*, la simple pratique la dissoudra. A qui veut agir, le passé n'apprend pas tant que le présent : la psychologie des individus nous y est interdite, et c'est pourquoi l'on ne doit jamais juger le passé d'un point de vue moral. — Tel nous paraît être le rôle de l'histoire; quel est celui de la prévision? et que faut-il penser des précurseurs? Ici encore il y a une superstition à éviter. Il est parfois de mode de les exalter exclusivement en flétrissant les administrateurs : Enfantin, vers 1830, pensait ainsi. Certes, il faut faire une place aux voyants, mais c'est à condition qu'ils soient intelligents. Oui, il faut parfois dire ce qu'on sait impossible, agir en sachant son action inutile, pour faire un exemple, pour secouer les masses dormantes ; on peut être, sans phrases, contemporain de l'avenir, faire, si l'on veut, un geste en l'honneur d'une utopie : mais qu'alors, du moins, on sache ce qu'on fait, et pourquoi.

LA PATRIE[1]

CHAPITRE PREMIER
LA QUESTION

Que dois-je croire et faire relativement à la patrie ?

Je suppose que nous n'ayons aucune solution préconçue. Nous partirons de cette simple définition : il existe actuellement un sentiment national qui s'attache à un certain groupement d'individus, délimité par un certain territoire. Ce groupement est différent de la petite cité et des énormes empires anciens. Quelle attitude dois-je prendre à l'égard du sentiment national ?

Des gens prétendent qu'il ne suffit pas d'étudier ce sentiment en lui-même, mais qu'il est à déduire, serait-ce pour le supprimer, de certaines vérités plus générales. Ce sont des nationalistes et des internationalistes. Nous allons examiner leurs déductions.

Leurs arguments sont de deux sortes :

1° Les uns sont *indéterminés* : on déduit le sentiment patriotique d'une conception générale de la nature humaine : il serait exigé par le développement de l'individu, par la division du travail social.

2° Les autres sont *déterminés* : le sentiment patriotique dépendrait de certaines causes qui en détermineraient les variations : il serait lié, par exemple, à certaines formes politiques ou économiques.

1. Cours professé à l'Ecole Normale en 1903-1904.

CHAPITRE II

LES DÉDUCTIONS NATIONALISTES

I. — LES ARGUMENTS INDÉTERMINÉS

Il en est de deux sortes :

1° *Les arguments révolutionnaires*, rationalistes, métaphysiques, idéologiques, particulièrement abondants dans la tradition française. Le nationalisme révolutionnaire imagine la patrie comme la servante d'une idée.

2° *Les arguments antidialectiques*. La patrie est présentée comme quelque chose de donné, d'instinctif, de spontané. Ces arguments sont d'origine germanique.

1° On justifie la notion de patrie d'après certaines formes de psychologie ou de morale abstraite. — Suivant M. Brunetière[1], la patrie est nécessaire comme la condition du progrès des sociétés ou du développement des individus. Il critique le début de l'opuscule de Renan : « Qu'est-ce qu'une nation ? » Peut-on concevoir une humanité qui ne soit pas divisée en nations ? Non, répond Brunetière. — Ainsi on cherche à déduire la patrie de la nature humaine. Cette déduction prend différentes formes :

a. *On présente des considérations de psychologie abstraite.* — Supprimer les patries, ce serait effacer la diversité humaine,

---

1. Brunetière, *Discours de Combat* [1re série], Paris, 1900, p. 132.

créer le chaos[1]. — A quoi il n'y a qu'à répondre que les hommes pourraient fraterniser dans d'autres groupements que les groupes nationaux qui existent actuellement, dans la famille ou dans des sociétés d'amis.

b. *Ou des considérations morales.* — La patrie est nécessaire au développement moral et social de l'individu. Brunetière résume cet argument en un mot : « Notre valeur individuelle n'est rien, c'est le coefficient social qui est tout[2]. » — Mais le groupement provincial pourrait protéger l'individu aussi bien que la patrie.

M. Marion, dans ses *Leçons de morale*[3], soutient que l'idée de patrie est le seul moyen de développer l'esprit de sacrifice. — Mais il pourrait se développer dans la famille. Le sophisme consiste toujours à passer de l'indéterminé au déterminé.

c. *Ou des considérations sociologiques.* — Plus précisément, pour Brunetière, la division du travail est rendue possible par la patrie[4]. — Encore une fois, elle peut s'opérer dans d'autres formes de groupement. On ne justifie ainsi que la nécessité de se grouper.

d. *Ou des arguments historiques.* — La patrie a toujours existé[5]. — Ce ne sont là que des généralités sonores. Il s'agit d'examiner l'idée de nationalité de nos jours. Oui, il y a toujours eu quelque chose de fixe dans l'idée de patrie, mais le problème est de savoir s'il y aura toujours, non des groupements,

---

1. Quinet, *Le Rhin*, réponse à la *Marseillaise de la paix* de Lamartine : *Cahiers de la Quinzaine*, 4ᵉ série, 19ᵉ cahier, mai 1903.
2. Brunetière, *op. cit.*, p. 132-3. La conférence *l'Idée de Patrie* a été publiée en édition séparée chez Hetzel : le passage cité est à la page 14.
3. H. Marion, *Leçons de Morale* (A. Colin), 26ᵉ leçon, p. 295.
4. Brunetière, *op. cit.*, p. 133, et, dans l'éd. sép., p. 15.
5. *Id.* p. 130-1, dans l'éd. sép., p. 16.

mais des nationalités, c'est-à-dire une forme spéciale, actuelle, de groupement.

Ailleurs[1], Brunetière insiste sur ce qu'il y a d'instinctif et de mystérieux dans l'idée de patrie : cela est dangereux pour sa propre thèse.

2° Les arguments antidialectiques se sont produits sous des influences scientifiques et littéraires.

Comme la science en général, ils insistent sur l'importance du fait. A la biologie, ils empruntent l'idée de l'instinct et de la spontanéité. Enfin, à l'exemple de l'histoire, ils présentent le fait social comme donné et non comme construit. Il est spécial et singulier : de sorte que les différentes civilisations ont quelque chose de spécifique. Aussi, le grand maître du nationalisme contemporain, c'est Taine.

Mais ces arguments s'inspirent aussi d'idées littéraires sur la vie. Rousseau a réagi contre la philosophie analytique du XVIII° siècle au nom des droits du sentiment. Mme de Staël et Chateaubriand ont accentué la réaction. Le nationalisme contemporain a donc l'une de ses sources dans la philosophie et la littérature romantiques de l'Allemagne : il provient de Herder.

Ces influences littéraires rejoignent les influences scientifiques. Le fait est le but de toute connaissance et de toute action, l'immédiat est atteint par l'expérience et le sentiment. — Un fait qui atteste cette convergence, c'est que la morale du sentiment a été la première expression de l'influence scientifique en morale. Ses représentants modernes, les Ecossais par exemple, ont voulu fonder une science morale analogue aux sciences naturelles.

Voici quelques-uns de ces arguments antidialectiques :

---

1. *Id.*, p. 150 sqq., dans l'éd. sép., p. 29 sqq.

a. *La morale nationaliste est relativiste.* — M. Barrès écrit[1] : l' « Affaire » est une orgie de métaphysiciens. Dans les questions qui touchent à la vie de la nation, il n'est pas permis de faire fi de l'histoire. Renan a donné le sens du relatif à la France, et la « Patrie française » est composée de gens qui sont imbus de sens historique. La crise démocratique rend nécessaire une observation prudente.

Argument à double tranchant. Si l'idée de patrie, diront les internationalistes, pouvait s'adapter à des formes nouvelles ? Ne donnez donc pas au nationalisme plus d'acuité. Les nationalistes se disent des historiens, mais on peut trouver dans l'histoire tout ce que l'on veut. Il y a eu la France de Saint Louis et celle de Voltaire. M. Bourget insiste sur la continuité historique : il faut revenir à la tradition catholique; le mal de l'esprit est de vouloir tout changer. Mais la continuité française peut être trouvée aussi bien dans l'idée de propagande révolutionnaire ou libérale que dans celle de défense catholique.

b. *La superstition du primitif.* — Il faudrait chercher une nation dans son passé. Après 1870, Fustel de Coulanges et Taine, pour savoir comment voter, se sont mis à l'étude des origines de la France.

Mieux valait étudier la France actuelle, car la vie se renouvelle. — De plus, on peut se demander de quel primitif il s'agit. Où est-il, le génie français? Dans les influences germaniques? Dans l'esprit latin, comme le croit M. Brunetière? Ne peut-on soutenir aussi que les Français sont des Celtes ?

c. *La mysticité de l'idée de patrie.* — Suivant M. Brunetière[2], les arguments philosophiques ne suffisent pas à rendre

---

1. M. Barrès. *Scènes et doctrines du nationalisme*, chap. III : La réplique aux intellectuels : le sens du relatif, pp. 63-95; notamment : e) Doctrine proposée à la « Patrie française ».
2. Brunetière, *L'Idée de Patrie*, éd. sép., pp. 29, 32, 34.

compte de la patrie. Il ne faut pas que la pensée combatte cette idée qui s'impose au cœur même. — On pourrait appliquer ce raisonnement à tout sentiment.

c. *Enfin on a emprunté des arguments à la biologie.* — On a rapporté le sentiment national à la communauté du sang pour lui donner une apparence scientifique. M. Soury est halluciné par la réalité nationale : il la considère comme une vie véritable. Il parle de « la force naturelle qu'était sa mère »[1]. Telle est aussi la patrie : il faut suivre d'instinct l'impulsion supérieure de sa race. « Je n'ai pas vaincu ma destinée, je l'ai subie[2]. » L'étude du cerveau révèle la vraie nature de la pensée humaine. M. Soury ne voit rien qu'anatomiquement. Les caractères ethniques, héréditaires sont écrits en nous. La race, voilà le fondement de la patrie. L'aryen et le sémite réagissent autrement[3], et les lettres de naturalité et le baptême ne peuvent changer le caractère[4]. Correspondant à ces différences ethniques, il y a différentes morales. De là le culte des morts, de la terre, la religion de la patrie[5]. Ces idées, dit M. Soury, répugnent à nos lettrés[6] et à nos hommes politiques viciés par la Déclaration des Droits[7]. Aussi, quoique athée, il professe le catholicisme[8] : car la patrie forme un bloc dont l'armée et l'Eglise sont membres intégrants[9].

— Rien à répondre à cet acte de foi. Nous étudierons les idées de race et d'hérédité. Et il y a un internationalisme biologique (Ferri). Alors, que choisir ?

1. J. Soury. *Campagne nationaliste*, 1899-1901 (Paris, 1902), p. 66.
2. *Op. cit.*, p. 19. Cf. p. 283.
3. *Op. cit.* : La Race, Juifs et Aryens, pp. 131-147.
4. *Op. cit.*, p. 7.
5. *Op. cit.*, p. 65.
6. *Op. cit.*, p. 149-155.
7. *Op. cit.*, p. 136.
8. *Op. cit.*, pp. 10-11.
9. *Op. cit.*, p. 12.

II. — LES ARGUMENTS DÉTERMINÉS

On part de propositions particulières qu'on généralise trop vite.

1. — La patrie et la religion nationale

On établit un rapport étroit entre le sentiment religieux et le patriotisme. On trouvera cet argument chez Bourget, dans l'*Etape* et dans quelques articles ; de façon plus profonde chez Soury : *Campagne nationaliste* ; plus atténuée chez Brunetière : *Discours de Combat* et Barrès : *Scènes et doctrines du nationalisme*.

Quelles sont les formes actuelles de la religion nationale ? Dans les pays européens ? En France ? Dans l'histoire ? Y a-t-il, chez nous notamment, une tradition en ce sens et faut-il conclure à la nécessité du lien entre les deux sentiments ?

La religion nationale se présente à l'étranger sous deux formes :

1° L'une en Orient, en Angleterre et aux Etats-Unis, en Russie. La religion et la nation ne font qu'un. On ne se demande pas si la religion est vraie ou fausse. Les questions de la confiscation des biens de l'Église arménienne[1], de la traduction de la Bible en grec sont nationales et non confessionnelles. Les Turcs classent les nations par religions : de là vient que les Serbes ont tant de peine à se faire reconnaître à part.

Mais il est intéressant d'étudier surtout l'Angleterre et les États-Unis, où le protestantisme a donné à la religion natio-

---

1. Voy. dans l'*Européen* du 3 oct. 1903, l'art. de Anat. Leroy-Beaulieu, *Arméniens et Macédoniens : les responsabilités de la Russie*, notamment p. 2, col. 2.

nale sa forme actuelle. Il ne fut à l'origine qu'une transformation du dogme et du sentiment chrétiens. Mais, comme il a détaché ces peuples du lien de la catholicité que la papauté leur imposait, l'idée protestante s'est fondue avec l'idée nationale. Cela s'est fait, il faut le dire, indépendamment de la volonté des réformateurs comme Luther. Aussi le protestantisme est-il aujourd'hui la forme essentielle de la religion nationale en Europe.

On en trouve la théorie chez Burke et Herder.

2° Il existe une forme agressive de ce nationalisme religieux, biblique et judéo-protestant : l'impérialisme. Son principe est l'idée particulariste du peuple choisi de Dieu, du Dieu d'Israël sauvant son peuple. Elle a été universalisée par le christianisme : le peuple choisi doit conquérir le monde. Mais il ne faut pas confondre cette universalité avec l'universalité chrétienne : car elle n'a rien de supérieur au monde matériel. Le peuple anglo-saxon n'est pas le missionnaire de la justice, mais l'instrument de sa force. — Cette idée est encore protestante, en ce que le protestantisme a été un appel à la foi intime et à l'inspiration. Comme Cromwell, chacun lit sa mission dans la Bible.

Ce nationalisme religieux s'est exprimé en Allemagne, dans les discours de Guillaume I*er* et de Guillaume II. En 1866, le nom de Dieu sanctifia l'annexion du Hanovre, de Francfort, de la Hesse-Cassel et du Nassau [1] : la guerre est un jugement de Dieu. En vertu du même principe, des clergymen ont béni les soldats qui partaient combattre les Boers [2]. Au

---

1. Seignobos, *Histoire politique de l'Europe contemporaine*, Paris, A. Colin 1897, p. 418. — L'auteur cite quelques phrases du message du roi de Prusse qui annonça ces annexions : « Les gouvernements de ces Etats... en refusant la nationalité offerte par la Prusse... ont appelé sur eux et leur pays la décision de la guerre. Cette décision, d'après le décret de Dieu, s'est tournée contre eux. »

2. J. A. Hobson, *Psychology of Jingoism*, 1901. Quelques textes, cités

temps de l'oncle Tom, on défendait l'esclavage par des citations bibliques [1]. Rudyard Kipling exprime l'impérialisme par des hymnes religieux [2]. Le dieu de Cecil Rhodes, qui est le dieu du capitalisme anglo-saxon, associe le darwinisme, le dieu de la Bible et le nationalisme anglican [3] Roosevelt fait remonter jusqu'à Dieu la grandeur et la beauté de la guerre de Sécession qui a scellé la nation américaine [4].
— L'origine philosophique de l'impérialisme se trouve chez Hegel.

Y a-t-il en France un nationalisme religieux ? Oui : Bourget a présenté l'idée d'un catholicisme national, mais sous une forme un peu hésitante, car il prétend croire : catholique d'abord, catholique français ensuite. Le catholicisme est dans le Français comme un inconscient.

Avec plus de précision, M. Soury se dit catholique et athée [5]. « Il ne s'agit pas de croire, mais de vivre comme

---

par cet auteur, ont été traduits dans une note de Romain Rolland, *Le temps viendra* (*Cahiers de la Quinzaine*, 8ᵉ série, 14ᵉ cahier), p. 56.

1. Mᵐᵉ Beecher-Stowe, *La case de l'oncle Tom*, trad. L. Barré, Paris, Renault, 1852, notamment 2ᵉ vol., chap. vi, p. 70. — Cf. Wallon, *Histoire de l'esclavage dans l'antiquité* (Paris, 1847). Introduction, p. V.

2. Voy. la préf. d'André Chevrillon, en tête de *Sur le mur de la ville* (Soc. du Mercure de France, 1907), notamment, p. 109, le toast dans *The Native Born* :
    To the hearth of our people's people
    To her well-ploughed windy sea
    To the hush of our dread high-altar
    Where the Abbey makes us We ;
    To the grist of slow-ground ages,
    To the gain that is yours and mine,
    To the Bank of the Open Credit,
    To the Power-house of the Line.
(R. Kipling, *The seven seas*, Ed. Tauchnitz, p. 73).

3. Voy. l'art de V. Bérard sur Cecil Rhodes, *Questions extérieures : L'affaire sud-africaine*, dans la *Revue de Paris*, 15 mai 1902, pp. 419-451.

4. Roosevelt, *La vie intense*, trad. par Mᵐᵉ de Faucigny-Lucinge (Paris, E. Flammarion, s. d.) : Introduct. de J. Izoulet, p. xxxv (citat. d'un discours prononcé en 1899 à Chicago par M. Roosevelt).

5. Soury, *Campagne nationaliste*, 1899-1901 (Paris, 1902), p. 10, 13.

ceux qui croient[1]. » Le catholicisme se justifie par l'hérédité et la tradition en général, mais notamment par l'hérédité française[2]. Il est la forme de nos idées nationales et patriotiques. Non un dogme, mais une règle de vie[3]. Il faut participer sans être croyant aux cérémonies de l'Eglise : ce qu'elles contiennent de bon, c'est le geste ancestral[4]. Un prêtre n'a pas à s'occuper du dogme ni à discuter sur des subtilités théologiques[5]. M. Soury prétend se rattacher par ses idées à une tradition proprement française qui comprend les sceptiques du xviie siècle, comme Guy Patin, et remonte par eux jusqu'à Montaigne.

On retrouve la même idée un peu atténuée chez Brunetière : on ne peut pas être Français et ennemi du catholicisme[6]. — Et chez Barrès : la France, c'est le catholicisme. Le milieu catholique, dit-il, est celui où je me suis développé. Je me préoccupe de protéger l'autonomie et la continuité françaises.

La même idée est diffuse dans un grand nombre de milieux.

Les milieux ecclésiastiques sont nationalistes. Ce fait est curieux et nouveau. Les publicistes de la Restauration mettaient la France, fille aînée de l'Église, au service du catholicisme. Le sentiment d'aujourd'hui est le sentiment un peu païen, tout au moins gallican, d'un catholicisme national. On en trouve un exemple curieux dans l'enquête sur l'enseignement secondaire[7]. M. J. Batiffol reproche à nos internats de

---

1. *Id.*, p. 10.
2. *Id.*, p. 43-4.
3. *Id.*, p. 20, 49, 52, 221.
4. *Id.*, p. 221.
5. *Id.*, p. 233.
6. Brunetière, *Discours de combat* [1re série] Paris, Perrin, 1900 : *Les ennemis de l'âme française*, p. 193.
7. *Enquête sur l'enseignement secondaire.* Chambre des Députés, 7e législature, session de 1899 (Paris, impr. Motteroz, 1899, 6 vol. in-4°).

recevoir des enfants trop divers de race et de religion.
De Bonald avait un tout autre ton. Sans doute il gardait l'idée
de la hiérarchie traditionnelle, mais il mettait avant elle l'idée
de l'Église internationale.

Le même sentiment est très puissant dans les milieux mondains. On lit dans une nouvelle curieuse de Lavedan : l'Église est la bonne moitié de la patrie.

Il règne chez les paysans.

Chez les littérateurs, il prend une forme particulière. Il se fait en ce moment une transformation profonde de nos sentiments sociaux. Or dans tous les temps de crise on ressent la nostalgie de la civilisation qui s'achève. Des gens de lettres veulent revenir aux habitudes et à la religion paternelles. Jamais les païens n'ont autant aimé le paganisme qu'au moment où il disparaissait.

La même tendance se retrouve encore chez les hommes politiques. Gambetta était catholique à l'extérieur [1], et aujourd'hui, tout un groupe de diplomates suivent cette tradition.

Enfin cette idée a été fortement exprimée par des historiens, par Taine et Fustel de Coulanges. Voyez, dans l'ouvrage de Guiraud, le testament de Fustel [2]. Elle leur vient de Quinet : la vie politique d'un peuple qui est normal suit le développement de sa vie religieuse. Quinet a toujours regretté qu'il y eût, en France, opposition entre l'Église nationale et la révolution nationale.

Pourquoi le catholicisme et le patriotisme se sont-ils unis en France de cette manière? Nous en voyons trois raisons :

1° Les historiens et les sociologues en sont en grande partie responsables. M. Durkheim continue Comte et Renan,

---

[1]. Deluns-Montaud, *La philosophie de Gambetta*, *Revue politique et parlementaire*, t. XI, n° 32 (févr. 1897).

[2]. P. Guiraud, *Fustel de Coulanges*, Paris, Hachette 1896. V. p. 266 la note testamentaire de Fustel.

On ne considère plus la religion que comme un fait. Elle est aussi naturelle et aussi nécessaire que les coutumes et les institutions. On ne se demande plus si elle est vraie ou fausse; on l'accepte en elle-même pour son utilité immédiate. L'origine de cette idée laïque de la valeur de la religion comme telle est religieuse. La religion se considère elle-même comme une révélation et non comme un système d'idées. La théologie a servi la sociologie, comme les autres sciences positives, en traitant la révélation comme un donné, fixe au milieu des théories fondées sur elle.

2° On peut se demander même : n'y a-t-il pas dans la tradition française de quoi justifier cette idée? Il y a toujours eu en France un rapport très étroit entre le sentiment religieux et le sentiment national. Les relations entre la France royale et l'Église ont toujours été très intimes[1]. Au moment même de la Révolution, le catholicisme est empreint dans toutes les habitudes de la nation[2]. Il se mêle à tous les événements de la Révolution commençante[3]. On trouve des adversaires des protestants, comme l'abbé Fauchet, parmi les plus révolutionnaires. Toute cérémonie nationale était accompagnée d'une cérémonie religieuse. Le peuple, quand il s'inquiétait, courait aux églises. Au lendemain de Varennes, l'Assemblée assiste à la Fête-Dieu. Les idées révolutionnaires s'exprimaient dans un langage chrétien. Dans les chaires se succédaient des patriotes[4]. Pastoret, proclamant un curé de Saint-Sulpice, montrait que l'accord de l'Évangile et de la Révolution est

1. Sur les origines de ces relations, v. G. Kurth, *Clovis*, Tours, Mame, 1896, chap. xii, pp. 519-565.

2. Aulard, *Histoire politique de la Révolution française*, Paris, A. Colin, 1901, notamment pp. 44, 457.

3. Jaurès, *Constituante et Législative* dans l'*Histoire socialiste*, 1789-1900, Paris, Rouff, 1901, pp. 539 sqq.

4. Robinet, *Le mouvement religieux à Paris pendant la Révolution (1789-1801)*, publié dans la Collect. de documents relatifs à l'histoire de Paris pendant la Révolution française, t. I, pp. 106-7.

parfait. Mirabeau dit dans un de ses discours[1] : « Regardez cette Église de France dont les fondements s'enlacent et se perdent dans ceux de l'empire lui-même. » La force de cette idée explique les hésitations de la Constituante en matière de religion.

Aussi comprend-on qu'elle se retrouve depuis lors dans tout le cours de notre histoire sociale. De 1820 à 1848, le premier socialisme a cru la religion nécessaire. Pierre Leroux publie en 1846 *D'une religion nationale ou du culte*[2]. Il n'y a pas de nation sans une croyance religieuse[3], il faut apprendre aux enfants à s'unir par un même sentiment, national et religieux. Comme Michelet et Quinet, il pense qu'il faut imiter l'Église. Laïcisons la religion, mais maintenons-la. La bourgeoisie a cru longtemps au Dieu des bonnes gens.

3° Et même sous une forme précise, il y a toujours eu en France une philosophie de la la coutume dirigée dans le sens du catholicisme national. Nous allons tâcher d'en résumer l'histoire.

Elle se trouve d'abord dans la *Satyre Ménippée*[4]. D'Aubray, le représentant du tiers parti, dit dans sa harangue qu'une monarchie et qu'une patrie ne se construisent pas. Le temps seul les crée. On fait des couronnes, non des rois. Aussi, la coutume ne se remplace pas. Il est catholique parce qu'il est français. La même idée se retrouve chez Montaigne[5] et Bodin[6], chez les sceptiques du XVII° siècle, Guy Patin, Naudé[7], Saint-

1. Cité dans J. Jaurès, *op. cit.*, p. 512.
2. P. Leroux, *D'une religion nationale ou du culte*, Boussac, imp. de P. Leroux, 1846, 111 p.
3. *Op. cit.*, pp. 24-5, 47.
4. *Satyre Menippée*, Paris, Désrez, 1833, p. 192, 2° col. sqq..
5. Montaigne, *Essais* : De la vanité, III, 9.
6. Bodin, *La République*, l. IV, ch. VII.
7. Gabriel Naudé, *Considérations politiques sur les coups d'Estat*. Sur la copie de Rome, 1667.

Evremond. Ces derniers prétendent eux-mêmes se rattacher à
Charron [1], à Montaigne [2] et à Bodin, dont il faut lire à ce sujet
un dialogue posthume sur la tolérance [3] que Leibniz a connu.

Comment se présentait chez ces sceptiques l'idée du catholicisme national? Leur philosophie était très hardie [4]. Guy
Patin écrit : « On ne brûle pas la vérité [5]. » Il prend souvent
le ton des plaisanteries de Voltaire [6]. Dans leur vie, c'étaient
de purs païens, aimant la nature, et, quand ils philosophaient,
s'en remettant à la raison. Le respect de la coutume était
d'abord pour eux une prudence. Comme en ce temps-là, un
libre-penseur (ainsi Spinoza [7]) était hors de toute communauté
nationale, on comprend qu'ils aient admis la formule :
Foris ut mos est, intus ut libet [8]. Patin est sévère pour
Vanini, qui s'est fait brûler [9], et pour les protestants, qui sont des

---

1. Guy Patin, *Lettres*, éd. H. Réveillé-Parise, Paris, J.-B. Baillière, 1845, 3 vol., T. II, p. 480 : « Il [M. Naudé] prisait pareillement bien fort deux autres livres, savoir la Sagesse de Charron et la République de Bodin. »

2. G. Patin, *op. cit.*, t. I, p. 362; Naudé, *op. cit.*, p. 36.

3. Joannis Bodini, *Colloquium heptaplomeres de rerum sublimium arcanis abditis* edidit Lud. Noack. Suerini Megaloburgiensium 1857. Cf. Dr. G.-E. Guhrauer, *Das Heptaplomeres des Jean Bodin zur Geschichte der Kultur und Litteratur im Jahrhundert der Reformation*, Berlin, G. Eichler, 1841.

4. G. Patin, *op. cit.*, t. II, p. 490 : « Je suis fort de l'avis de M. Naudé... » Cf. surtout le portrait de Naudé par Patin, *op. cit.*, t. II, pp. 478-480, où il est parlé du professeur de Naudé à l'école de Navarre, Belurget qui... « ne se souciait d'aucune religion,... se moquait de la Sainte Écriture,... disait que les deux plus sots livres du monde étaient la Genèse et la Vie des Saints... »

5. *Op. cit.*, t. III, p. 459 (l. DCXXVII à Falconet).

6. *Op. cit.*, t. III, pp. 734-5, sur les moines, t. II, p. 78 : un mot attribué à Richelieu; t. III, pp. 83, 87, 407 etc..

7. Voy. *La vie de B. de Spinoza* par Colerus (en hollandais, 1706, puis en français).

8. Guy Patin, *Lettres*, éd. cit. II, 568 : « Je fis l'an passé ce voyage de Gentilly avec M. Naudé, moi seul avec lui, tête à tête; il n'y avait point de témoins, aussi n'y en fallait-il point : nous y parlâmes fort librement de tout sans que personne en ait été scandalisé. »

9. *Naudaeana et Patiniana* ou Singularités remarquables prises des conversations de MM. Naudé et Patin, Paris, 1701, éd. cit.. *Patiniana* : sur Vanini, p. 31.

[...] Mais ils n'en sont pas restés là : ils ont pris la coutume au sérieux et en ont fait la philosophie. Saint-Évremond écrit, dans une lettre intime au protestant Justel, qu'il faut convenir des usages légitimement établis². Dans l'éloge de Turenne, il cite sa parole que les réformés ont la doctrine la plus saine, mais qu'ils ne devaient pas se séparer³. Renoncer au catholicisme, c'est renoncer à la France⁴. La religion fait partie des habitudes. Notre affection pour elle ne vient pas de l'élection, mais des impressions reçues dans l'enfance⁵. Je comprends que vous ne puissiez pas changer, écrit-il à Justel, mais vous avez tort de ne pas faire de vos enfants des catholiques⁶. Nous sommes incertains de la vérité des croyances, remettons-en nous aux lois de notre pays⁷.

Ces opinions aboutissent à la théorie de la supériorité de la raison pratique sur la raison spéculative. Sa forme première est l'idée de la tolérance⁸. Toutes les religions se

---

1. *Id.*, sur Calvin, p. 54, 91.

2. Saint-Évremond. *Œuvres*, Londres, Tonson, 1711, t. IV, p. 138.

3. *Op. cit.*, t. V, p. 83. « Dans tous les temps, il [Turenne] a aimé à parler de religion,... disant toujours que les Réformés avaient la Doctrine plus saine, mais qu'ils ne devaient pas se séparer, pour la faire prendre insensiblement aux catholiques. Quand on avoue qu'on a eu tort de sortir d'une église, reprit M. d'Aubigny, on est bien prêt d'y rentrer et si je survis à Mme de Turenne, je vous verrai dans la nôtre. M. de Turenne sourit et ce sourire n'expliquait pas assez si c'était pour se moquer de la prédiction de M. d'Aubigny ou pour l'approuver. »

4. *Op. cit.*, Lettre à Justel, t. IV, pp. 144-5. « Vous vous plaignez de l'arrêt qui les [les enfants] oblige à faire choix d'une religion à sept ans et c'est la plus grande faveur qu'on leur pouvait faire. Par là on leur rend la Patrie que vous leur aviez ôtée; on les remet dans le sein de la République d'où vous les aviez tirés... »

5. *Op. cit.*, t. IV, p. 144 : « les premières impressions »... « les anciennes habitudes » : Voir aussi, G. Patin, *Lettres*, éd. cit., III, p. 738 : « G. Naudé disait qu'il fallait demeurer comme l'on était, que c'était la marque d'un esprit mal tourné de changer si souvent de religion, que le tout n'en valait pas la peine. »

6. Saint-Évremond, *op. cit.*, t. IV, p. 144.

7. *Op. cit.*, p. 145.

8. *Op. cit.*, t. III, p. 28, sur la vanité des disputes de religion.

valent [1]. Il faut unir les bonnes volontés par les œuvres plutôt que par les créances [2]. Pour Saint-Evremond, les choses de la nature sont seules du domaine de l'esprit, le surnaturel est l'affaire du cœur et de la volonté [3]. Mais la théorie ne s'en tient pas à ce scepticisme mystique. Elle prend une forme plus rationnelle : la morale est le fond de toutes les religions. Regardons comment on vit sans chercher comment on pense. De là l'inutilité du raisonnement en ces matières. Les vrais honnêtes gens connaissent ces choses par sentiment. Il y a des dévots qui aiment Dieu véritablement sans le bien croire.

L'amour de la religion nationale leur inspire la haine du protestantisme. Saint-Evremond aime les cérémonies du catholicisme [4], ses images, qui fixent l'esprit, la musique des églises, le costume des prêtres. Le catholicisme parle mieux au cœur et par conséquent s'accorde avec la raison pratique. Il faudrait transposer l'anglicanisme à notre usage : le gallicanisme nous délivre de l'autorité du pape et maintient la coutume [5]. Le véritable catholicisme est en France « dégagé des superstitions de la multitude et des inspirations des étrangers [6]. » Nos parlements le défendent. Henri IV l'a maintenu contre les huguenots et les ligueurs. Saint-Evremond hait Mazarin parce qu'il est italien. La Mothe Le Vayer, beaucoup

---

1. *Op., cit.*, t. V, p. 87. Saint Evremond adhère à la parole de M. Wurtz : « Quand les hommes auront retiré du christianisme ce qu'ils y ont mis, il n'y aura qu'une même religion aussi simple dans sa Doctrine que pure dans sa morale ».

2. *Op. cit.*, t. V, p. 83. « La doctrine est contestée partout : elle servira éternellement de matière à la dispute dans toutes les Religions ; mais on peut convenir de ce qui regarde les mœurs... »

3. *Op. cit.*, t. IV, p. 83.

4. *Op. cit.*, lettre à Justel, pp. 135-7.

5. *Op. cit.*, p. 141 : « si vous craignez la puissance du pape, les libertés de l'Église gallicane vous en mettront à couvert. »

6. *Op. cit.*, p. 88.

moins âpre, reconnaît que la France a dû beaucoup aux étrangers. Les protestants, pour ces sceptiques, sont trop sérieux, c'est-à-dire fanatiques. Ils attachent trop d'importance aux croyances. Ils mettent le trouble dans le pays en élevant le libre examen et la foi au-dessus de ses coutumes[1]. Guy Patin craint le prosélytisme guerrier des huguenots[2]. Naudé justifie la Saint-Barthélemy[3]. Les sceptiques ont été les défenseurs de la raison d'État. Suivant Spinoza aussi, l'État doit organiser le culte public. Charron distingue la morale du souverain de la morale de l'individu[4]. A l'avis de Naudé : *expedit ut unus homo moriatur pro populo*[5]. L'État est destiné à dominer la populace, « pire que les bêtes[6] », pour l'empêcher de se livrer aux superstitions[7]. La religion avec ses miracles, ses prophéties et ses prédicateurs est l'instrument de l'État[8]. Henri IV est le modèle politique de toute cette école[9]. Le tort de Luther fut de vouloir corriger la

---

1. *Op. cit.*, t. IV, p. 112.

2. *Patiniana*, éd. cit., p. 93.

3. Naudé, *op. cit.*, pp. 169-70 : « Certes pour moi, encore que la Saint-Barthélemy soit à cette heure également condamnée par les Protestants et par les Catholiques, je ne craindrai point toutefois de dire que ce fut une action très juste et très remarquable et dont la cause était plus que légitime, quoique les effets en aient été bien dangereux et extraordinaires. »

4. Charron, *Toutes les œuvres de —*, Paris, Villery, 1635, *De la Sagesse*, 3ᵉ livre, p. 9 : « Mais il est à savoir que la justice, vertu et probité du souverain chemine un peu autrement que celle des privés... »

5. Naudé, *Consid.*, pp. 190-212 : si quelqu'un veut abuser de sa puissance contre l'État, « le dépêcher secrètement sans passer par toutes les formalités d'une justice réglée. » Exemples.

6. *Op. cit.*, pp. 233-5 : la populace... « inférieure aux bêtes, pire que les bêtes et plus sotte cent fois que les bêtes mêmes. » Et plus bas.

7. *Op. cit.*, p. 215. Cite Q. Curce, l. IV : « nulla siquidem res efficacius multitudinem movet quam superstitio. »

8. *Op. cit.*, pp. 215-6 : des 5 façons principales dont les Princes ont usé de la Religion pour venir à bout de leurs entreprises. Sur les miracles, p. 251, les prophéties, p. 252, sur les prédicateurs, p. 256.

9. Sur la conversion de Henry IV, Naudé, *op. cit.*, pp. 185-190.

doctrine et non les mœurs[1]. A quoi sert d'amender le dogme? On a sottement agi envers lui. Il fallait jeter à Luther un os à ronger[2] ou l'emprisonner[3]. On doit partout respecter la religion du prince. Un catholique en Angleterre, un huguenot en France outragent la majesté du Roi[4].

Descartes qui fait une place à la même idée dans sa morale provisoire, lorsqu'il s'élève contre les « humeurs brouillonnes »[5], la transporte dans sa philosophie définitive. La conception qu'il expose dans les lettres à la princesse Elisabeth se fonde sur la théorie de l'union de l'âme et du corps. Il y a un certain ordre où la pensée abstraite n'a point de part : c'est le domaine de l'expérience pure sous ses deux formes, individuelle et sociale. Il faut accepter les commandements du prince et les coutumes. Le souverain a une morale que je ne me permets pas de juger. On trouve aussi chez Pascal, sous une forme mystique, le même respect de la coutume et de l'autorité.

Les philosophes du xviiie siècle ne parlent pas avec moins de prudence des choses religieuses. Voltaire a l'idée d'une religion nationale : le clergé est le guide du peuple. Montesquieu s'accommode fort bien de la religion catholique parce qu'elle ne sonde pas les cœurs, mais se contente de

---

1. Naudé, op. cit., p. 200. « La première [faute fut] d'avoir permis qu'il [Luther] passât de la correction des mœurs à celle de la doctrine, puisque la plus commune est toujours la meilleure, qu'il est très dangereux d'y rien changer et peu utile, que ce n'est pas à un particulier de le faire... »

2. Op. cit., p. 202.

3. Op. cit., pp. 203-4.

4. Saint-Evremond, op. cit., p. 145 : « Un catholique anglais qui, dans ses discours ou dans ses écrits, donne le nom d'Hérésie à la religion anglicane, traite le roi d'Angleterre d'hérétique et lui fait une insulte dans ses propres États. Un Huguenot en France qui traite la religion catholique d'idolâtrie accuse le roi par une conséquence nécessaire d'être idolâtre : ce que les Empereurs païens même n'ont pu souffrir. » Cf. encore t. III, p. 76.

5. Descartes. Œuvres, Édit. Adam et Tannery, vol. VI, p. 14, l. 23. (Discours de la Méthode, 2e partie.)

rites et de pratiques. Rousseau explique, dans la *Profession de foi du Vicaire Savoyard*, qu'il y a une religion humaine, mais qu'elle s'exprime différemment suivant les différents milieux. Les différences ont leur raison dans le climat, le génie du peuple, le gouvernement ou quelque autre cause locale. Le Vicaire Savoyard ne voit pas d'inconvénient à accomplir tous les rites. Les institutions religieuses comme les autres sont sous la garde de la cité. Ne troublons pas le culte que les lois prescrivent. C'est une inexcusable présomption de professer une autre religion que celle où l'on est né. Il faut humblement revenir à la tradition.

Cette idée a persisté au cours de la Révolution et dans tout le xix° siècle. Tous les démocrates ont répété qu'une religion nationale est nécessaire et regretté que la France ait abandonné la sienne. Quinet et Renouvier ont été hantés toute leur vie du souci de lui en restituer une. Les mythes, suivant Proudhon[1], sont une forme nécessaire de la croyance sociale. Autant accepter les mythes traditionnels. Il consent à faire baptiser ses enfants si l'Église accepte un certain formulaire. Parle-t-il ainsi sérieusement? C'est probable. Par amour du sol.

Nous savons, enfin, que l'idée d'un catholicisme national vit encore en France de notre temps. Ce catholicisme représente une tradition fort ancienne, différente du gallicanisme en ce que celui-ci attache plus d'importance au dogme.

Cette thèse est donc assez forte; mais elle peut se retourner.

Tant que le sentiment religieux n'a pas été affaibli, il n'y a pas eu à proprement parler de sentiment patriotique.

Pendant la guerre de Trente ans, le protestant d'Allemagne

---

[1]. Proudhon, *De la Justice dans la Révolution et dans l'Église : nouveaux principes de philosophie pratique adressés à S. Ém. Mgr Mathieu, cardinal archevêque de Besançon*, (3 vol. in-12°, Paris, Garnier frères, 1858), à la fin.

appelle les Suédois, le catholique les Espagnols. Pendant les guerres de religion, les Français, de même, ont recours à l'étranger. La religion protestante a été en certains cas un dissolvant du patriotisme : elle a retardé l'unité de l'Allemagne par les divisions qu'elle y a introduites.

Il n'y a rien dans les doctrines de l'Église catholique qui l'engage à soutenir le nationalisme. Sous l'Empire romain, elle fut l'alliée du césarisme universel. Au moyen âge, son hégémonie se fondait sur le morcellement féodal. Au XIV° et au XV° siècle, les nationalités se sont formées sans elle ou contre elle. La monarchie française s'est constituée en partie par la lutte contre la suprématie pontificale. L'Allemagne a pris conscience d'elle-même en sortant du catholicisme.

En 1815 et en 1848, l'attitude de l'Église est tout au moins hésitante : en Pologne, en Irlande, en Espagne, elle est favorable au sentiment national. Ailleurs elle s'y montre hostile. En 1849, une conférence ecclésiastique se tient à Vienne au sujet du mouvement tchèque. Le nationalisme y est dénoncé comme une négation du christianisme. La différence des dialectes y est présentée comme un legs du péché[1]. Quinet remarque aussi que l'Église a accepté l'invasion des étrangers en France en 1814-15 et s'en est réjouie[2].

On peut donc poser la question : de ces deux attitudes de l'Église, laquelle est la plus conforme à son esprit? Quand il s'agit de débats humains, l'Église est essentiellement probabiliste et opportuniste. Cependant il semble que son dogme soit

---

1. E. Denis, *La Bohême depuis la Montagne Blanche*, Paris, E. Leroux, 1903, 2 vol. t. II, p. 395 : La conférence ecclésiastique de Vienne (1849) condamnait « le délire maladif qui, voyant un ennemi dans tout voisin qui parle une autre langue, met le feu à sa propre maison pour nuire à ce voisin et la lutte bestiale des races qui est une honte de l'humanité et un scandale devant Dieu »; cet attachement exclusif à la langue maternelle est un reste de paganisme : « car la différence des dialectes est un legs du péché et de l'abandon de Dieu ».

2. E. Quinet, *Le Christianisme et la Révolution française*, Paris, Germer-Baillière, s. d., p. 342.

plutôt favorable à l'internationalisme. Ne l'a-t-elle pas opposé aux religions des païens, attachés à des dieux nationaux ? Elle est une messagère de paix. Le droit chrétien est l'une des deux sources du droit des gens. On peut donc s'étonner que M. Goyau exige des chrétiens qu'ils aiment leur patrie quasi sans condition [1]. Ce n'est pas une parole de chrétien. De même, n'a-t-il pas tort de rattacher, pour la condamner, la Déclaration des droits au messianisme juif [2]? Les publicistes catholiques de la Restauration comprenaient, au contraire, la tradition juive dans la tradition chrétienne. — Donc, à chacune des thèses on peut opposer une antithèse.

Mais surtout il y a une autre forme du catholicisme national en France. Ce n'est ni l'idée d'une religion nationale fondue dans le sentiment patriotique (une sorte d'anglicanisme) ni l'idée judéo-protestante qui divinise les sentiments nationaux. C'est l'idée d'une France, la fille aînée de l'Église, chargée d'une mission qui la dépasse infiniment. Pour Joseph de Maistre, la France représente dans le monde la tradition catholique. On n'est pas catholique parce qu'on est Français, mais parce que la France a été élue par l'Église. L'ultramontanisme, c'est l'idée révolutionnaire retournée. Le sol est bien le fondement de la nation ; mais elle se définit par sa mission providentielle : la France est le plus beau royaume après celui du ciel. Il faut bien entendre Joseph de Maistre. On pense d'abord à sa théorie de la guerre; mais l'idée fondamentale de sa doctrine est celle de la paix. Seulement, c'est le Christ et le Pape qui apportent la paix. La guerre est l'état de l'homme sans le Christ. De Bonald a sans doute insisté sur cette idée que le religieux et le social se confondent. Mais, pour lui, social ne signifie pas national : il veut

---

1. G. Goyau, *L'Idée de patrie et l'Humanitarisme : essai d'histoire française, 1866-1901*, Paris, Perrin, 1902, pp. XXV-XXVIII.

2. G. Goyau, *op. cit.*, p. 375.

dire humain. La religion universelle est révélée dans un état social conçu comme international et la France a, par élection, le devoir de répandre cette idée universelle.

On voit donc quelle opposition il y a entre ces penseurs pour qui les théories physiques sont impies, puisqu'elles subordonnent le développement de l'humanité à ses conditions extérieures et matérielles, et les docteurs modernes du monarchisme scientifique. Si de Bonald admet la tradition héréditaire, c'est qu'elle est bien un signe de la vérité; mais la vérité doit être considérée avant tout. L'antisémitisme d'aujourd'hui est un antisémitisme de race : celui de de Bonald est religieux, chrétien. Chez Ballanche, qui a subi l'influence des romantiques allemands et mieux senti le « Volksgeist », le nationalisme s'exprime plus nettement. Chaque peuple a ses prophètes et sa mission. Pourtant, et quoiqu'il représente le nationalisme mystique, Ballanche est resté fidèle à l'idée que la France doit défendre l'intérêt chrétien : elle est le soldat des croisades. Ce fut un écrivain très gallican, partisan d'une intervention de l'État contre les congrégations. Cependant son patriotisme diffère tout à fait de celui des païens, rétréci et ombrageux. Il cède à de hauts sentiments d'humanité. C'est un patriotisme international. Voilà une forme religieuse du nationalisme qui est aussi française que le catholicisme national.

On peut donc se demander si tous les arguments qui ont été présentés à l'appui de la théorie du catholicisme national ne signifient pas au fond que la France a aimé dans le catholicisme ce qu'il contient d'universel, de raisonnable et de révolutionnaire[1]. Elle y a cherché surtout la satisfaction de ses besoins humanitaires. Dans toute son histoire, la France a été opposée au catholicisme ultramontain[2]. Elle a été la seule

---

1. Brunetière, *Le génie latin*, conférence faite à Avignon le 3 août 1899, 27 p. Dans les *Discours de Combat*, Paris, Perrin, 1900 p. 249.

2. Brunetière, *Les ennemis de l'âme française*, conférence prononcée à

à outrager et asservir les papes. La tradition gallicane se continue de Hincmar à Bossuet. Faut-il y voir un anglicanisme ? On y sent plutôt se préformer l'idée laïque. Quand les Français ont définitivement repoussé la Réforme en faveur du catholicisme, ils l'ont fait par indifférence, par amour de la stabilité, parce qu'ils se méfiaient des ligueurs et des huguenots[1].

Enfin, contre la thèse de la France catholique, on peut insister sur la tradition d'esprit laïque qui remonte en France jusqu'au moyen âge. Cette thèse vaut autant que l'autre.

Comment, dès lors, la question doit-elle se poser entre le sentiment religieux et le sentiment national ? Excluons toute idée *a priori*. D'abord celle-ci : qu'une religion ne doive être acceptée que si elle est conforme à nos opinions philosophiques. Sans doute on n'a pas le droit de se cacher une vérité pour des raisons pratiques, même morales ; mais il est légitime d'accepter des rites qui ne sont plus des symboles de vérités, mais des signes de sentiments collectifs. Il y a des rites purement nationaux. Question d'espèces. Actuellement, en France, y a-t-il lieu de croire que les sentiments des meilleurs vont dans ce sens-là ? Dans quelle classe se recrutent les partisans d'une religion nationale ? Sont-ils en quantité et en qualité des témoins suffisants ? C'est une question de fait qui implique un certain postulat psychologique ou moral. Il faut consulter avant tout la foi morale telle qu'elle existe actuellement. Toutes les solutions dogmatiques sur ce point sont fausses : elles relèvent d'une critique historique ou philosophique. Or le problème est moral. En présence de toute question de ce genre, demandez-vous : quelle est en ce moment, relativement à la patrie, la

---

Lille le 15 mars 1899, 40 p., Dans les *Discours de Combat*, Paris, Perrin, 1900, p. 159.

1. Proudhon, *Les Confessions d'un Révolutionnaire* (Œuvres compl., Librairie internationale, 1868, t. IX), p. 313, Post-scriptum, III.

croyance sociale qu'il faut adopter? Une fois cette croyance posée, elle se sert comme d'instrument, s'il y a lieu, des sentiments existants. La question dogmatique est distincte de la question morale et sociale.

2. — LA PATRIE ET LE GOUVERNEMENT

La question est encore posée par les nationalistes. Le patriotisme est-il lié à la monarchie ou à la république? Plus généralement, quelle est la relation de l'idée d'État et de l'idée de nation? — La plupart des nations modernes ont été constituées par des États. La Prusse a fait l'unité allemande. La France doit son unité en grande partie aux Capétiens : les limites de 1789 n'ont rien de naturel. L'Italie est devenue une nation quand il s'est trouvé une dynastie qui pût imposer l'unité. La théorie des races ou des nationalités n'a été qu'un principe d'ambition. — Mais la théorie inverse n'est pas moins vraie. La nationalité bohème a été créée par la littérature[1]. L'Allemagne doit une part d'elle-même à ses professeurs. Cependant il faut aussi distinguer le nationalisme littéraire du nationalisme politique. Former une littérature nationale, la dégager des influences étrangères, c'est une œuvre qui peut se suffire. Les philosophes allemands qui ont fondé le nationalisme littéraire de l'Allemagne ne pensaient pas à l'unité politique[2]. Herder était si peu patriote qu'il a quitté la Prusse pour ne pas être soldat. Le nationaliste Lessing ne voyait dans l'idée de patrie qu'une « faiblesse héroïque[3] ». En France, Voltaire, qui est cosmopolite, reproche

---

1. Ern. Denis, *La Bohême depuis la Montagne Blanche*, Paris, E. Leroux, 1903, t. II, livre Ier : le Réveil.

2. Lévy-Bruhl, *L'Allemagne depuis Leibniz, Essai sur le développement de la conscience nationale en Allemagne*, 1700-1813, Paris, Hachette, 1890 (Herder, pp. 157-161; Schiller, p. 249; Goethe, p. 216).

3. Lévy-Bruhl, *op. cit.*, p. 147.

à Ronsard d'avoir soumis l'art français aux Italiens. Ainsi un État fort est une condition à la fois nécessaire et insuffisante de la formation d'une nationalité.

Quel fut, dans l'histoire de la France, le rapport du gouvernement et de la patrie ?

Nous nous trouvons en présence de deux thèses : l'une est contenue dans la formule de de Bonald : « Il n'y pas de caractère national dans l'État populaire »; l'autre dans le mot de La Bruyère : « Pas de patrie dans le despotisme. » Les mêmes théories ont été soutenues hors de France.

La théorie du patriotisme monarchique a été défendue en France de notre temps avec beaucoup de talent par des publicistes et des hommes politiques[1]. Il importe de discuter cette idée comme si elle avait avec elle toutes les chances de succès.

Il existe une forme très spéciale du patriotisme monarchique. C'est celui des émigrés ; le roi représente la nation et même elle s'absorbe en lui. Le roi a été conçu comme le chef d'une nation centralisée : le patriotisme avait alors quelque chose d'artificiel et de trop étroitement unitaire. Il se confondait avec

---

1. Les sources du patriotisme monarchique d'aujourd'hui sont nombreuses. M. Maurras se réfère à Bossuet, *Politique tirée de l'Ecriture Sainte*, aux œuvres de de Bonald et aux théories sociales d'Aug. Comte. MM. Bourget et Barrès ont subi l'influence de Le Play et de Taine. Il ne faut pas omettre non plus de Maistre ni Ballanche. La théorie du patriotisme monarchique est contenue dans les œuvres sociales de P. Bourget : *Outremer* (notes sur l'Amérique), Paris, A. Lemerre, 1895, 2 vol. in-16; *L'Étape*, Paris, Plon-Nourrit et Cie, 1902, in-16, 516 p. (Voy. les vol. I et II de ses *Œuvres complètes*, Paris, E. Plon, Nourrit et Cie, 1900-02, in-8°). De Ch. Maurras, il faut signaler une brochure importante : « *L'Idée de la Décentralisation* », Paris, Larousse. Mais on se reportera aussi à l'*Enquête sur la monarchie* (juillet 1900), 2 fascic., aux *Ecrits et Manifestes de Mgr le duc d'Orléans* (Disc. de San-Remo, d'York-house. Lettre au colonel de Parseval. Manifeste de 1898. La liberté d'Association), au discours du duc de Luynes à Lyon (publications de la *Gazette de France*), enfin aux revues et aux journaux de l'école : la *Gazette de France*, le *Réveil royaliste*, le *Bulletin de l'Action française*. La doctrine a été résumée dans une brochure de Firmin Bacconnier, *Manuel du royaliste*, précédée d'une préface de Ch. Maurras. (Paris, aux bureaux de la *Gazette de France*, 1903.)

le patriotisme césarien. Mais cette conception n'est plus ne la que aujourd'hui. D'après nos écrivains, Louis XIV a fait dévier l'idée monarchique. Jusqu'à la fin du xvi° siècle, la France fut une société libre, coopérative. Le roi assurait l'équilibre entre les différents corps organisés de la nation. Il était l'incarnation de l'ordre, la garantie des libertés. Ce nationalisme monarchique est en même temps chrétien ; mais, sauf chez Bourget, l'idée religieuse reste à l'arrière-plan. Au commencement du xvi° siècle, la féodalité disparaît, ou du moins les institutions féodales, plutôt que l'esprit féodal. Le roi est le chef libre d'institutions libres qui constituent la vie locale et en 1484 il s'en est fallu de peu que ces institutions n'assurent leur persistance. En résumé, le roi exprime la tradition permanente de la société. Il est l'unité vivante qui relie les générations et maintient la cohérence entre les groupes divers. Cette doctrine est à distinguer de la conception parlementaire qui soumet la royauté à un contrôle[1]. Ce patriotisme monarchique est essentiellement fondé sur la vie corporative, dont la vie agricole est le type. Le duc d'Orléans attaque le capital mobilier représenté par les juifs. Son antisémitisme n'est ni religieux ni ethnique, mais économique. C'est une conception de propriétaire foncier. De Bonald, déjà, avait généralisé une conception de ce genre. Malgré sa méfiance à l'égard du commerce, il l'englobe dans son système corporatif. L'idée de fonction envahit toute la vie sociale.

Cette doctrine, qui a été le mieux développée par de Bonald, est sans doute une admirable conception. Représente-t-elle la tradition profonde de la France? — En faveur de cette thèse, on peut dire que le patriotisme monarchique ainsi conçu y a longtemps duré. D'Aubray l'exprime dans la *Satyre Ménippée* : « On peut faire des sceptres, des épées, des couronnes,

---

1. Imbart de la Tour, *Les origines de la Réforme*, I : La structure politique de l'État, *Correspondant*, 10 février 1903 (t. CLXXIV de la nouv. série).

non des rois à les porter, etc...¹ » M. Aulard a montré que la tendresse pour la monarchie a été très grande pendant la première partie de la Révolution : on attendait les réformes du roi². L'idée de république a eu beaucoup de peine à se faire accepter. Le patriotisme monarchique était tenace parce que le peuple, remontant par un instinct très profond au delà de la monarchie centralisatrice de Louis XIV, se rattachait à l'idée d'une monarchie qui organiserait la vie locale.

Cette conception s'inspire de certaines dispositions de notre temps : la réaction contre les idées purement rationalistes du XIXᵉ siècle, le romantisme, les études historiques, le respect de la tradition comme telle et du fait. Balzac était monarchiste, Hugo commença par l'être. En Allemagne, le libéralisme a été combattu par les partisans romantiques de l'idée nationale.

Néanmoins ce n'est là qu'une thèse littéraire ou mystique. Sans doute, il faut réagir contre les idées abstraites; mais conclure de la primauté du sentiment, de l'instinct, de la tradition à la solidarité entre la nation et la monarchie, c'est ne considérer qu'un moment fugitif de l'histoire. Quand la France passait de la féodalité à la monarchie absolue, la nation était librement unie à la royauté. De ce moment on veut faire le type de tous les autres. De Bonald et de Maistre se sont tenus en dehors du mouvement de la vie : les gens de leur temps qui vivaient la vie politique ne pensaient pas à cette idéologie catholique. D'ailleurs de Bonald l'a senti : il lui arrive de désespérer des rois³; et de Maistre objurgue Louis XVIII de comprendre les destinées de la France. Quand Napoléon revient, Louis XVIII se

---

1. *Satyre Ménippée*, loc. cit.

2. Aulard, *Histoire politique de la Révolution française*, Paris, A. Colin. 1901, pp. 1-6, etc.

3. Lettre au comte de Marcellus dans *De la vie et des écrits de M. le vicomte de Bonald*, par le vicomte Victor de Bonald. Avignon. Seguin, 1853, pp. 60-62.

défend contre lui avec des arguments révolutionnaires. Pour réaliser ce patriotisme monarchique, il a donc manqué la monarchie elle-même; l'aristocratie n'a pas eu non plus d'autre souci que de recevoir des faveurs. Elle avait des privilèges : elle n'en a su rien faire.

Enfin, l'idée de nation s'est de plus en plus émancipée de l'idée de monarchie. Mme de Staël a reconnu cette dissociation[1]. Elle montre que l'ancien régime aboutit à la négation de la patrie : « Ces émigrés veulent leur patrie comme un jaloux sa maîtresse, morte ou fidèle. » Aussi, la nation s'est assurée son autonomie. Les nations d'aujourd'hui se considèrent comme un tout homogène. M. Goyau, qui insiste sur l'internationalisme républicain, néglige complètement le « sans-patrie » monarchiste. Au temps de la Sainte-Alliance, il y eut une Internationale noble. Dans les deux camps, on subordonnait le nationalisme à quelque idée supérieure à lui. Carrel allait se battre en Espagne pour les libéraux, quand le gouvernement français y luttait pour les idées monarchiques.

Ce qui reste donc de la thèse, c'est seulement que le Français tend à concrétiser ses aspirations en un homme. Mais cette tendance aboutirait aussi bien à un césarisme plébiscitaire. Quand Bonaparte est devenu consul à vie, on croyait assurer la liberté[2]. On ne peut donc rien conclure de cette vague tendance sans faire le sophisme qui consiste à donner une forme très particulière à une idée extrêmement générale.

Ce qui montre bien à quel point ce patriotisme monarchique est peu traditionnel, c'est sa relation avec l'idée de la guerre. Dans toutes les brochures on représente la monarchie comme

---

[1]. Mme de Staël, *Considérations sur les principaux événements de la Révolution française*. Paris, 1818, 3 vol. in-8 (dans les Œuvr. compl., Paris, 1820-21, 17 vol. in-8 et in-12). Voy. les chap. sur les émigrés : 3e part., chap. 1er; 5e part. ch. 11.

[2]. Camille Jordan, *Le Vrai sens du vote national sous le Consulat à vie*. Paris, 1802.

la protectrice de l'armée, comme l'adversaire des utopies des pacifistes. Or le nationalisme offensif est peu monarchique. De Maistre défendant son pays contre les Français disait[1] : Heureux les peuples dont on ne parle pas ! Le bonheur n'est pas dans le bruit. Son idéal, c'est la paix, le pape à la tête d'une fraternité chrétienne. La Révolution, croit-il, a empêché d'aboutir à l'équilibre théocratique. Tout est mal, mais tout est corrigé par l'amour éternel. La guerre est utile contre elle-même. Nous ne sommes broyés que pour être mêlés. Il conclut en 1817 : « Nous marchons vers une grande unité. » — Ce qui distingue pour de Bonald la république de la monarchie, c'est encore que la monarchie est pacifique. Ce sont les républiques païennes qui contraignent le peuple à la guerre. Tout le monde y était soldat. La monarchie doit au contraire supprimer la conscription. Il admet et il admire le refus du service militaire. Les rêves d'empire universel sont des rêves républicains. Les républiques sont conquérantes parce qu'elles sont agitées intérieurement. Ce sont des sociétés dans l'enfance. Il n'y a que les sociétés primitives qui mettent au premier rang la gloire des armes. Une société civilisée estime les vertus pacifiques. Aussi, à mesure que la raison générale fera des progrès, la gloire militaire perdra de son attrait. Ces sentiments sont conformes au tempérament français, qui est pacifique, aimant, sensible. — Ces publicistes ne faisaient qu'exprimer les idées des politiques. Il est dit dans la proclamation de Monsieur, frère du Roi : « Plus de tyran, plus de guerre, plus de conscription, plus de droits réunis. » Chateaubriand, partisan d'une attitude guerrière, faisait exception parmi les monarchistes. Les reproches que les conservateurs adressent aujourd'hui aux républicains étaient adressés alors par les

---

[1]. Voy. surtout, dans les Œuvres de J. de Maistre : *Les Considérations sur la France* (Ed. des Œuvres, Lyon, Pelagaud, 1845, t. 1) et *les Soirées de Saint-Pétersbourg* (id., t. V et VI).

républicains à la monarchie. La véritable tradition monarchique est pacifique.

Par contre, on ne doit pas dire que la tradition révolutionnaire ne soit pas nationaliste. L'idée de nation est républicaine. Elle est née quand les peuples se sont détachés de la royauté. En perdant la foi monarchique, ils sont retombés sur la conscience d'eux-mêmes. L'idée de nationalité a eu pour cortège naturel les sentiments démocratiques. En fait, il n'y a pas d'idée nationale qui ait réussi sans s'appuyer sur une idée démocratique. Les Magyars, les Tchèques, les Slovaques ont pris conscience de leur nationalité contre Joseph II. C'est le despotisme qui a éveillé la conscience nationale dans la Belgique de 1830. La Jeune Italie avait des idées sociales et la maison de Savoie était plus libérale que les autres monarchies. En Prusse, Stein a commencé par libérer les paysans prussiens; Hardenberg suivit la même politique. L'Allemagne a été soulevée par les idées libérales et la haine du despotisme napoléonien. M. Denis cite la bénédiction de Schleiermacher aux troupes prussiennes[1]. Metternich tient « jacobin » et « national » pour synonymes. Le mouvement national de 1848 en Autriche est en même temps libéral. Même pendant la réaction de 1850, la Prusse garde un régime quasi constitutionnel. Le hobereau Bismarck donne en 1866 le suffrage universel au peuple. L'impérialisme anglais, tory d'origine, est devenu démocratique, parce que les réformes de 1867 et de 1884 ont étendu le suffrage[2]. Le nationalisme est la première forme d'action qui se présente aux peuples émancipés.

Ainsi démocratie, nationalisme, république et militarisme ont été unis dès l'origine. Cette tradition est une, et c'est bien

---

1. E. Denis, *L'Allemagne, 1810-1852*, Paris, May, p. 45.
2. Em. Boutmy, *Essai d'une psychologie politique du peuple anglais au XIXe siècle*. Paris, A. Colin, 1901, p. 434 sqq.

Rochefort qui la représente. La Révolution, qui voulait émanciper les peuples, est devenue conquérante. Au xixᵉ siècle, républicanisme et bonapartisme se sont fondus parce que la conscience républicaine ne séparait pas la liberté de la conquête. La guerre de 1815 fut un mouvement populaire secondé par l'armée. On criait à la fois : « Vive la nation ! Vive la liberté ! Vive l'Empereur ! [1] » Mais Napoléon, se défiant du peuple, n'osa pas armer les ouvriers des faubourgs[2]. Ce qu'on reprocha à la Restauration et à la monarchie de Juillet, ce fut leur politique étrangère. La politique des partis avancés était une politique d'expansion nationale. Armand Carrel était obsédé par Waterloo[3]. Pas de la paix à tout prix : il faut reviser les traités infâmes de 1814. — De nos jours même, des républicains sont entrés dans le nationalisme[4]. Gambetta a parlé de la « vertu sanctificatrice de la guerre[5] ». Jules Ferry représentait le nationalisme républicain et, comme M. Doumer aujourd'hui, poussait la France à l'expansion coloniale[6]. Elle doit porter partout son nom, sa langue, son génie et ses armes[7]. — Cette politique, sauf de notre temps et jusqu'à notre temps, s'est appuyée sur le peuple. Ce n'est que depuis 1864, date de la fondation de l'Internationale, qu'il a commencé à se détacher du patriotisme militaire.

Au contraire, les classes moyennes furent hostiles aux Cent

---

1. H. Houssaye, *1815. La 1ʳᵉ Restauration, Le retour d'Elbe, les Cent jours*, Paris, Perrin, 1893, pp. 3 sqq., 51 sqq., 273.

2. *Op. cit.*, p. 624. Voy. surtout I. Tchernoff, *Le parti républicain sous la monarchie de Juillet*, Paris, A. Pedone, 1901.

3. I. Tchernoff, *op. cit.*, p. 135.

4. G. Goyau, *op. cit.*, chap. III, § III ; chap. IV, § IV ; chap. V, § II.

5. Deluns-Montaud, *art. cit.*, p. 259. Cf. Goyau, *op. cit.*, p. 203.

6. G. Goyau, *op. cit.*, chap. IV, § I, IV, V.

7. J. Ferry, *Discours*, V. p. 220 (Disc. du 29 Juillet 1885). Cf. G. Goyau, *op. cit.*, p. 280.

Jours[1]. En 1815, elles se rallient à la monarchie par peur, comme déjà, pendant la Révolution, les bourgeois se faisaient exempter de la garde nationale. De 1825 à 1848, les industriels appartiennent tous à l'école de Manchester, qui est pacifiste. Les petits traités publiés en 1848 par l'Académie des Sciences morales présentent la guerre comme une perte économique. C'est la doctrine de Spencer et de M. de Molinari. Elle s'exprime par les lois sur la conscription qui admettent le remplacement. Cependant le peuple persistait dans son patriotisme[2]. Les Bourbons sont chassés parce que l'étranger les avait imposés. Les hommes de 1848 ne séparent pas la guerre de la liberté. Blanqui plaide pour la Pologne[3]. Proudhon exhorte les républicains à ne pas empêcher, par des émeutes, qu'on ne secoure la Pologne et l'Italie[4]. Barbès se réjouit des victoires de Crimée[5].

3. — LA PATRIE ET LES PRÉOCCUPATIONS ÉCONOMIQUES

Ce que nous venons de dire des républicains politiques est-il aussi vrai des républicains sociaux? N'ont-ils pas affaibli l'idée de patrie? N'y aurait-il pas une conception économique d'où il résulterait que le prolétaire n'a pas de patrie? Bref, quelle est la relation de l'idée de république sociale et de l'internationalisme? Nous achèverons par là l'étude des rapports du patriotisme avec la forme du gouvernement.

Il est sûr, d'une façon générale, que les préoccupations

---

1. H. Houssaye, *op. cit.*, p. 8.
2. I. Tchernoff, *op. cit.*, p. 49.
3. Cf. le disc. de Blanqui dans L. Ménard, *Prologue d'une Révolution, fév.-juin 1848*, Paris, au bureau du *Peuple*, 1849, chap. II. [Le livre a été réimprimé dans les *Cahiers de la Quinzaine*, 5ᵉ série, juin 1904. Le disc. de Blanqui tient de la page 107 à la page 111].
4. P.-J. Proudhon, *Idées révolutionnaires*, Paris, Garnier, 1849, p. 31.
5. Barbès, *Lettres à George Sand*, *Revue de Paris*, 1ᵉʳ juillet 1896. Cf. I. Tchernoff, *op. cit.*, p. 363.

économiques ont amené les ouvriers à attacher moins d'importance à l'idée nationale. Inévitablement, ils ont constaté que tous les prolétaires sont liés par des intérêts internationaux. La bourgeoisie ne s'en est pas moins aperçue; mais les partisans du libéralisme économique, qui se sont opposés au protectionnisme des ouvriers, ne se sont pas attaqués à l'internationalisme du capital.

Reportons-nous aux crises qui se sont produites. Est-ce cette idée qui a triomphé ? Qui l'emporte de l'internationalisme ou du patriotisme ? Tantôt l'un, tantôt l'autre.

En 1862-64 la Russie s'est défendue contre le nationalisme de l'aristocratie polonaise en soulevant contre elle les paysans par un appel à leurs intérêts matériels. Elle leur a fait un sort meilleur qu'aux Russes. Elle a permis aux tenanciers de devenirs propriétaires à bon marché[1]. — Les revendications nationales des Irlandais ont été presque toujours appuyées par le prolétariat anglais. Il tend aussi à se faire une union entre les fermiers protestants et anglo-saxons de l'Ulster et les Irlandais catholiques pour la défense de leurs intérêts économiques. — De même les ouvriers boers et uitlanders se sont souvent unis contre les capitalistes[2].

Quand la guerre a éclaté en 1870 entre la France et l'Allemagne, l'Union internationale des travailleurs existait déjà. D'après son principe, les ouvriers de tous les pays devaient faire des groupes fédérés sans distinction de nationalités. L'Internationale se définit dans ses congrès : une fédération libre d'associations libres d'ouvriers. Ces idées se sont exprimées pendant la crise de 1870. Deux manifestes ont été rédigés par Marx, l'un en juillet 1870, l'autre après le 4 septembre.

---

1. Kropotkine, *Autour d'une vie, Mémoires*. 3e partie, chap. 1er. [La trad. franç. a paru chez Stock, à Paris. Le passage auquel le texte renvoie se trouve pp. 131-2.]

2. Voy. *l'Européen* du 30 août 1902, p. 8, col. 3.

Il est dit dans le premier que les ouvriers ne sont pas intéressés dans une guerre de dynasties. Mais, d'après le manifeste de Brunswick du 22 septembre 1870, les ouvriers allemands doivent exercer une pression sur leur gouvernement pour amener la paix avec la France républicaine[1]. En 1871, Bebel et Liebknecht ont protesté contre l'annexion de l'Alsace et de la Lorraine.

Enfin, si le nationalisme a été la première forme des revendications ouvrières, on constate aujourd'hui dans les classes ouvrières organisées un mouvement très net vers la paix. Le Congrès socialiste de Paris en 1900 a exprimé son hostilité contre l'impérialisme guerrier et l'expansion coloniale et les mêmes sentiments se sont manifestés dans les Congrès des Trade-Unions. L'idée nationale s'affaiblit sous l'influence des idées économiques. Celles-ci l'emportent souvent.

Mais l'inverse est aussi facile à montrer. Dans beaucoup de circonstances, l'idée économique n'a pas été assez forte pour entamer l'idée nationale. — Quand les Chypriotes ont voulu s'émanciper du joug de la Turquie, ils ne se sont pas appuyés sur l'Angleterre, mais sur la Grèce, en raison d'affinités ethniques et religieuses. — Les Hongrois, désirant l'indépendance, ne sont pas conduits du tout par des idées économiques. L'autonomie sera favorable à l'industrie et nuisible à l'agriculture. Pourtant les agriculteurs magyars sont partisans du projet d'autonomie douanière, tandis que les industriels de Transylvanie lui sont hostiles[2]. — Si, en Angleterre, les Trade-Unions ne sont pas impérialistes, la masse ouvrière où elles ne constituent qu'une minorité l'est fortement. Le premier effet de l'émancipation électorale a été d'accentuer le

---

1. Voy. K. Marx, *La Commune de Paris*, trad., préf. et notes de Ch. Longuet (Bibl. d'Et. Socialistes, II. Paris, G. Jacques, 1901). Les deux manifestes y sont reproduits pp. 85 sqq., 95 sqq.

2. Voy. dans l'*Européen* du 5 juillet 1902, p. 10, 1re col., l'extrait d'une étude de G. Betta parue dans *Die Zeit* sur le compromis austro-hongrois.

sentiment national : les ouvriers sont devenus « jingoes[1] ».

Même les conflits qui se produisent dans les groupes d'ouvriers éclairés sur leurs intérêts, socialistes, ne se résolvent pas toujours en faveur des intérêts économiques. En Alsace, les groupes socialistes ont été lents à se former parce que les ouvriers indigènes répugnaient à collaborer avec des immigrés. Il a fallu chercher un moyen indirect pour réussir et solidariser la cause de la liberté politique et nationale en Alsace avec celle de la démocratie. La transformation est récente[2].

En Autriche, le parti socialiste est obligé de composer avec les nationalités et de se partager suivant les différents groupes nationaux[3].

Peut-on prétendre encore que l'Internationale ait simplement, en 1870, supprimé en France et en Allemagne l'idée nationale? Nullement. D'après les textes et les faits, voici comment la question s'est présentée. Le premier manifeste de Marx reconnaît à l'Allemagne le droit de se défendre : elle est attaquée. Au second, la situation est retournée : « les ouvriers allemands se sont battus héroïquement pour la défense de l'Allemagne » et « les Français doivent remplir leurs devoirs civiques ». Marx se réjouit de ce que la République s'est constituée en France, moins parce que cet événement a une importance sociale que parce qu'il y voit un acte de défense nationale. Il conseille de cesser la lutte, mais si la lutte continue, il faut combattre jusqu'au dernier homme[4]. Et ce ne sont pas là des phrases : les militants de l'In-

1. Em. Boutmy, *Essai d'une psychologie politique du peuple anglais au XIX° siècle*, Paris, A. Colin, 1901, p. 131 sqq.

2. Voy., dans *l'Européen* du 12 avril 1902, le Bulletin politique d'Alb. Métin à la page 3, col. 3. Et aussi E. Reybell, *Le socialisme et la question d'Alsace-Lorraine*, Revue socialiste, janv. févr. avr. 1901.

3. *Mouvement socialiste*, 1er août 1903, Gabriel J. Jaray : *Le parti socialiste tchèque et les luttes nationales en Autriche*, p. 521.

4. Voy. aussi dans G. Goyau, *op. cit.*, p. 122, le message des sections françaises de l'Internationale après Sedan

ternationale ont été au premier rang des combattants. Les membres du Comité Central qui ont fait le 31 octobre étaient à la fois membres de l'Internationale et soldats des bataillons de marche. La Commune a été un mouvement de patriotisme aigri et qui s'est cru trompé. On retrouve dans la « Commune » de Louise Michel [1] ce curieux mélange de patriotisme tendre, de revendications sociales et d'internationalisme. Les Communards ont respecté la Banque de France par patriotisme : les « Trente sous » gardaient la « fortune de la France ». Leverdays, dans son livre posthume, *Politique et Barbarie*, insiste sur le rôle des ouvriers en 1870-71 [2]. L'Assemblée Nationale a été élue par les paysans et les bourgeois pour faire la paix ; le patriote était l'ouvrier communard.

Quelle idée se dégage de ces faits ? C'est que l'internationalisme ouvrier ne supprime pas le patriotisme, qui doit seulement s'adapter aux besoins actuels de la classe ouvrière et aux besoins humains en général. Par internationalisme, on peut, comme Garibaldi, défendre une patrie dont on partage les idées.

Quelles sont les théories soutenues sur la relation de l'idée de patrie et des besoins économiques? Y a-t-il une conception « matérialiste » de la patrie ?

En voici une première forme : on pourrait prétendre que les groupements de peuples ne se sont jamais faits que pour des intérêts économiques. Certains passages de Marx et Engels montrent les rapports du mercantilisme et du patriotisme naissant. Les nations modernes se sont formées en vertu d'un nationalisme de classe. M. Andler, commentant le *Manifeste communiste*, remarque que le Zollverein a été le moyen

---

[1]. Louise Michel, *La Commune*. Paris, P. V. Stock.

[2]. E. Leverdays, *Politique et barbarie, contenant la Révolution parisienne de 1871.* Paris, G. Carré, 1891.

de créer l'unité allemande¹. La centralisation nationale serait le corollaire fatal de la centralisation capitaliste. La conception de Proudhon, dans *la Guerre et la Paix*, n'est pas moins intransigeante. Les nationalités se sont formées par besoin de pillage². On ne sortira du nationalisme aigu (le mot a été inventé par Proudhon) qu'en établissant l'équilibre économique. On trouve encore chez de Bonald une interprétation économique de la Révolution.

Mais l'idée économique de la patrie se présente d'ordinaire sous une autre forme. Il n'y a pas eu, à proprement parler, chez les internationalistes, de théorie de la république universelle, sauf chez Anarcharsis Clootz, individualiste et fédéraliste, dont les idées furent mal accueillies. Si les socialistes idéologues de 1820 à 1848 espèrent un parlement européen, ils maintiennent les nationalités : s'inspirant de l'exemple révolutionnaire, ils attribuent l'hégémonie à la France, qui représentera la civilisation. Marx non plus ne supprime pas le sentiment national. Il ne veut que le soustraire à l'exploitation capitaliste, qui dilapide l'or et le sang de la nation. L'internationalisme, c'est l'extension de la morale aux relations des nations entre elles. Son but est de fédérer les nations comme autant d'individus³.

Parmi les socialistes français qui ont une conception économique de l'histoire, Saint-Simon n'admet pas que les besoins économiques aient rôle de moteur. Il pense seulement

---

1. Voy. dans *le Manifeste Communiste*, trad. nouv. par Ch. Andler, (Bibliothèque socialiste, 2 vol. : n° 8) Paris, Soc. nouvelle de librairie et d'édition, 1901. dans le texte § XI, p. 27; dans le commentaire pp. 93-96.

2. Proudhon, *La guerre et la paix*. Paris, Librairie Internationale, 1869. 2 vol. (Œuvr. compl., t. XIII-XIV) : Livre IV, ch. v sqq..

3. Marx-Longuet, *op. cit.*, p. 83 (1er manif. du 27 juillet 1870). « Quant à la politique étrangère de l'Internationale, c'est en ces termes que nous la définissions : défendre les lois de la morale et de la justice qui doivent gouverner les rapports des simples particuliers comme lois souveraines des relations internationales. »

que ni les idées ni l'amour n'ont de valeur qu'autant qu'ils aboutissent à une forme matérielle. Les conceptions de l'intelligence et les élans du cœur doivent prendre corps dans l'économie. L'essentiel est donc d'organiser la propriété de façon internationale. Ce serait la tâche d'un parlement européen. L'internationalisme, par lui, descendra sur les nations. Mais toutes les nations actuelles seront représentées dans ce parlement où l'hégémonie appartiendra à la France et à l'Angleterre. Saint-Simon préconise l'organisation économique du pouvoir : il est violemment hostile au libre-échange. La nationalité, sans doute, n'est pas un principe : c'est un moyen transitoire et grossier d'opérer la division du travail. Mais il ne faut pas supprimer la variété des nations.

La France, selon ces socialistes, doit garder son indépendance nationale, pour être l'initiatrice de la justice internationale. Tant qu'elle ne sera pas instituée, chaque peuple a pour devoir d'en faire l'office. Et à qui reste sur le qui-vive, il faut une armée forte. Même dans l'avenir, quand le tribunal international disposera de la force militaire pour assurer l'exécution de ses sentences, les nations ne seront pas réduites à rien. Les intérêts économiques de chacune devront être respectés. Pour Pecqueur, l'idée du laisser-faire est un signe de barbarie : le libéralisme est anarchique. Le libre-échange entre les nations est aussi absurde que la concurrence entre les individus. C'est l'écrasement des faibles par les forts[1]. Le pouvoir central devra distribuer l'égalité en équilibrant les forces des nations[2].

Suivant Proudhon, le conflit des nations actuelles est le résultat des guerres de conquête. L'équilibre économique qui produira la paix amènera à une nouvelle conception des

---

1. Pecqueur, *De la paix*, pp. 200 sqq.
2. *Id.*, p. 193.
3. Proudhon, *La guerre et la paix*. Paris, Librairie Internationale, 1869. 2 vol. (Œuv. compl., t. XIII et XIV).

nationalités. La raison s'impose aux nations comme aux individus. Proudhon ne reconnaît pas le droit des nations à l'existence [1]. Il admire les traités de Vienne parce qu'ils se sont mis au-dessus de ce faux principe [2]. La Pologne, qui a prouvé son incapacité à vivre, ne doit pas prétendre à revivre [3]. Que l'Italie se constitue, mais sous la forme d'une fédération [4]. Il est opposé aussi au libre-échange qui ne favorise que les intérêts industriels. Son patriotisme est instinctif. Il aime le sol comme un paysan. Ainsi s'unissent en lui les deux principes de la raison internationale et de la patrie.

Leverdays [5] montre les causes économiques de la Commune. Le paiement des loyers et des échéances avait été suspendu pendant le siège ; l'Assemblée de Versailles refusa de prolonger les délais. Les ouvriers qui appartenaient à la garde nationale recevaient une solde de 1 fr. 50 par jour ; l'Assemblée supprima la solde en n'exceptant que les indigents. C'étaient 100.000 ouvriers à la misère, plus de 175.000 protêts, 40.000 locataires sur le pavé. Mais, pour payer l'indemnité prussienne, il fallait hâter la reprise des affaires. Donc, d'une part la misère ouvrière, de l'autre, le désir de la paix. Ceux qui ont pris part au mouvement du 18 mars étaient des ouvriers et des petits bourgeois [6] ; ceux qui ont voulu la paix, ce sont les grands bourgeois qui craignaient pour leurs capitaux et les paysans. Patriote avec passion, Leverdays pense que tous auraient dû sacrifier leurs intérêts au patriotisme.

1. *Contre le principe des nationalités*, op. cit., t. II, p. 321.
2. *Op. cit.*, p. 320.
3. *Op. cit.*, p. 325.
4. *Op. cit.*, pp. 322-3.
5. Leverdays. *Politique et barbarie, contenant la Révolution parisienne de 1871*. Paris, G. Carré, 1891.
6. Leverdays, op. cit., p. 193.
7. [Voy. G. Bourgin, *Histoire de la Commune*. Paris, Soc. nouv. de libr. et d'édit., 1907. Biblioth. socialiste, n° 41-42, p. 191.]

L'internationalisme des socialistes peut donc se concilier avec le nationalisme économique, auquel peut aussi aboutir le nationalisme politique. M. Barrès désire qu'on protège la main-d'œuvre française [1].

Passons aux théories anarchistes. Bakounine [2] nous apparaît comme un internationaliste exalté. On trouve chez lui ce sophisme que les sentiments de l'humanité évoluent vers la généralité la plus large : ainsi le patriotisme aboutit à l'internationalisme. Mais il admet, dans d'autres passages, que les peuples se réunissent en vertu de leurs affinités naturelles. Il ne s'en prend pas au patriotisme instinctif, qui pourra s'adapter à de nouvelles formes sociales, mais à l'exploitation du patriotisme par les capitalistes, qui s'en servent pour cacher aux ouvriers leurs véritables intérêts. Marx, en 1848 ne l'a-t-il pas accusé d'avoir été panslaviste ? La théorie et la conduite de Bakounine est conforme aux principes de la doctrine anarchiste. Elle ne permet pas qu'on repousse aucun instinct, qu'il ait été naturel dès le principe ou le soit devenu. L'instinct de solidarité est naturel : il n'est pas légitime de le repousser. Le but de l'anarchisme est plutôt de rendre une patrie aux prolétaires que de supprimer la patrie.

Même tendance chez Kropotkine [3] : il expose dans les

---

1. M. Barrès, *Scènes et doctrines du nationalisme*. Appendice : Le nationalisme implique la protection des ouvriers français, pp. 437-477. Publié à part sous le titre : *Contre les étrangers. Etude pour la protection des ouvriers français*. Paris, Grande imprim. paris., 1893.

2. Sur Bakounine, voy. Nettlau, *The life of M. Bakounine*, privately printed by the author (autogr.) London, 1896-98, et du même : *Bakunin in den Jahren 1848-49* dans les *Sozialistiche Monatshefte*. IV, Berlin, 1893. Nettlau a donné la liste complète des écrits de Bakounine dans la *Bibliographie de l'Anarchie*, Paris, 1897. Une édition française de ses œuvres paraît chez Stock, Paris, dans la Bibliothèque sociologique.

3. P. Kropotkine : *Paroles d'un révolté*. Ouvrage publié, annoté et accompagné d'une préface par Elisée Reclus. Nouv. édit. 8°, Paris, Marpon, Flammarion, 1885 ; *L'anarchie, sa philosophie, son idéal*, conférence qui devait être faite le 6 mars 1896 dans la salle du Tivoli Vaux-Hall à Paris. Paris, P. V. Stock, 1896, in-18.

Paroles d'un Révolté une théorie économique de la nationalité. La cause de la guerre de 1870 fut la révolte de la Bourse de Berlin contre celle de Paris. Quand les nations capitalistes disparaîtront, les fédérations de communes seront d'essence économique. Mais dans la brochure *l'Anarchie* il entend l'association d'une manière beaucoup plus large. Elle peut être industrielle, sentimentale, intellectuelle : conception qui paraît impliquer la légitime persistance des affinités nationales dans les groupements futurs.

Dans *la Société mourante et l'Anarchie*, Jean Grave attaque l'idée de patrie avec violence. Mais dans la *Société future*[1], il s'exprime à son sujet d'une manière beaucoup moins intransigeante. Il y considère le sentiment patriotique comme naturel et respectable, s'il ne sert pas de masque à l'exploitation capitaliste. Le pays natal à qui nous sommes liés par des amis, des souvenirs, des émotions nous est plus cher que tout autre. Il faut même faire une part aux motifs inconscients d'amour.

L'analyse psychologique du patriotisme est poussée plus loin chez Élisée Reclus[2] que chez Grave. Il semble faire entrer les sentiments historiques dans le sentiment national. Le doux et naturel amour du sol natal s'enrichit de l'amour de la langue du pays, de ses traditions et des concitoyens. Mais il y a sans doute une réserve à ce patriotisme. Dans l'avenir ce sentiment national pourra se modifier, les nations actuelles se dissoudre. C'est au reste une conception qui n'est pas spéciale aux anarchistes, puisqu'elle se retrouve chez Treitschke. Elle n'a rien qui scandalise.

De tous ces développements, il n'y a qu'une conclusion à

1. *La Société mourante et l'anarchie*, préface par Octave Mirbeau, 1 vol. in-18 et la *Société future*, 1 vol. in-18, de Jean Grave ont paru chez P. V. Stock, Paris, dans la Bibliothèque sociologique.

2. Élisée Reclus, *L'évolution, la révolution et l'idéal anarchique* (15 nov. 1897). Bibliothèque sociologique, n° 19. Paris, P. V. Stock. 1898, in-18.

tirer. L'idée de patrie n'est pas liée de toute nécessité à une certaine forme de gouvernement. Elle s'est en France plutôt unie à la république, mais cette relation ne peut être comparée à une loi naturelle.

4. — THÉORIE GÉOGRAPHIQUE DE LA PATRIE

Nous passons maintenant aux théories qui rapportent la patrie à des conditions physiques : le sol, la race, la tradition perpétuée par l'hérédité. La dernière est proprement le nationalisme.

La conception géographique de la patrie se présente sous trois formes :

La première est sentimentale : c'est une doctrine d'artistes et de littérateurs. C'est encore celle des gens qui aiment leur sol natal sans y avoir réfléchi davantage. Elle est faite de formules trop vagues pour donner prise à la critique. Proudhon, né et resté paysan, exprime souvent son amour pour le sol.

Comme doctrine politique, c'est la théorie des frontières naturelles. En France, la Révolution l'a héritée de la monarchie. Elle s'exprime dans les discours de Danton. Elle a été formulée en Allemagne par les historiens qui ont voulu légitimer l'unification et l'agrandissement de leur pays[1]. Suivant Mommsen, les nations supérieures doivent s'étendre; suivant Treitschke, l'État doit se développer jusqu'à ce qu'il ait rempli son cadre géographique. Il a besoin de s'arrondir, il y tend. Le Congrès de Vienne s'est montré absurde en dispersant les territoires de la Prusse. Enfin le jurisconsulte Bluntschli reconnaît à un État qui a constitué sa nationalité le droit d'absorber les États qui sont incapables de se créer eux-mêmes[2].

1. Voy. Antoine Guilland, *L'Allemagne nouvelle et ses historiens : Niebuhr, Ranke, Mommsen, Sybel, Treitschke.* Paris, F. Alcan, 1899, in-4°.
2. Bluntschli, *Le droit international codifié.* Traduit de l'allemand par C. Lardy, 5ᵉ édit., Paris, Guillaumin, 1895.

C'est enfin une doctrine scientifique. Elle est, en France, très ancienne. Suivant La Mothe le Vayer, la concorde ou la discorde dépend des tempéraments et, par suite, des régions. L'Espagne, chaude et sèche, s'oppose à la France, bien arrosée et tempérée. Le tempérament de l'Espagnol se distingue de celui du Français par son ardeur et sa violence. On reconnaît là le principe de la théorie des climats de Montesquieu, chez qui on voit poindre aussi la distinction de la nation et de l'État. La conception géographique de la patrie se retrouve chez Comte. Michelet tient de Herder la conception du *Volksgeist*, esprit et volonté, mais il est soucieux de lui assigner un soutien [1]. La nation est une personne qui ne peut être conçue sans son corps géographique. Ce n'est d'ailleurs pas sortir des idées de Herder, qui conçoit l'homme comme une plante qui ne peut se détacher de la terre. Proudhon rattache aussi la race à son sol.

En Allemagne, cette conception qui remonte à Herder et Karl Ritter a été développée et défendue par Ratzel [2]. A sa suite, elle a été adoptée par M. Schrader et M. Vidal de la Blache. Si l'on considère un groupement d'individus, leur corps et leur esprit sont influencés par les conditions géographiques,

---

1. V., de Michelet, la préf. de 1869 à l'histoire de France. Cf. C. Jullian. *Extraits des historiens français du XIX° siècle*. Paris, Hachette, 1898, p. 316. Voy. aussi le tableau de la France placé par Michelet au début du tome II : Moyen âge et féodalité, et qui fut réimprimé avec des variantes dans le volume posthume de Michelet intitulé *Notre France*.

2. Fr. Ratzel. *Anthropogeographie oder Grundzüge der Anwendung der Erdkunde auf die Geschichte*. Stuttgart, Engelhorn, 1882. *Anthropogeographie, 2. Theil. Die geographische Verbreitung der Menschen*, ibid., 1891. *Politische Geographie*, 1 vol. 725 p., München und Leipzig, R. Oldenburg, 1897. Voy. le c.-r. de la *Politische Geographie* par M. Vidal de la Blache, *Ann. de Géographie*, t. VII, 1898, pp. 97-111. L'art. de L. Raveneau, *L'élément humain dans la géographie, L'anthropogéographie de M. Ratzel* dans les *Ann. de Géographie*, t. I, oct. 1891, juillet 1892, pp. 331-47. Un art. de M. Durkheim sur Fr. Ratzel., *Der Staat und sein Boden geographisch beobachtet* dans l'*Année sociolog.*, t. I, 1896-97, pp. 533-99. Un autre art. du même sur l'*Anthropogeographie* dans l'*Année sociolog.*, III, 1898-99, pp. 506-8. Voy. aussi Paul Barth, *Die Philosophie der Geschichte als Sociologie*. Leipzig, Reisland, 1897.

pourvu qu'on laisse à ces conditions le temps d'agir. Elles forment les races, dirigent leurs déplacements, règlent leur développement, modifient leur constitution interne. — M. Vidal de la Blache a appliqué ces théories à la France dans l'Introduction géographique de l'Histoire de France, publiée sous la direction de M. Lavisse. Voici un fragment de la terre. Comment est-il devenu une patrie? La France est située au rapprochement de deux mers : ce pays unira, on y circulera. Son sol n'a pas d'unité géologique. Le Massif Central, qui est de type archaïque, est entouré de formations beaucoup plus récentes. Mais ils composent une harmonie vivante où les masses minérales se coordonnent de telle sorte qu'on trouve toujours des intermédiaires entre les régions opposées. Jamais un pays déshérité n'y est éloigné d'un pays plus riche. Ailleurs, la nature est souvent une, en France elle est diverse. Les différents pays se complètent. De même, le climat du Nord s'oppose à celui du Midi; mais ni l'un ni l'autre n'est extrême et ils sont réunis par des intermédiaires nombreux. Le caractère des habitants reproduit le caractère du pays. Le Français est moyen, sédentaire, agricole. Notre patrie est une terre. Le sol est bon : nous y tenons. Notre histoire a vérifié le passage célèbre de Strabon. Le sol a créé l'État. Ailleurs, comme en Brandebourg, l'État s'est formé au point le plus exposé du pays. Au contraire, l'Ile-de-France est devenue le centre de notre nationalité parce que des rivières y convergent, parce que les seuils s'abaissent pour livrer passage aux populations qui s'y rejoignent. Ce fait géographique est un grand fait historique. Si l'on veut connaître la France d'aujourd'hui, sa nature et non certains événements secondaires de son existence, ce n'est pas l'histoire qu'il faut consulter, mais la géographie, qui atteint le permanent. — L'apologétique de M. Schrader[1] est encore plus

---

1. *Union pour l'action morale*, 1ᵉʳ juin 1899.

nettement dessinée. La France a une position exceptionnelle. Le pays s'appuie sur le Massif Central, entouré de plaines fertiles, qui s'ouvrent sur trois mers. La France est un véritable isthme social, où les races et les idées viennent se pénétrer et se comprendre. Le Rhin est sa frontière naturelle à l'Est.

Il est certain que le sol influe sur le tempérament d'un peuple. L'exemple de l'Angleterre est topique. Les Angles et les Saxons descendaient des Scandinaves qui vivaient sur mer. Installés dans une île fertile, ils oublient leurs origines au point de devenir un peuple complètement agricole. Au XVᵉ siècle, Henri V est obligé d'emprunter des vaisseaux aux Hollandais. Même après la découverte de l'Amérique, la mer est au pouvoir des Espagnols, des Portugais, des Hollandais. L'Angleterre ne devient un peuple de marins qu'après l'Acte de Navigation et la paix d'Utrecht. On pourra donc opposer l'idée de la détermination géographique à celle de la détermination par la race. Si l'homme subit l'influence du climat et du sol, il est donc plastique.

Il est vrai aussi, comme le montre Ratzel, que l'importance du territoire pour les peuples est devenue plus grande avec le développement de l'industrie. Le terrain est plus précieux pour les hommes que jamais. Jellinek [1] marque exactement ce qui distingue les États modernes des anciens. Les sociétés antiques appartenaient à des civilisations différentes. Les Grecs tenaient leurs voisins pour des barbares. Au contraire, comme les nations modernes sont en contact avec des nations qui leur ressemblent, le sentiment national se fait plus aigu. Il n'y a donc pas lieu de penser que les questions de frontières disparaîtront, mais il est possible et souhaitable qu'elles se règlent par l'arbitrage et les contrats, et non plus par la lutte.

---

1. G. Jellinek, *L'État moderne et son droit*. Trad. de l'allemand et annoté par Georges Fardis avec la collaboration d'un groupe d'avocats et de jurisconsultes. Paris, A. Fontemoing, 1904, in-8.

Que faut-il penser de cette théorie? Elle est trop exclusive. Tout ce qu'on allègue en sa faveur peut aisément se retourner. Tantôt les frontières naturelles sont importantes, tantôt elles sont insignifiantes. Les Alpes n'ont pas empêché la Suisse de former une nationalité. La Hollande ni la Belgique n'ont de frontières naturelles. La France n'a atteint les siennes que pendant de courtes périodes historiques, et elles n'ont guère servi à la couvrir. Les forteresses de Vauban dans le Nord valaient mieux qu'elles. Ratzel lui-même se corrige en montrant qu'une frontière naturelle doit se doubler d'une frontière artificielle. De fortes frontières ethnographiques peuvent tenir lieu de frontières naturelles.

De plus l'influence du sol sur l'homme peut servir à deux conceptions. L'homme est lié, dit Herder, à un sol déterminé : il est autochtone et sédentaire. En voilà une. Mais aussi, comme le montrent les géographes modernes, puisqu'il est plastique, il peut être déterminé par n'importe quel sol. Il peut émigrer, adapter le sol à lui-même. Cette seconde théorie aboutit donc à contredire la première.

Enfin il faut opposer à la théorie géographique des peuples la théorie biologique. Le peuple anglais a été déterminé par son sol, mais cette détermination a fini par s'imposer à son organisme et devenir héréditaire. L'Anglais, hors de son pays, reste un insulaire. Ratzel cite d'autres faits : les Japonais ont cessé, à partir de 1639, d'exploiter leur grand commerce maritime. Les Hollandais, venus par mer, ne sont pas des marins.

L'homme social et intelligent modifie le sol; le sol est, en un sens, un produit de l'homme. Les modifications qu'il lui impose dépendent donc de sa nature intellectuelle et sociale. L'influence du sol sur l'homme n'est pas une action mécanique, c'est une détermination à l'action. L'homme est excité à s'adapter au sol. L'intelligence de l'homme se surajoute aux conditions géographiques pour les utiliser. Les idées religieuses pourront modifier l'usage que l'homme fera de la terre et de ses produits. En Orient, le commerce du porc sera gêné par les croyances. On n'exploitera pas de mines en Chine parce qu'on troublerait les morts qui sont dans la terre. Certaines influences, qui paraissent géographiques, sont religieuses. Les peuples entourés de montagnes sont isolés : mais des dieux habitent les montagnes. Un peuple usera de la terre suivant ses connaissances techniques; mais celles-ci dépendent du développement de son intelligence[1]. Il faut donc tenir compte de l'histoire. Dans les Alpes françaises, il y a eu des communautés analogues aux cantons suisses. Pourquoi ne se sont-elles pas développées ? Raisons historiques. Michelet croyait que les conditions géographiques de l'Allemagne l'empêcheraient de s'unifier. Proudhon disait de l'Italie : son territoire est « fédéral... de toute éternité[2] ». Eternité vite révolue ! L'histoire nie la géographie. Ou plutôt la géographie propose à l'homme un certain déterminisme, certaines possibilités d'action. A lui d'en tirer parti.

Cette dialectique s'appliquerait aisément à la France. On montrerait, par des raisons géographiques, d'abord que son essence est d'être agricole, puis, inversement, qu'elle est faite pour coloniser, mais enfin qu'on ne résout pas ainsi les problèmes économiques, qui sont des problèmes spéciaux.

5. — Théorie ethnique de la patrie

On peut considérer les races du point de vue de la physiologie et de l'ethnographie ou du point de vue de l'histoire. Nous commencerons par les théories ethnographiques.

1. Vidal de la Blache, art. cit., *Annales de Géographie*, t. VII (1898), p. 100.
2. Proudhon, *Du principe fédératif et de la nécessité de reconstituer le parti de la Révolution*. Paris, Dentu, 1863, p. 116.

La théorie ethnique a été utilisée en particulier à deux reprises.

En 1870 et après 1870 par des Allemands. Bismarck conclut de la mâle énergie des Germains que les Celtes doivent leur être soumis. Tout ce qu'il y a de bon en France est Allemand[1].

D'autre part, les antisémites, le pasteur Stoecker en Allemagne, Drumont en France, ont professé l'irréductibilité absolue des Aryens et des Sémites. Ni la naturalisation, ni la conversion, ni le croisement ne peuvent l'effacer[2].

La justification scientifique de cette conception se trouve d'abord chez Gobineau[3]. Voici sa théorie. La race blanche aryenne est supérieure à toutes les autres, mais elle s'est laissé corrompre par des races impures, nègres, sémites, jaunes. Les Germains se sont laissé pénétrer par les Slaves et les Celtes qui sont des métis de la race jaune, les Latins sont infectés de sémitisme. Il n'y a que les Anglo-Saxons qui

1. Ch. Andler, *Le prince de Bismarck*. Paris. G. Bellais. 1899, pp. 115-147. Voy. aussi Ant. Guilland, *op. cit.*

2. Voy. aussi J. Soury. *Campagne nationaliste*, 1899-1901. Paris, 1902, p. 7, etc.

3. A. de Gobineau. *Essai sur l'inégalité des races humaines*. Paris, Firmin Didot, 1853-55. 4 vol. Voici quelques ouvrages où vous retrouverez ce mélange d'anthropologie et d'idées sociales : O. Ammon. *L'ordre social et ses bases naturelles : esquisse d'une anthroposociologie*, trad. par H. Muffang, 1900 ; — G. Vacher de Lapouge, *Les sélections sociales*, cours libre de science politique professé à l'Université de Montpellier, 1888-89. Paris, A. Fontemoing, 1896, in-8°. *L'Aryen, son rôle social*, cours libre de science politique professé à l'Université de Montpellier, 1889-90. Paris, A. Fontemoing, 1899, in-8°, xx-569 p. Voy. aussi : Ernest Seillière, *La philosophie de l'impérialisme*. I. *Le comte de Gobineau et l'aryanisme historique*. 1 vol. gr. in-8°, 447 p. Paris, Plon, Nourrit, 1903. (voy. le c.-r. critique de Gast. Richard dans la *Revue Philosophique*, 1903. t. II, pp. 433-436), et une série de c.-r. dans l'*Ann. sociologiq.*, t. I, 1896-7, pp. 519-533. Je signalerai enfin N. Colajanni. *Latins et Anglo-Saxons, races supérieures et races inférieures* [Traduct. d'après la 2ᵉ édit. italienne et préface par Julien Dubois. Paris, E. Alcan, 1905, in-8°, xx-432 p.]. Vous trouverez les renseignements scientifiques qui servent à ces théories et les informations bibliographiques qui s'y rapportent dans J. Deniker : *Les races et les peuples de la terre. Éléments d'anthropologie et d'ethnographie*. Paris, Schleicher, 1900.

aient échappé à la contagion. Le système politique de la race primitive, c'était la monarchie patriarcale tempérée par une aristocratie.

Quand on parle de races humaines, il faut d'abord se souvenir que les traits de race purement physiques n'indiquent pas nécessairement une filiation par le sang. Ils peuvent résulter des influences du milieu. La notion d'espèce n'est pas fixée pour les animaux et les plantes. Encore moins l'est-elle pour les hommes. La question des métis n'est pas résolue. Les seules observations qui soient relatives à l'homme se rapportent à la race blanche. Elles sont peu nombreuses et insuffisantes. L'étude des mariages consanguins pourrait nous renseigner; mais il est impossible aujourd'hui d'en indiquer exactement les inconvénients ou les avantages; la prohibition de l'inceste ne prouve rien à ce sujet. On peut assurer qu'il n'y a pas actuellement de peuples de race pure, sinon peut-être certains peuples inférieurs [1].

Voici donc comment la question se pose. Y a-t-il corrélation entre les caractères physiologiques et les caractères psychologiques? Oui, répond Vacher de Lapouge. La force d'un peuple dépend de la proportion d'éléments supérieurs qu'il contient. En se fondant sur l'indice céphalique, on peut distinguer en Europe trois races. Les dolichocéphales blonds ont une haute taille, le teint clair, les yeux bleus. Ce sont les Anglo-Saxons. La supériorité leur appartient. Les dolichocéphales du Sud sont bruns. Les brachycéphales bruns, qui sont nombreux dans le centre de la France, disparaissent devant eux.

Mais, tout d'abord, il semble qu'il n'y ait aucune relation entre les caractères psychologiques et la forme du crâne. Une observation paraît tendre à établir cette relation. M. Calori

---

1. Deniker, *op. cit.*, p. 540, note 1, cite les Boschimans comme une race à peu près pure.

a constaté, chez des hommes italiens, que les brachycéphales ont en moyenne 27 grammes de cerveau de plus que les dolichocéphales[1]. Mais peut-on conclure du poids du cerveau à l'intelligence? C'est une question extrêmement controversée[2]. M. Manouvrier a classé d'après leur poids les cerveaux de beaucoup d'hommes illustres et les résultats sont difficiles à interpréter[3]. Il n'y a guère à en tirer. Il est probable que certaines qualités mentales correspondent à certains traits physiques; mais, à supposer qu'on trouve jamais cette correspondance, cette loi sera toujours contrecarrée par d'autres. Des influences diverses peuvent agir à l'encontre de la race. D'abord les croisements. Les races se sont croisées de très bonne heure. Beaucoup de différences de races viennent en réalité de différences de classes. Tous les jours nous voyons se former des races : les petits paysans ont la marche lourde. Puis il faut tenir compte du milieu. Ratzel insiste sur l'importance des migrations. D'autre part, la plupart des peuples primitifs sont extrêmement suggestibles. Ils imitent. Par la migration les inventions ont dû se propager. Il peut y avoir eu imitation même où le climat semblerait obliger à une invention directe. Les peuples de l'Amérique du Sud n'ont fait qu'emprunter aux hyperboréens leurs moyens de défense contre le froid. D'ailleurs des peuples isolés sont incapables de rien faire. Des colons seuls, dans un séjour de dix ans, n'ont pas fait une découverte. Enfin cette théorie de la fixité des races semble en contradiction avec l'évolutionnisme, qui implique la variabilité de la vie.

6. — LA TRADITION ET LA PATRIE

Mais l'histoire n'a-t-elle pas formé des races dont la solidité

---

1. J. Deniker. *op. cit.*, pp. 90-91.
2. *Op. cit.*, p. 115 sqq.
3. *Op. cit.*, p. 119, note 2.

est plus grande que celle des races ethnographiques ? C'est la thèse proprement nationaliste. Chaque nation aurait un tempérament défini avec lequel chacun de ses membres devrait s'accorder. Un étranger n'y réussira jamais. Il y a, dit Brunetière, des génies nationaux. Certaines idées ne sont jamais trop étroites : car leur étroitesse fait leur prix. Tantôt ce nationalisme est expansif : la nation a le droit de s'étendre, un peuple a le droit de chercher ses congénères d'après le principe des nationalités. Tantôt il est inquiet : la nation doit se renfermer sur elle-même, s'attacher à ne perdre aucune force, empêcher tous les éléments étrangers de la pénétrer. « Surveillez, dit M. Barrès, tout ce qui est contraire à la plante française. »

Ce traditionalisme se fonde sur une théorie de l'hérédité. M. Maurras recherche ce qu'il y a de sang français dans les hommes de la troisième République. Gambetta est un métèque génois, Spüller un métèque allemand. M. Barrès expose sa pédagogie dans les *Amitiés françaises*. Son enfant est le résultat d'une longue hérédité. Il a des vérités dans le sang avant d'avoir des mots pour les exprimer. Il les sait depuis longtemps. Il conçoit l'univers à la lorraine.

Mais si les qualités acquises ne pouvaient être transmises, la thèse de l'hérédité serait fort ébranlée et il n'y aurait plus à parler de races historiques. Sans doute, rien n'est moins prouvé que cette négation. La position de Weismann est intenable. Il est vrai seulement que bien des qualités que nous nommons héréditaires ont été retrouvées par l'individu. Dans bien des cas de soi-disant atavisme, il n'y a que l'acquisition d'un caractère qui ressemble à quelque trait de la morphologie

1. Brunetière, *Histoire et Littérature*, III, Paris, Calmann-Lévy, 1836, p. 236. « Il y a des idées dont l'étroitesse fait seule tout le prix et, comme on ne prend jamais assez strictement les commandements de la morale et de l'honneur, de même on interprétera toujours trop largement le mot et l'idée de la patrie, — dès qu'on songera seulement à les interpréter. »

antérieure. Mais, en admettant l'hérédité, il n'en faut pas moins déterminer les cas où l'hérédité est inéluctable. C'est le plus difficile. Parmi les maladies dites héréditaires, il faut distinguer celles qui se transmettent directement et telles quelles, et celles où ne se transmet qu'une simple disposition. En général, des influences très nettes s'opposent à la transmission. L'hérédité est contrebalancée par le milieu. Elle n'est pas la force la plus grande et ne fait sentir ses effets que très lentement. De plus, avec l'homme apparait la tradition orale qui agit plus rapidement et qui est plus plastique que l'hérédité corporelle. M. Manouvrier a exprimé l'idée essentielle sur le rôle de l'hérédité : il n'y a d'héréditaire que des aptitudes physiologiques : par exemple la flexion des doigts; mais le milieu apprendra à s'en servir. Les nationalistes confondent les impressions d'enfance avec l'hérédité. Ces impressions sont très puissantes. Il y a des défauts moraux et des croyances dont nous ne pouvons nous défaire, parce qu'ils appartinrent à nos premières années. Les nationalistes s'imaginent aussi à tort qu'un caractère permanent est un caractère profond : l'hérédité ne consiste souvent qu'en des rappels très fugitifs de la race et du passé, et qui sont sans influence sur la conduite actuelle de l'individu. M. Soury insiste sur la différence de l'esprit aryen et de l'esprit sémite. Or on n'a, sur les Juifs, que des renseignements cliniques insuffisants et peu nombreux.

C'est donc sur de vagues et incertaines théories de physiologie que les nationalistes fondent une conception politique. A quels faits sociaux se rapporte-t-elle? Il est bien étonnant, d'abord, que les races se soient tellement figées, puisqu'elles se sont formées. Nous avons l'expérience directe de leur plasticité : il n'y a pas une race historique qui ne soit extrêmement mélangée. Des questions d'intérêt, des influences livresques peuvent êtres seules à déterminer le mélange des peuples, comme en Turquie. Les peuples occidentaux, aujourd'hui, sont formés aux trois quarts d'étrangers, anciens ou récents. Étudiez les origines des familles bourgeoises : de grands marchands de vins de Bordeaux ou de Reims descendent d'Anglais ou d'Allemands. L'exemple des États-Unis montre comment peut se constituer une nation. De 1881 à 1890 ils ont reçu de 5 à 6 millions d'immigrants[1]. D'après le recensement de 1890, sur 62.622.250 habitants, 9.249.547 étaient de naissance étrangère[2]. Ces étrangers deviennent des citoyens américains, qui ne sont pas suspects : l'immigration n'est pas généralement considérée par les Américains comme un danger. On s'efforce seulement d'assurer l'intégration des nouveaux venus par l'école.

Dans la formation des nationalités modernes, les influences étrangères ont été prépondérantes. En Angleterre, les radicaux ont été formés par les philosophes français du xviii° siècle, surtout Helvétius. La constitution française dérive de la constitution anglaise. Nos nationalistes eux-mêmes doivent leurs idées à l'Angleterre et à l'Allemagne. Taine et M. Bourget réagissent à l'anglaise contre l'idéologie révolutionnaire ; M. Drumont s'inspire de l'antisémitisme allemand, qui naquit du grand mouvement capitaliste d'après 1870. Les institutions juridiques de l'Europe dérivent du code français et, depuis 1870, du code allemand. L'école de Savigny qui voulait expliquer les institutions juridiques par les origines nationales, ne peut plus aujourd'hui se défendre : beaucoup de législations ont été importées. Nous devons donc nous opposer tant à l'idée d'un droit international abstrait qu'à celle d'un droit exclusivement national. Le droit est un devenir. Il n'y a pas

---

1. Caroll. D. Wright. *Outline of practical Sociology with special reference to American condition.* New-York, Longmans Green, 1899, in-16, p. 48 ; précisément 5.250.000.

2. *Op. cit.*, p. 52.

de nation qui ait été l'artisan unique de sa propre civilisation. Il n'y a pas d'esprit national qui soit autochtone.

Et même, les nations n'empruntent pas seulement à l'étranger des faits d'ordre général : elles en reçoivent aussi des hommes, et ces hommes développent en elles, dans bien des cas, ce qu'elles ont de plus étroitement national. Les grands émancipateurs des peuples modernes ont été souvent des étrangers. Kossuth n'était pas un magyar, mais un croate. Parnell était anglo-saxon, Disraeli d'origine juive. Stein était de Nassau, Scharnhorst Hanovrien, Niebuhr Danois, Arndt de Rügen. Et tandis que des étrangers faisaient la Prusse, les Vieux-Prussiens se défiaient du rôle qu'on voulait donner à leur pays. La Mothe le Vayer, dans son traité de la Patrie et des étrangers, montre que c'est à des étrangers que la France et différents pays doivent le plus. Et cela se comprend, car le sentiment national d'un étranger, n'étant pas instinctif, n'est pas aveugle.

Comment prétendre, au reste, que le tempérament national se dégage d'une manière absolue de l'histoire de la nation ? A prendre les choses en gros, le tempérament national existe. On dira que les Anglais ne sont pas sociables. Ils ne se mêlent pas aux races autochtones et ne produisent pas de métis comme font les Espagnols et les Français. Ils montrent de l'initiative. Ce sont, en Angleterre, les ouvriers eux-mêmes qui se sont affranchis. En France, les ouvriers ont reçu en 1848 l'affranchissement politique de l'État. L'Anglais est traditionnaliste.

Mais que de réserves à faire! D'abord, jusqu'où remonter pour saisir la tradition nationale? M. Brunetière, allant jusqu'à César, fait de nous des Latins. D'autres repoussent l'influence latine comme une intrusion. Courajod[1] a soutenu que le déve-

---

1. Louis Courajod. *Leçons professées à l'école du Louvre* (1887-96) publ.

loppement de notre art indigène, qui est septentrional, a été perverti par l'influence italienne. Il était libre dans l'expression de l'émotion ; l'académisme italien l'a affaibli. — De plus, il faut se méfier des traditions fausses. On a exalté le régime corporatif parce qu'il aurait maintenu la paix industrielle ; or il y eut de bonne heure des querelles entre patrons et ouvriers. En Russie, des conservateurs du temps d'Alexandre Ier et d'Alexandre II prétendaient revenir à la tradition nationale en rétablissant le despotisme. Or le despotisme est en Russie d'origine teutonne et suédoise. La tradition des Romanof est constitutionnelle. — Enfin, dans le tempérament national, il y a place pour des variations. L'Angleterre était considérée au xviie siècle comme une nation brouillonne, révolutionnaire, corrompue, la France comme le modèle du loyalisme. Après George II, la réaction wesleyenne est complète. Sous George III, l'Angleterre est devenue une nation de gens pieux et sages. Le tempérament et l'aspect même d'un peuple peuvent changer. Le John Bull classique est apoplectique : il est différent de l'Anglais d'aujourd'hui. Il n'y a que trente ans que l'Angleterre fait des sports. Le régime parlementaire y est récent. Il a fonctionné de 1715 à 1760 parce que les souverains ont bien voulu. Mais la doctrine officielle était le balancement constitutionnel des trois pouvoirs. L'Angleterre est industrielle : elle a été agricole. Il se peut qu'elle perde sa prépondérance industrielle. Ce n'est pas un peuple militaire, dit-on ; mais il y a une caste militaire aux Indes et en Égypte. Les Anglais ne se paient pas de mots ; mais la Déclaration des droits est d'origine anglo-saxonne et le droit naturel se trouve chez eux sous une forme religieuse. C'est un peuple positif, mais mystique, poétique, préraphaélite et esthète. Boutmy essaie bien de ramener tous ces caractères à l'instinct pratique ; mais ce

sous la direction de MM. Henry Lemonnier et André Michel. Paris, A. Picard et fils, 1892-1903, 3 vol. in-8°, fig.

quelque chose de commun est singulièrement indéterminé. — En Allemagne, au début du xix° siècle, les mœurs étaient extrêmement dévergondées. Mme de Staël signale l'absence de caractère. Le patriotisme était purement local et religieux : il consistait, comme dit Herder, à respecter l'ordre et son pasteur, à aimer Dieu et son clocher. L'égoïsme régnait en Prusse. Comparez ces traits avec ceux de l'Allemagne impérialiste d'aujourd'hui. — En France, certaines populations se sont transformées sous l'influence du gouvernement. Trente années changent les mœurs : au dévergondage de la Régence succède la vertu des Jacobins. A la fin du xviii° siècle, la France passait pour essentiellement pacifique. Les soldats étaient suisses ou allemands. La France est un pays modéré : les cahiers de 1789 surprennent par leur modération. Pourtant les historiens allemands comme Ranke la présentent comme un pays révolutionnaire et conquérant. On ne peut donc savoir ce qu'est un pays que dans des limites extrêmement restreintes. Notre prévision est à courte portée. On peut déterminer après coup une certaine courbe de l'évolution ; mais on ne peut la construire *a priori*.

On aboutit à la même indécision quand on prétend régler la conduite d'un peuple par l'étude de ses conditions d'existence. Il est impossible de dire d'avance : telles sont ses conditions de vie, il n'y en a pas d'autres. La plasticité des peuples leur permet de vivre dans des conditions extrêmement diverses. Montesquieu explique la décadence de Rome par la suppression de la république ; mais les vices impériaux lui ont permis de subsister encore quelques centaines d'années. Byzance a vécu sous un régime d'assassinats. La vie publique des États-Unis est depuis assez longtemps aux mains de flibustiers qui se sont emparés de l'administration des grandes villes. A certains moments, il est vrai, un peuple peut devenir si faible qu'il doit se replier sur lui-même.

Les aristocraties, quand elles n'ont plus de force, deviennent plus étroites. Mais c'est là une question d'espèces, qui ne se pose que pour les cas extrêmes. Peut-on affirmer que la France soit atteinte de cette anémie morale? La plasticité est au contraire une condition de la vie normale. Une nation forte accepte l'infusion du sang étranger.

Ainsi, cette tradition qu'on nous présente comme quelque chose de fixe et de déterminable est mobile. Elle se dissout et se reforme de façon continue. Les provinces rhénanes, dont les goûts et la volonté ont été français jusqu'au 18 Brumaire, sont devenues le centre du pangermanisme. Dans l'Afrique du Sud se forment des nationalités nouvelles où des Boers font cause commune avec des gens d'origine anglaise. Les Australiens qui restent des Anglais nous fournissent un exemple des combinaisons nouvelles de sentiments qu'il faut attendre de l'avenir sans qu'on puisse en prévoir la nature, puisqu'ils unissent le loyalisme de race à un nationalisme économique.

Considérons maintenant les individus dans les nations. On fait un patriote en faisant vivre un homme dans un milieu donné. L'esprit social est essentiellement un fait de psychologie collective. Or il peut se communiquer par suggestion d'un individu à l'autre. Il n'y aura donc que des cas d'espèces. Tel ou tel individu déterminé est-il capable de recevoir les sentiments nationaux? Cette suggestion s'opère inconsciemment, par les actes, non par les paroles. Ils se transmettent de la même manière que les sentiments familiaux. L'enfant imite les gestes, les gestes apprennent les sentiments.

Que devient l'histoire dans cette conception? L'individu qui adopte les sentiments d'une nation adopte aussi son histoire. Elle lui sert à fortifier ses propres sentiments. Un enfant, né protestant d'une lignée de catholiques, disait : « Mes ancêtres, persécutés par Louis XIV... » Les peuples grecs se croyaient autochtones. Parce que le sentiment choisit dans l'histoire ce qui lui convient et en écarte ce qu'il n'a pas choisi, il n'en est pas moins légitime. L'histoire est un moyen permis d'apologétique. C'est au reste ce qui explique que le sentiment national soit si vite adopté par un individu : il y a chez tout homme bien né un besoin d'idéal qui ne demande qu'à se spécifier. Pascal disait : une âme chrétienne adoptera la religion chrétienne dès quelle lui sera présentée. Il n'est pas étonnant que tant de patriotes aient été des étrangers. Les sentiments acquis ont plus de délicatesse que les sentiments instinctifs. Ils sont continuellement sentis.

Les théories des traditionalistes risquent de ruiner le patriotisme actuel en le réduisant au patriotisme local. La Lorraine tient trop de place dans le cœur de M. Barrès. Elle ne s'est rattachée à la France que par intérêt bien entendu. Ce n'est qu'une concession du sentiment provincial au sentiment national. Suivant M. Soury, la France est marquée pour le démembrement parce qu'elle n'est pas fondée sur l'unité de race. — En effet, les nationalistes, au lieu de considérer le sentiment national comme un sentiment complexe, — ainsi l'amour dans les âmes de civilisés, — le traitent comme un instinct. Que ne ramène-t-on l'amour aussi à ses origines anthropologiques ? Le patriotisme ne doit pas être étudié par une psychologie rudimentaire : car il plonge au plus profond du sentiment et de la croyance. « L'essence d'une nation est de nature dynamique. » C'est un substantialisme grossier qui ne tient pour respectables que les sentiments primitifs de l'homme : comme si les acquisitions de la civilisation n'étaient pas ce qu'il y a de meilleur dans la vie sociale.

D'une part, le nationalisme a été une réaction contre les abstractions des révolutionnaires. On a glorifié le sentiment comme tel. C'est, comme le mouvement symbolique, une œuvre de littérateurs qui ne se souciaient que d'opposer leur sentimentalité aux idées. D'autre part, le peuple émancipé est retombé sur ses instincts. Ainsi s'est faite l'union de ce qu'il y a de plus raffiné parmi les artistes et de plus brutal dans la masse. Ce qu'il faut substituer à l'idéologie et à l'opportunisme, ce n'est pas l'instinct comme tel, c'est l'idée expérimentale.

On n'unit pas les hommes sur une croyance indéterminée. Il faut définir. Ce n'est que par une réflexion méthodique sur l'ordre de nos sentiments que nous atteindrons une idée pratique qui soit l'équivalent de l'idée scientifique.

CHAPITRE III

LES DÉDUCTIONS INTERNATIONALISTES

Nous passerons plus rapidement sur les arguments des internationalistes[1] : ils méritent les mêmes critiques et ils

[1]. Les conceptions internationalistes se présentent, en France, dans la 1re moitié du xix° siècle sous deux formes :
1° La doctrine de la république universelle, parfois au sens d'une unité impériale, est soutenue par les socialistes proprement dits et les économistes libre-échangistes. Voy. Saint-Simon, *De la réorganisation de la société européenne*, fait en collaboration avec A. Thierry, son élève, 112 p. in-8°, 1814 ; *Œuvres de H. Saint-Simon et d'Enfantin* publiées par les membres du Conseil institué par Enfantin pour l'exécution de ses dernières volontés et précédées de deux notices historiques, 47 vol. gr. in-8°, Paris, Dentu, 1865-78 ; vol. XLI et XLII : *Exposition de la doctrine saint-simonienne* ; Victor Considérant, *La dernière guerre et la paix définitive de l'Europe*, in-8°, 1850, Bruxelles ; Pierre Leroux, *De l'humanité, de son principe et de son avenir, où se trouve exposée la vraie définition de la religion et où l'on explique le sens, la suite et l'enchaînement du mosaïsme et du christianisme*, 1re édit., 2 vol. in-8°, 1840, 2e édit. 2 vol. in-8°, Paris, Perrotin, 1845 ; C. Pecqueur, *De la république de Dieu. Union religieuse pour la pratique immédiate de l'égalité et fraternité universelle*, rédigé à la demande de ses frères, 1 vol. 18°, Paris, Charpentier, 1844, et surtout : *De la paix, de son principe et de sa réalisation*, Paris, Capelle, 1842. Ne négliger ni Fourier ni Aug. Comte. Parmi les économistes la même doctrine se retrouve chez Bastiat, de Molinari et Fr. Passy.
2° La doctrine fédéraliste est contenue dans Proudhon : *Du principe fédératif et de la nécessité de reconstituer le parti de la Révolution*, Paris, 1863 ; *La guerre et la paix : recherches sur le principe et la constitution du droit des gens*, 2 vol. in-12°, Paris, Hetzel, 1861. Aujourd'hui, les socialistes vont plutôt dans le sens proudhonien, tandis qu'on retrouverait les théories cosmopolites abstraites des premiers économistes chez les anarchistes. Il existe aussi un internationalisme universitaire d'inspiration kantienne, éliminant tout élément sentimental de la notion de patrie. Il s'exprime dans les œuvres pédagogiques de MM. Paul Janet et Marion. Voy. enfin l'enquête : *Le patriotisme devant les sentiments internationaux* publiée dans la *Revue* (ancienne *Revue des Revues*) en 1901, 1re partie, 15 janvier.

se laissent classer de la même manière que ceux des nationalistes.

Dans les arguments indéterminés que nous examinerons les premiers, on passe d'une proposition générale, si vague qu'on peut en tirer tout ce qu'on veut, à une proposition particulière.

Dans les arguments déterminés, au contraire, on transforme une proposition spéciale en une proposition générale.

I. — LES ARGUMENTS INDÉTERMINÉS

Nous les diviserons en deux groupes : les arguments statiques et les arguments historiques.

A. LES ARGUMENTS STATIQUES

a. Superstition de l'abstrait. — L'abstrait semble avoir plus de droit que le concret à s'imposer à la conscience et au monde [1].

Cette conception repose sur une psychologie fausse de la raison et de la certitude. La conscience morale ne se prononce pas toujours en faveur des devoirs abstraits : on sauvera son enfant plutôt que le premier venu. C'est une idée théologique de tenir la raison pour une faculté qui ait un contenu. La raison est bien un certain état de conscience impersonnel ; mais nous ne pouvons deviner où ni comment il se produira : c'est une forme vide. Souvent il se produit à l'occasion d'idées abstraites : il y a des vertus formelles, comme la justice, qui est une relation d'équivalence ; mais ces vertus même exigent toujours un certain contenu : il faut apprendre par l'expérience morale ce qui remplit cette forme indéterminée. De plus, la justice n'est qu'une espèce des vertus morales, entre

---

[1]. Voy. par ex. les écrits de Tolstoï: *L'esprit chrétien et le patriotisme*; *Le salut est en vous.*

bien d'autres : il y a des vertus concrètes. La raison, théorique ou pratique, est une faculté de situer les choses ; mais nous ne savons pas d'avance quelles seront les choses ni leur situation. La conception opposée vient d'une tradition métaphysique et même théologique : on imaginait la vérité comme globale, sorte de soleil éternel, transcendant objet de la raison. Il nous est apparu très clairement que la raison n'a pas d'objet spécial. C'est un résultat que nous devons aux critiques des empiristes, des sceptiques et de Kant. Il y a une raison mobile qui se fixe à des moments que nous ne pouvons prévoir.

Or tous les arguments *a priori* des internationalistes se fondent sur cette idée que les sentiments concrets sont misérables. Prétendre que les vérités abstraites ont une prééminence sur les vérités concrètes est une superstition théologique. La raison peut s'appliquer au sentiment. Un sentiment pensé rationnellement est une vérité comme l'est un fait. La science admet des certitudes spéciales, des compétences spéciales. L'évolution humaine va dans le sens de la spécialisation de la raison. On pourrait donc défendre le nationalisme en montrant qu'il s'accorde avec l'histoire de la raison, puisqu'il résulte de la spécialisation d'un sentiment global, l'amour de l'humanité.

Se fondant sur des raisons purement abstraites, les internationalistes sont conduits à justifier le patriotisme par des affirmations fausses et arbitraires. La patrie serait nécessaire au développement des vertus supérieures. Mais nous avons vu qu'on pourrait justifier de la sorte tout groupement. N'est-ce pas éliminer, en outre, du patriotisme ce qu'il contient de sentimental ? Pecqueur défend l'idée de patrie parce qu'elle est le seul moyen de développer les idées humanitaires. Je ne vois pas pourquoi on négligerait l'élément sentimental comme inférieur *a priori*. Même confusion dans *La Solidarité* de Léon Bourgeois : le sentiment patriotique reposerait sur un contrat bilatéral : l'individu et le pays font échange de services. Mais les intérêts d'affection sont quelque chose qu'on ne peut méconnaître. La jurisprudence même en tient compte. Quand un étranger qui n'a vécu qu'en France arrive à sa majorité, il peut rester Français. Le droit connaît des dommages-intérêts pour lésion d'affection. Peut-être ce sentiment national est-il mauvais, encore ne faut-il pas le supprimer *a priori*.

b. *Superstition du logique*. — Les internationalistes étendent à toutes les relations internationales un certain type qui a réussi à quelques-unes. On conclut de l'internationalisme de la science et de l'industrie à un internationalisme complet.

Il est logique de ne pas se contredire ; mais s'il y a une tendance naturelle de l'esprit à étendre ses idées à de nouveaux objets, cette extension même n'est pas affaire de logique. Elle ne s'impose pas par elle-même. Elle n'est valable que si elle est vérifiée, et vérifiée par rapport à son nouvel objet. Les socialistes de la génération religieuse de 1830 ont prétendu que tous les hommes devaient être traités de même puisqu'ils sont du même père. Qu'ils aient le droit d'être traités en hommes, soit, mais on ne peut en déduire aucun droit plus particulier. L'abbé Gayraud peut soutenir qu'il faut se comporter envers les Juifs comme envers des hommes, mais qu'il n'en suit pas qu'il faille leur accorder les droits électoraux [1].

B. Les arguments historiques

a. *L'idée de l'avenir*. — L'humanité tend vers l'internationalisme.

Cette philosophie de l'histoire peut se retourner. On peut

---

1. Abbé Gayraud, *L'Antisémitisme de saint Thomas d'Aquin* (29 janvier 1896). Paris, E. Dentu, 1896, in-18.

répondre que l'internationalisme était au moyen âge plus vivant qu'aujourd'hui. Tous les nobles, tous les prêtres se sentaient unis. La régression s'est précipitée depuis la Révolution. A mesure que se confirme leur personnalité, comme l'a bien vu Michelet, nations et individus sont de plus en plus séparés.

On donne à cet argument des formes plus précises :

1° Les monarchies se transforment en démocraties.

Mais les démocraties sont souvent impulsives et guerrières.

2° Le développement des moyens de communication affaiblit l'idée de patrie.

Non; seulement le sentiment national est devenu moins territorial. Il s'est transformé en sentiment de race. Il y a maintenant un panslavisme et un pangermanisme. L'exemple des Anglais prouve que ceux qui voyagent le plus sentent le mieux l'opposition des étrangers à eux-mêmes.

3° La fusion des peuples serait favorable aux intérêts de tous.

Au contraire, il n'y aurait rien de plus dangereux pour les nations faibles qu'une fédération européenne qui serait aux mains de trois ou quatre grands peuples. L'idée révolutionnaire s'est transformée en esprit de domination. De plus, dans les fédérations, la vie risque de s'atténuer. Elle est plus intense dans les nations centralisées. La Confédération germanique végétait; la Suisse ne subsiste qu'au détriment de certaines grandes idées. Le développement social du Danemark est peut-être plus hardi.

Il faut perdre la superstition de l'avenir. Tout le monde l'a pour soi : il suffit de plonger assez loin. La séance continue ; on peut toujours avoir sa revanche. D'ailleurs, pourquoi se soumettre à l'avenir ? Notre devoir pourrait être de le combattre : notre tâche n'est pas d'agir en vue d'un avenir très lointain.

Le passé a le droit de durer et le présent d'être. On s'imagine, enfin, que l'avenir est déterminé en dehors de nous. Or l'avenir que nous considérons est notre foi même, objectivement exprimée par des images.

b. *Superstition du primitif.* — Un sentiment n'a de valeur que s'il est primitif. Argument des anarchistes : les sentiments naturels sont bons, les sentiments acquis sont mauvais. Ainsi ils opposent l'amour de la terre, qui est naturel, au patriotisme qui est acquis [1].

C'est une conception trop peu complexe de la vie sentimentale. La civilisation produit des sentiments nouveaux. L'amour s'est affiné : c'est le plus pur des sentiments humains. Les anarchistes rejoignent les légitimistes comme de Bonald, pour qui c'est le vœu de la nature que l'homme reste sur son sol près de ses parents. Mais qu'est la terre natale? Sa grandeur dépend de la portée de l'imagination : celle de l'enfant ne s'étend pas plus loin que la jupe de sa mère.

II. — LES ARGUMENTS DÉTERMINÉS

a. La *conception économique de la patrie* est impliquée dans beaucoup d'arguments internationalistes. Ce qui fait l'unité des hommes, ce sont les relations économiques. Or voici qu'elles aboutissent à l'internationalisme des capitalistes et à celui des prolétaires : donc elles feront craquer les cadres sentimentaux de la patrie.

Est-ce une thèse historique ? En fait les oppositions sentimentales ont-elles disparu ? Ceux qui sont le plus intéressés à renoncer au sentiment patriotique pour des raisons économiques, les prolétaires, ne l'ont pas fait. Au début du siècle,

---

1. *Contre le patriotisme* : lettre de Tolstoï publiée dans la *Revue Blanche* du 15 avril 1896, pp. 337-40.

ils étaient militaristes. Proudhon remarque qu'en 1814 l'homme de la guerre, Napoléon, était préféré à celui de la paix, Louis XVIII. Les intérêts économiques sont très lents à se faire comprendre. Si le peuple devient antimilitariste, c'est par haine de la tyrannie policière et militaire Les meneurs du socialisme sont souvent très préoccupés de ménager le sentiment patriotique, par exemple en Autriche. Enfin, le sentiment patriotique ne disparaît pas à mesure que les prolétaires prennent conscience de leurs intérêts économiques. Faut-il leur faire un devoir de s'en détacher? La conception économique doit-elle tout dominer? On peut croire qu'il faut plutôt élever le peuple au sens des choses supérieures. N'en est-ce pas une que la part qu'une nation a prise à leur élaboration? On peut se demander encore s'il y a antinomie nécessaire entre le sentiment national et la conception économique du monde. Ne peut-on appartenir à un organisme économique ou à un groupement sentimental qui soient internationaux et à sa patrie, comme les Français catholiques? Donc, ni l'histoire ne permet ni la morale n'impose qu'on ne reconnaisse entre les hommes que des relations économiques.

b. *La guerre et la patrie.* — Les partisans de la paix commettent la même erreur quand ils réduisent la morale collective à la morale individuelle et concluent de l'une à l'autre. « Nous engraissons un individu et nous l'envoyons à l'abattoir. »

Il faut voir. L'identification ne peut être faite *a priori*. Cherchons des arguments dans l'expérience morale. On a soutenu que le prince était plus juste en violant sa promesse qu'en ruinant son peuple. Des faits simples montrent que nous n'appliquons pas la même règle à l'homme et à la nation : nous ne lançons pas un peuple dans les aventures militaires aussi facilement qu'un individu.

Les arguments utilitaires ne valent pas mieux que les arguments éthiques. Voyez ce qu'on perd par la guerre. — Cette raison se retourne. L'Angleterre, stimulée en 1806 par la guerre, produisait deux fois plus qu'en 1801. La production française a triplé de 1788 à 1812. Si la guerre supprime des bras, une poussée de repopulation la suit. Une partie des fortunes bourgeoises de 1870 est née de la guerre. Voici un cas où la guerre offensive a pu s'imposer : après 1815, la Prusse étouffait entre les États qui l'enclavaient.

Ferrero soutient que la guerre développe les pires des vices individuels. — Spencer répond que seule elle a permis la civilisation. Pecqueur cite le texte d'un ministre prussien : « La guerre et les malheurs qu'elle traîne à sa suite développent les vertus mâles et fortes [1]. » On peut se demander si vraiment le courage devant la mort ne s'affaiblira pas à mesure que la paix se prolongera. L'habitude du sacrifice instantané se conservera-t-elle dans les sociétés pacifiques ? Il faudra trouver d'autres moyens d'encourager le courage.

Enfin, que de cas où l'on ne peut assurer le triomphe de certaines idées qu'en recourant à la guerre. La guerre peut servir le libéralisme. Peut-être faudra-t-il recourir à elle pour défendre la paix. Une république sociale aurait contre elle une coalition de capitalistes.

L'idée de la mort trouble les pacifistes : il est monstrueux de tuer ses semblables. — M. Passy ne se scandalise pourtant pas des meurtres commis tous les jours par notre régime économique. Auguste Comte constate qu'au lieu de tuer, on laisse mourir. Donc, d'une façon générale, il ne faut pas regarder *a priori* la défense de tuer son semblable comme supérieure à toute autre : le respect de la vie n'est pas incommensurable à tout

---

[1]. Pecqueur, *De la paix*, op. cit., p. 61.

autre devoir. A des cas de conscience, il ne faut pas opposer la question préalable.

Les pacifistes sont hantés par l'idée de la non-contradiction. On ne peut défendre la justice par la violence, la paix par la guerre. C'est une idée présocratique : le semblable ne peut être produit que par le semblable. Un peuple, libéral de nature et d'habitudes, peut s'accorder le luxe d'un abus momentané de l'autorité.

CHAPITRE IV
LA MÉTHODE

Parmi les arguments que nous avons examinés, ceux qui procèdent de propositions indéterminées ne sont que faux. Ceux des autres qui sont vrais ne le sont que d'une vérité partielle; car ils résultent d'une conception très fausse du déterminisme, qui consiste à tout ramener à une seule espèce de lois. Mais, seraient-ils vrais absolument, ils seraient d'une vérité beaucoup trop générale. On trouve, en effet, deux types de théories dans la science. Les unes sont des explications qui s'étendent à toute une catégorie de phénomènes sans qu'on ait besoin de recourir en toute circonstance à une vérification directe : la loi de Newton, par exemple. Mais il en est autrement dans la plupart des lois. Les formules mathématiques très générales ne peuvent s'appliquer d'emblée à des phénomènes divers. Nous ne pouvons connaitre cette application qu'après coup. Les phénomènes sont trop compliqués pour être déduits de l'équation. La nature n'est pas constituée d'éléments simples. La variété des choses s'exprime par une courbe commune qu'on ne trouve qu'après les avoir examinées directement. Il y a très peu de phénomènes physiques qu'on ait pu déterminer *a priori* : on n'a découvert qu'après coup des constantes semblables.

De même dans l'ordre social. Les premiers utilitaires s'imaginaient qu'en combinant les plaisirs ou les intérêts on arriverait à expliquer les croyances sociales. Non, on n'aboutit pas à ces croyances en partant de lois psychologiques, mais c'est seulement quand on connaît des croyances spécifiquement données qu'on peut constater qu'elles répondent en partie à ces lois. Par exemple les lois du plaisir n'expliqueront pas l'apparition du patriotisme, mais son évolution, une fois qu'il aura été posé. Et encore est-ce vrai des individus, non des sociétés qui sont traversées par des forces inconscientes.

De même, les théories de la race, à les supposer vraies, sont trop générales pour qu'on puisse en déduire une croyance déterminée. M. Boutmy veut montrer partout entre Anglais et Français une différence de tempérament. M. Soury explique sa personnalité par ce fait qu'il descend d'un chirurgien de 1807. Voilà des formules du passé qui sont trop vagues pour que nous puissions en tirer la prévision de l'avenir. Un homme doit agir suivant les circonstances actuelles, non d'après sa race. Quand il aura agi, il en retrouvera dans ses actes la formule.

Toute conduite contraire confondrait les procédés de liaison de l'esprit et ses procédés d'invention : on découvre une loi spéciale par une intuition spéciale qui suit une recherche directe. Pour des phénomènes un peu complexes, il faut une vérification perpétuelle.

Ainsi les théories de la race sont des thèses *a priori* que l'on veut imposer aux faits pour des raisons morales. Elles sont entrées dans l'histoire sociale au moment où les peuples se sont débarrassés des conceptions dynastiques et théologiques. Ils gardèrent leur besoin d'absolu : ils n'ont pu rester en face de leur propre conscience. En voulant lui donner des origines transcendantes, ils se sont fait de nouvelles idoles. Sous la Révolution française, la conception de la raison est mystique : on veut transporter le paradis sur terre.

Ces théories commettent une erreur plus grave : elles supposent que les croyanes sont liées à autre chose qu'elles-mêmes. Elles sont objectivistes. Elles considèrent le sentiment patriotique comme fonction d'une autre réalité. C'est une faute. Le moral et le social ne peuvent pas être réduits à des relations entre objets ni à des considérations extrinsèques. Ils ont un aspect psychologique. La conscience s'adapte aux choses, mais ne dépend pas des choses. Le patriotisme est un sentiment collectif spécial. Il doit être étudié en lui-même. S'il utilise tous les sentiments collectifs, les faits donnés, race ou autre, il n'en dérive pas.

Quelle valeur faut-il donc attribuer aux arguments que nous venons d'examiner ? Sans doute il est exact que le patriotisme se soumet aux vérités très générales qui ont été tirées de la nature humaine. Ce sont des limites entre lesquelles il se développe. Ce ne sont pas des principes d'où il puisse se déduire. C'est avec raison que Menger critique le socialisme utopique parce qu'il se déduisait de l'indéfinie perfectibilité de l'homme. L'erreur de Stirner serait simplement la même si le principe d'où il part : l'homme est un pur individu, n'était déjà une contre-vérité psychologique. A l'inverse des premiers sociologues qui considéraient de tels principes comme des conditions suffisantes du sentiment patriotique, nous les considérerons seulement comme des conditions nécessaires qui s'imposent à un sentiment social donné.

Ainsi les influences de race existent : tout patriotisme devra se confronter avec elles, s'adapter à elles ou constater son incapacité à s'y adapter. Si les théories géographiques veulent être absolues, elles sont fausses. Mais dès que le sentiment patriotique a été posé, il faut considérer la France de ce biais : le patriotisme a besoin d'une certaine figure géographique de la patrie. De même il devient un point de vue sur son histoire. Ne prenez pas comme absolue l'idée que la France doit tendre à telles ou telles destinées; mais faites place à cette idée. Il est légitime de choisir dans les faits ce qui s'adapte à la croyance du moment, d'interpréter les choses avec nos sentiments. — Les sentiments sociaux se comportent en cela comme les sentiments individuels. Stendhal montre que c'est l'amour lui-même qui donne sa valeur aux sentiments qui cristallisent autour de lui. L'amour qui est né s'aide de toutes les petites circonstances. C'est la forme positive de la conception kantienne de la croyance, poussée à l'extrême par William James: nous avons le droit d'adapter les unes aux autres nos croyances et nos idées théoriques, sous cette réserve pourtant que ces idées soient objectivement défendables. Il ne faut pas se mentir à soi-même. La croyance en Dieu et en l'immortalité, telles qu'elles se trouvent chez Kant, sont si éloignées de la science moderne, si contradictoires au sens de l'évolution présente, si puériles et si élémentaires qu'elles ne peuvent être utilisées par la croyance actuelle. Mais on a le droit de tourner les probabilités « du côté de l'espérance ».

Donc le social ne doit pas être suspendu à des vérités objectives; il faut partir de la foi collective même et voir dans quelle mesure elle est aidée ou contrariée par l'hérédité, la race et toutes les circonstances.

Mais notre conclusion peut se préciser encore. On ne peut parler de foi collective en général. Le sentiment collectif dont nous devons tenir compte est actuel, présent. Ne remontons pas au passé mort. Le passé ne vaut qu'autant qu'il se rattache au présent. Nous ne devons pas en rechercher trop loin l'origine. Prendre la file immédiate, étudier le passé qui agit d'une façon distincte et continue sur nous, se placer au point de vue du présent, c'est l'actualisme ou, si l'on veut, l'activisme que nous croyons justifié dans les recherches morales. Quand M. Durkheim étudie la division du travail pour savoir ce qui vaut le mieux de la forme monarchique ou de la forme mutualiste de la vie sociale, il remonte à la horde et au clan. Je retournerai le problème : quels sont les courants actuels, comment conçoit-on la division du travail économique, quelles sont les oppositions qui se manifestent par les conflits les plus aigus? On verrait la réalité du capital et du travail, l'esclavage masqué par la monnaie, les transformations présentes. Au lieu de cela on nous offre une sociologie préhistorique.

Il faut aussi se limiter dans l'espace, rester en France. Provisoirement du moins. Si nos conclusions ont besoin d'être étendues, nous les étendrons. Je ne préjuge pas de la solution qui peut convenir à d'autres. Si la question se pose dans mes rapports avec eux, j'élargirai mon sentiment, en restant au point de vue français.

Il y a plus : continuellement, nous l'avons vu, la foi collective se transforme sous l'influence d'un individu ou d'un groupe. Le collectif est sans cesse modifié par une idée sociale : cette idée sociale n'est pas transcendante, elle se forme au contact du milieu auquel elle s'applique ; mais il ne nous suffit pas de la constater. Ce que je cherche à savoir, ce n'est pas ce qui est généralement cru, mais ce qu'à l'occasion de la croyance générale, je pense et crois. Nous voulons une idée qui organise des préférences idéales, comme l'hypothèse scientifique organise des réalités extérieures. Quelle est l'idée que je dois accepter au contact de l'expérience sociale, l'idée que je dois déclarer légitime, quelle est la foi qui naît en ce moment dans ma conscience au contact immédiat de la France? C'est une erreur de supposer qu'il y ait *une* évolution de la France : il y a des croyances actuelles qui utilisent suivant leur nature les lignes de l'évolution qui leur sont favorables. Le courant collectif, considéré comme un objet, n'est pas autre chose qu'une croyance collective, continuée, indéfiniment confirmée par l'acceptation de la masse.

Nous devons donc considérer la nature sociale comme quelque chose de plastique d'où naît l'idée sociale. L'évolution de la société est nécessaire ou contingente selon que nous avons ou non la foi, car c'est notre foi sociale qui rend la nature sociale plastique : l'absence de foi laisse les choses à la nécessité. Or l'action nous contraint de croire à leur plasticité. L'expérience de la vie sociale donne raison à Kant et à Comte. L'homme est obligé de considérer les choses du point de vue de l'homme. Pour Comte, l'évolution de la science ne se peut interpréter que sociologiquement. La nature, du point de vue de l'histoire de la science, est quelque chose d'historique et d'humain. L'homme, débarrassé des idées théologiques, prend conscience de son rôle d'agent.

Le problème est maintenant posé : quelle est l'idée légitime qu'au contact des idées collectives actuelles nous pouvons nous faire de la patrie? Le patriotisme est-il un sentiment raisonnable? Qu'est-ce donc qu'un sentiment raisonnable? Un sentiment idéalement préféré. La raison est une faculté de situer les choses, de préférer les unes aux autres. Ai-je lieu de préférer impartialement le sentiment patriotique à tout autre? Comment puis-je savoir s'il est préférable? Le moyen est simple : l'éprouver. Au contact des faits, je verrai s'il résiste. Non s'il est naturel, mais si ma conscience le maintient, c'est-à-dire s'il l'est devenu. Les romanciers et les sermonnaires qui croient un sentiment ignoble, parce qu'il a des racines ignobles, raisonnent à la manière des présocratiques. Les sentiments modernes et civilisés sont transfigurés par l'imagination. Parce qu'il entre de l'illusion dans l'amour, ce n'est pas une raison pour qu'on s'en débarrasse. Un sentiment qui résiste est légitime : on veut risquer quelque chose pour ce sentiment-là.

Autre question : ce sentiment est-il absolu ou relatif? Faut-il lui obéir par-dessus tout ou l'adapter à d'autres croyances morales? Doit-il se subordonner tous les autres sentiments ou se subordonner à eux? Mentira-t-on par patriotisme? Il est bien entendu que nous entendons, par sentiment, un sentiment actif, indépendant de la joie et de la tristesse. C'est une tendance, non une émotion. L'honnête homme est un homme d'action. Mais encore quelle méthode appliquerons-nous pour savoir si le sentiment patriotique résiste à l'épreuve? La solution même de la question nous apprendra la méthode. Se laisser aller candidement à sa raison et voir comment, une fois libérée de tout préjugé, la raison aboutira à une préférence idéale. C'est la physique qui a révélé la méthodologie physique.

Au reste, nous pouvons indiquer ici les règles que l'étude du sentiment patriotique révèle.

Nous étudierons d'abord la croyance collective sous deux formes:

1° Dans les gestes inconscients de la société, les institutions par lesquelles une société se révèle à elle-même. Quelle est la force de l'idée nationale dans les institutions?

2° Dans les manifestations conscientes de la croyance collective, dans les paroles des foules, aux moments où le sentiment patriotique est menacé.

Mais ce n'est pas assez d'étudier la croyance collective: il faut s'élever jusqu'à l'idée collective. Rien ne me donne le droit de supposer que je sois seul le lieu de cette idée. La littérature est l'expression d'un régime où l'on croit aux prophètes. Une conscience doit se contrôler par les autres. Mais toutes les consciences ne se valent pas. Quelles consciences sont compétentes? Je dois tenir compte seulement des consciences informées et désintéressées. Informées, c'est-à-dire agissantes ou voisines des agents. Désintéressées, c'est-à-dire qui soient détachées tant de leur intérêt personnel que de toutes convictions théologiques ou métaphysiques, à moins que ces convictions ne soient plus qu'une superstructure.

Il ne restera plus qu'à mesurer les conséquences de ma croyance pour les confronter avec elle, car il ne faut pas méconnaître les conditions de la vie.

Cela fait je dirai : voilà ma croyance. Vous qui m'avez suivi dans mes expériences, éprouvez-vous la même que moi? Si nous ne sommes pas d'accord, nous pourrons voir si certaines conditions d'une bonne expérience n'ont pas été omises. Si les résultats diffèrent encore, ma conscience prononcera pour elle-même sans vouloir imposer son jugement. Il peut y avoir des types moraux irréductibles. Certaines personnes peuvent ignorer complètement le sentiment patriotique. Or l'esprit moderne se laisse aller aux impressions spéciales des diverses vérités. Poser le problème comme Kant : je veux une certitude universelle, c'est faire de la métaphysique; et M. Lévy-Bruhl reste un métaphysicien quand il veut, sur les choses morales, une certitude du même genre que celle des sciences physico-chimiques.

CHAPITRE V

L'ENQUÊTE

Nous allons déterminer les directions générales des sentiments collectifs avant de passer à l'étude des crises qui aident à préciser ces sentiments.

I. — LE SENTIMENT NATIONAL [1]

Les hommes aiment leur nation indépendamment de son gouvernement et de leurs croyances religieuses. Pour connaître ce sentiment fondamental, il faut en rechercher d'abord la source inconsciente. Pour juger un caractère, il faut en connaître d'abord les gestes qui étonnent.

a. *Le sentiment national est reconnu dans ses produits.* — Le sentiment national existe indépendamment de tout principe de légitimité. Par les institutions internationales, les différentes nations se traitent entre elles comme des individus distincts, sans tenir compte de la nature de leurs gouverne-

---

[1]. Les renseignements qui suivent ont été empruntés à : Bonfils-Fauchille, *Manuel de droit international public;* G. Jellinek, *System der subjectiven offentlichen Rechte*, Fribourg en Br., Mohr. 1892; A. Weiss, *Traité théorique et pratique de droit international privé*, Paris, Larose; Carl. Calvo, *Le droit international théorique et pratique, précédé d'un exposé historique des progrès de la science du droit des gens.* 5ᵉ éd. Paris, A. Rousseau, 1896; J. Westlake, *International Law*, Cambridge University Press.

ments. Il y a bien des cas où le principe de légitimité se trouve en conflit avec le principe de la souveraineté nationale. Les tribunaux se déclarent presque toujours incompétents quand un souverain est traduit devant eux pour des actes personnels ; mais les juristes considèrent cette habitude comme un reste de l'ancien droit. Ces difficultés montrent avec quelle peine s'est faite la distinction du gouvernement et du pays. Elle n'est pas encore très nette dans la pratique juridique, mais elle s'établit dans la conscience des juristes. — De même le principe de la non-intervention dans les affaires intérieures d'une nation est moins une suggestion de la prudence que la reconnaissance de la souveraineté nationale. — Celle-ci témoigne encore de sa force juridique en exigeant que tout individu ait une nationalité. Le droit public international n'admet pas les sans-patrie. La Suisse a été obligée d'incorporer d'office les « Heimatlosen » à un canton [1]. En Allemagne, l'indigénat est conféré à toute personne dont la nationalité ne peut être démontrée et qui a séjourné pendant cinq ans, depuis sa majorité, sur le territoire d'un État ou qui y a célébré son mariage. Ainsi les actes inconscients des sociétés nous révèlent leur respect de la nationalité comme telle.

Nous le retrouverons dans le respect de la légalité, auquel les partis révolutionnaires eux-mêmes commencent à ne plus se refuser. La loi révèle la continuité fondamentale de la nation. Nous avons tendance à distinguer deux sortes de fonctionnaires : les agents du gouvernement et ceux qui perpétuent la vie de la nation. Nous voudrions ceux-ci inamovibles, indépendants des changements politiques. Des fonctionnaires ont servi des régimes différents parce qu'ils avaient conscience de servir, non l'État, mais le pays. Il y a une vie de la nation plus profonde que la vie du gouvernement.

---

1. Loi fédérale du 3 déc. 1850. Cf. Bonfils, op. cit., p. 236.

En voici une autre preuve : les dettes publiques que la nation se reconnait à elle-même persistent quels que soient les changements de gouvernement. Dans le budget de 1903 se trouvent des dettes de Napoléon I", roi d'Italie, de la Restauration et de Louis-Philippe ; nous payons pour les blessés de 1848, pour les défenseurs de l'ordre en juin, pour les révoltés du 2 décembre, pour les ministres de Napoléon III. Paris paie encore des rentes données sous Louis XIV à des propriétaires et à des églises.

Quand le gouvernement change, les traités conclus avec les puissances étrangères persistent. La Restauration observe les traités de la Révolution et de l'Empire. Déjà en 1790, l'Assemblée distinguait dans le Pacte de famille les engagements dynastiques et les engagements nationaux. Et même sous l'ancien Régime le respect des traités de famille était tempéré par la considération de l'équilibre européen. Louis XIV dut renoncer à unir l'Espagne à la France, parce que les nationalités étaient déjà considérées comme des individus. Leurs intérêts devenaient supérieurs aux intérêts des dynasties et des religions. Louis XIV s'allia à Cromwell, François I" aux Turcs.

Cette perpétuité de la nation est respectée même en cas de guerre. Au xviii° siècle, un État se considère encore comme propriétaire du fait seul qu'il est conquérant. On admet aujourd'hui que la nation conquérante ne fait que représenter la nation titulaire. Les fonctionnaires de la nation vaincue dont les fonctions ne sont pas politiques continuent à gérer les intérêts de la nation. En 1870, les juges ne cessèrent pas de représenter la France. Des conflits ont surgi quand il s'est agi d'appliquer ce principe. Dans l'Est, les Allemands voulaient que les magistrats rendissent la justice au nom du peuple allemand. Les magistrats de Nancy et Laon ont refusé. Les Allemands leur ont alors demandé de la rendre au nom de la loi. Ils ont encore refusé et ils se sont démis de leurs charges[1]. Le gouvernement étranger n'a le droit de se saisir que de ce qui est absolument nécessaire au maintien de sa conquête provisoire.

Il y a des gloires nationales. Du fait que nous les reconnaissons, nous admettons une vie de la nation. Tous ceux qui l'ont illustrée font partie de son patrimoine quelle qu'ait été leur opinion. Lamartine, dans son discours sur le retour des cendres de Napoléon exprime cette conviction ; il est partagé entre deux sentiments : il craint la résurrection des idées napoléoniennes, mais il sent que Napoléon est devenu une gloire française.

Il est ainsi certain que la vie collective inconsciente manifeste l'existence d'un sentiment qui s'attache à la vie nationale comme telle. Il n'y a donc pas lieu d'en nier la légitimité. Au congrès de Vienne, en étouffant la Prusse, on a méconnu le droit naturel de ce sentiment à s'étendre. Nous aurons seulement à voir si d'autres ne s'opposent point à lui.

b. *Il est saisi dans la conscience.* — Ce sentiment qui existe comme force, existe aussi comme conscience. Le patriotisme est très vif en France depuis la Révolution. Il est devenu une sorte de perception morale commune, avec laquelle il ne faudrait rompre que pour des raisons bien graves. Depuis la Révolution, il n'y a eu aucune crise où la foule ou l'élite aient renoncé à leur patrie, par le refus du service militaire par exemple. En Allemagne, au début du xix° siècle, le cosmopolitisme était très répandu. On pensait comme Gœthe : à quoi bon ressusciter un sentiment que nous ne pouvons plus éprouver[2] ? Rien de pareil en France. Il y eut bien des désertions après la Convention, leur nombre crut sous l'Empire ; mais beaucoup, qui refusèrent de mar-

---

1. Bonfils, *op. cit.*, p. 656.
2. Lévy-Bruhl, *op. cit.*, p. 245.

cher pour la conquête, se firent tuer le jour de l'invasion. M. Houssaye montre que le soulagement produit par la chute de Napoléon fit bientôt place, surtout parmi les ouvriers et les paysans, à l'horreur de l'étranger [1]. De même, la Commune fut un mouvement convulsif du patriotisme blessé. — Parmi les bourgeois, Carnot, en 1814, offre ses services à Napoléon. Napoléon est le libérateur [2]. Ce sentiment n'est pas aveugle, puisque ces mêmes hommes refusaient de marcher avec Napoléon conquérant.

Y a-t-il lieu de croire que ce sentiment se soit affaibli ? Quelle explosion de fureur provoque le seul nom de traître ! Même les préoccupations économiques ne l'ont pas changé. La guerre de conquête répugne de plus en plus aux plus intelligents du peuple, mais le sentiment national persiste. Même chez les anarchistes, la négation du sentiment national souffre bien des réserves, et ils ne sont pas une autorité suffisante. Le patriotisme existe donc dans la foule. D'autres sentiments le limitent, mais il persiste profondément.

Si l'on considère la conscience de ceux qui pensent, il n'y a pas non plus lieu de douter. Les publicistes français du XIXe siècle, de Quinet à Pecqueur et de Michelet à Proudhon, ont parlé de la croissance du mouvement international ; mais ils ont toujours affirmé que la France y jouerait le premier rôle, comme champion des idées révolutionnaires. Pour Pecqueur, l'internationalisme n'implique nullement le libre-échange économique. Saint-Simon place la France et l'Angleterre à la tête de la Fédération européenne [3].

---

1. H. Houssaye : *1814. Histoire de la campagne de France et de la chute de l'Empire*, d'après les documents originaux ; *1815. Les Cent jours et Waterloo*. Paris, Perrin.

2. Voy. les *Lettres d'Aug. Comte à Valat*, 1815-44. Publiées par P. Valat, Paris, Dunod, 1870, in-8°, VII-350 p.

3. Opuscule de 1814 déjà cité. Sur Michelet, voy. G. Monod : *Michelet et l'Italie. Rivista d'Italia*. 1902 mars-avril, p. 357 ; mai, p. 705.

c. *Ce sentiment est favorisé par d'autres qui sont très forts à l'heure actuelle.* — Le patriotisme est lié au sentiment révolutionnaire parce que la Révolution a émancipé les patries. Il est lié au sentiment laïque parce que l'affaiblissement religieux a fait retomber les consciences sur elles-mêmes. Enfin il se présente sous la forme même que nous attribuons à la raison. Nous ne croyons plus qu'aux certitudes spéciales : il est naturel que les sentiments instinctifs aient repris leur valeur. Le patriotisme s'accorde avec les directions générales de la pensée. Il s'accorde aussi avec les conditions matérielles de la vie moderne. La facilité des communications entre les nations ne favorise pas seulement l'internationalisme. On ne se rend compte de ce qui vous distingue des autres qu'en ayant rapport avec eux. Le sentiment des différences renaît.

L'existence du patriotisme est encore confirmée par la pauvreté des arguments qui lui sont opposés. On jugera de leur valeur en étudiant l'esprit des internationalistes purs, comme Reclus ou Jean Grave. Ils attachent aux raisons philosophiques de leur internationalisme une importance qui m'inquiète. Leur foi repose sur des sophismes. Il y a lieu de croire qu'ils ne se sont pas mis directement en présence de leur sentiment. Or si leur croyance est déduite, elle ne compte pas. Lisez leurs œuvres : ils ne se sont pas mis dans les conditions qui conviennent à l'épreuve des sentiments. Avec Reclus on pourrait s'entendre. Son évolutionnisme est plus large. Mais Grave, quelle impression donne-t-il? D'après ses amis, il semble un homme très désintéressé, mais d'une information si pauvre. Au fond, un sentimental pur. Voyez *Malfaiteurs*[1]! Les questions y sont posées avec une candeur extraordinaire. Il présente un jeune ouvrier sans culture

---

1. Jean Grave, *Malfaiteurs!* roman. Paris, P.-V. Stock, 1903, in-16, 311 p.

étendue qui, sous la seule pression de ses aspirations, écrit un livre où il édifie un système anarchiste. Le sentiment était en effet considéré comme une inspiration quand nous n'étions pas pleinement laïcisés. Il était justifié par lui-même. Voilà qui n'est plus possible du jour où l'idée est positive : un saint n'a plus le droit d'être un ignorant. Les anarchistes sont des descendants de Jésus attardés; ils n'ont pas éprouvé leurs idées au contact de tout le réel.

Ainsi le sentiment national est justifié par son existence, mais sous une forme très indéterminée.

d. Par la même méthode on peut prouver l'existence d'autres sentiments et du sentiment international. — La position du nationalisme aigu est intenable. Quand nous aurons éliminé les raisons philosophiques, théorie des races, de la tradition, toute une métaphysique à laquelle les nationalistes attachent une grande importance, il aura perdu beaucoup de sa force. Certaines de ces théories sont d'ailleurs en contradiction absolue avec les résultats généraux de la science moderne. Il y en a de religieuses, comme celle d'un Lamennais et celle d'un de Bonald ; d'autres, qui se croient purement rationnelles, sont nettement anti-scientifiques. C'est qu'on passe difficilement de l'émancipation religieuse au positivisme : l'intermédiaire est la métaphysique.

Même quand le nationalisme prétend se poser par lui-même, il s'expose à la critique en ce qu'il veut substituer aux idées rationnelles le pur sentiment. A l'instinct aboutissent des intellectuels fatigués qui s'abandonnent à la force brutale des masses. Ils s'en prennent à l'idéologie : mais nous pouvons être raisonnables sans être idéologues. Rompre avec la raison abstraite, ce n'est pas rompre avec la raison : car il y a une raison expérimentale. Enfin, les partisans de ce nationalisme sont de deux sortes : des gens de lettres et ce qu'il y a de plus élémentaire dans la foule. Ni les uns ni les autres ne sont des témoins.

Passons à la théorie même. Répond-elle aux conditions d'une bonne théorie? Non. Elle est vague. Or en morale comme en science il faut arriver à des déterminations. De plus on peut se demander si les sentiments qu'elle prétend unir sont également profonds. Elle exprime le regret de certaines formes disparues, la nostalgie du passé, la peur du cosmopolitisme. Ces sentiments existent, mais sont insuffisants à fonder une doctrine. Elle s'inspire aussi d'un patriotisme offensif, le sentiment militaire. Mais ce besoin de la guerre ne semble pas exister fortement : quelques années après 1870, tout le monde s'est entendu pour la repousser. Les nationalistes se sont fait eux-mêmes pendant l'affaire Dreyfus un argument de la crainte de la guerre.

Beaucoup de ces sentiments ne sont-ils pas des sentiments d'emprunt? En bons disciples de Taine, certains nationalistes sont sans cesse préoccupés de nous régénérer par l'exemple des Anglo-Saxons. Mais il y a quelque différence entre les représentants de l'impérialisme anglais et ceux du nationalisme français. Rudyard Kipling a vraiment vécu de la vie conquérante, il exprime ce qu'il a fait. En France, ce sont des raffinés qui prêchent les violences.

Enfin cette école paraît bien avoir été la coalition de certains intérêts. Dans ce parti sont entrés l'Église, les classes possédantes, par désir de faire diversion aux préoccupations économiques, des républicains dont on peut se demander s'ils ne cherchent pas à reprendre le pouvoir. En certaines circonstances elle a accepté des théories en contradiction formelle avec la morale commune, comme le mépris de la légalité. Jamais rien de semblable ne fut dit par de Maistre et de Bonald, qui établissent un principe de justice dominateur.

II. — LE SENTIMENT INTERNATIONAL.

Nous allons maintenant essayer de définir de la même manière la nature du courant internationaliste.

a. *Le sentiment international est saisi dans ses actes inconscients.* — L'idée de Comte tend à se vérifier. Il se forme une République occidentale [1]. (Il faut ajouter aux États qui la constituent l'Amérique du Nord et l'Australie qui ont puisé leur civilisation aux mêmes sources qu'elle.) Mêmes origines gréco-romaines, même destinée au moyen âge, même évolution économique et politique. Depuis la Réforme leur histoire est la même. Leurs crises ont été simultanées : 1789, 1830, 1848. Ils souffrent des mêmes fléaux moraux, alcoolisme, suicide, criminalité infantile, etc.. Leurs tendances littéraires sont communes.

Ces peuples appliquent les mêmes principes dans leurs relations avec les non-civilisés. Et même on tend à admettre que le droit qui vaut entre civilisés vaut à l'égard des autres. Le traité de Berlin reconnait que l'occupation ou la découverte d'un pays ne constitue pas un droit sur lui : il faut que le conquérant assure les conditions de la vie des civilisés chez les primitifs. Les principes de la République occidentale tendent à l'universalité : un peuple est civilisé dès qu'il a un minimum de gouvernement. Il faut dès lors agir avec ces peuples d'après les règles de leur droit.

Il y a bien là l'idée d'une relation entre les différents peuples et non entre les gouvernements. Autrefois on croyait qu'une idée, révolutionnaire ou contre-révolutionnaire, avait le droit de se propager. On croit aujourd'hui qu'un certain

---

[1]. Voy. G. Richard, *Notions élémentaires de sociologie*. Paris, Ch. Delagrave, 2e éd., pp. 21-26.

ordre lie les nations entre elles. Les peuples n'ont de commun qu'une idée vague de sécurité et de civilisation.

On peut saisir aussi l'internationalisme dans les institutions. Il se manifeste d'abord par des unions qui rendent possibles le commerce : en 1865, par l'Union internationale télégraphique ; en 1874, par l'Union postale ; en 1878, par l'Union postale universelle qui comprenait, en 1890, 915 millions d'habitants. D'autres ont pour objet la protection des droits : la convention de 1886 pour la protection de la propriété littéraire ; la convention de 1883 pour la protection de la propriété industrielle ; les conventions monétaires de 1885 et 1893. Il y a un bureau international des poids et mesures. Les Codes de commerce sont en grande partie internationaux. La Convention internationale des sucres a marqué un progrès important de la législation internationale.

Un industriel alsacien, Legrand, a lancé, vers 1840, l'idée d'une législation internationale du travail. En 1881, la Suisse proposa une entente, l'Allemagne refusa ; mais Guillaume II en accepta l'idée en 1890. Depuis s'est constituée l'Association internationale pour la protection légale des travailleurs. A Berne, M. Millerand proposa une entente internationale.

Dans les divers États, le nombre des agents commerciaux et consulaires s'accroît et ils remplacent de plus en plus les agents diplomatiques.

Les relations morales des peuples témoignent du progrès de l'internationalisme. Il y a une Assistance internationale (ententes sur la traite des nègres). Les États se doivent un mutuel secours : ils sont obligés de recevoir et d'aider les navires en péril ; une solidarité sanitaire est établie ; l'extradition des coupables devient de plus en plus facile. Souvent ces conventions ne sont pas codifiées. Mais déjà le Code italien établit que les navires italiens doivent assistance aux vaisseaux étrangers.

Les nations sont unies par des échanges continus de sentiments. Une organisation scientifique se constitue internationalement. Il y a une Association internationale des Académies. Des idées qui ont commencé par être locales deviennent humaines : le système métrique finira par être adopté partout, même en Angleterre. L'esperanto, inventé par un Polonais, constitué par des racines latines et germaniques, se répand dans le monde.

Passons au droit privé. L'idée de la distinction des droits politiques et des droits privés est révolutionnaire. Depuis 1789 on sépare l'homme et le citoyen. Il y a des droits privés qui doivent être reconnus à un homme parce qu'il est homme. Autrefois l'individu transportait avec lui sa qualité d'étranger (droit d'allégeance en France, d'aubaine en Angleterre). Aujourd'hui le droit politique est, en fait, subordonné aux intérêts privés.

La législation de l'assistance s'applique à l'étranger comme au national [1]. Certains pays rapatrient leurs nationaux et paient les frais du rapatriement. Ils indemnisent les nations qui les ont assistés. D'autres ne rapatrient pas parce qu'ils acceptent les charges de l'assistance. La France assiste les étrangers comme ses nationaux.

Le droit de naturalisation se développe.

Il faut signaler des restrictions à cette morale nouvelle :

1° Les lois contre l'immigration. Elles sont bien, d'ailleurs, un acheminement vers l'assimilation de l'étranger au national ; mais les nations prennent des précautions pour maintenir le niveau de la vie sociale.

2° Une contradiction plus grave, c'est le droit d'expulsion : c'est un droit d'ancien régime qui est à présent très discuté.

Le droit privé tend à s'unifier. A la Convention internatio-

---

1. Voy. I. Tchernoff, *Le Droit de protection exercé par un Etat à l'égard de ses nationaux résidant à l'étranger*. Thèse, Paris, A. Pedone, 1873.

nale du droit privé de la Haye, des conventions ont été signées en juin 1902 entre l'Allemagne, la France et différentes puissances sur le mariage, la séparation de corps et le divorce, la tutelle des mineurs. Elles étaient préparées dès 1894 et annoncées par les conventions de 1896. En général, on a fait prévaloir la loi nationale des époux sur celle du pays de leur domicile. La Russie n'a pas adhéré à ces conventions, parce qu'elle n'admet pas le mariage civil et qu'elle ne voulait pas que le mariage civil d'un Russe à l'étranger fût considéré comme valable. Par cette formule d'apparence nationaliste s'affirme en réalité le respect dû aux convictions de l'individu qui change de résidence. L'idée de nation se spiritualise. On conçoit l'individu comme transportant avec lui, s'il le veut, ses droits nationaux en plus de ses droits d'homme.

Cette notion du droit privé cherche à s'étendre jusqu'aux peuples orientaux. Au Japon, des conventions sont intervenues pour protéger la propriété foncière des Européens.

La reconnaissance même des nationalités se fonde uniquement sur le respect du droit international. La Révolution a créé le droit des nationalités quand elle a créé le droit des individus. Le nationalisme n'a été à un certain moment que la reconnaissance du droit des faibles. Le droit international est le fondement du droit national même.

Les droits et les devoirs individuels et collectifs tendent à coïncider. Ce n'est pas par souci de logique, c'est une question de fait. On est de plus en plus convaincu que les relations des nations entre elles sont et doivent être analogues aux relations des individus entre eux. Le principe du droit des gens a été admis formellement par la Déclaration d'Aix-la-Chapelle (15 novembre 1818) et par l'article 7 du traité de Paris (30 mars 1856) qui admet la Porte au bénéfice du droit des gens. En 1864 fut signée la Convention de Genève, que d'autres conventions ont depuis lors précisée et étendue. La France, dans la guerre de Chine, s'est opposée à l'application du droit de prise. Les mesures qui ont été adoptées se justifiaient par des raisons d'humanité. Il n'est donc pas vrai que la nécessité soit toujours la plus forte. Il serait peut-être utile de tuer les prisonniers de guerre. Pourtant on ne le fait pas.

Il s'établit en effet, dans la guerre même, une distinction capitale entre le belligérant et l'homme. Au XVIe siècle, la guerre se faisait de tous les citoyens d'un État à tous les citoyens de l'autre. Les étrangers étaient solidaires de leur nation. Au contraire, en 1870, on a laissé partir les Allemands domiciliés en France; mais ils étaient autorisés à rester. On respecte les propriétés privées, on accorde des dommages aux étrangers comme aux nationaux. Les contrats privés entre un citoyen et l'ennemi sont respectés. En 1871, l'Allemagne a indemnisé les Compagnies françaises de chemins de fer pour avoir employé leur matériel. Elle a de même payé pour les bois des Ardennes qui avaient été détruits sans raison légitime.

Le principe de l'équilibre européen, qui régit la politique des nations depuis 1648, reconnaît un intérêt supérieur au droit des nationalités. Proudhon louait le Congrès de Vienne d'avoir assuré l'équilibre des nations[1]. Opposé au principe des nationalités, il ne voulait pas tenir compte des velléités nationales. Il a prévu le danger de l'unité italienne, sinon de l'unité allemande.

C'est à la condition de pouvoir exercer le gouvernement conformément aux principes du droit international public et de remplir sa fonction civilisatrice d'une façon normale qu'une nation peut être légitimée. — L'idée de la neutralité

---

1. Proudhon. *De la guerre et la paix*, Paris, 1869 (t. XIII et XIV des Œuvr. compl.), L. II, Conclus. génér., p. 317 sqq..

limite l'extension des nations. Les grandes puissances protègent les faibles.

La méthode par laquelle l'idée internationale s'est affirmée est précisément la nôtre. On y voit appliquer les principes d'une méthode morale qui n'est qu'expérimentale. Dans les usages diplomatiques, elle reconnaît les sentiments inconscients. L'opinion des gouvernements, elle aussi, exprime bien, en un sens, des tendances collectives. On tient compte, enfin, de l'opinion des hommes qui sont mêlés aux affaires et, ce qui est remarquable, des intellectuels purs : il y a des professeurs de droit, comme M. Renault, à la cour de la Haye. En résumé, pour établir une règle de droit international, il faut un consentement universel dont la preuve est tirée de la pratique des nations, de la volonté des hommes d'État, enfin des opinions des auteurs. Restent à considérer les circonstances de temps.

Ainsi les idées internationales ont été établies par des règles empiriques, tandis que le nationalisme est le fait de l'instinct.

b. *Il se manifeste à la conscience.* — A l'enseignement des institutions il faut ajouter l'opinion des hommes. Le patriotisme révolutionnaire a souvent été subordonné à l'idée de la liberté. La France apparaissait au peuple comme la messagère de la justice. Actuellement, les hommes qui ont le plus de rapports avec la réalité, les ouvriers, sont internationalistes. Cela n'était pas sous la Restauration. Les internationalistes étaient les capitalistes. Aujourd'hui, le besoin et le désir de la paix sont devenus populaires : les classes ouvrières s'associent aux manifestations pacifistes. M. Barclay a cité dans sa conférence du Havre le nombre énorme de sociétés anglaises qui sont favorables à son projet. Au Congrès international de 1900, beaucoup de Trade-Unions ont protesté en faveur de la paix[1]. Or, l'avenir se faisant dans le sens

---

1. Voy., dans *l'Européen* du 12 avr. 1902, l'art. de Pierre Quillard, *Les Socialistes et le Congrès de la paix*.

d'une démocratie sociale, l'opinion des ouvriers est d'une importance capitale.

Jusqu'en 1870, il n'y eut pas de penseur qui séparât l'idée nationale de l'idée internationale[1]. Cela est aussi vrai de Proudhon et de Quinet que de de Maistre et de Bonald, aux yeux de qui l'Église représente l'internationalisme. Il n'y a pas eu de philosophie purement nationaliste jusqu'à ces derniers temps. Auguste Comte a synthétisé les deux internationalismes. En effet, il a subi la forte influence des publicistes catholiques; mais il admire la Convention, qui a constitué une morale laïque. Il aboutit à cette conclusion que le système positiviste exige l'existence d'un sentiment national européen[2]. Cette idée internationaliste se retrouve chez les plus nationalistes des écrivains. La France est considérée par eux comme l'instrument d'une idée internationale soit religieuse, soit révolutionnaire. Même M. Barrès, cité par M. Maurras, écrit : « Une famille de nations, voilà l'humanité fédérale où nous tendons[3]. »

c. *Ce sentiment est favorisé par d'autres.* — D'autres courants fortifient la tendance des différentes nations à s'unir sans tenir compte de la diversité des gouvernements et des religions. La multiplication des moyens de communication sert au développement des relations économiques entre les peuples. Ce sont les Saint-Simoniens qui se sont

---

1. Voy. notamment G. Monod. *Michelet et l'Italie, Rivista d'Italia*, 1903, mars-avr., p. 357; mai, p. 705.

2. Aug. Comte. *Cours de philosophie positive*, 2e éd. Paris, J.-B. Baillière, 1864, t. VI, pp. 461-75.

3. M. Maurras cite dans l'*Idée de la décentralisation*, Paris, Larousse, p. 33 (1898), un passage d'une conférence faite à Bordeaux par M. M. Barrès sous le titre *Fédéralisme et assainissement*. Le voici : « Famille d'individus, voilà les communes; famille de communes, voilà la région: famille de régions, voilà la nation ; une famille de nations, citoyens socialistes, voilà l'humanité fédérale où nous tendons en maintenant la patrie française et par l'impulsion de 1789. »

avisés les premiers de ce fait. Michel Chevalier et Flachat glorifiaient l'internationalisme industriel : ils demandaient la transformation du budget de la guerre en budget industriel au nom de la paix et de l'amour. Les grands intérêts économiques ont partie liée dans l'univers : le total de la fortune française placée à l'étranger oscille entre 25 à 30 milliards ; le chiffre est plus élevé encore pour l'Angleterre. Et si les trusts se développent, il y aura un intérêt énorme à supprimer le budget de la guerre qui grève la main-d'œuvre. Il y a là une masse énorme de capitaux immobilisés : en France, 1100 ou 1200 millions. Les grandes industries finiront par s'apercevoir de la lourdeur des charges militaires.

D'autre part, le courant démocratique qui est intérieur aux nations s'accorde avec les intérêts capitalistes. Il y a bien un protectionnisme ouvrier aux États-Unis. Mais le nationalisme lui-même sous sa forme actuelle est un acheminement à son contraire. L'étendue des nations habitue à la pratique de l'internationalisme, tout en lui faisant obstacle par ailleurs, puisqu'il est plus facile d'être cosmopolite dans de petites principautés que dans de grandes nations, où le besoin d'extension des sentiments sociaux se satisfait par le patriotisme même. L'impérialisme anglo-saxon prépare l'internationalisme. La fédération anglaise est presque une association mondiale. La politique de Chamberlain supprime les frontières : elle est coextensive à l'univers. On en vient à rêver à de vastes unions, à des fédérations de race germanique, latine, slave, anglo-saxonne. En un sens elles limitent le sentiment international et en un autre elles acheminent à l'internationalisme. A Rome, la confusion du patriotisme et du cosmopolitisme a été une conséquence de l'extension de l'Empire. — Autre sentiment qui favorise le sentiment international : les nations faibles sont toujours à la tête des unions internationales, ce qui témoigne d'un sentiment de justice devenu si intense qu'il s'impose aux forts. Enfin l'internationalisme est tout à fait favorable à l'expansion de l'individualité et à la reconnaissance des droits de l'homme en tant que tel.

d. Il est impossible de défendre l'internationalisme sous sa forme aiguë, — parce qu'il est en contradiction avec certaines lois de la psychologie collective. Un certain internationalisme soutient que l'individu n'a de valeur qu'isolé ou en s'associant à d'autres par un choix libre, — ainsi les Épicuriens, les Stoïciens, les anarchistes. C'est là une psychologie fausse du sentiment. Elle méconnaît l'existence de sentiments collectifs supérieurs aux sentiments individuels et indépendants de ces sentiments. Quand des individus se trouvent ensemble il se forme des sentiments communs. Il faut tenir compte de ces sentiments. Il y a une vie psychologique nationale. L'internationalisme brutal l'ignore.

III. — L'ACCORD DES DEUX SENTIMENTS :
LA CONCILIATION DU NATIONALISME ET DE L'INTERNATIONALISME EN FRANCE DE NOTRE TEMPS

Il y a donc un courant nationaliste et un courant internationaliste également légitimes, une vie nationale et une vie internationale. A y regarder de près, la synthèse se fait ainsi. D'une part, les idées internationales sanctionnent l'existence des nationalités. D'autre part, l'internationalisme est la conquête successive des différentes nations. Ceci est tout nouveau. Autrefois, l'internationalisme était conçu de deux façons. Ou on se le représentait sous la forme d'une république universelle : conception du Saint-Empire et de l'Église, de Wolff et encore, dans une certaine mesure, de la Révolution ; ou bien, pour les hommes du xviie et du xviiie siècle, la charge de constituer les nationalités revenait à une puissance supérieure ou à une association de puissances supérieures. La conception moderne est tout autre : les nationalités, après s'être constituées librement, se fédèrent entre elles [1]. Le droit des gens est parti d'une morale abstraite, universelle, imparfaitement conçue pour aboutir à l'idée d'une fédération progressive des nations. On trouve, il est vrai, encore actuellement une seconde conception [2]. « Depuis deux siècles moralement on peut dire que la France est pape. » Pour les impérialistes allemands et anglo-saxons, la liberté, la vérité s'imposent d'autorité. Au contraire, le devoir de chaque nation est de s'universaliser elle-même. C'est une idée nettement exprimée par les jurisconsultes et par les faits de la vie internationale. L'Europe n'a pas le pouvoir de créer des États. Elle reconnaît l'existence de ceux qui se sont formés indépendamment d'elle. C'est chaque nation à part qui représente l'humanité. L'État est intermédiaire entre son sujet et la communauté internationale. Pour libérer l'individu, il faut que des nationalités se constituent. Les règlements internationaux sont presque toujours précédés de conventions particulières : unions postales, monétaires. La Convention de Genève, qui a réglé la pratique de la guerre, avait été précédée de nombreuses conventions particulières. Il serait puéril d'imposer un même code à tous les peuples. De là encore l'usage des traités de réciprocité : un pays établit l'assistance aux indigents d'un autre pays, à condition que

1. I. Tchernoff, *Le Droit de protection exercé par un État à l'égard de ses nationaux résidant à l'étranger*. Thèse. Paris, A. Pedone, 1898, p. 79.

2. Michelet, *Le Prêtre, la Femme et la Famille*. Œuvr. compl. Paris, E. Flammarion. *Un mot aux prêtres*, p. 230. « L'universalité d'esprit (qui est la seule vraie) si Rome l'a jamais eue, elle l'a perdue depuis longtemps; elle se retrouve quelque part aux temps modernes et c'est dans la France. Depuis deux siècles, moralement on peut dire que la France est pape. L'autorité est ici, sous une forme ou une autre. Ici par Louis XIV, par Montesquieu, Voltaire et Rousseau, par la Constituante, le Code et Napoléon, l'Europe a toujours son centre : tout autre peuple est excentrique. »

celui-ci l'établisse pour les siens. Ainsi l'internationalisation se fait de proche en proche.

Au point de vue politique, il tend à s'établir un équilibre européen. Comment? Par des alliances limitées. Cela est d'accord avec la tendance générale de la vie économique et ouvrière. D'abord se formèrent de grandes associations internationales qui n'existaient souvent que sur le papier. Aujourd'hui, les travailleurs s'organisent dans leur propre pays et se donnent ensuite un organe international, comme le Bureau socialiste. Dans la grève des tisseurs du Nord en 1903, M. Jaurès disait : « Livrez d'abord votre bataille de France. » Cela est tout à fait en opposition avec la doctrine des économistes orthodoxes, mais d'accord avec la tendance de la science vers l'autonomie des vérités spéciales et la division du travail de recherche.

Au contraire, l'idée internationale proprement dite ou, mieux, dans sa forme absolue est de plus en plus en régression. L'usage des congrès internationaux disparaît. On leur substitue des instituts internationaux, venus après coup pour sanctionner l'action d'une nation ou d'un groupe de nations prises à part. Ainsi, l'Institut International de statistique remplace les Congrès visant le même objet. En 1874, on parla d'un congrès de droit privé. M. Decazes en montra les difficultés : on aboutit par des ententes successives. Il y a même eu des cas où la communauté internationale a été obligée d'intervenir : dans les questions de neutralisation ou de surveillance (Egypte, Turquie, Chine). Par conséquent, l'internationalisme vient sanctionner le nationalisme, mais il ne se réalise que par le consentement des nationalités.

Quand une conscience aura recueilli et apprécié les témoignages qui se rapportent à ces deux tendances, je crois qu'elle n'en éliminera aucune. Mais les principes auxquels on est conduit par les réflexions qui précèdent ne donneraient pas le moyen de résoudre des problèmes pratiques. Car il y a des cas où il faut mettre l'accent sur le nationalisme, d'autres où il faut insister sur l'internationalisme. L'essentiel est d'aboutir à des principes spéciaux. En Allemagne, au moment où la Prusse allait achever l'unité du pays, les uns sacrifiaient le libéralisme à la cause de la patrie, d'autres lui préféraient la liberté.

Ces principes spéciaux ne peuvent pas être regardés comme les applications de principes plus généraux. Il y a bien des façons d'être nationaliste ou internationaliste. Pour savoir comment l'être, il faut faire la même enquête que pour résoudre la question générale. On étudiera la nature des consciences et on mesurera les conséquences de chaque parti. Peu importe que cette enquête aboutisse à l'unité. C'est là une question extrinsèque à la recherche morale. Il faut savoir, avant tout, si notre conscience est satisfaite.

Comment se révèlent à nous ces principes spéciaux ? Dans les conflits, et la solution de ces conflits ne se trouve que dans des circonstances déterminées. Pourtant, dans certains cas, on peut, en les envisageant à l'avance, prévoir la solution qu'on leur donnerait. Il faut, du moins, avoir l'imagination morale prête, afin de n'être pas surpris par les événements.

Encore ne faut-il pas considérer ces conflits dans l'abstrait. Si nous avions à choisir entre notre pays et notre idée, sans qu'il nous fût du tout possible de concilier leurs intérêts contraires, nous dirons, de façon vague, que nous sacrifierions, à toute extrémité, la nation à l'idée. Les nationalistes proprement dits seraient les seuls à ne pas l'admettre, et nous avons vu qu'ils ne comptent pas : ils sont, en l'espèce, des sentimentaux purs. D'autre part, il est vrai, à prendre encore les choses en gros, qu'on ne s'avouerait sa décision qu'après avoir été mis en demeure de se décider par les événements.

D'autant qu'il est difficile d'être sûr que le salut de l'idée soit en question.

Mais ne posons pas la question en ces termes. Il est impossible de prévoir des cas où le conflit se présenterait avec cette acuité. Il est donc oiseux et stérile de s'y attarder. Retenons que la conscience veut maintenir son patriotisme et son internationalisme. Comment les accordera-t-elle? Quelle part leur fera-t-elle? Je pose la question pour la France et pour mon temps. Je la pose pour la France parce que j'y suis et j'en suis. Elle ne peut être résolue que par un membre de la nation. Quand j'en aurai trouvé la solution à l'occasion d'une crise, elle deviendra une règle. Les hommes qui viendront après moi l'accepteront. Voilà ce qu'est un principe en morale.

Je ne vois pas que l'internationalisme ait intérêt à la diminution de la France. Il y a chez les Français actuels et dans les souvenirs français une idée de l'internationalisme assez forte et assez intelligente pour qu'elle n'entraîne pas le sacrifice de la patrie. Je connais l'objection de Renan : le peuple qui porte en lui une religion doit périr. Mais cela ne fut-il pas le sort de la France assez longtemps? Pourquoi cela ne lui serait-il plus possible aujourd'hui? Les Français n'ont jamais été aussi forts qu'aux époques où ils eurent à soutenir des idées. Un homme qui défend un idéal a-t-il chance d'être moins courageux qu'un soldat de caserne ou le soldat d'un conquérant?

Ne peut-on inspirer cette idée à l'armée elle-même? Cela paraîtra difficile à qui considèrera les sentiments et l'éducation de la plupart des officiers; ce n'est pas impossible. Car dès aujourd'hui on trouve dans l'armée des indices d'une autre tendance. Il y a des officiers pacifistes. D'autres sentent, au moins, que la guerre n'est plus l'unique devoir de l'officier.

Mis au service de l'internationalisme, le patriotisme perdra-t-il de sa délicatesse? L'expérience montre le contraire. Quinet avertissait la France des dangers de l'unité allemande, Proudhon de ceux de l'unité italienne. Le même homme peut avoir un sentiment très profond de la valeur d'une idée humaine et une susceptibilité patriotique très délicate. L'honneur même des nations ne souffrirait pas du triomphe de l'internationalisme : il prendrait la forme du droit. Une question d'honneur comme celle de l'Alsace-Lorraine devient une question de justice. Au lieu de garder une attitude hargneuse et impuissante, ne valait-il pas mieux faire aux Alsaciens-Lorrains une situation juridique, maintenir le droit en leur facilitant la naturalisation, l'enrôlement dans l'armée comme nationaux et non dans la légion étrangère, en s'occupant d'eux dans la presse?

Je n'aperçois, en examinant la question, aucun motif de racornir l'idée nationale pour la sauver. Ceux qui font profession de l'exprimer n'ont pas qualité spéciale pour en parler. La France n'a pas intérêt à réveiller l'instinct de la brutalité militaire. Les « nationalistes » n'ont aucune de mes autres convictions. Leur doctrine est en contradiction avec des idées auxquelles je tiens. Je ne vois donc aucune raison de mettre, en France, l'internationalisme sous le boisseau.

Aujourd'hui la question tend, au reste, à se poser différemment. L'opposition n'est plus tant entre le nationalisme et l'internationalisme qu'entre l'internationalisme et l'impérialisme colonial. Un parti républicain groupé autour de M. Doumer espère supprimer les discordes intérieures par l'expansion coloniale. Il est difficile de mettre en balance les avantages économiques que l'on peut attendre de la politique coloniale et les dangers qu'elle ferait courir aux idées de justice et de démocratie. Les républicains qui voudront mener de front les deux entreprises seront embarrassés par des alliances compromettantes. La France, tournée contre l'étranger, ne pourrait réaliser de réformes intérieures. Celui qui aura une foi démocratique ne pourra donc pas s'allier au parti qui fera bloc sur cette politique.

Non seulement il n'y a pas de raison d'abandonner, en France, l'idée internationaliste ; mais cette idée et l'idée nationaliste peuvent s'aider l'une l'autre. Nous rencontrons là un exemple de l'utilisation psychologique des théories. Il est absurde de prétendre que la patrie soit le seul moyen de développer l'esprit d'association ; mais, étant donné que la patrie existe, on peut dire qu'elle servira à développer des sentiments plus généraux. Il n'y a donc aucune raison de rejeter l'homme en dehors de la tradition nationale. Au contraire, il semble que l'homme habitué à se détacher de lui-même devienne plus apte à concevoir le sentiment international.

Inversement, une idée qui dépasse le sentiment patriotique est un moyen excellent de le développer. C'est une loi de psychologie courante qu'un sentiment individuel se fortifie en se reliant à un sentiment plus général. Ainsi l'amour aspire à se rattacher à des sentiments plus larges, comme le sentiment de la nature ou le sentiment religieux. Un homme qui croit défendre une idée en défendant son pays a plus de force. En fait, il n'y a pas de peuple qui n'ait usé de ce moyen-là. Il a été employé, en Allemagne, depuis Fichte jusqu'aux manuels contemporains d'histoire qui montrent que l'Allemagne représente la science, le droit, l'ordre. Dans les discours impérialistes de Chamberlain, l'Angleterre a une mission civilisatrice de liberté. Suivant Roosevelt, l'expansion américaine est justifiée par la force, la loyauté et l'intelligence des Américains. De même, il y a toujours eu en France des hommes qui ont cherché à unir la France et l'idée. On était cosmopolite parce qu'on était Français. Proudhon dit toujours aux socialistes : ne conspirez pas avec l'étranger : « il n'est pas entré par la Révolution dans votre famille. »[1] Voilà une tradition à continuer et à développer.

Nous pouvons donc conclure :

1° C'est entre la guerre et l'affaire Dreyfus qu'il faut poser le problème pour la France.

2° Il ne faut pas laisser disparaître certaines nuances de la conscience française. Il faut que la France entre intacte et forte dans l'unité européenne. Ne pas affaiblir le pays qui représente certaines idées.

Le problème se poserait de façon toute différente pour d'autres peuples et d'autres temps. Nous faisons cette remarque et nous la développerons assez, non pour apporter des solutions à des problèmes historiques, mais pour montrer que notre recherche pourrait aboutir à d'autres solutions que celles auxquelles nous arrivons.

Au moment où l'hégémonie prussienne préparait l'unité allemande, il y avait des libéraux qui étaient opposés à l'unité. En 1832, un orateur badois repoussait l'unité si elle ne devait pas apporter la liberté[2]. En 1840, lors de l'incident du Rhin allemand, toute une fraction du parti libéral d'Allemagne était favorable à la France[3]. De même, lors de la guerre du Mexique, Hugo conseillait aux Mexicains de résister à Napoléon III[4]. En 1870, Mᵐᵉ Quinet hésitait devant l'alternative du succès, qui aurait confirmé le césarisme, ou de la défaite[5]

---

1. Proudhon, *De la Justice dans la Révolution dans l'Eglise*, Paris, Garnier, 1858, t. III, pp. 585-6.

2. Lévy-Bruhl, *L'Allemagne depuis Leibniz. Essai sur le développement de la conscience nationale en Allemagne*, 1700-1848. Voy., p. 456, le discours de Ch. de Rotteck.

3. G. Raphael, *Le Rhin Allemand*. Cahiers de la Quinzaine, 1ᵉʳ mai de la 4ᵉ série, pp. 13, 33.

4. G. Goyau, *L'Idée de Patrie et l'Humanitarisme. Essai d'histoire française 1866-1901*, Paris, Perrin, 1902, p. 125, note 1.

5. *Op. cit.*, p. 125.

qui ruinerait la France. On attribue à Renan l'affirmation intransigeante de la supériorité de la justice sur la patrie, pendant le siège de Paris[1]. Mais, dans les mêmes circonstances, d'autres hommes ont préféré la patrie à l'idée. Des libéraux allemands, des républicains italiens ont mis l'unité de leur pays au-dessus de la liberté et de la République. Aux Cent Jours, Arago disait que le despotisme militaire vaut encore mieux que la protection de l'étranger. Barbès a été chauvin, même pendant l'Empire[2]. Des royalistes, en 1870, se sont ralliés à Gambetta et ont sacrifié leurs préférences politiques au gouvernement de la Défense nationale[3]. Donc, un même conflit a été résolu de manières différentes.

Celui qui a la foi démocratique sera, en France, hostile à la politique coloniale. Mais en Angleterre l'impérialisme ne présente pas les mêmes dangers. On trouve parmi les impérialistes anglais des démocrates éprouvés. Le ministère Chamberlain comprenait un Fabien. Sidney Webb a été impérialiste. D'autre part, une union douanière coloniale peut être pour l'Angleterre d'un intérêt très grand. En Amérique, Roosevelt paraît défendre avec la même sincérité la démocratie et l'impérialisme. Je ne sais pas ce que je choisirais dans un pareil milieu, tandis qu'en France, je mettrai l'accent sur l'internationalisme.

IV. — LES CONFLITS PARTICULIERS

Nous ne connaissons que le présent. L'avenir nous est heureusement caché, et notre ignorance nous empêche de voir les

---

1. Journal des Goncourt, 2ᵉ série, 1ᵉʳ vol. p. 23. Cité dans Mary Darmesteter, *Vie de Renan*, pp. 213-4.

2. Barbès, *Lettres à George Sand*. Revue de Paris, 1ᵉʳ juillet 1895, not. p. 19, pp. 23-29.

3. G. Goyau, op. cit., p. 127, note.

conflits avec toute leur acuité. Ils nous apparaissent moins terribles qu'ils ne nous apparaîtraient si nous pouvions prévoir l'avenir de plus loin. Avant la guerre de 1870, Bismarck avait à lutter contre l'opposition libérale. Si les libéraux allemands avaient prévu la grandeur de l'empire allemand, auraient-ils lutté avec tant d'énergie[1]? A la même époque, les républicains français ont combattu la réorganisation de l'armée. L'auraient-ils fait s'ils avaient eu la connaissance de l'avenir? Cette ignorance permet d'être audacieux dans ses affirmations et ardent dans sa foi.

Cependant il est bon de se demander comment les questions pourront se poser dans un avenir plus ou moins lointain. Ces exercices d'imagination morale seront utiles : il faut être prêt à toutes les alternatives que peuvent poser les événements nationaux et internationaux.

Tout d'abord, il faut éliminer les rêves idylliques sur la disparition des conflits internationaux. Il n'y a aucune raison de penser que les nations soient plus parfaites que les individus. Ce qu'on peut seulement espérer, c'est qu'une grande partie de ces conflits seront un jour résolus par des moyens plus ou moins juridiques. Il y a lieu de croire que des solutions répressives devront parfois intervenir, mais qu'elles ne seront pas toujours militaires. Quand les relations internationales et économiques seraient rompues, l'opinion publique européenne pourrait exercer son influence par une sorte d'excommunication diffuse. Ou, sans disparaître, les moyens de la solution violente se transformeront. La guerre deviendra un procédé loyal d'action, l'armée européenne sera une police internationale ramenant à la raison les nations voleuses et criminelles[2]. Encore n'y a-t-il là que des espérances.

On ne peut pas même supprimer les guerres d'intervention.

1. Ch. Andler, *Le prince de Bismarck*. Paris, G. Bellais, 1899, p. 72.
2. Cf. Pecqueur, *De la paix*, op. cit., p. 32.

Il faut défendre les faibles contre les forts. Par exemple, la justice doit être réclamée pour les Arméniens. Pecqueur allait jusqu'à croire que les pays inférieurs doivent accepter les interventions par la force des pays de civilisation supérieure [1], s'ils possèdent des richesses qui doivent être utiles à tous. Même il croit obligatoire pour les cannibales d'entrer dans la morale. Il exagère : c'est affaire de croyances spéciales. La résistance des Boërs, qui fut d'abord l'opposition d'agriculteurs rustres à l'exploitation des mines, pouvait n'en être pas moins légitime. Encore ne faut-il pas déshabituer l'homme de l'idée que les moyens violents puissent être employés par la justice internationale. Ne pas le croire, ce serait méconnaître la psychologie des collectivités, oublier qu'elles sont, comme les organismes, douées d'une tendance à être qui les distingue des créations artificielles.

Quels sont les problèmes qui peuvent se poser entre les nations ?

1. — LES CONFLITS D'IDÉES

Les nations qui ont la même conception de la vie tendent à unifier leur droit privé. Mais il y a là une source de conflits. Les nations n'en sont pas toutes au même point. Ainsi, elles n'ont pas toutes les mêmes idées sur le mariage. Un étranger peut avoir dans un pays plus de droits que dans son pays d'origine. Ce dernier peut-il faire restreindre ces droits ? Si des conflits se présentent, comment les trancher ? Il serait dangereux au moins d'en méconnaître l'importance.

Roosevelt, dans *l'Idéal Américain*, déclare ne se soucier que peu de ce que les autres nations pensent de la doctrine de Monroë [2]. C'est bien cavalier, et les conséquences de ce

---

1. *Op. cit.*, p. 22.
2. Th. Roosevelt, *L'Idéal Américain*. Trad. par A. et E. de Rousiers. Paris, A. Colin, 1904, not. p. 112.

mépris peuvent être funestes. — Boutmy signale un autre exemple de cette diversité : le droit international maritime des Anglais est beaucoup moins avancé que le nôtre. Il lui manque le souci des principes [1].

2. — Les conflits économiques

On peut prévoir une entente relative à la production et des traités de travail. Le récent traité franco-italien sur les accidents du travail et sur les assurances pour la vieillesse impose à l'Italie une partie de notre législation sociale.

Mais ici encore il ne faut pas oublier les conflits possibles. Il ne faut pas considérer *a priori* le libre-échange comme seul capable de réaliser la justice économique. L'attitude équivoque du socialisme français sur ce point résulte d'un enfantillage logique. Proudhon, Pecqueur étaient protectionnistes : ils s'étaient aperçus que le libre-échange est la concurrence, l'anarchie, la mort du plus faible. Des conventions protectionnistes réciproques réalisent tout aussi bien la justice. Le devoir est plutôt dans la protection rationnelle et méthodique des individus faibles.

On peut prévoir des conflits au sujet de la législation ouvrière internationale. La question essentielle sera celle de la population. Un pays organisé suivant la justice ne pourra pas ouvrir ses frontières à tous les miséreux qui accourront chez lui. Déjà, dans le courant du XIXe siècle, les économistes orthodoxes demandaient la diminution de la population. Mill trouve monstrueuse et brutale la procréation illimitée [2]. Dès à présent nous voyons se poser ces problèmes. Dans les con-

---

1. Em. Boutmy, *Essai d'une psychologie politique du peuple anglais au XIX° siècle*. Paris, A. Colin, 1901, p. 430 sqq.. Se reporter à Ch. Dupuis, *Le droit de la guerre maritime d'après les doctrines anglaises contemporaines*, Paris, 1898, in-8°.

2. Cf. J. Stuart Mill, *Principles of political economy*. Londres.

grès de mineurs, l'opinion des ouvriers des différents pays n'est pas toujours la même.

La question de l'immigration suscitera beaucoup de conflits. Les États-Unis ont organisé des « Administrations d'immigration » : elles font subir un examen médical et refusent certains malades et les gens qui n'ont pas des moyens suffisants d'existence. Ces lois ont été obtenues par la pression des ouvriers. En Angleterre émigrait le prolétariat juif expulsé de Russie et de Roumanie. En 1903, sur la proposition de M. Balfour, une commission fut nommée pour chercher les moyens de s'opposer à cette immigration. En France, les nationalistes inscrivent sur leur programme qu'on restreigne l'immigration des ouvriers étrangers [1]. Beaucoup de socialistes admettent en principe qu'il faut laisser entrer les ouvriers étrangers ; mais quelques-uns demandent qu'on en limite le nombre. M. Allemane admet une nécessité temporaire de limitation [2].

3. — LES CONFLITS DES INTÉRÊTS ET DES SENTIMENTS

Des questions sont posées par les rapports des intérêts économiques et du sentiment national. Dans bien des cas, une nation n'a-t-elle pas intérêt à se joindre à une autre ? Les partis avancés admettent que ces questions doivent être résolues par le plébiscite : les auteurs des traités de droit international répondent qu'on n'a jamais plébiscité que lorsqu'on était sûr de la réponse. Des questions aussi complexes ne peuvent être ainsi résolues. Certains intérêts économiques étant donnés, dans quelle mesure peut-on permettre au sentiment national de se faire jour ? On ne peut pas laisser la

---

1. Voy. M. Barrès, *art. cité* plus haut.
2. Voy. trois lettres de MM. Vaillant, Allemane et Antide Boyer dans un art. de l'*Européen* du 23 janvier 1904, p. 6, sur l'*Immigration des ouvriers étrangers en France*.

solution de ces questions à l'impulsivité des foules. Il faudra déterminer les cas précis où l'appel au peuple est possible.

De pareilles questions se posent déjà. Ainsi, en Autriche-Hongrie : l'Autriche n'a aucun intérêt économique à maintenir son union avec la Hongrie. Elle le veut par pur sentiment. Au contraire, la Hongrie a tout intérêt à être unie à l'Autriche, mais n'y tient pas. M. Novicow remarque que les relations qui unissent l'Angleterre et la France sont plus étroites que celles qui unissent la Bretagne à la Normandie[1]. Les colonies anglaises restent anglaises de cœur, tout en se défendant économiquement contre la métropole. Il est essentiel que le jour où l'on posera ces questions, on les pose toutes en termes de conscience. Des échanges et des partages détermineront un équilibre mobile qui ne pourra être établi que par des gens compétents. Proudhon, dans *Le principe fédératif*, tranche ces difficultés trop à la légère.

4. — LES CONFLITS DE RACES

Nous avons étudié en théorie la question des races. Nous allons chercher maintenant comment elle peut se poser dans l'avenir. D'abord, nous éliminons tout principe posant des droits humains naturels comme éternels. Un principe est une croyance invincible, constituée dans les conditions rationnelles ; leur rationalité se définit par l'expérience même que nous en faisons. Il est sûr, d'une part, que c'est aujourd'hui une croyance rationnelle de considérer, dans les autres hommes, les qualités proprement humaines et de réprouver la violence ; mais d'autre part, il y a des sentiments nationaux spéciaux qu'un homme raisonnable pourra préférer à des sentiments humains.

1. Voy. les pages de M. Novicow citées dans *l'Européen* du 16 avril 1901, p. 14, 3º col. sous le titre : *La possibilité du bonheur.*

Mais l'antipathie contre une race peut-elle être tenue pour valable ? Il faut distinguer ici deux sortes de préférences :

1° On peut éprouver une antipathie invincible pour certains individus, sans que celui qui l'éprouve la déclare légitime quand il se place dans une attitude impersonnelle. Ainsi des aristocrates comme Lassalle peuvent passer au socialisme parce qu'ils veulent la justice sociale. La préférence instinctive s'oppose à l'ordre idéal que je mets entre mes sentiments quand je les considère d'une manière impersonnelle.

2° Mais il y a des sympathies et des antipathies qu'une enquête impartiale ne contredit pas.

Qu'est-ce qu'un sentiment normal ? C'est la préférence qu'un homme constatera en lui pour un objet quand il aura fait son enquête rationnelle. Mais cette enquête lui suppose le pouvoir d'imaginer toutes les autres préférences possibles et entre autres les sentiments anormaux. Le normal domine et comprend le pathologique. Au contraire les sentiments anormaux ne permettent pas de comprendre le normal. Pourquoi puis-je déclarer ma morale supérieure à celle des voleurs et des prostituées ? Parce que je peux comprendre leur morale, tandis qu'ils ne peuvent pas comprendre la mienne. Stuart Mill n'a pas d'autre raison de dire que la morale d'un Socrate est supérieure à celle d'un pourceau satisfait, sinon que celui-ci ne s'imagine pas ce que peut être la morale de Socrate.

La question juive. — Nous commencerons par écarter plusieurs thèses.

Et d'abord la théorie biologique. Il n'y a pas, au sens anthropologique du mot, de race juive [1]. Avant la dispersion, les Israélites étaient mélangés à des Arméniens aryens et, depuis

[1]. Voy. la conférence faite le 6 déc. 1903 à la Société des Études juives par M. Salomon Reinach, publiée dans la *Revue des Études Juives*, t. XLVII, n° 94, oct.-déc. 1903, p. 1, Paris, Durlacher.

lors, un prosélytisme ardent les a mêlés aux autres peuples.

Mais on soutient d'autres thèses. Les Juifs constitueraient une Internationale disposée à établir sa souveraineté sur les chrétiens au moyen de sa puissance financière. Cette conception a été exprimée par Dumas fils dans une lettre[1]. Les Juifs voudraient réaliser leur unité aux dépens des chrétiens. Mais, d'abord, Dumas confond le sionisme avec ce prétendu programme de conquête universelle, et surtout cette doctrine un peu puérile méconnaît la diversité des types juifs : russe, roumain, algérien, français, anglais, allemand. Il y a bien une Alliance Israélite internationale, mais elle a pour objet la défense des Juifs opprimés et la propagation de l'influence française en Orient par des écoles dont les maîtres sont formés à l'École Normale d'Auteuil.

Cette question juive ne cache-t-elle pas une question économique? Sous le juif on voit le financier. C'est le capitaliste qu'on combat en lui dans l'intérêt soit des prolétaires, soit des agrariens, car l'antisémitisme n'est souvent qu'un épisode de la lutte du capital immobilier contre le capital mobilier.

Nous écarterons, de même, les préjugés aussi puérils des philosémites. Il ne sert à rien en 1904 que les Juifs aient donné à l'humanité Jésus et Spinoza. Et s'il n'y a pas, anthropologiquement, une race de Juifs, faut-il en conclure que les Juifs occidentaux n'ont pas acquis des traits communs, physiques, intellectuels ou moraux? On méconnaît souvent ce fait parce qu'on n'est sensible qu'aux statistiques : or, nous manquons ici de documents objectifs; mais les savants confondent trop souvent le précis avec le certain. Il n'est pas douteux qu'il s'est formé une race juive, qui tend d'ailleurs à disparaître. Un livre de G. Eliot nous peint le Juif mystique,

1. Voy. *Journal des Débats* du 30 sept. 1904 : J. Lemaître (la Semaine dramatique) cite une lettre de Dumas fils sur la Femme de Claude.

attendant le Messie [1] : c'est un type que je n'ai jamais vu. Il est facile d'observer, en revanche, le petit boutiquier juif qui sert de modèle à un roman contemporain [2]. Il s'est même maintenu, chez les Juifs occidentaux, un type physique dont il est difficile de dire s'il faut l'attribuer à des origines orientales ou à des habitudes de vie. Certains traits pourraient s'expliquer par une dégénérescence due, selon M. Manouvrier, aux croisements, ce qui est très douteux, ou à la vie urbaine, ce qui est plus vraisemblable, puisque les Juifs ne se sont guère livrés qu'aux occupations des villes. Et en effet, les persécutions leur ont imposé de mauvaises conditions de vie. Elles expliquent les maladies nerveuses, fréquentes chez eux, leur excitabilité intellectuelle, qui les prédispose à la littérature décadente. Obligés de penser pendant que les autres étaient obligés de se battre, ils y ont gagné la plasticité logique et la tendance au rationalisme. Leurs vertus sont surtout intellectuelles.

Ces différences sont-elles de nature à séparer un homme de la vie française? Voilà toute la question. Le militaire, l'intellectuel, chaque milieu, chaque classe la spécifieront à leur manière.

Avant l'affaire Dreyfus, le type du Juif nationaliste était courant. Il le redeviendra. Beaucoup de Juifs étaient désireux d'être du monde militaire, d'être du monde. Et ils ont trop d'argent pour que ce jour ne vienne pas. Mais il n'y a pas là seulement une question d'intérêt. Le sentiment national est souvent d'autant plus vif qu'il est plus récent. Les sentiments qu'on a choisis sont forts : une amitié est souvent plus profonde qu'un sentiment de famille. Aussi faudrait-il craindre, plutôt, que les Juifs ne mettent de la coquetterie à manifester leur patriotisme.

1. Le dernier ouvrage de G. Eliot : *Daniel Deronda*, sur la vie juive, paru en 1876, tr. par Em. David, Paris, Lévy, 1881.
2. Dollivet, *Sale juif*, roman. Paris, A. Colin.

Les démocrates, d'autre part, n'ont pas de meilleur parti à prendre que d'accueillir les Juifs. Par intérêt et par tendance d'esprit, ils sont des émancipateurs. On peut même insister sur l'affinité du tempérament français et du tempérament juif, également libéraux et rationalistes, que symbolise un Heine.

Nous conclurons donc qu'il n'y a pas à empêcher l'assimilation.

La question de l'immigration. — Les nationalistes, d'une façon générale, s'opposent à l'infiltration de la population étrangère. Qu'en faut-il penser ?

Nous n'avons que peu de documents sur ce sujet. On en obtiendrait en faisant une recension des noms propres. On trouvera des indications plus importantes dans la Statistique générale de la France de 1902. Il semble qu'avant la Révolution, la France assimilait surtout des Italiens et des Espagnols. Depuis la Révolution, elle reçoit surtout des Anglais et des Allemands. Il nous faudrait aussi une étude psychologique des différentes provinces de la France.

L'infiltration étrangère peut-elle compromettre les qualités de la race ? L'opposition entre les Français et les étrangers suffit-elle à faire craindre que les nuances propres au caractère français ne soient en danger de disparaître ?

La question pourrait se poser s'il se produisait en France une immigration de Chinois. Mais il y a pour un peuple, comme pour un individu, quelque chose d'assez puéril à distinguer trop exactement son tempérament de celui des autres. C'est une attitude opposée à celle de bien des hommes qui ont été tenus pour représenter par excellence le tempérament français. Une nation forte est plastique.

Cependant cette solution libérale comporte des réserves. Il convient de distinguer entre l'association politique et sociale et l'association plus intime, l'association familiale par le mariage. Il faut être prudent pour les mariages mixtes. Il y a peu d'hommes et surtout de femmes catholiques qui soient émancipés. Est-on bien sûr de celui ou de celle qu'on épouse ? La renaissance des habitudes antérieures peut rendre l'accord difficile. Les habitudes nées des croyances peuvent faire renaître les croyances. D'autre part, l'unité n'implique pas l'homogénéité complète. Un étranger assimilé peut-il devenir un grand écrivain français ? Chamisso était d'origine française, et certains Allemands prétendent le sentir dans son style.

Ces questions se posent différemment pour les différents peuples. Spencer conseillait naguère aux Japonais de se garder contre l'invasion étrangère [1]. En Amérique, le problème a deux aspects. Il s'y produit une immigration formidable de miséreux qui ne tardent pas à voter : ils font la puissance de Tammany. S'y ajoute la question des nègres. Roosevelt, dans son livre sur *l'Idéal Américain*, résout les difficultés d'une façon pratique et libérale. Si aucun des actes d'un individu ne révèle son origine étrangère, c'est qu'il est assimilé. Le meilleur moyen de faire d'un immigrant un Américain, c'est de le traiter comme un Américain. L'harmonie politique doit être conçue comme distincte de l'unité complète. Que les nègres et les blancs restent séparés dans leurs relations sociales ou privées, l'intérêt général peut encore les unir.

5. — La Patrie et l'État

Nous avons vu combien la notion de nationalité est plastique, à quelles espèces de combinaisons elle se prête. Il est

---

1. Voy. dans l'*Européen* du 30 janvier 1905, p. 5, l'art. *Herbert Spencer et le Japon*, de Henry-D. Davray.
2. Th. Roosevelt, *L'Idéal Américain*, trad. par A. et E. de Rousiers. Paris, A. Colin, 1905, p. 82.

utile de se demander quels pourront être ses rapports avec l'État.

Il faut d'abord que nous marquions la différence de l'idée de nation et de l'idée d'État. Non qu'elles s'opposent, mais parce qu'elles tendent à se combiner dans une harmonie nouvelle. Au Canada, où l'unité politique est anglaise, il y a un nationalisme français qui s'accommode du loyalisme britannique. De même, on trouve une union consentie de l'unité nationale et de l'unité internationale chez les gens qui appartiennent à une Église internationale tout en aimant leur pays. Les protestants français ne subissent pas l'influence allemande dans leurs Églises. Les Allemands catholiques sont de bons Allemands. Cependant cette situation peut amener des crises, comme en Alsace-Lorraine. De même, on peut se partager entre la patrie et des associations internationales, intellectuelles ou politiques, comme la science ou le socialisme.

La continuité économique d'un État est plus solide que la continuité politique. Un pays qui se sépare d'un autre conserve une part de ses dettes : le traité de Berlin de 1878 a mis une partie de la Dette publique ottomane à la charge de la Bulgarie déclarée indépendante. Un pays qui s'annexe une province en accepte les dettes, mais non les traités. La Prusse, en 1866, a pris à sa charge la dette du Hanovre, de Francfort, des Hesses annexées. Pourtant cela n'a pas été le cas pour l'Alsace-Lorraine en 1871. Quand des États se divisent, il y a une certaine perpétuité de l'unité politique : ainsi, à la dissolution du royaume des Pays-Bas, des traités ont continué de valoir pour ses deux parties. Quelque chose de l'ancienne union persistait.

L'unité d'un État est très complexe et n'est pas absolue. Il arrive quelquefois que l'autorité d'un État se mélange à l'autorité d'un autre : cela se voit dans le cas de l'intervention continue d'un État dans les affaires d'un autre État. Cette intervention peut se manifester sous des formes très diverses.

Elle se fait en Chine par des capitulations. En Égypte, des tribunaux mixtes rendent la justice au nom du khédive. En Turquie, on a organisé une surveillance internationale des finances. On tend même, par les interventions en Macédoine et en Crète, à une surveillance militaire. Un article de M. Bérard présente notre action en Crète comme un des plus beaux exemples de l'intervention de la France pour l'idéal démocratique[1].

L'idée de souveraineté se complique. On en vient à admettre que la souveraineté puisse être limitée. Elle comporte bien des intermédiaires, depuis la possession proprement dite jusqu'à la zone d'influence. Ainsi les navires de guerre ne sont pas justiciables du pays dans les eaux duquel ils naviguent. La fiction de l'extraterritorialité s'applique à eux comme aux ambassadeurs. On retrouve un pareil mélange de droits dans l'action pénale. L'extradition manifeste l'opposition et le mélange de la souveraineté de l'État où le crime a été commis et de celle de l'État auquel appartient le criminel. On la retrouve aussi dans la législation commerciale : le matériel allemand qui voyage sur les chemins de fer français est sous l'autorité de ceux qui l'y surveillent, mais il appartient à un autre État, qui est considéré, dans l'espèce, comme une compagnie privée.

On trouve donc dans le présent des souverainetés limitées. Quand les provinces d'un État se soulèvent contre lui, les autres États ne peuvent pas, dans certains cas, ne pas accorder une souveraineté limitée aux provinces belligérantes ; mais ce n'est pas les reconnaître comme États. Dès 1823, des agents consulaires furent envoyés dans les ports des colonies espagnoles d'Amérique soulevées contre l'Espagne, bien avant le premier traité qui fut conclu avec elles. Dans ce cas, d'ail-

---

[1]. Voy. V. Bérard, *Les affaires de Crète. Revue de Paris*, 1ᵉʳ-15 déc. 1897, 15 janv.-1ᵉʳ févr. 1898.

leurs, les étrangers qui résident sur le territoire ne peuvent être soumis aux tribunaux des provinces révoltées. S'il s'agit d'une confédération, il se peut qu'une partie des peuples qui la composent soit tenue pour belligérante et l'autre pour neutre : dans les traités de 1795, des princes de l'Empire sont considérés comme en état de paix, mais l'Empire comme en guerre. Les mêmes questions se posent quand un État disparaît ou qu'une souveraineté nouvelle se constitue. Quand un État nouveau se forme par fusion de plusieurs autres, il faut qu'un congrès renouvelle les traités anciens. En cas d'annexion, la jurisprudence française admet que les traités antérieurs disparaissent; mais on demande souvent le maintien des traités de commerce. Quand le Texas fut rattaché aux États-Unis, l'Allemagne et l'Angleterre demandèrent le renouvellement de certains traités. En cas de démembrement, les provinces qui se détachent de l'État ne sont pas tenues d'observer les traités de l'État dont elles se détachent. *Die Nation ist dynamischer Natur* (Jellinek).

Mais des cas aussi complexes se trouvent en temps de paix. Les deux Fédérations du Canada et de l'Australie sont maîtresses de leurs tarifs et, depuis quelque temps, elles aspirent à la complète indépendance diplomatique. Le Canada la réclame depuis l'affaire de l'Alaska, où l'Angleterre soutint mal sa cause. Cependant le loyalisme sentimental de ces pays est incontestable. Autre fait : les confédérations se distinguent des compositions d'État. Dans les États confédérés, il n'y a pas de souveraineté indépendante de celle des États particuliers. Dans les États composés, il y a deux nations; un nouvel État souverain se superpose aux États particuliers. L'État composé peut d'ailleurs être un État fédéral comme la Suisse ou les États-Unis, un empire impérial comme l'Allemagne, un empire colonial comme l'empire anglais, où il y une représentation commune et un État suzerain.

Nous pouvons donc déjà entrevoir, dans ce sens, une transformation de la nationalité moderne, qui nous pose des problèmes particuliers. — Dans quelle mesure un État aura-t-il le droit de former de telles combinaisons pour atteindre un but supérieur? Cette question peut prendre deux formes :

1° Quels doivent être les rapports des nations civilisées avec les nations inférieures ?

2° A l'intérieur d'un pays, dans quelle mesure une nation peut-elle se décentraliser, se fédérer sans se ruiner ?

1° Le premier problème est un cas du problème de la tolérance. — Voici des sociétés qui ont un idéal. Tout idéal tend à se développer, et il est raisonnable qu'il se propage. Ou plutôt cette tendance est, dans sa source, le sentiment même de la rationalité : toutes les fois que l'idée du toujours, du partout, de l'illimité se joint à un état de conscience, il est raisonnable. Or, quand un sentiment se présente comme isolé, il tend à envahir toute la conscience, et ce caractère d'illimité lui donne l'apparence de la rationalité. Un sentiment tel que je n'en voie pas actuellement d'autre qui me paraisse lui être préférable est un sentiment raisonnable. Le sentiment d'obligation apparaît quand le développement de cet état de conscience est contrarié par nos passions individuelles. — Donc, quand un sentiment apparaitra de telle sorte dans la conscience d'un peuple qu'on n'en voie point qui lui soit préférable, il paraîtra nécessairement rationnel. Parfois il nous apparaîtra comme un devoir.

Mais il y a une tendance qui n'est pas moins réelle : c'est le respect des croyances d'autrui.

Dans quelle situation cette dualité nous met-elle vis-à-vis des non-civilisés? Nous ne voudrons pas imposer de force notre idéal; mais nous aurons tendance à le propager. La règle de la colonisation rationnelle serait de se mettre d'accord avec les indigènes les plus intelligents pour savoir ce qu'ils veulent adopter de notre idéal. La commission qui a été formée pour la création d'un code tunisien comprend des musulmans qui proposent eux-mêmes des compromis[1]. Mme Coignet soutient que les Algériens doivent agir sans nous quand ils sont d'accord entre eux ; mais que, s'il y a parmi eux des faibles qui réclament contre une injustice, nous devons leur venir en aide. Encore faut-il que notre action soit précédée d'une enquête faite sur place, par des gens soucieux des mœurs et des usages, intelligents et impartiaux. Le cas d'une maîtresse d'école algérienne, rapporté par P. Foncin, est intéressant à cet égard. Son père la marie sans la consulter. Le tribunal civil a annulé le mariage parce qu'une certaine prière musulmane n'y avait pas été faite.

2° La seconde question est, à la poser précisément, celle du fédéralisme en France. Il y prend de notre temps trois formes.

Une forme sentimentale. — C'est un mouvement de poètes et d'archéologues : on peut le suivre dans des revues provinciales comme l'*Effort*, de Toulouse. Parmi les poètes, les uns tiennent résolument au terroir, comme Marc Lafargue. Les autres, quittent assez aisément leur province, mais s'en servent comme d'un thème littéraire. Les archéologues sont en général, des aristocrates ou d'anciens magistrats. Le mouvement, né dans les Académies de province, se manifeste dans les Congrès des Sociétés savantes.

Il est désirable que cette décentralisation s'accentue. Aujourd'hui, les paysans n'osent plus sortir leurs costumes : la poésie du terroir existe bien, mais elle n'ose se montrer en public.

Une forme historique. — Vous trouverez les thèses de ce fédéralisme chez MM. Ch. Beauquier et Foncin.

Une forme économique. — Le fédéralisme économique se

---

[1] Voy. l'art. du *Temps* du 19 avril 1905 : *Politique musulmane*.

développe dans deux directions, l'une aristocratique, l'autre ouvrière[1].

Voici la méthode à suivre pour résoudre ces questions. Nous devons étudier les besoins réels et profonds de la société. Nous n'avons pas à les déduire de théories, d'ailleurs plus ou moins critiquables, comme M. Foncin les déduit de la géographie et de l'histoire des savants.

Il faut que les besoins actuels utilisent l'histoire, mais ils ne sont pas déterminés par elle. Les besoins sentimentaux et économiques fixeront le choix. A ce sujet, rien n'est plus intéressant que d'étudier le conflit du sentiment et de l'intérêt économique dans les pays annexés[2].

6. — L'INDIVIDU ET LA NATION

Pouvons-nous imaginer maintenant ce que deviendront les relations de l'individu avec la collectivité? Il est important de distinguer cette question de celle des relations entre les collectivités. On reconnaît de plus en plus les droits de l'homme en tant qu'homme. Pourtant il arrive encore que ces questions soient confondues, surtout quand il s'agit des rapports entre les nations civilisées et les autres. Les États civilisés réclament des réparations collectives de la nation inférieure pour la faute d'un individu. En 1898, l'Allemagne demanda à la Chine, pour l'assassinat d'un missionnaire, de l'argent, une cathédrale, la surveillance d'un chemin de fer, au lieu d'indemnités pour l'individu ou sa famille et de garanties pour l'avenir[3].

---

1. Sur les syndicats agricoles, voy. comte de Rocquigny : *Les Syndicats agricoles et leur œuvre*, Paris, A. Colin, 1900. Sur le catholicisme social, voy. les écrits de Max Turmann. Sur les syndicats de bûcherons, voy. C.-H. Roblin, *Les bûcherons du Cher et de la Nièvre, leurs syndicats*, Paris, édit. du Mouvement Social, 1903, in-8°, 352 p., carte.

2. Voy. E. Reybell, *Le socialisme et la question d'Alsace-Lorraine*. Revue socialiste, janv., février et avril 1904.

3. Tchernoff, *op. cit.*, pp. 102-3.

M. Tchernoff cite l'exemple intéressant d'un conflit entre le roi des îles Sandwich et la France : celle-ci lui imposa le dépôt de 20.000 piastres comme garantie de sa conduite à l'avenir[1]. Pareille confusion, parfois, dans les relations entre civilisés. Les ambassadeurs ont un rôle équivoque, à la fois diplomatique et protecteur. M. Tchernoff voudrait qu'on remît aux consuls la juridiction de leurs nationaux.

Dès à présent il y a, dans les relations des étrangers avec les pays où ils se trouvent, des indications qui permettent de pressentir la complexité des situations futures. L'étranger a des droits et des devoirs à l'égard du pays où il réside et du pays auquel il appartient. Dans les pays civilisés d'aujourd'hui, il possède les droits privés, ceux qu'il a en tant qu'homme. Il n'a pas partout tous les droits civils, c'est-à-dire les droits du citoyen à titre privé. Mais on les accorde de plus en plus facilement. Les passeports sont supprimés chez presque tous les peuples. Les étrangers ont la liberté du commerce et de la circulation.

Suivant ce qu'elles concèdent de droits civils, on pourrait classer les nations en trois groupes.

a. Certaines ont maintenu les incapacités qui frappaient autrefois l'étranger. Dans plusieurs États américains, le Vermont, l'Illinois, la Caroline du Nord, le Missouri, les étrangers ne peuvent posséder que s'ils y ont résidé un certain temps. Beaucoup de ces incapacités ont existé en Angleterre jusqu'en 1870.

b. D'autres accordent tous les droits civils : l'Italie, l'Espagne, l'Allemagne, la Suisse, les Pays-Bas, la Norvège, le Japon, la Roumanie, la Russie, avec des restrictions pour la propriété immobilière.

c. Enfin les autres, comme la France, les accordent par voie de réciprocité, législative ou diplomatique.

---

1. *Op. cit.*, pp. 398-9.

Mais ces distinctions ne sont pas définitives.

Dans quelle mesure l'étranger participera-t-il aux devoirs des citoyens du pays où il réside ? En général, comme il n'a pas de droits politiques, il ne supporte pas de charges militaires; mais il paie des impôts. En certains cas, il est soumis à certaines obligations presque militaires. En Algérie, on impose le service d'incendie aux Européens. Pareillement, en Suisse, on incorpore l'étranger dans le corps des pompiers. D'autre part, l'étranger peut-il participer à certains avantages de la vie civique ? On tend à assurer à l'étranger le droit à l'assistance. En France, on lui impose l'instruction obligatoire après un long temps de séjour.[1] Cela peut faire naître des conflits. Un sénateur a parlé du danger de permettre à de jeunes Français d'apprendre l'histoire en Suisse[2].

Si on n'accorde pas généralement aux étrangers les droits politiques, dans l'Amérique du Sud on les laisse y participer. Dans nos pays même, l'étranger a-t-il le droit de pétition ?[3] Est-ce un droit civil ou politique ? L'ancien régime était sur ce point beaucoup plus large ; de Molinari soutient qu'il n'y aurait pas de danger à admettre les étrangers aux fonctions publiques.

Par son séjour prolongé, un étranger peut être considéré comme dénationalisé : ce qui montre la plasticité du sentiment national. Dans certains cas, la nation affirme que l'étranger exprime par ses actes un sentiment encore implicite, inconscient : c'est une forme de quasi-contrat. L'Allemagne ne protège plus un de ses nationaux qui, ayant pris du service à l'étranger, ne le quitte pas sur l'ordre du gouvernement allemand, ou reste plus de dix ans au loin sans papiers, ou après la péremption

---

[1]. Sur la question, voy. Tchernoff, *Le Droit de protection exercé par un État à l'égard de ses nationaux résidant à l'étranger*. Thèse. Paris, Pedone, 1898, pp. 489 sqq.

[2]. *Op. cit.*, p. 490.

[3]. *Op. cit.*, p. 463, note.

de ses papiers. La tendance anglaise est de protéger toujours. Ce n'est qu'en 1870 que l'Angleterre a admis qu'un de ses citoyens pût cesser d'être Anglais. La question du service militaire a amené des conflits entre les États-Unis, l'Angleterre et l'Allemagne, qu'on a dû résoudre par des traités.

En France, on tend à admettre que la naturalisation fait perdre complètement la nationalité d'origine. Pourtant Tchernoff admettrait la double nationalité, et bien des auteurs de traités de droit international considéreraient ce mélange comme légitime. En effet, la naturalisation a des formes diverses qui peuvent aller jusqu'à la possession de deux nationalités, ou jusqu'à la dénationalisation proprement dite.

La naturalisation se fait suivant différents systèmes : le système allemand de la filiation, le système anglais du lieu de naissance. Le système français est mixte. Les idées sur les conditions et les modes de la naturalisation sont extrêmement diverses. Jusqu'en 1870, les Anglais n'ont admis que l'allégeance perpétuelle. Depuis 1870, ils décident d'après la territorialité. Pour la Russie, le lien entre l'État et le sujet reste toujours très intime, même si le sujet s'est naturalisé à l'étranger. En Suisse, la loi déclarait jusqu'en 1876 la qualité de citoyen de Genève inaliénable. L'Allemagne doit aujourd'hui encore permettre l'abandon de la qualité d'Allemand : elle maintient l'allégeance pendant dix ans quand le sujet s'est fait naturaliser dans un pays étranger sans permission. En France, la dépendance des nationaux envers la nation a été à certains moments, comme sous le premier Empire, très étroite. Une loi déclarait mort civilement tout citoyen ne rentrant pas en France dans les délais prescrits. Mais la

1. Pour toutes ces questions voy. H. Bonfils, *Manuel de droit international public (Droit des gens)*. 3ᵉ éd. revue par P. Fauchille. Paris, A. Rousseau, 1901.

loi du 26 juin 1889, modifiée par celle du 22 juillet 1893, est très large. Elle implique cependant certaines limitations. Un Français ne peut se dénaturaliser sans autorisation s'il appartient à l'armée active. Si un père de famille est naturalisé, sa femme et ses enfants majeurs le sont sans condition de stage, les enfants mineurs sont français par le seul effet de la naturalisation du père et de la mère survivant.

Il peut donc arrriver qu'une personne soit astreinte à des obligations également strictes envers deux pays. Ainsi, avant 1870, une Anglaise ayant épousé un Français avait deux nationalités. Encore aujourd'hui, en combinant la loi suisse et la loi allemande, on peut obtenir un résultat semblable. Des difficultés en résultent au moment du service militaire.

Quels sont les conflits qui peuvent se présenter à l'occasion de ces doubles nationalités ? On en trouve des exemples dans le passé. Au moment de la formation de l'unité allemande, Treitschke a renoncé au patriotisme saxon. Actuellement, la tendance de tous les peuples est de faciliter la naturalisation. On remarque que les nations dont les citoyens se détachent le plus aisément sont celles chez qui la question militaire ne se pose pas : la Suisse, l'Allemagne avant l'unité. Aujourd'hui au contraire, l'Allemand même quand il est naturalisé, garde des attaches avec son pays natal[1]. Dans l'Alsace actuelle, il y a conflit entre trois ordres de sentiments. D'abord les Alsaciens sont Allemands par intérêt économique ; dès le début, c'est par là que se sont opérés des rapprochements entre eux et l'Allemagne. Mais beaucoup sont Français de sentiments, même parmi les jeunes gens qui sont pris par la conscription. Enfin le parti de l'autonomie rallie des catholiques et des socialistes.

1. Lair (Maurice), *L'Impérialisme allemand*, Paris, A. Colin, 1902 (l'exemple des Allemands du Brésil).

En France, des questions de cet ordre se posent dès à présent. Le sentiment national entre en conflit avec des idées dont le triomphe semble impliquer un certain renoncement au sentiment national.

Dans quelle mesure faut-il donner la naturalisation aux étrangers? Cette question est posée périodiquement à la Chambre. Elle peut se traiter par la statistique. Sur 69.000 étrangers qui se font naturaliser, 5.000 viennent faire leur service militaire en France. C'est une proportion considérable. Y a-t-il lieu de craindre que la naturalisation n'introduise dans la nation des éléments inférieurs? C'est une question en partie de statistique, en partie de psychologie.

Voici des difficultés plus graves. Comment résoudre le conflit du sentiment national et de la haine pour la guerre, le conflit du sentiment national et du sentiment prolétarien? Un homme qui croit la guerre mauvaise doit-il faire son service militaire? Un ouvrier qui croit à un idéal de justice doit-il servir un pays où il n'est pas réalisé? Voici les éléments de la solution.

Tout d'abord, il entre nécessairement dans ce débat une question de sentiment. Il ne faut pas la négliger; on ne doit pas supprimer un sentiment parce qu'il est un sentiment. On la posera en ces termes : dans quelle mesure le sentiment national peut-il être concilié avec un sentiment supérieur? Mais il est absurde de parler d'abolir ce sentiment.

Puis on peut, dans une certaine mesure, exprimer le sentiment patriotique dans un langage rationnel. On peut traduire en relations contractuelles les relations que nous avons avec un pays donné. Tout homme se dira : je suis redevable à mon pays de tous les avantages que j'ai reçus de lui, sans les avoir expressément acceptés, alors même que je n'en avais pas conscience. La théorie du quasi-contrat consiste à interpréter nos habitudes instinctives en langage rationnel (à l'inverse des théories biologiques de la morale). Par la fiction du quasi-contrat, les instincts nous apparaissent comme des relations d'idées.

Évidemment, la question ne se pose pas de même pour tous les pays. Pour un Russe libéral, le conflit est des plus aigus. Mais même dans ce cas la question ne reçoit pas une solution simple. Ne peut-on pas tirer parti de son pays, le transformer pour le faire servir à une grande cause?

Enfin le sentiment patriotique est un sentiment de choix auquel nous n'admettons pas qu'on renonce par intérêt ou qu'on oppose des mobiles inférieurs. On n'aime pas seulement ses parents pour leurs qualités.

Appliquons, pour finir, ces principes généraux aux deux questions qui sont actuellement le plus discutées.

1° *L'individu et la guerre.* — La question s'est posée en fait. Un homme, pour des raisons très sérieuses, a refusé de porter les armes. C'est le cas de Grasselin, qui avait opposé ses convictions religieuses à l'ordre de service. Il passa en conseil de guerre, fut condamné à deux ans de prison, puis gracié et versé dans l'infirmerie[1]. Le cas s'est présenté en Suisse pour un rédacteur d'un journal de Neuchâtel, tolstoïen convaincu. Le Congrès socialiste d'Olten s'est prononcé contre lui[2].

Les sociétés de la Paix ont été appelées à se prononcer sur ce point au Congrès de la paix de Rouen : M. Allégret a proposé que les conscrits qui refusent de porter les armes par motif de conscience soient autorisés, après une enquête sérieuse sur leurs convictions, à entrer dans les services auxiliaires[3]. Le Congrès de Nîmes décida qu'il n'avait pas à

---

1. Voy. *La Paix par le droit*, 1903, p. 303 (juillet 1903). On trouvera dans le même passage la mention du cas Delsol.
2. Sur le cas de M. Naine voy. : dans le *Temps* du 20 octobre 1903, *Lettres de Suisse. Le Congrès socialiste.*
3. Voy. *la Paix par le droit*, 1904, p. 125 (mars 1904).

intervenir dans des cas qui relèvent de la conscience individuelle[1].

Comment se pose le conflit? Il importe seulement que celui qui prendra parti ait sous les yeux tous les éléments de la question. Elle se rattache à un problème plus général. Dans quelle mesure devons-nous respecter la légalité? D'une part, nous devons obéir à la loi même injuste. La révolte n'est qu'une suprême ressource. Or il y a certaines conditions qui s'imposent à un pays, parmi lesquelles le service militaire. Il semble donc que je doive m'y soumettre, à moins de renier le principe général de la légalité. D'autre part, si mon pays peut servir au triomphe d'une idée, je dois vouloir qu'il dure. La question est alors de savoir si je dois préférer la profession de mon idéal à tout, et me priver de ce moyen d'action qu'est mon pays. Mais aussi il y a des cas où l'idée se trouve dans des dangers tels qu'il faut la proclamer. Il peut se faire que la double obligation de maintenir la légalité et mon pays, pour en faire un instrument de mon idéal, soit inférieure au devoir de proclamer cet idéal dans toute son intransigeance. Lamartine, Proudhon disaient : « Je sacrifierais mon pays à l'idée. » On peut répondre : « l'idée a le temps pour elle : je ne puis renoncer à mon pays ; je ne puis faire qu'il ne soit pas le mien. »

L'essentiel est de ne pas voir la question sous une forme simple. On ne saurait la résoudre absolument, parce qu'il y entre une part de tempérament. Seulement se décider en connaissance de cause. Voici les thèses posées : choisissez. La question de sentiment ne vient qu'en dernier lieu. Chacun la tranchera selon sa conscience. Il y aura des oppositions inévitables de tempérament. Si quelqu'un avoue un senti-

---

[1]. 2ᵉ Congrès national de la Paix, ouvert à Nîmes le 7 avril 1904. Le texte de la motion votée est reproduit dans *La Paix par le droit*, 1904, p. 164.

ment irréductible, on ne le condamnera pas. La conscience est le dernier juge. Mais il faut qu'elle se soit documentée. Si tous appliquaient cette méthode, si chacun pouvait se dire que son adversaire a fait son enquête comme lui-même, la lutte des idées serait moins âpre.

2º *L'individu et le prolétariat international.* — La question ne se pose que pour une guerre offensive : car le nombre et la qualité des gens qui s'opposent au patriotisme de façon intransigeante paraissent négligeables. Quels sont, pour un prolétaire, les éléments de la question? Il doit se demander s'il peut tirer parti de la tradition française pour concourir au mouvement humain. Faut-il, en refusant le service, risquer la vie de sa patrie et renoncer à s'en servir comme de l'instrument d'un idéal supérieur? Même si l'idéal s'y obscurcit, faut-il l'abandonner ou se dire : « Après la crise, je retrouverai mon pays? » Enfin aura-t-on le courage de résister au sentiment national? Ne se dira-t-on pas : « Si mon pays est coupable, est-ce à moi de le punir? » On ne tient pas rigueur à sa patrie.

La solution dépend de la conscience de chacun.

Il résulte au moins de là qu'un devoir s'impose à ceux qui participent aux bienfaits de la civilisation française. Ils doivent faire en sorte que le peuple n'ait jamais à hésiter entre la cause de la patrie et l'intérêt de son idéal social[1]. Ils doivent assurer aux prolétaires une vie telle qu'ils ne puissent se dire qu'ils seraient mieux ailleurs.

[1]. Voy., dans l'*Humanité* du 17 mai 1904, l'art. de L. Herr : *L'impérialisme anglais* (sur le disc. de M. Chamberlain du 15 mai 1904). Et, dans le *Temps* du 21 oct. 1903, sous le titre *La lutte économique en Angleterre*, les déclarations de lord Rosebery.

LA JUSTICE

INTRODUCTION

Nous chercherons dans ce cours, à propos d'un problème spécial, celui de la Justice, dans quelle mesure se combinent, pour former une croyance morale, les connaissances objectives, les tendances sociales, les sentiments individuels et enfin ce qu'on peut, en ces matières, appeler l'idée. Peut-être aussi entreverrons-nous ce qu'est, par rapport à cet ensemble, l'idée philosophique de la Justice.

Le problème même de la Justice consiste à rechercher ce qui revient à chacun en fait de pouvoir politique, de pouvoir économique (droit à la propriété) et de pouvoir spirituel (droit à l'instruction et à la culture). Il consiste en outre à analyser la répartition des récompenses et des peines entre les individus, analyse qui, pratiquement, se réduit presque à celle de la Justice pénale. Nos sociétés modernes, en effet, pour des raisons complexes que nous ne pouvons développer, punissent plus qu'elles ne récompensent, ou du moins les récompenses qu'elles attribuent sont moins précisément réglées par la loi que les peines.

Or, pour traiter de telles questions, on a, dans ces dernières années, complètement changé de point de vue et de méthode.

1. Cours professé à la Sorbonne en 1905-1906.

Auparavant, lorsqu'on voulait déterminer ce qu'il faut croire relativement à la Justice, on s'efforçait de définir cette croyance en fonction de réalités autres qu'elle-même : réalité transcendante (conceptions religieuses ou métaphysiques) ; réalité physique (conceptions biologiques) ; réalité psychologique permanente saisie par une induction analogue à l'induction scientifique. On cherchait toujours à se référer à un certain idéal *a priori*. Mais on n'admettait point qu'il pût y avoir en pareille matière une croyance autonome, une croyance sociale et historique, susceptible d'être prouvée directement. On raisonnait du point de vue de l'*homo æternus*, et sans tenir aucun compte de l'histoire. Or, comme nous le verrons, toutes les conceptions statiques de l'idée de Justice aboutissent à des sophismes ou à des erreurs.

L'idée de Justice, en réalité, est sociale et historique. Ce n'est pas à dire qu'il faille admettre la conception philosophique de l'histoire suivant laquelle la courbe de tout l'avenir serait déterminée par celle de tout le passé. Sans doute, il y a des directions constantes dans l'histoire de l'humanité ; mais elles sont très indéterminées. Au contraire, pour déterminer une croyance morale, il faut se placer au point de vue d'une société donnée et au point de vue du présent ou du passé prochain. Aujourd'hui, la croyance spéciale et actuelle ne fait plus qu'utiliser les croyances du passé ; ce n'est plus l'éternité qui, sous la forme de lois permanentes de l'histoire, détermine le présent : c'est le présent qui utilise cette éternité.

Ainsi se révèle l'objet positif de notre étude, qui est une sorte de transposition des doctrines métaphysiques : il s'agit de déterminer quel usage la croyance historique, sociale actuelle peut faire de ces théories d'où on prétendait la déduire. Mais ni le point de vue de l'histoire, ni le point de vue du social pur ne se suffisent à eux-mêmes. Ils n'offrent que de simples possibilités. Objectivement, il n'y a jamais, à un moment donné, que des tendances sociales entre lesquelles il est impossible de se prononcer avec assurance. Même si les statistiques nous apprennent la présence momentanée d'un certain courant prédominant, il nous est impossible de dire si ce courant ne sera pas arrêté par l'intensité incalculable des croyances et des volontés. Pour choisir entre les tendances sociales, il nous faut faire appel à la conscience individuelle. C'est elle qui définit l'*idée*, laquelle n'est que l'état de conscience éprouvé auquel on aboutit une fois l'enquête faite.

Mais pourquoi donc alors, moi philosophe, traiter de ces questions où la philosophie n'a rien à faire? C'est que les philosophes seuls, peut-être, sont capables de ne point philosopher en ces matières.

Notre entreprise ainsi définie et justifiée, disons tout de suite que nous donnerons moins ici des solutions que nous n'indiquerons des méthodes. Pour aboutir aux premières, des documents précis sont nécessaires. Or de tels documents, et le temps et la compétence spéciale nous manqueront souvent. Nous poserons donc surtout des questions et nous verrons à leur propos comment la croyance que nous cherchons ne peut être qu'historique et actuelle. Chemin faisant, nous rencontrerons les sophismes impliqués dans les solutions proposées. Nous les démasquerons, souvent sans connaître leur auteur; car dans la plupart des cas ils sont dans l'air : comme les proverbes, ils n'appartiennent à personne. Nous ferons moins la critique de livres définis et d'erreurs individuelles que d'un état donné de la pensée contemporaine et de sophismes du public.

PREMIÈRE PARTIE

CRITIQUE DES THÉORIES PHILOSOPHIQUES DE LA JUSTICE

CHAPITRE PREMIER

CONCEPTIONS RELIGIEUSES ET MÉTAPHYSIQUES DE LA JUSTICE

Parmi les doctrines qui essaient de déterminer la notion de Justice en dehors de la croyance morale et sociale dont nous avons parlé, se présentent tout d'abord les conceptions métaphysiques. Nous commencerons par les étudier sous leurs premières formes, celles qui tendent à réduire ou à subordonner la Justice à des croyances religieuses. Et nous verrons qu'une telle tentative se heurte à une double objection fondamentale. On se placera peut-être, comme on le fait souvent aujourd'hui, au point de vue de la force et non plus de la vérité de ces croyances : on cherchera, par exemple, à utiliser la vertu sociale du catholicisme. Mais, dans cette hypothèse, l'ordre de la déduction se trouve alors renversé et il faut admettre que ce sont les croyances morales et sociales d'un temps qui utilisent à leur profit certaine idéologie ou certaine religion.

Quoi qu'il en soit, nous avons donc nous-mêmes à nous placer à deux points de vue : nous pouvons considérer l'idée religieuse comme une vérité ou comme une force. Nous nous arrêterons peu sur le premier de ces aspects. C'est à propos des doctrines métaphysiques que nous étudierons les justifications transcendantes de l'idée de Justice. Les vérités sur lesquelles se fondent les croyances religieuses sont loin d'être admises par tous. Beaucoup qui doutent de la divinité du Christ sont persuadés de la nécessité d'une fraternité humaine. Il semble donc dangereux de faire dépendre les croyances morales de croyances religieuses de moins en moins acceptées par les foules. Mais alors même que ces idées religieuses seraient acceptées unanimement, on ne saurait en déduire les vérités morales précises dont nous avons besoin. On ne peut le faire en effet qu'en donnant un sens précis à une croyance religieuse absolument indéterminée, ou bien en élargissant sans mesure le sens d'une règle morale précise pour la déduire d'une croyance religieuse très vague. Prenons pour exemple les tentatives de justification de la démocratie. On raisonnera ainsi : puisque Dieu nous a créés tous de la même façon, puisque le Christ est mort pour tous, la terre doit appartenir à tous. C'est le sophisme russe actuel ; et c'était le sophisme des paysans du moyen âge. On pourrait déduire de la même façon que les femmes doivent appartenir à tous. Le *Sillon* et *L'Avant-Garde* nous offrent des exemples de déduction du même genre. C'est par le même procédé de raisonnement encore que l'on dérive des paroles du Christ le socialisme moderne ou la Déclaration des Droits de l'homme.

Mais au lieu de se contenter de cette déduction vague et indéterminée, les démocrates chrétiens s'appuient aujourd'hui sur des raisons historiques pour montrer qu'en fait les croyances religieuses — catholiques ou protestantes — sont susceptibles de contribuer au développement de l'esprit démocratique. S'agit-il du protestantisme? il s'est fait le champion de cet esprit en divers temps et en divers pays. Les dissidents, partis en Amérique au xvii° siècle, ont essayé de réaliser une société communiste fondée sur l'Évangile. En Angleterre, en 1848, les premières idées socialistes ont eu une forme protestante. En Allemagne, en Australie, on trouve un mouvement d'évangélisme protestant également à tendance démocratique. En France, l'organisation de l'enseignement laïque, le mouvement coopératif sont aussi d'origine protestante. Envisage-t-on la foi catholique, on découvre des indices non moins nombreux de sa solidarité avec la démocratie sociale. En 1848, le clergé est enthousiaste, les républicains lui sont sympathiques, le socialisme se teinte de religiosité et non point d'anticléricalisme, et il y a autour de Lamennais, de Buchez et de quelques autres un mouvement démocratique catholique. Il y avait à ce moment en France une union générale des forces sentimentales contre la sécheresse du parti constitutionnel et industriel. Aujourd'hui encore, il y a un courant démocratique qui naît de sources catholiques, sans parler d'un besoin populaire très fréquent d'affirmation et d'espérance, qui est catholique, lui aussi, dans son origine. Les catholiques ont favorisé certains mouvements ouvriers. L'organisation américaine des « Chevaliers du Travail » a eu l'approbation de Léon XIII[1]. En Allemagne, courant analogue, et l'on a vu l'évêque de Cologne envoyer des secours aux grévistes Westphaliens. De même encore en Autriche, en Hongrie. Il semble donc bien que les idées religieuses favorisent — en certains pays du moins et dans certains groupes — le mouvement social démocratique.

Mais l'inverse n'est pas moins vrai et il y a dans le protestantisme et le catholicisme des directions opposées aux précédentes. Le protestantisme conçu comme doctrine de purification intérieure et individuelle s'allie à un indifférentisme social qui accepte l'ordre de choses établi et la hiérarchie existante.

---

[1]. Cf. Max Turmann, *Le Développement du catholicisme social*. Paris (Alcan), 1900, p. 181 à 185.

C'est ainsi que Luther était essentiellement respectueux des puissances et que le mouvement protestant primitif fut à la fois mystique et monarchique. L'histoire du protestantisme fournirait beaucoup d'autres exemples d'un phénomène du même genre : au moment de la guerre de Sécession, les pasteurs justifient l'esclavage au nom de la religion. « Les enfants de Cham, disent-ils, sont prédestinés par Dieu à la servitude ». (Sermon prononcé à la Nouvelle-Orléans). En Russie, un pope approuve les châtiments corporels sous prétexte que la verge est prescrite au Livre des Proverbes [1].

Dans le catholicisme, de même, on peut trouver des directions toutes différentes de celles que nous avons précédemment relevées. La doctrine catholique orthodoxe est l'indifférence en matière politique et sociale. Elle recommande la bonté et la charité privée, mais ne s'occupe pas d'une forme spéciale de gouvernement ou d'organisation. Les Jésuites et les catholiques sociaux agissent dans des sens opposés. Parfois on va jusqu'à dire que le respect de l'ordre social établi est la conséquence naturelle du dogme. Le secours aux pauvres constituant une des voies du salut, il en résulte que les pauvres sont nécessaires dans une société catholique et qu'ils doivent être fiers d'être pauvres [2]. Bien plus, il semble que l'Église catholique soit, par ses tendances, plus favorable aux doctrines monarchiques qu'aux doctrines républicaines, et cela peut-être pour des raisons plus psychologiques que doctrinales. Elle semble devoir être naturellement portée à admettre la théorie du bon tyran de Le Play et la conception féodale de la propriété [3]. N'allie-t-on pas sans cesse religion, famille, propriété? En général, les organisations ouvrières confession-

1. Voir le *Temps* du 6 août 1899.
2. Voir, à ce sujet, le sermon de Bossuet sur « l'éminente dignité des pauvres dans l'église ». Cf. lettre de M⁰ˢ de Rémusat, *Rev. de Paris*, 1902, pp. 225 sq., 492 sq., 761 sq.
3. Voir à cet égard les encycliques de Léon XIII.

nelles sont respectueuses de l'ordre, hostiles aux grèves et au mouvement syndicaliste.

Les religions sont donc alliées tantôt à la monarchie et tantôt à la démocratie ; elles se plient à des besoins sociaux et à des circonstances diverses. Leur influence exacte est non de fonder, mais de favoriser une croyance sociale dans une âme disposée à accepter une telle croyance. Les croyances sociales ont souvent besoin de cet appoint. Elles ont souvent une tendance à se projeter au ciel, comme l'attestent les mouvements sociaux anglais et américains de la première heure. Mais souvent aussi les religions ne se sont mêlées à certains mouvements sociaux que grâce à des circonstances extérieures ou accidentelles. Les protestants, par exemple, ont soutenu la Révolution parce que leur organisation politique était démocratique et aussi parce qu'ils étaient persécutés. Les Juifs de même, persécutés et déracinés, s'associent à tous les mouvements d'émancipation sociale et figurent ainsi aux origines du socialisme. Enfin, si les courants sociaux ne sont souvent solidaires que par accident de directions religieuses définies, il arrive aussi que les préoccupations sociales se développent précisément en raison du déclin de la foi. Montalembert l'avoue dans ses discours au sujet de la loi Falloux [1]. Et cette observation a été renouvelée. En général, lorsque les démocrates chrétiens veulent faire de la propagande, ils s'intitulent d'abord et en première ligne démocrates et ils oublient quelquefois leur étiquette religieuse; ils ont le sentiment qu'on ne peut amener le peuple à la religion que par des croyances sociales. Les théories de Joseph de Maistre et de Bonald sont des théories sociales : le Dieu chrétien, catholique s'est révélé non à l'individu, mais à la collectivité. De là une idée large du dogme, qui a été développée notam-

---

1. Cf. Henry Michel, *La loi Falloux*, p. 53-65.

ment par M. Le Roy. Quelqu'un même a pu dire : « Je doute de Dieu, mais je ne doute pas de l'Église. » Il y a avant tout une société catholique et le dogme ne représente que ce que doit croire une société déterminée pour rester unie.

En résumé, la religion n'établit pas, ne fonde pas les croyances de la morale sociale : elle n'est pour elles qu'un appoint, elle leur sert de garantie et non de preuve. D'ailleurs il en est pour lesquelles cet appoint est inutile et qui sont même plus fortes sans lui. Déjà Kant avait vu que la religion est un moyen de figurer une certaine morale aux yeux de la sensibilité et de l'imagination. Mais alors on peut se demander si ce vêtement figuratif est nécessaire, si même il n'est pas gênant dans certains cas : par exemple, on pourrait poser la question pour les croyances monarchiques et montrer à leur propos que l'alliance de la religion et de la monarchie, si étroite qu'elle ait pu être, n'est pas nécessaire, au moins pour la monarchie constitutionnelle, comme l'histoire le prouve.

.· .

Les doctrines que l'on peut appeler proprement métaphysiques de la justice ne sont pas aujourd'hui très répandues. Mais ce qui demeure vivant, ce sont certaines façons métaphysiques de penser : j'entends par là le procédé qui consiste à poser *a priori* un certain type de vérité ou de fait comme le seul type possible de vérité ou de fait. C'est ainsi que certains moralistes prétendent relier nécessairement les principes pratiques aux principes généraux de la connaissance. Tel Kant, pour lequel la raison pratique n'est autre que la faculté de l'universel appliquée au désir et à la conduite : il conçoit la morale comme un système universel et abstrait, indépendant des circonstances historiques ou psychologiques, valable pour l'humanité tout entière, pour la cité des hommes. Il semble que la morale kantienne doive ou nous condamner à un humanitarisme vague, amorphe, ou aboutir à déduire les devoirs particuliers à la manière de Fichte. C'est dans cette voie que sont entrés tous les auteurs du droit naturel, disciples plus ou moins indirects de Kant, ou inspirés de lui.

Mais à supposer que la morale doive refléter la science, la science n'est plus aujourd'hui telle que l'imaginait Kant. La morale, si elle voulait aujourd'hui prendre la science pour modèle, chercherait peut-être d'abord à déterminer les devoirs spéciaux, concrets.

Au contraire, les moralistes démocrates se sont surtout inspirés des principes kantiens : il y avait là tout un système rigoureusement lié qui satisfaisait le besoin de substituer une certitude positive et démonstrative aux certitudes de la métaphysique et de la foi. Les conservateurs, eux, se sont plutôt appuyés sur l'Histoire, gardienne du passé, de la tradition. Proudhon, de son côté, déduit la nature morale de la nature métaphysique de l'homme : la raison est l'essence de l'homme, donc les hommes sont égaux. C'est toujours la superstition de l'universel, du permanent. Pourquoi prendre pour objet ce qu'il y a d'identique entre les hommes? Pourquoi au contraire ne pas faire saillir sur ce fond uniforme mon individualité? Je ne puis me passer des autres, suit-il de là que je doive les prendre pour fin? Je les utiliserai sans m'identifier à eux. Jusqu'où d'ailleurs pousser cette identification avec autrui? Je ne puis le déterminer *a priori*. Faut-il mettre en commun nos pensées, nos sentiments, nos biens, nos femmes, nos enfants? Si je dois chercher l'unité, l'harmonie, pourquoi ne pas les chercher en moi d'abord et surtout, et n'user de la nature et de mes semblables que dans la mesure où ils servent mon individualité pensante? Le héros du *Disciple* de M. Bourget ne songeait aux autres que pour les écarter comme gênants.

Un autre sophisme consiste à passer du sens formel au sens matériel de la raison. Tous les hommes sont égaux devant la raison. Donc ils doivent être tous traités de même. Mais de ce que la raison doit être impartiale et en un sens égale pour tous, suit-il qu'elle doive ne pas traiter les gens suivant ce qu'ils sont?

Nous avons vu les philosophes déduire les principes pratiques des principes de la connaissance. Plus récemment, on a déduit certains de ces principes, comme le principe du droit, de notre ignorance. Ne dogmatiser ni en pensées ni en actes, tel est le principe du droit pour M. Fouillée. L'homme est quelque chose de profondément mystérieux, il est le principe intérieur de vie, distinct du mécanisme : *omne individuum ineffabile*. Chaque liberté est limitée par la liberté voisine qu'elle respecte parce qu'elle ne peut la décomposer comme un mécanisme, parce qu'elle l'ignore. Le respect du droit, c'est le pendant du doute méthodique. Mais il semble que si j'ignore le fond des choses, je doive me conduire d'après l'apparence. Le masque est si beau que j'ai peur du visage. Je n'ai pas à respecter ce que j'ignore. Comme Spencer, M. Fouillée divinise son ignorance. C'est presque du fétichisme. Au reste l'argument porte plus loin : si les hommes sont des êtres mystérieux, sacrés, inquiétants, non seulement je les respecte, mais je m'isole d'eux avec une sorte d'horreur.

Les déductions précédentes partaient d'un principe général de la connaissance. D'autres rattachent tel principe pratique à tel principe théorique particulier. C'est ainsi que Kant a prétendu démontrer que les maximes des actions mauvaises constituaient, si on les universalisait, une violation du principe de contradiction.

Or, tout d'abord, la non-contradiction dans la conduite est elle toujours un devoir? Elle en est un dans l'ordre de la pensée, en ce sens seulement qu'on ne doit pas dire ou penser le contraire de ce que l'on croit, du moins sans raison, c'est-à-dire si les choses n'ont pas changé. On ne doit pas mentir et l'on ne doit pas oublier ce que l'on a dit. La pensée tend à rester et doit rester ce qu'elle est si rien dans la réalité ne l'oblige à changer. Elle doit alors sans doute essayer d'interpréter le réel pour l'adapter à ses concepts. Mais elle doit aussi savoir renoncer à cet effort s'il est stérile. Le devoir de non-contradiction n'a donc pas un sens absolu. Il concerne nos pensées prises en elles-mêmes, non dans leur rapport avec le réel. Rien ne nous dit que la réalité ne souffre pas l'application de deux pensées impossibles à unifier pour nous, ou tout au moins qu'il n'y ait point entre ces deux pensées une synthèse possible, mais actuellement inaperçue. C'est un devoir de ne pas se contredire. Ce n'est pas un devoir de lever à toute force les contradictions de la nature, d'unifier la nature si elle ne s'y prête pas. La logique doit céder devant le fait. Peut-être en est-il de même en morale. Peut-être y a-t-il là aussi des faits moraux, des réalités morales spéciales irréductibles à l'unité de nos concepts moraux. Dans certains cas, dès lors, la contradiction est peut-être un devoir.

Remarquons au reste que cette tendance à soumettre la conduite à la logique tient au désir d'introduire dans la morale la certitude même de la connaissance. Or l'on ne s'aperçoit pas que la non-contradiction n'est pas une nécessité logique, mais morale. La contradiction est impossible dans le moment même où l'on pense. On ne peut pas penser A et non-A dans le même moment et sous le même rapport. Mais on peut penser le contraire dans le moment d'après. Sans doute l'homme tend à persévérer dans la même pensée, mais il tend aussi à changer de pensée. Il oublie, il varie, surtout lorsqu'il y a intérêt. De sorte que c'est *par devoir* qu'il ne se contredit pas. En appliquant le principe de non-contradiction, la morale reprend à la connaissance son propre bien. De plus, à supposer qu'il soit toujours immoral de se contredire, et cela par une nécessité logique, — deux points également contestables — la non-contradiction ne serait jamais qu'un devoir secondaire. Il faut poser les vérités morales *qu'il ne faut pas contredire*. Il est immoral de se contredire. Mais d'abord qu'est-ce qui est immoral ? L'improbité, la rupture d'un contrat sont des mensonges : or mensonge est contradiction. Cela est vrai. Mais l'improbité est d'abord antisociale et mauvaise si nous voulons une société fondée sur la confiance. Les maximes de Kant impliquent une certaine échelle des valeurs qu'il faut poser d'abord, et c'est seulement ces valeurs une fois posées qu'il devient immoral de les contredire. Kant voudrait que la certitude morale fût purement formelle : cela est impossible. On peut de la morale éliminer la matière sensible, le plaisir, l'intérêt, on n'en peut éliminer les matières intelligibles, un certain ordre des fins.

Si l'on examine comment Kant démontre qu'une maxime de conduite universalisée est contradictoire, on s'aperçoit qu'il ne peut établir cette contradiction qu'en formulant la m... ne prétendue contradictoire de façon à y impliq..er une r... ...hiérarchie préalable des valeurs. L'universalisation de... ...ne n'aboutit à une contradiction qu'à cette condition de poser arbitrairement sous une forme douteuse la maxime de l'action mauvaise. L'homme ne doit pas se tuer, car, en se tuant, il pose que la nature se supprime par la maxime même qui devait la conduire à se conserver. On se tue par suite du même instinct qui fait tendre à vivre. On veut donc et on ne veut pas vivre, ce qui est contradictoire et supprime le concept. Mais il est douteux que l'homme accepte d'une façon absolue cette maxime que la nature tend à vivre et ne tend qu'à cela. Elle tend à jouir, et l'homme ne veut vivre qu'à la condition de jouir ou de ne pas trop souffrir. Il accepte la vie, mais à cette condition, et s'il se tue c'est en vertu de cette maxime. Il ne détruit pas pour cela la nature, puisqu'il la soumet à une condition qui, en somme, est généralement réalisée. Si l'homme songe à s'approprier un dépôt, il ne peut, dira-t-on encore, universaliser sa maxime sans supprimer l'existence du dépôt même, objet de sa maxime : au cas, en effet, où tous s'approprieraient les dépôts confiés, on ne ferait plus de dépôt. Mais il n'y aurait suppression du dépôt que si la maxime posée prescrivait de s'approprier les dépôts confiés en toute occasion. Si, au contraire, elle prescrit de ne se les approprier qu'au cas où l'on ne risque rien ou peu de chose, ou dans le cas où l'on se sent le courage d'affronter les risques d'une poursuite, comme il y a dans le monde plus de lâches ou de timides que de téméraires et comme les hommes ont intérêt à se ménager les uns les autres, peut-être continuera-t-on à faire des dépôts, lors même qu'on ne pourrait s'appuyer que sur cette observation empirique, mais très générale. Il suffit donc d'introduire une condition restrictive dans la maxime, arbitrairement posée par Kant sous une forme absolue, pour lever la contradiction.

Ainsi Kant repousse telle forme d'universalisation, non parce qu'elle est contradictoire, mais parce qu'elle est déraisonnable. En réalité, la conscience morale réprouve le suicide dans certains cas, non parce qu'elle découvre dans la maxime universalisée du suicide une contradiction intrinsèque, mais parce qu'il lui paraît déraisonnable. De même, l'improbité est réprouvée en tant qu'immorale, et non pas seulement en tant qu'illogique. De même encore, si on est bienfaisant, ce n'est pas parce que la maxime d'égoïsme universalisée mettrait notre volonté en contradiction avec elle-même : il y a en effet des gens qui consentiraient à se priver du secours des autres, ou à n'en user que contre rémunération, s'ils pouvaient à ce prix garder leur liberté intacte. Mais cela répugne à la conscience. Les maximes égoïstes universalisées sont en contradiction, non pas avec elles-mêmes, mais bien avec les fins préalablement posées comme désirables par Kant.

Nous trouvons chez d'autres penseurs des tentatives analogues à celle de Kant pour rapprocher la morale et la logique : chez Littré, par exemple. D'autres, comme M. Lapie, rapprochent la Justice d'un principe nécessaire de la pensée, celui de causalité. Kant l'avait déjà rapprochée du principe newtonien de l'égalité de l'action et de la réaction. Il n'est pas sans intérêt de noter ces analogies. L'essentiel est que l'on n'en déduise rien et, de plus, qu'on les constate seulement pour donner à l'homme une confiance générale dans l'harmonie de ses principes spéculatifs et de ses principes pratiques. Mais tous ces principes doivent être établis par une méthode spéciale, directe. Et si même des analogies empruntées à la nature intellectuelle de l'homme peuvent suggérer l'idée de certaines conclusions pratiques, si l'esprit logique est disposé à accepter plus volontiers certaines constructions juridiques, à *mathématiser* la vie, il doit rechercher si cette tendance persiste en effet en lui quand il s'est mêlé à la vie et après une expérience faite dans chaque domaine de l'activité privée ou sociale. Prises en elles-mêmes et avant que les expériences ne les aient précisées, ces suggestions analogiques restent vagues et sans portée. A propos de la justice, que signifie cette formule $A = A$ ou A diffère de B ? Elle confond les différentes formes de relations de justice que nous distinguerons plus tard.

Mais le procédé le plus dangereux et le plus répandu est celui qui consiste à tenir certaines idées morales ou sociales pour vraies à tel point qu'on néglige toutes les autres, ou bien à admettre un droit de conquête des idées, une autonomie complète de la pensée. Cela est particulièrement remarquable chez certains publicistes qui se larguent d'être des esprits positifs. Cette assertion, qui aboutit à des oppositions absolues, est constante : « Il y contradiction à créer de la liberté avec de l'autorité. » C'est une formule chère aux libéraux intransigeants comme aux libertaires intransigeants. On pose une antithèse grossière et on oublie l'infinité d'intermédiaires moraux qui existent entre ces deux termes dialectiquement opposés. Sans doute, si l'on fait intervenir l'État, il restera une certaine tendance à obéir à l'État. Mais, s'il s'agit d'hommes foncièrement libres, ils se serviront de l'autorité comme d'un moyen, quitte à la rejeter quand elle sera devenue inutile. Les Anglais se sont faits un temps protectionnistes. Cela ne prouvait nullement leur incapacité à être libre-échangistes. Il faut parfois forcer les gens à être libres : c'est un fait.

De même, il y a une phrase qui revient constamment dans les études des socialistes : « Du moment qu'aujourd'hui la production est sociale, il faut que l'administration le soit aussi. » Mais il est trop évident qu'on prend ici social en deux sens très différents[1]. Dire que le travail est socialisé, c'est dire que les hommes produisent aujourd'hui en commun. L'argument suppose qu'ils peuvent administrer en commun. Ce sont là deux choses bien différentes.

La question du patriotisme nous offre un autre exemple de sophisme de ce genre. On oppose constamment la justice internationale et l'idée de Patrie comme choses inconciliables. Guieysse écrit : « Il ne saurait y avoir en France au même moment action patriotique démocratique et action socialiste révolutionnaire : il est impossible de concevoir des ouvriers agissant en même temps avec leurs patrons et contre eux ![2] »

---

[1]. Cf. J. Sarraute, *Socialisme d'opposition et socialisme de gouvernement*, Paris, Jacques, 1901, p. 35 et suiv.

[2]. Charles Guieysse, « Action patriotique et action révolutionnaire », *Pages libres*, 30 septembre 1905, p. 293.

Il y a là une façon scolastique de penser. Des attitudes différentes selon les cas se réalisent chaque jour en fait chez les mêmes individus. Un ouvrier obéit à son patron comme membre de son atelier ; et, d'autre part, comme membre du syndicat, il discute avec lui les conditions du travail. Il peut y avoir, à concilier ces différents points de vue, des difficultés psychologiques, des impossibilités pour les âmes grossières. Mais on n'a pas le droit d'ériger une difficulté ou même une impossibilité psychologique en impossibilité logique, en contradiction verbale.

Un autre moyen consiste à partir d'un principe très indéterminé et à lui faire dire une chose très déterminée qu'il ne dit qu'avec une infinité d'autres. Ainsi M. de Pressensé, dans une lettre au ministre de l'Intérieur, invoque la Déclaration des droits pour montrer qu'on doit accorder le droit syndical aux agents de gestion. Mais en quoi la Déclaration contient-elle ce droit précis et autorise-t-elle les facteurs à se syndiquer ? Faut-il accorder le même droit aux préfets ? Ce sont des hommes aussi et des citoyens. On ne peut résoudre des problèmes précis et complexes à l'aide de formules si vagues.

Enfin reste à examiner le principe tout à fait faux de l'autonomie des idées. On dit couramment, par exemple : « Du moment que l'homme a conquis la démocratie politique, il doit conquérir la démocratie économique. » Sans doute il y a là une tendance psychologique réelle, mais elle peut être combattue par d'autres. Il y a peut-être là un besoin moral ; il n'y a aucune nécessité logique. Ce n'est pas — on l'a souvent remarqué — dans la république française que les institutions égalitaires sont le plus développées. L'Angleterre et l'Allemagne nous ont devancé sur ce point. Il s'agit ici, en somme, de relations historiques à étudier de près. On ne peut donc affirmer *a priori* la nécessité du passage de la démocratie politique à la démocratie économique.

Une tendance analogue consiste à identifier des idées différentes en les ramenant à un type commun. On assimile par exemple le vol et l'exploitation capitaliste. Mais cette assimilation ne vaut évidemment pas. Si elle est faite par certaines consciences éclairées, par Marx par exemple, c'est en vertu d'une égale indignation et non d'une simple constatation d'identité. Entre les deux opérations considérées il y a toute la différence du conscient à l'inconscient. Logiquement, les deux actes ne se ressemblent pas. Mais à un certain moment la conscience commune veut les identifier. Ainsi, nous vivons sous le régime de l'abstraction : constamment, nous négligeons des différences réelles. L'idée de justice semble à certains respectable en raison de son abstraction et de son extension. La charité, disent-ils, n'est que du sentiment. La justice, au contraire, c'est la pensée même, c'est le principe d'identité.

En résumé, toutes ces doctrines sont comme les doctrines métaphysiques absolues. Elles méconnaissent la spécialité des vérités. Elles en méconnaissent aussi la vie. Car on peut être relativiste et figer les moments historiques eux-mêmes dans une loi objective qui s'imposerait du dehors à la conscience et où il suffirait de lire la formule de sa vie. Notons d'ailleurs que la plupart des idées dont nous avons combattu les justifications dialectiques sont selon nous, vraies et vivantes : il importe seulement de montrer que leur sort n'est pas lié à celui d'une métaphysique douteuse ou d'une dialectique rationaliste grossière. Les idées sont vraies parce qu'elles vivent. La démocratie n'est pas vraie parce qu'elle a des titres éternels ou parce qu'elle est fondée sur un prétendu droit naturel. Elle est fondée parce qu'elle est vivante. La réaction contre les dialectiques et les systèmes moraux a eu pour conséquence une morale concrète, brutale : celle de l'instinct, de la force, du sentiment aussi, mais en ce qu'il a de plus grossier. Il faut maintenir contre ces conclusions brutales les abstractions révolutionnaires, mais en se plaçant sur le terrain de leurs adversaires nationalistes. Nous croyons en ces abstractions, non pas en vertu de je ne sais quel raisonnement compliqué, non parce qu'elles sont fondées dans l'éternité des choses, mais parce qu'elles vivent. En les justifiant ainsi, nous ne les figeons pas sous une forme immuable, comme ont fait les Jacobins de la Déclaration des Droits. Nous n'opposons pas un dogme à un dogme, mais nous essayons de saisir, sous ses formes diverses, la vie et le devenir de notre idéal.

CHAPITRE II

CONCEPTIONS BIOLOGIQUES ET PSYCHOLOGIQUES DE LA JUSTICE

Les conceptions biologiques de la justice nient l'histoire et la conscience au nom d'une nature des choses et rattachent la notion de justice à une théorie soit de la nature vivante, soit de la nature physico-chimique. De ces deux types de déduction, nous trouvons le premier chez Novicow[1], et le second chez Solvay, qui rattache la loi de la production et de la répartition des richesses à la loi du travail maximum. Le vice de ces doctrines est d'imaginer que la science ne peut être construite que sur un seul type et d'impliquer une idée superstitieuse de la nature conçue comme une réalité immuable. La grande systématisation newtonienne, révélant la loi inflexible des révolutions célestes, a servi à fortifier l'idée de cet ordre immuable; et l'on a trop facilement oublié que Newton n'a étudié que des faits sur lesquels la volonté ne pouvait rien. Le postulat d'une réalité intangible se retrouve chez tous ceux qui rattachent la morale aux sciences de la nature. Les penseurs dont nous parlons ne voient dans la nature que des états, alors qu'elle renferme des tendances qui se combattent les unes les autres. Cette nature conçue par eux comme immodifiable est au contraire éminemment plastique; et les sciences biologiques elles-mêmes nous ont révélé l'im-

---

1. Cf. Novicow, *La Justice et l'expansion de la vie*. Paris (Alcan) 1905.

portance de l'idée d'adaptation et de devenir dans une nature qui n'est, en réalité, qu'un lieu d'action pour les pensées humaines. Alors que la science moderne nous révèle la suprématie de la sociologie, la mise de la nature au service de l'homme, ces penseurs voudraient figer la science et la conscience humaines.

Une conception semblable a des résultats pratiques très graves. Elle donne une valeur absolue à des idées qui, considérées en elles-mêmes, paraîtraient relatives et sujettes à changement. Par exemple, la concurrence économique actuelle n'a, si on la considère dans l'histoire, qu'une valeur relative. Mais si, avec Spencer, on y voit l'expression d'une loi physiologique profonde, alors le régime capitaliste prend une valeur incommensurable, puisqu'il devient l'expression de la nature même. D'autre part si, avec Solvay, on considère la productivité du régime capitaliste comme la réalisation de la loi du travail maximum, ce régime devient intangible. Si l'on admet avec Taine comme une vérité scientifique que la nature procède toujours par évolution lente, l'opposition de la révolution et de l'évolution, au lieu d'être une question de moment historique ou même de tempérament individuel, devient une opposition fondamentale, et le conservatisme est fondé sur la nature elle-même. On aboutit de la sorte à la justification et à l'acceptation de toutes les inégalités existantes.

Il est donc important de dépister un sophisme gros de telles conséquences. La vie extérieure n'est pas pour l'homme un modèle. C'est une limite qui s'impose à son idéal. Les lois de la civilisation se posent en face de celles de la vie. Dans quelle mesure faut-il céder aux unes et aux autres? telle est la question que pose le problème moral. Voici par exemple l'alternative qui se présente à propos de la tuberculose. D'une part nous voulons préserver les individus sains et défendre les forts contre la contagion. Mais d'autre part, la conscience morale d'aujourd'hui se refuse à voir mourir un homme faute de soins, même s'il est socialement inutile. Le problème de la propriété agraire donne lieu à un conflit du même genre. On sait que le milieu géographique influe sur le régime de la propriété[1]. Pour le moraliste, il ne s'agit pas ici de suivre les lois de la nature, mais de chercher dans quelle mesure certaines idées sociales, — les idées socialistes par exemple, — peuvent et doivent modifier ce régime de propriété dont la nature a favorisé l'établissement.

Les mêmes critiques peuvent être adressées aux doctrines qui fondent la notion de justice sur une certaine conception de la nature psychologique de l'homme conçue comme permanente, d'où découleraient les lois naturelles des sociétés. Les économistes orthodoxes raisonnent de la sorte; mais ils ne sont pas seuls : les socialistes aussi font souvent appel à la nature humaine. En réalité, les idées sociales sont des idées historiques, elles se produisent à un moment donné de l'évolution. Elles ne peuvent donc être déduites des lois de la nature humaine. Le sophisme par lequel on établit cette déduction et que l'on retrouve partout se présente sous deux formes : ou bien un certain fait historique répondrait aux lois de la nature humaine; ou bien ces lois telles qu'elles existent ne pourraient être réalisées que dans tel ou tel type de société.

On trouve un exemple du premier sophisme dans la justification de la misère qui serait due, dit-on, à la nature même de l'homme. L'homme ne travaillerait que poussé par le besoin. Mais c'est là transporter une condition qui a caractérisé les seules sociétés primitives à la société en général. Il n'est plus vrai aujourd'hui, sinon pour quelques races[2], que la

---

1. Voir H. Sée, *Les classes rurales au Moyen-Age*, p. 147 et suiv., et Vidal de la Blache, *Tableau de la géographie de la France*, p. 147 et passim.
2. Voir l'article de A. Métin sur l'ouvrier hindou, *Temps* du 4 sept. 1899.

productivité humaine soit liée à l'abaissement d'une classe sociale dans la misère. Chez nous, l'homme n'a pas besoin d'avoir l'estomac creux pour travailler, et la misère, au contraire, est plutôt une source d'apathie et de désespoir que d'activité. Ce n'est pas le besoin qui nous stimule, ce n'est pas non plus le désir de gagner assez, c'est le désir de gagner plus. D'ailleurs, les économistes orthodoxes sont les premiers à le reconnaître, lorsqu'ils insistent sur l'utilité de la propriété privée comme stimulant de l'activité sociale. Autre exemple du même sophisme : on présente le salariat comme un régime nécessaire fondé sur la nature. C'est une monstruosité historique. Le régime du travailleur libre, jeté sur le marché de façon à offrir des bras aux capitalistes, remonte à deux ou trois siècles. Auparavant, le travail était réglementé par le fait des corporations. De même, le régime de l'échange qui caractérise les sociétés capitalistes est à peu près inconnu des primitifs : ceux-ci échangent des cadeaux, non des marchandises. D'autre part, on fonde également sur la nature, au même titre que le salariat, l'égoïsme capitaliste : il découlerait de cet égoïsme qu'on dit être naturel à l'homme. Mais il faut voir au contraire que les traits qui caractérisent l'égoïsme capitaliste et les conséquences qui en découlent sont le produit d'un régime récent : la concentration industrielle et la formation de grandes agglomérations ouvrières sont des phénomènes modernes [1]. L'égoïsme capitaliste lui-même n'est pas aujourd'hui ce qu'il était jadis. Le seigneur foncier d'autrefois a fait place au conquérant économique qui veut faire circuler la richesse. On ne recherche plus l'argent-lingot, mais l'argent-monnaie. Or tous ces traits sont très spéciaux et n'ont qu'un rapport bien lointain avec la notion d'égoïsme en général.

Passons au second sophisme des économistes orthodoxes.

---

[1]. Cf. Sombart. *Le socialisme et le mouvement social au XIXe siècle*, trad. fr. en 1898 (Giard et Brière), p. 34 à 39, 133 à 145.

Il y a, disent-ils, des lois psychologiques qui valent pour toutes les sociétés. Et ces lois permanentes sont nécessairement violées par certaines formes de société. Par exemple, le socialisme ne peut se réaliser parce qu'il suppose les hommes désintéressés, tandis que le capitalisme se fonde sur l'idée juste que l'homme est mû par son intérêt personnel. A vrai dire, il faut reconnaître qu'il y a quelques lois élémentaires et fondamentales que certaines formes de sociétés violeraient[1]. On voit des anarchistes rejeter toute hiérarchie, toute organisation, toute cotisation, toute décision commune au sein d'un groupe : ils méconnaissent une réalité essentielle, et l'événement a montré que les premières tentatives de production communiste ont échoué faute d'ordre et d'organisation. Mais ces lois sont extrêmement générales et sont compatibles avec plus d'une forme de groupement. Il faut de l'ordre. Mais les formes d'ordre possibles sont assez nombreuses pour n'être pas tyranniques. C'est peut-être une loi que dans toute société l'égoïsme moyen doit trouver satisfaction, et l'oublier est sans doute une utopie. Mais le régime capitaliste n'est pas seul propre à satisfaire l'intérêt et l'égoïsme de l'homme moyen, non plus que la discipline monarchique n'est seule capable d'assouvir notre soif de discipline. Le choix d'une doctrine sociale s'impose à un moment donné aux consciences, mais il n'est nullement dicté par les lois générales de la nature humaine. Et la forme établie pourra toujours être mise en accord avec ces lois tant elles sont générales et vagues. La nature humaine est bonne fille et permet de tout justifier.

Au XVIIIe siècle on essayait de montrer que des formes sociales définies étaient exigées par les intérêts généraux de l'humanité. Aujourd'hui nous essayons de saisir la réalité dans ce qu'elle a de plus actuel et de plus spécifique. Sans

---

1. Cf. Cornelissen. « L'évolution de l'anarchisme dans le mouvement ouvrier hollandais ». *Mouvement socialiste*, 15 juillet 1903, p. 392 sqq.

doute, il y a des croyances permanentes, ou tout au moins acquises, qui sont comme le trésor moral de notre civilisation. Ces croyances, il ne faut pas les méconnaître, même sous le prétexte d'imposer un idéal nouveau, car il faut tenir compte de la continuité historique. Mais elles appartiennent au domaine de la moralité déjà constituée. S'il faut donc les enseigner aux enfants qui doivent repasser par toutes les phases qu'a traversées l'humanité, elles ne doivent pourtant pas nous apparaître comme l'objet immédiat de nos efforts. Le but véritable de la morale moderne, c'est de découvrir le devoir spécial qui incombe à notre temps. Or ce devoir ne peut se justifier au nom de principes généraux qui domineraient tout le cours de l'histoire. Il n'y a pas de conception biologique ou psychologique de la nature humaine qui impose par elle-même telle forme déterminée de société.

CHAPITRE III

CONCEPTIONS INDIVIDUALISTES DE LA JUSTICE

Examinons maintenant les doctrines qui essaient de justifier l'idée de justice en la rattachant à certains sentiments individuels.

La théorie hédoniste suppose chez l'homme un besoin fondamental de bonheur individuel. Partant de ce fait, elle s'applique à montrer ou bien que tel type de bonheur aujourd'hui accepté a toujours été rêvé par les sociétés, et que toutes les croyances à la justice ont toujours eu pour objet de les satisfaire, ou bien que le type de bonheur en effet voulu par tous ne peut être réalisé que par une forme de société donnée. Par exemple on supposera, dans la première hypothèse, que les besoins démocratiques actuels ont toujours été les besoins de l'humanité, et l'on établira alors que la démocratie est le seul gouvernement satisfaisant : est-ce que l'homme, en effet, n'a pas toujours voulu la liberté et l'égalité ? Il est cependant facile de démontrer qu'il n'en est pas ainsi. Les hommes ont longtemps aimé l'obéissance et le respect. Ce serait un enfantillage de prétendre que la contrainte seule les ait obligés à accepter le régime monarchique ou féodal. Si ces régimes ont duré, c'est que les hommes les ont voulus, comme l'a dit Fustel de Coulanges. En 1806 et 1807, les paysans prussiens réclamaient le maintien de l'autorité des seigneurs. Il n'existe donc en réalité que des besoins historiques se manifestant à un moment donné, dans telle société particulière. Seule une théorie sociale et historique du bonheur pourrait justifier un type particulier de bonheur.

Le second mode de raisonnement des hédonistes est également sophistique. Est-il un régime plus propre que les autres à satisfaire des besoins permanents de bonheur ? Il est possible qu'aujourd'hui un régime de démocratie sociale soit mieux approprié à de tels besoins. Mais cela n'a pas toujours été. Le régime patriarcal où l'esclave était nourri dans la maison du maître, le régime domanial où le serf faisait partie de la propriété ont fourni, à leur heure, des périodes de bonheur au peuple. Il y a eu, dans le passé, des régimes de type monarchique ou féodal qui ont satisfait, dans la mesure alors humainement possible, les besoins élémentaires de l'humanité. Et on ne peut, par suite, justifier aucun régime en prétendant que seul il peut satisfaire ces besoins.

Mais on peut encore, envisageant le moment historique dans lequel nous vivons, présenter la théorie sous une autre forme et prétendre que l'idéal démocratique de la justice est le seul moyen de satisfaire notre idée actuelle du bonheur : il permet au peuple de manger à sa faim, de se gouverner lui-même, etc.. Mais aujourd'hui le fait de se gouverner soi-même ne donne de bonheur qu'à ceux qui veulent un tel idéal. Toute une catégorie d'hommes souffrirait de la transformation de la société. Enfin, même dans le peuple, il y a beaucoup d'individus qui ne demandent qu'à être gouvernés. Combien de paresseux préfèrent la médiocrité sous un maître à l'aisance issue de la lutte et du travail ? Il y a plus : même pour les démocrates, la réalisation de la justice sociale ne signifie pas nécessairement le bonheur. D'abord ce n'est pas l'idée de bonheur en général qui justifie la doctrine démocratique. C'est au contraire l'idée démocratique qui, dans notre cas, donne sa valeur à l'idée de bonheur. Le bonheur n'est plus le but, c'est un appoint à l'idéal. Tous ceux qui ont un idéal de justice au cœur veulent le voir triompher sans s'occuper du bonheur qu'il pourra leur apporter, et ils sont prêts à sacrifier leur bonheur présent à leur idéal. Souvent l'idéal une fois réalisé est accompagné de tant de tares et d'ignominies que c'est lorsqu'on le rêve qu'il est le plus enivrant. Toutes les fois qu'un idéal a germé dans le monde, la question du bonheur est restée secondaire.

La théorie hédoniste du bonheur individuel est donc une théorie *a priori* qui n'a aucune justification en elle-même[1]. Deux préjugés courants expliquent qu'elle soit acceptée d'un assez grand nombre. Un préjugé optimiste d'abord, qui fait qu'on s'imagine que la société poursuit le bonheur de l'homme et qu'il n'y a pas de moralité sans bonheur : au XVIII° siècle, cette croyance était très forte et on la retrouve chez nombre de démocrates d'aujourd'hui. Un préjugé intellectualiste en second lieu, qui nous rend séduisant l'espoir d'expliquer d'une façon une toute la complexité sociale. Conclurons-nous que la question du bonheur ne se pose pas dans une morale moderne ? Nullement. Nous dirons seulement que le bonheur n'est pas un critère de notre idéal de justice, mais nous chercherons à harmoniser avec notre idée actuelle du bonheur un idéal que nous acceptons pour d'autres raisons, de manière à le rendre sensible au cœur et à l'imagination de l'homme.

Il nous reste à examiner les théories individualistes indifférentistes. Elles nient l'idée de justice au nom de l'individualité. L'individu, à les en croire, est supérieur à la société et doit simplement s'accommoder à certaines conditions sociales qui n'ont rien d'idéal. Son but essentiel est de s'adonner à la

---

[1]. L'individualisme se présente sous une autre forme chez Nietzsche. L'idéal n'est pas pour lui l'individu heureux ; c'est l'individu fort qui maîtrise les choses et les hommes. Nous pourrions montrer que pas plus que l'hédonisme, cette doctrine n'a une valeur absolue et qu'on ne peut en déduire une théorie de la justice sociale.

culture, seule intéressante, de son moi. Un tel individualisme comprend plusieurs espèces, telles que l'anarchisme individualiste des révoltés (anarchistes hollandais), l'anarchisme littéraire qui considère les actes de révolte comme de beaux gestes (Barrès première manière), enfin l'individualisme métaphysique.

Les premiers sont des révoltés qui manifestent leur amour de la société par la haine qu'ils lui témoignent. Ils trouvent l'ordre actuel mauvais. Mais ils ont confiance dans une autre société possible qui ne pourra être établie que par des actes de violence. Ce sont, au fond, des socialistes écœurés, acculés à des actes de révolte.

Les seconds, au contraire, sont bien des individualistes exaspérés soit à la manière de Nietzsche, soit seulement d'une façon esthétique et intérieure. Ils se représentent l'homme comme un artiste, occupé à sculpter sa statue [1]. Ils rentrent en eux-mêmes pour retrouver leur propre nature en ce qu'elle a d'original. Ces théories aboutissent à laisser aller la société comme elle veut. On a le dédain des barbares, mais on considère avec curiosité les beaux gestes. « Toutes les révoltes, dit Laurent Tailhade, sont inutiles et n'aboutissent qu'à des avortements... Il n'y a d'intéressant que les gestes [2]. » Si cette théorie n'est que l'expression d'un tempérament, il n'y a rien à dire. Si elle veut être discutée, il faut voir si elle satisfait aux conditions requises pour l'élaboration d'une croyance véritable. Or un homme, mis en présence des réalités sociales, s'aperçoit que l'individu est fort peu de chose par lui-même et qu'il doit se situer dans son milieu.

Quant à l'individualisme métaphysique, il a été très vivant et il l'est encore dans l'Université. Les adeptes de cette doctrine conçoivent la philosophie comme une métaphysique et la

1. Voir Barrès, *Le Jardin de Bérénice*.
2. Cf. *Temps* du 7 avril 1894.

morale comme fondée sur cette métaphysique. Pour ces idéalistes, qui réduisent la vie spirituelle à la contemplation et à la purification intérieure, la morale sociale n'est pas de la morale, mais de la politique. Leur conception représente une sorte de transposition de l'idée religieuse du salut, dans laquelle le Dieu vivant serait remplacé par la Pensée ou l'Intelligence. Mais tout cela est fragile : car les idées métaphysiques sont mal établies et les conséquences morales n'en peuvent être déduites que par des sophismes.

Cette idée que la morale sociale n'est pas de la morale est aussi celle de certains économistes qui n'admettent pas l'existence d'un devoir général d'organisation sociale. La plus grande liberté, d'après eux, doit être laissée aux individus. Les règles sociales n'ont d'autre objet que d'assurer la sauvegarde de l'individu. Cette doctrine s'explique historiquement et elle se justifiait à un moment où l'expansion complète et sans entrave des forces économiques était nécessaire. Mais aujourd'hui l'idée que la morale peut être étrangère à la société ne peut partir que d'un aveuglement intéressé.

Il ne nous reste donc, puisque nous ne pouvons rattacher l'idée de justice ni à une réalité supérieure, ni à des sentiments individuels, qu'à l'étudier en elle-même comme croyance sociale. Nous demandera-t-on pourquoi nous nous occupons de la justice? Mais le physicien ne se demande pas pourquoi il doit faire de la physique. Le moraliste ne se demande pas davantage pourquoi il doit faire de la morale.

CHAPITRE IV

LA CROYANCE SOCIALE A LA JUSTICE ET L'INTÉRÊT SOCIAL

Nous avons établi que les conceptions qui reposent sur des raisons métaphysiques, psychologiques ou biologiques n'ont pas de valeur, et nous sommes arrivés à cette idée qu'il faut considérer la justice comme une croyance sociale de notre temps, éclose à un moment donné, dans une société donnée. Cette croyance se présente d'abord à nous comme consciente : mais nous verrons qu'elle recouvre quelque chose de plus profond, la réalité sociale, et que c'est seulement après s'être mise en contact avec cette réalité que la croyance apparaîtra comme critère définitif. Définissons d'abord la croyance sociale dont il s'agit. Il importe de distinguer, avant d'essayer de les réduire l'un à l'autre, les différents types de croyances sociales.

1° Il y a des lois et des croyances correspondant à l'intérêt d'une société, à l'intérêt social. On croit nécessaire la défense ou l'agrandissement du territoire, le service militaire, le paiement des impôts. Cela peut passer pour moral à un certain point de vue, immoral à d'autres. Il est bien de servir son pays et par conséquent d'être soldat ; mais cela est immoral en soi pour certaines consciences qui réprouvent la guerre.

2° Il existe, à côté des précédentes, des croyances sociales qui n'apparaissent pas comme inspirées exclusivement par l'intérêt social et qui, d'autre part, ne se confondent pas avec la moralité proprement dite : ce sont les coutumes. A vrai dire, elles n'en ont pas toujours été distinctes. Dans les sociétés primitives, manquer à tel ou tel rite était aussi grave que de voler. Il est vrai que le rite avait un caractère religieux. Mais la religion, dans les sociétés antiques, était le lien social lui-même garanti par les dieux. De notre temps, la coutume sociale est restée tyrannique, bien qu'elle ne soit plus sanctionnée par la religion. La façon de se vêtir, de se présenter dans le monde sont des rites pour bien des personnes : y manquer est aussi grave, sinon plus grave, que de manquer à la probité. Telle femme du monde pardonne plus aisément une faute morale qu'une incorrection ou une inconvenance.

3° Cependant, si certaines consciences confondent encore coutume et moralité, nous faisons en général le départ entre les deux types de croyance. L'opinion établit une hiérarchie des professions : ce qui n'empêche pas la conscience morale de regarder tel membre d'une profession peu estimée comme un honnête homme. De même le peuple et ceux qui vivent d'une vie physique ont gardé un certain mépris pour les tares ou les difformités, pour certaines races : mais on distingue ce mépris ou cette haine du mépris moral. La morale démocratique tend en effet à faire disparaître toutes les distinctions qui ne sont pas morales. Peut-être cependant est-il impossible de supprimer, dans l'ordre des préférences humaines, l'équivalent de ce que la métaphysique appelait l'ordre de perfection. La différence des préférences sociales ou naturelles et des préférences morales consiste en ceci : nous constatons les premières, nous voulons agir conformément aux secondes. Dans le premier cas, nous constatons un ordre ; dans le second, nous voulons qu'un ordre soit.

4° Parmi ces croyances socialement morales, il faut distinguer celles qui ont cours dans une société donnée et celles qui y sont en voie de formation et qui s'opposent, au moins en apparence, aux croyances régnantes.

5° Certaines croyances, enfin, paraissent indépendantes de tout état social ou au moins semblent pouvoir survivre à bien des états sociaux. Ce sont les croyances qu'on pourrait appeler formelles et qui concernent la morale individuelle : pureté, tempérance, etc.. Quelle que soit la morale sociale, ne faut-il pas être courageux ? C'est une des raisons pour lesquelles les adversaires politiques peuvent s'estimer.

Toutes les croyances que nous venons de passer en revue peuvent-elles se réduire à une seule, la croyance à l'intérêt social ? D'abord, le problème est mal posé. L'intérêt social ne peut être un principe. Pour qu'il y ait intérêt social, il faut qu'il y ait une société. Il y a un devoir au moins dont l'explication échappe toujours à la morale de l'intérêt. C'est le devoir d'être en société. Le social est donc posé avant l'intérêt social. On peut prétendre, il est vrai, que les sociétés se sont formées pour que leurs membres fussent individuellement plus heureux. Mais nous avons vu que cela était insoutenable. La question à débattre est donc en définitive : une société considère-t-elle comme son devoir de se maintenir ou de s'accroître comme telle, ou poursuit-elle un autre objet, tel qu'un idéal supérieur à elle-même ?

On peut prétendre que sans doute il faut poser un devoir social antérieur à l'intérêt social, mais qu'il y a des conditions générales, physiques et psychologiques, qui seules rendent possible la vie en société et que les peuples ont constamment et instinctivement recherché ces conditions. Y a-t-il ainsi des conditions qui seules permettent à une société de vivre ? C'est ce qu'on n'oserait plus prétendre avec

Platon ou Aristote, qui examinaient le nombre d'habitants nécessaires pour qu'une cité prospère, l'étendue de la cité, etc.. Mais on est disposé à croire que les lois de la nature humaine rendent meilleure pour le maintien ou le développement d'une société telle condition sociale ou politique. Les dissertations sur les avantages généraux respectifs de la monarchie ou de la démocratie sont si fréquentes encore qu'il n'est pas inutile d'en montrer la vanité. Considérons un des devoirs sociaux les plus simples : le devoir de respecter la vie humaine et la sanction de cette obligation par la loi. Des sociétés entières ont vécu des siècles sans avoir le respect de la vie humaine. D'ailleurs, si l'on veut ce respect, la loi égalitaire n'est pas le seul moyen de l'obtenir. On croit la paix intérieure nécessaire à un pays. C'est une conception étrangement idyllique de la société. Il n'y a pas de démocratie sans lutte de partis, et la lutte peut être violente sans être funeste. Toutes les institutions ont été flétries tour à tour comme funestes au maintien des sociétés, contraires à leur intérêt. On trouve dans Montesquieu des considérations sur la grandeur et la décadence des peuples : l'esclavage, selon lui, a tué Rome au v° siècle. La mort a été lente. Cela rappelle l'histoire du buveur de café, mort à quatre-vingts ans d'en avoir trop bu.

Dès lors, c'est pour nous démocrates une façon bien insuffisante de justifier la démocratie que d'alléguer l'intérêt social. Ce régime ne facilite la paix ni au dedans ni au dehors. La lutte des partis y fait de la vie sociale une bataille ininterrompue : il faut donc maintenir à la fois la paix publique et la paix extérieure. De plus, la démocratie exige un effort incessant pour répandre la vérité, pour instruire et pour persuader, un perpétuel contrôle de tous sur tout, qui retarde la marche de la machine sociale. Les supériorités ont besoin, pour se faire jour, de suivre une lente filière. C'est, au contraire, un régime cher au génie que celui de colonel à vingt ans.

La vérité est que la monarchie, la démocratie sont désirées par les peuples et c'est pourquoi elles leur sont nécessaires. Mais les peuples ne les veulent pas parce qu'elles sont nécessaires à leur vie. Il en est ainsi d'une femme : on ne l'aime pas parce qu'on ne peut vivre sans elle, mais on ne peut vivre sans elle parce qu'on l'aime. Le devoir de ne pas voler, le respect de la vieillesse, que l'on croit des conditions nécessaires à la société en général, le sont seulement pour telle société parce qu'elle est telle. Le devoir de ne pas voler suppose une certaine forme de la propriété individuelle, une certaine forme de la production, une certaine conception de la morale. Une fois posée cette conception, le respect de la propriété s'ensuit. Ce devoir est devenu de plus en plus précis depuis que la morale humaine est devenue terrestre, sociale, économique. Les seuls droits que respecte la guerre entre nations civilisées, ce sont les droits des propriétaires. La paix nous est nécessaire et nous commençons à détester la guerre parce que de plus en plus notre vie s'intellectualise, qu'elle se pénètre de solutions abstraites. Mais cela n'est, en soi, ni nécessaire, ni meilleur pour maintenir la vie sociale. L'homme a vécu et voulu vivre dans des conditions tout opposées à cette vie rationnellement réglée. Les romantiques ont pu glorifier la vie du moyen âge par opposition à la vie moderne. C'est affaire de goût et de tempérament. Pourquoi préférer telle organisation sociale où les joies et les beautés de la vie, au lieu d'être concentrées chez quelques existences d'élite, sont diluées dans la masse ? Le danger de l'une de ces organisations est le despotisme, le danger de l'autre la médiocrité. Évite-t-on plus aisément l'un que l'autre ?

Il faut donc d'abord une foi sociale pour que la notion d'intérêt social reçoive un contenu. Sans doute, il y a des conditions générales de stabilité qui doivent se retrouver dans toute société, mais elles sont si générales qu'à s'y tenir on ne formulerait que des truismes. Il faut, pour qu'une société vive, qu'elle admette une certaine morale, un certain degré de liberté. Mais quelle forme de morale et d'ordre, quel degré de liberté sont nécessaires : voilà la question. On a de même supposé que la tempérance, que la pureté étaient socialement utiles. Mais elles le sont moins parfois que la brutalité et la violence : un peuple de saints serait un peuple perdu. Veut-on transformer en vertus les vices utiles ? Mais de quel droit ?

Aussi bien cette science de l'intérêt social pourrait être vraie qu'elle ne correspondrait pas pour autant à la morale des peuples. Il est naïf de supposer que les peuples se soient proposé de modeler leur morale sur une prétendue science de l'utilité. C'est cependant ce que l'on postule lorsqu'avec les historiens moralistes on reproche aux Romains de n'avoir pas prévu qu'ils périraient par l'esclavage ou par la perte de la liberté. On ne peut prétendre davantage que l'histoire des croyances morales s'explique par un effort obscur des peuples pour trouver les meilleures conditions de la vie en société. Il est impossible de défendre aujourd'hui la notion d'une humanité impersonnelle et amorphe, poursuivant une œuvre commune de libération intellectuelle.

Il y a donc une psychologie des peuples qu'il faut d'abord admettre si l'on veut constituer une morale sociale. Presque toutes les sociétés se sont cru une misssion. La France s'est crue la fille aînée de l'Église, l'émancipatrice des peuples. Dans ces trente dernières années, elle a vécu de l'idée de revanche. L'Anglo-Saxon s'attribue le devoir d'intervenir dans le monde de par sa supériorité. Dans l'antiquité, le peuple romain a été conduit à la conquête du monde autant par son orgueil que par sa cupidité, si l'on en croit Fustel de Coulanges. Comme les individus, et plus qu'eux, les peuples sentent le besoin d'idéaliser leurs actes en apparence les plus égoïstes. C'est au nom de la civilisation que l'on asservit les peuples. L'intérêt social a rarement paru être un motif suffisant. A-t-il été du moins un motif d'action nécessaire, sans lequel tout autre motif, si noble fût-il, eût été sans effet ? Il est rare, sans doute, qu'une société se sacrifie consciemment à une cause. Presque toujours un peuple croit se sauver en accomplissant sa mission : tels les Juifs qui comptaient bien prospérer grâce à Jéhovah. Ceux qui croient que la France a une mission émancipatrice pensent de même qu'elle ne peut vivre qu'en remplissant cette mission.

Mais certains peuples cependant luttent en désespérés pour l'honneur, et, dans une telle lutte, ce n'est pas à vivre qu'ils tendent. Les Grecs qui ont défendu la Grèce savaient qu'elle pouvait vivre sous Philippe. Les Juifs pouvaient vivre comme tant d'autres peuples sous la domination romaine. Grecs ou Juifs ont préféré la mort à une certaine vie. De même, il y a des croyances morales qui sont issues de préoccupations tout autres que celle de l'intérêt social. Les premiers chrétiens, par exemple, se souciaient peu du salut de l'empire et du peuple romain. La détresse, surtout morale, qui poussait les fidèles vers l'Église était égoïste et non sociale. Il se peut que la morale purement individuelle présente une utilité sociale : en tout cas, l'individu n'y songe pas. Même, nombre de moralistes opposent les vertus privées aux vertus sociales.

Ainsi, il semble que l'idéal n'ait pas toujours correspondu à l'intérêt. On peut même dire avec Renan que c'est un danger pour un peuple de représenter une idée. Et cela est encore plus vrai si l'on parle d'une foi qui se fait. Sait-on d'un peuple s'il est capable de supporter un idéal nouveau? Socrate n'a-t-il pas contribué à la dissolution de la Grèce? Une grande idée peut sauver un pays, mais elle peut aussi le tuer. Les barbares triomphent parce qu'ils ne pensent pas ou que leur pensée est concentrée sur la défense. Les partisans actuels de la république sociale et humanitaire pourraient hésiter s'ils ne se plaçaient qu'au point de vue de l'intérêt social. La transformation qu'ils désirent ne serait pas en effet une garantie de paix. Elle soulèverait contre elle les capitalistes étrangers. Elle amènerait peut-être entre les peuples des conflits nouveaux à propos des différents problèmes économiques où sont intéressés les producteurs de tous les pays. Un nouvel idéal n'apporte pas la paix : il ouvre un nouveau champ de bataille. Mais, d'autre part, les partisans d'un retour au passé peuvent faire mourir le pays de langueur ou susciter un chauvinisme meurtrier. Ainsi, pas plus que la foi sociale organisée, la foi qui s'annonce et qui naît ne vise exclusivement l'intérêt social : en fait, toutes les conceptions particulières des peuples ont voulu s'élargir et, par delà l'intérêt social, ont tendu à embrasser l'intérêt humain.

Mais alors le problème se complique ; et il apparaît que ces croyances sociales, qui ne sont pas uniquement déterminées par la conscience de l'intérêt social, supposent quelque chose de plus profond : à savoir la réalité sociale.

DEUXIÈME PARTIE

ÉTUDE POSITIVE DE LA JUSTICE

INTRODUCTION

Si nous prenons l'histoire des idées sociales au xixe siècle, nous voyons, à la surface, des systèmes, comme ceux de Fourier et de Proudhon, et, plus profondément, une évolution des institutions et des croyances qui détermine l'apparition des doctrines nouvelles. La socialisation de la propriété s'accomplissait spontanément dans les institutions sous la forme de sociétés d'actionnaires, de sociétés de secours mutuels, de syndicats. Les idées capitalistes se transformaient avec la concentration croissante de l'industrie. Les masses, de leur côté, passaient de l'idée évangélique à l'idée collectiviste. Il y a donc sous la conscience sociale une réalité sociale, un inconscient social. Et c'est cette réalité entrevue par Marx qui est ici l'essentiel.

Dès lors, c'est elle qu'il nous faut d'abord chercher à connaître dans notre étude de la justice. Nous devons procéder comme celui qui veut expliquer un mythe et qui va chercher sous les imaginations et les interprétations les plus diverses le fond de réalité effective qui s'y cache. Nous devons nous incliner devant cette réalité sociale et l'observer comme une chose sans jamais lui substituer nos propres idées ; nous la considérerons comme donnée par la perception morale commune, de même que le fait physique nous est donné par la sensation. La seule étude du présent ne nous suffira pas ; nous chercherons à prévoir l'avenir, préférant toujours à une réalité qui décroît une réalité qui se fait. Enfin, dans les cas où le fait peut être diversement interprété, nous aurons recours aux hommes compétents, mieux qualifiés que la conscience commune pour percevoir la réalité sociale. Cette réalité qui nous est donnée dans le présent est solidaire de ce qui la précède ; la question se pose donc encore de savoir dans quelle mesure il est nécessaire, pour atteindre à une connaissance suffisante, d'ajouter à l'étude du présent celle du passé. Nous voyons Auguste Comte remonter jusqu'au fétichisme pour expliquer telle forme sociale actuelle. Mais il est inutile d'étudier les faits passés lorsqu'ils n'agissent plus d'une façon distincte sur ceux d'aujourd'hui, lorsqu'ils leur sont devenus consubstantiels et se sont incorporés à eux par une assimilation progressive et profonde. C'est ainsi que le médecin qui étudie l'étiologie d'une fièvre n'a pas à se rappeler que son malade est un mammifère et un vertébré. De tels caractères sont des éléments intégrants de la nature de l'homme et ne se manifestent plus par une action distincte. De même, en ce qui nous concerne, nous n'avons pas à rechercher comment les Mérovingiens concevaient la justice. Une telle étude n'est susceptible que d'une utilité pédagogique : elle élargit notre imagination sociale. Mais l'histoire ainsi entendue n'est plus qu'une propédeutique.

A quoi bon, pour connaître l'esprit égalitaire du Français moyen, remonter jusqu'à l'esprit juridique de ses ancêtres gallo-romains ? A vivre constamment dans le passé très lointain on est porté, par une inévitable superstition historique, à vouloir imposer ses formes au présent.

Dans quelle mesure maintenant les consciences — et non

plus la réalité — sont-elles solidaires du passé et informées par la tradition et les souvenirs historiques? Il y a des souvenirs qui agissent vraiment ; d'autres n'agissent que parce qu'on *croit* qu'ils *doivent* agir. L'estampille que les croyances religieuses ou métaphysiques, que la philosophie de l'histoire donnaient à la tradition est en train de s'effacer. A mesure donc qu'on se détache de ces idées qui justifiaient au nom du passé les croyances présentes, l'influence du souvenir historique, sans disparaître, se limite : seul le souvenir du passé prochain influe désormais sur la conscience.

L'homme d'action, détaché de toute idéologie, agira donc dans le présent d'après des souvenirs récents et des prévisions prochaines. Ainsi l'action éclaire l'histoire, et l'histoire éclaire l'action. Pour me faire ma croyance sociale, je choisirai un centre de perspective actuel. De ce point de vue, je verrai quel usage il m'est permis de faire, pour l'action présente, des croyances passées et de l'histoire générale de l'humanité.

Pour nous limiter dans l'espace, nous nous en tiendrons à la France. Quant au temps, nous prendrons pour point de départ le moment où la classe ouvrière a pris conscience d'elle-même (1860 environ). C'est là un événement essentiel : on sait qu'une morale nouvelle veut même se fonder exclusivement sur l'idée de classe. C'est en 1862, date où l'envoi d'une délégation d'ouvriers parisiens à Londres prépara la fondation de l' « Internationale », que s'est affirmée vraiment pour la première fois la conscience ouvrière en France [1]. Nous nous arrêterons en 1900. C'est l'époque où, M. Millerand étant au ministère, les idées de justice sociale ont eu la prétention de se réaliser dans la vie quotidienne, en même temps que le socialisme devenait politique et parlementaire. Il faut remarquer en outre la corrélation de ces deux dates avec deux faits très importants

---

[1]. James Guillaume, *L'Internationale : Documents et souvenirs* (1864-1878), t. I, Paris, Société nouvelle de librairie et d'édition, 1905.

de l'histoire générale : d'une part la guerre de 1870, qui a retardé le mouvement social, inspiré aux Français l'idée de se refaire et de se venger, d'autre part l'événement contemporain connu sous le nom de « l'Affaire », qui a provoqué, en 1900, une transformation et un nouveau classement des partis. C'est entre ces deux dates que nous nous placerons pour étudier l'idée de justice.

Pour en comprendre l'évolution, nous devrons tracer, d'un côté, un tableau des réalités sociales et, de l'autre, un tableau des croyances et des doctrines conscientes relatives à ces réalités. Avec ces données, nous pourrons déterminer une courbe, une direction du mouvement social, résultante de l'action des réalités et de celle des consciences. Enfin, dans la réalité sociale, nous distinguons, d'une part, les institutions existantes, c'est-à-dire les gestes figés par lesquels la société exprime et réalise une croyance, et les croyances sociales inconscientes qui provoquent ces gestes, et, d'autre part, les croyances en germe, — conformément à ce postulat déjà indiqué et suivant lequel nous allons plutôt vers la vie qui s'ébauche que vers la mort qui s'annonce.

Après avoir défini, comme nous venons de le faire, la réalité historique, il ne faut pas oublier de noter qu'elle est en relations constantes avec d'autres espèces de réalités. L'histoire, peut-on dire d'une façon générale, consiste à saisir la tendance des faits à se succéder d'une certaine façon. Ainsi c'est un fait historique que la tendance actuelle à la concentration des capitaux. Mais il bien sûr que cette direction sociale est en rapport avec des faits extérieurs et, dans une certaine mesure, sous leur dépendance. Ainsi, ce sera une question de savoir dans quelle mesure cette réalité historique est fonction de certaines conditions de géographie ou de technique industrielle, de déterminer jusqu'à quel point l'existence de gisements miniers en Angleterre, par exemple, et les grandes découvertes qui y eurent lieu dans le cours du xviiie siècle y ont favorisé et rendu plus rapide que dans les autres pays cette concentration des capitaux. Aujourd'hui, au contraire, il semble que ce soit l'histoire qui transforme la géographie. C'est un fait historique, par exemple, que la transformation industrielle des États-Unis et de l'Allemagne. Mais ce fait a pu être déterminé par la constitution géologique de ces deux pays. Au contraire, la transformation d'autres pays en pays industriels est simplement une forme du nationalisme économique et de la tendance de toutes les nations à se suffire à elles-mêmes, tendance favorisée par la facilité des communications permettant le transport des matières premières et par le progrès de la science, transformant à volonté le sol. Ce sont bien là des causes et des faits historiques.

Ainsi nous devrons constamment nous souvenir de l'action des faits les uns sur les autres. Sans nous demander si, au point de vue de la philosophie générale ou d'une philosophie de la civilisation, ce sont les conditions géographiques ou les conditions historiques qui déterminent les faits et en sont les causes premières, sans nous poser les questions d'origine qui ne peuvent être résolues que par l'étude d'une très longue période, — étude que, nous l'avons vu, nous n'avons pas à entreprendre, — nous étudierons seulement les relations des faits géographiques et historiques et leur action et réaction réciproques dans la période qui nous intéresse et en vue de déterminer leur fécondité respective.

A un autre point de vue, s'il y a des cas où l'histoire poursuit sa course de façon inconsciente et quasi fatale, sans aucune intervention de l'intelligence humaine, produisant des heurts ou des crises comme les engorgements de la production, il y a au contraire des cas où l'intelligence intervient, où le capitalisme, par exemple, conscient du danger que présente l'accroissement constant de la production, constitue des ententes pour la limiter. Nous devons donc conclure qu'il y a des relations entre la force historique et l'intelligence humaine, comme nous en avons aperçu entre les faits géographiques et les faits historiques.

Nous avons parlé de direction historique, de tendance des faits. Encore faut-il dire en quoi consistent cette direction et cette tendance. Est-ce une tendance à être et à persévérer, à augmenter ou à diminuer? Il semble bien que les trois hypothèses soient vraies. Les faits économiques, dans certains cas, tendent simplement à aller dans le même sens et du même mouvement. On peut dire que c'est la loi de l'inertie appliquée aux faits sociaux. Il y a des cas, au contraire, où ces faits vont de plus en plus vite. C'est celui, par exemple, de la productivité capitaliste. Il y en a d'autres enfin où les sociétés, où les formes sociales tendent à mourir. Certaines classes, par exemple, s'abandonnent parce qu'elles n'ont plus la vitalité et à cause de cela, l'intelligence nécessaires. Nous ne pouvons que noter toutes ces tendances, pour que la complexité de la réalité sociale nous apparaisse immédiatement.

Nous arrivons donc, en résumé, à ces conclusions : il faut observer une courte période historique, ne pas se poser de questions qui la dépassent, mais pourtant examiner dans quelle mesure les faits y agissent et y réagissent les uns sur les autres, — connaître la direction historique et ses rapports avec les actions externes, d'une part, et, d'autre part, avec l'intelligence humaine. Ajoutons que l'homme moderne n'observe pas seulement, mais utilise, et qu'il faudra nous préoccuper des moyens d'atteindre une certaine fin déterminée.

Reste à expliquer pourquoi nous avons choisi l'idée de justice sociale comme premier objet de notre étude sur la justice. C'est un fait que les préoccupations sociales tendent à dominer les consciences modernes et qu'une meilleure répartition des biens tend à se réaliser dans les institutions. En bien des cas, les nécessités philanthropiques priment toutes les autres. La faim, a-t-on dit, n'est ni catholique ni protestante. Nos budgets contiennent des mesures socialistes acceptées de tous les partis. Quant à ceux qui n'acceptent pas comme primordiale cette préoccupation d'ordre social, ils sont victimes de certains préjugés qui les empêchent de voir telle qu'elle est la réalité sociale, et nous ne pouvons accepter l'opinion de ceux qui n'ont pas soumis leur jugement à une méthode d'investigation scientifique. Au premier rang des préjugés dont nous parlons, il faut citer le préjugé naturaliste qui consiste à trouver étonnante cette préoccupation de combattre la misère, quand tant de faits naturels apparaissent comme infiniment plus meurtriers qu'elle. Mais la question est de savoir ce que la société veut faire et non ce que la nature fait. Or c'est un fait que l'homme veut remédier à la misère et, pour ne pas le voir, il faut obstinément subordonner le fait sociologique au fait naturel. Il y a un mouvement social vers une plus juste répartition des biens. Ce mouvement, d'ailleurs, est favorisé par d'autres mouvements issus d'un même esprit : par la lutte des classes d'abord, et en second lieu par la laïcisation des esprits. Nos besoins et nos désirs sont devenus terrestres. L'homme, au lieu de songer à l'au-delà, se préoccupe de réaliser la justice sur terre. Liées à cette profonde évolution intellectuelle, nos préoccupations économiques et sociales ne sont sûrement pas éphémères, et l'examen des réalités qui y correspondent peut servir de base solide à tout l'édifice de notre morale sociale.

CHAPITRE PREMIER

LE CAPITALISME

La réalité sociale dont nous abordons maintenant l'étude directe est double, comme nous l'avons vu : les faits inconscients s'ajoutent à l'intelligence consciente des faits et se déroulent suivant une loi interne qui leur est propre ; il faut les considérer indépendamment de l'opinion que le public s'est formée à leur sujet.

La première institution qui frappe notre attention est le groupement capitaliste sous ses formes diverses, et les modes d'action qui en résultent. Nous étudierons donc les différentes sortes de capital dans la mesure où elles intéressent la répartition des pouvoirs.

Nous examinerons d'abord la puissance du capital pris en soi. En effet, l'antagonisme qu'on a pu, à des époques diverses, observer entre les agrariens et les industriels, les industriels et les financiers, les producteurs et les spéculateurs, est dominé par la puissance du capital impersonnel. Il importe donc de définir le capital en tant que tel. C'est l'ensemble des moyens de production dont dispose une société à un moment donné. Le capital monnayé est surtout un moyen d'échange, et par là un équivalent abstrait de la production et du travail. Et c'est sur ce caractère qu'il convient d'insister, puisque de plus en plus au numéraire se substitue le billet sous ses aspects divers (billet de banque, chèque, etc.). En outre, cette monnaie est échangeable et indéfiniment mobile, dans l'espace par les moyens de communication, et dans le temps par le crédit. Elle sert ainsi à la réalisation de desseins futurs. Enfin, la concentration du capital en un petit nombre de mains multiplie sa puissance et son accumulation agit sur la production.

Le fait le plus intéressant pour nous est que le capital agit impersonnellement, quel que soit son détenteur. Et en ce sens on pourrait rappeler les paroles d'Aristote : « L'argent fait des petits par lui-même. » Cette force vive du capital ne s'était jamais manifestée jusqu'à une époque toute récente. On trouve sans doute dans l'antiquité, à Athènes et à Rome, des accumulations de capitaux. Mais leur pouvoir était toujours limité par l'action des classes et par l'action de l'esclavage. Aujourd'hui, aucune barrière ne s'oppose plus à leur toute-puissance. La classe prolétarienne est dépouillée de tout moyen de produire et reçoit sa vie du capital. Nous sommes donc bien en présence d'un de ces faits sociaux agissant par eux-mêmes, dont l'existence et la découverte ont permis aux études sociologiques de se produire.

Voyons maintenant comment joue ce capital, et comment son action se combine avec celle du capitaliste. Nous allons étudier les cas où le capitaliste agit personnellement et ceux où le capital agit lui-même. Deux types, celui du rentier d'un côté, celui de l'entrepreneur de l'autre, représentent les termes extrêmes de la vie capitaliste. Il s'agit de savoir comment on est passé de l'un à l'autre, du règne du capitaliste au règne du capital.

Le type même du rentier est double. Il y a d'abord le rentier *actif* qui, tout en ne travaillant pas lui-même, s'occupe cependant du placement de ses capitaux. L'autre, celui qu'on pourrait appeler *passif*, est caractéristique de la France. Se fiant à certaines inductions et à une expérience traditionnelle, il place ses capitaux dans les valeurs d'État, dans les entreprises des grandes compagnies qu'il suppose solvables. La législation française sur l'héritage favorise d'ailleurs le développement de ce type. Le partage étant égal entre les enfants, le père est surtout conservateur. De là l'origine de notre bourgeoisie rentière, avec son mépris du salaire et son préjugé de l'inactivité. Elle a cru trouver dans la paresse le secret de la majesté..

Ces placements de capitaux qui donnent des rentes se forment individuellement ou collectivement (sociétés d'actionnaires). Et ce sont ces associations de rentiers — sorte de démocratisation du capital — qui ont été la première forme du grand capitalisme, puisqu'elles sont antérieures aux associations d'entrepreneurs.

Ceux-ci forment le second des types que nous avons distingués. Ils ne se bornent pas à choisir et à surveiller le placement de leurs capitaux, mais ils les font fructifier eux-mêmes en se mettant à la tête d'une industrie. Ce type suppose une synthèse des deux forces que nous avons indiquées, le capital et la personnalité. Toutefois, dans les industries, le capitaliste distingue en général entre le produit de son capital et le salaire qu'il s'accorde comme fruit de son travail personnel. Au début, les entreprises capitalistes furent individuelles : le capitaliste était une sorte de capitaine d'industrie. Mais peu à peu cette forme d'action individuelle s'est compliquée de la forme associative. On a vu naître des associations ayant un objet directement industriel sous le nom de trusts, de cartels et de comptoirs. Peu à peu les entrepreneurs ont constitué une classe solidaire. En face de la bourgeoisie immobile et oisive, figée dans sa fausse dignité, cette classe se présente avec ses qualités de hardiesse, d'initiative et d'intelligence toujours ouverte. D'ailleurs, même quand la production n'est pas encore centralisée, les entrepreneurs s'associent pour défendre les intérêts généraux de l'industrie : ils forment des syndicats patronaux, des chambres de commerce, etc.. Naturellement le fonctionnement, déterminé par la loi, de toutes ces associations et leurs relations constantes avec le pouvoir officiel les ont amenées à prendre une attitude politique définie. Nous avons donc bien affaire à une véritable classe ayant une solidarité spéciale, industrielle, morale et juridique.

Nous sommes loin de l'âge héroïque du capitalisme où le capital n'était encore ni concentré, ni mobile, et où l'entrepreneur ne pouvait compter que sur son crédit personnel. Rossi, Say parlent du caractère anarchique et chaotique du capitalisme. Les entreprises de chemins de fer étonnèrent et les désastres qui survinrent semblèrent, malgré l'appui de l'État, justifier les soupçons répandus dans le public. Il suffit d'étudier l'histoire des sociétés par actions qui aboutirent à des désastres pour concevoir la défiance du public et l'héroïque énergie que durent manifester les industriels dans les moments de crise[1]. Supprimées par les décrets du 24 août 1793 et du 15 avril 1794, ces sociétés avaient été rétablies par le Directoire. Le code de commerce de 1807 leur avait assuré une liberté d'action complète. Cette liberté provoqua des désastres formidables et amena la nouvelle réglementation de la loi de 1867. Ce fut l'ère du capitalisme militant. Aujourd'hui nous connaissons le capitalisme triomphant.

Mais il subsiste encore aujourd'hui un capitalisme à l'ancienne mode dont la force réside dans la possession des instruments et dans le crédit personnel. Le type du petit, du moyen producteur représente le stade de l'industrie avant l'importance et l'accumulation de la monnaie. Dans cette classe il nous faut distinguer le type urbain et le type agricole. En France il y a très peu d'associations de petits producteurs et

---

1. Cf. Scheurer-Kestner, *Souvenirs de Jeunesse*, Paris (Fasquelle), 1905, p. 20.

de commerçants urbains. A l'étranger, on trouve de nombreuses sociétés de vente et d'achat : les petits commerçants ont des représentants à frais communs. En Allemagne et en Autriche, ces associations demandent à être représentées dans les conseils de la nation. Et tandis qu'à l'étranger on peut voir des congrès fréquents des « classes moyennes », en France, la petite production isolée, émiettée, à peine soutenue par de rares banques populaires, essaie de lutter contre les grands magasins et les grands capitaux par les petites influences politiques. Dans la vie rurale, au contraire, c'est en France plus qu'ailleurs qu'on peut observer des associations : les syndicats agricoles sont très nombreux.

Comment ce capitalisme, dont nous venons de passer en revue les diverses formes, poursuit-il son but ? On a, sur cette question, émis deux hypothèses également fausses, considérant tantôt que le capitalisme est l'ensemble des capitalistes à la recherche de leur propre intérêt, et tantôt qu'il agit à la manière d'une force naturelle aveugle. On retrouve ces deux conceptions chez les économistes orthodoxes. La seconde, à vrai dire, est beaucoup plus proche de la vérité. Lorsque le capitalisme a commencé, il s'est déchaîné comme une force naturelle. Cependant il recèle en lui un égoïsme collectif, un égoïsme international de classe qui se développe d'une façon en général inconsciente, mais qui, à certains moments, prend conscience de lui-même.

L'objet que poursuit le capitalisme est d'abord le profit, mais aussi la productivité. Or il peut arriver que ces deux choses se contredisent. Le capitalisme a commencé par développer sa productivité au détriment de son profit, puis peu à peu il a limité sa productivité. Au début, il y eut une surproduction qui provoquait, comme le montre Ricardo, des crises périodiques et des désastres continus. Mais la caractéristique du régime capitaliste actuel est la réglementation consciente de la production. Citons l'exemple de ce syndicat de vignerons qui, en 1902, jetait du vin à la rivière pour remédier à la mévente.

Si nous considérons maintenant le capitalisme dans ses rapports avec le prolétariat, nous retrouvons en lui ce même égoïsme international, collectif, à demi inconscient. Le capitalisme produit la misère, le chômage sans que le capitaliste s'en doute, et on a peut-être tort de lui reprocher individuellement ces actes, conséquences nécessaires, ou plutôt faits concomitants du capitalisme. « Le prolétariat suit le capitalisme comme son ombre », a dit Marx. Il y a un prolétariat du moment où il y a un marché du travail et que des bras libres s'offrent au capital. Lorsque le capital, au lieu de se trouver en face d'hommes jouissant de leurs droits civils et politiques, a affaire à des indigènes, il se transforme en un véritable despotisme et le contrat de travail en contrat de servage. C'est le cas des industriels américains embauchant des ouvriers Japonais. — Automatiquement aussi, le capitalisme produit ses conséquences : maladies professionnelles, accidents du travail, misère. On comptait à Londres, en 1900, 107.000 indigents ; en 1902, 112.000 ; en 1903, 114.000 ; en 1904, 127.000. Dans le même temps, 200.000 personnes y vivaient de 2 shillings par semaine. En France, le salaire moyen est de 3 francs par jour et 1.000 francs par an. Il faut ajouter le chômage. En 1904, il y avait en Angleterre 3 millions de chômeurs et 13 millions d'ouvriers dont le travail était précaire. Ce chômage d'ailleurs semble augmenter d'année en année. En 1896, il est de 7 p. 100 ; en 1901, de 7,75 p. 100 ; en 1902, de 9 p. 100. Comme suites, on relève l'affaiblissement de la race, les maladies chroniques, la tuberculose. Ces conséquences suivent le capitalisme partout où il se transporte, même à la campagne.

Tel a été le développement du capitalisme lorsqu'il a joué inconsciemment. Mais il a eu des retours sur lui-même et l'égoïsme s'est renforcé en devenant conscient. Les journées moyennes, vers le milieu du XIX° siècle, étaient de quatorze, quinze et quelquefois dix-sept et dix-huit heures de travail. Les enfants et les femmes étaient employés sans ménagement. Il y avait là un véritable déchaînement de force brutale qui aurait vite amené, s'il avait continué, une dégénérescence complète de la race. En même temps, le capitalisme essayait de mettre la législation de son côté. Mais le mouvement ne s'est pas poursuivi. La loi d'airain ne s'est pas réalisée. Depuis cinquante ans, les salaires ont augmenté; les crises ont diminué de fréquence. Cela prouve que le capital a pris conscience de son propre mouvement dans une certaine mesure. L'égoïsme est devenu plus habile. Il se montre encore dans la résistance à la poussée syndicale, dans le renvoi de l'ouvrier meneur, dans l'organisation d'une police soit avouée et violente, soit sournoise, dans la constitution d'économats qui retirent à l'ouvrier la plus grande partie de son salaire, dans la fraude sur la production, le travail aux pièces, etc..

La force capitaliste est également parvenue à dominer le petit producteur qui n'a souvent que l'apparence de l'indépendance. Le travail à domicile et l'atelier de famille permettent au capitalisme d'échapper aux lois sur les fabriques. Le petit producteur travaille pour le grand industriel : patron apparent, il est lui-même l'exploiteur d'ouvriers plus misérables que lui.

CHAPITRE II

CAPITALISME ET PROLÉTARIAT

Le capital a été amené à instituer des garanties contre les dangers qui naissaient pour lui-même de son propre fonctionnement. Telles sont les grandes institutions de crédit et les institutions diverses de solidarité capitaliste. Mais à côté de ces forces, issues de l'égoïsme de classe, il y en a d'autres par lesquelles le capitalisme s'est posé à lui-même des limites et qui peuvent être appelées des forces morales. Certes, si le capital a ainsi limité son effort productif et sa recherche exclusive du profit, c'est souvent, au fond, par un intérêt bien entendu, mais les résultats n'en sont pas moins moralement heureux.

Le capitalisme, se rendant compte des misères qu'il cause autour de lui, essaye de les limiter par une protection bienfaisante, par des mesures de justice et de bonté à l'intérieur de l'usine, par des gratifications aux ouvriers les plus intelligents et les plus dévoués. Il consent à limiter son profit pour éviter aux ouvriers le chômage. Les débats qui ont accompagné la loi sur les coalitions, au Corps législatif en 1864, ont montré qu'à l'époque où le machinisme s'est introduit en France, beaucoup de patrons avaient retardé la refonte de leurs matériel afin de ne pas mettre leurs ouvriers sur le pavé.

Cette protection s'est organisée en particulier chez les protestants, les catholiques sociaux et les phalanstériens. Dès 1856, les grands industriels alsaciens s'étaient efforcés d'assurer le logement à l'ouvrier : leurs œuvres de philanthropie se multiplièrent aux derniers temps de l'Empire. Plus récemment on a vu des sociétés minières devancer la loi en créant spontanément des caisses de secours. A Paris, les employés du gaz ont 2 p. 100 des bénéfices ; et des retraites leur sont assurées sans qu'il soit exigé de retenue. Même ces mesures de protection s'étendent au delà des intérêts purement matériels à des intérêts moraux : l'imprimerie Chaix et la Compagnie du P.-L.-M. ont des écoles d'apprentissage et d'enseignement dont les heures comptent comme des heures de travail. Mais souvent, il faut le dire, cette philanthropie devient tracassière et prend les allures d'un despotisme enveloppant, très irritant pour l'ouvrier. Il ne faut pas chercher ailleurs la cause d'un certain nombre de grèves [1].

Telles sont les institutions de bienfaisance du capital souverain. Examinons, en second lieu, celles qui caractérisent ce qu'on pourrait appeler le capitalisme constitutionnel. Ici nous trouvons une sorte de charte octroyée ; et ce nouveau capitalisme revêt deux formes différentes : ou bien il persiste suivant son mode général ; ou bien il est supprimé et le patron n'est plus qu'un gérant, qu'un directeur. Sous la première de ces formes, le capitalisme accorde une part de profits aux ouvriers, mais sans leur laisser aucune part de conseil, aucun contrôle sur la direction de l'usine. Il établit à l'intérieur de l'usine des mutualités, mais des mutualités spéciales, toujours placées en fait sous la direction du patron. A ce type appartiennent les coopératives patronales des grandes compagnies de chemins de fer. Sous sa seconde forme, le capitalisme constitutionnel donne à l'ouvrier plus que des assurances sur ses intérêts matériels : il lui reconnaît un droit de contrôle sur le

---

1. Cf. *Temps*, 19 déc. 1899.

travail et sur la direction de l'usine. Un tel droit est soit temporaire, comme il arriva pour le cas des malfaçons du Métropolitain, soit permanent. Il donne lieu alors à la création de délégations légalement investies du soin de surveiller les conditions du travail et la quantité de la production (conseil d'usine, syndicat mixte). Mais toutes ces organisations ne sont pas purement ouvrières, car elles restent toujours sous l'autorité du patron et fortement imbues d'esprit hiérarchique. Ainsi la commission mixte créée au Creusot avec l'arbitrage de Waldeck-Rousseau a servi d'arme au patronat contre le syndicat.

Il faut noter que ces formes constitutionnelles peuvent aussi exister parmi des ouvriers non régis par le système capitaliste. C'est le cas des sociétés ouvrières phalanstériennes d'inspiration fouriériste dans lesquelles le capital continue à fructifier spontanément, mais en restant aux mains des ouvriers associés. Cependant, dans ces sociétés encore, la direction reste aristocratique ; et l'on peut voir dans les usines Zeiss d'Iéna, par exemple, l'ouvrier assuré d'une vie confortable, appelé aux bénéfices socialisés, maître dans une certaine mesure des règlements d'atelier, mais toujours exclu des conseils de gérance.

Reste, enfin, le capitalisme parlementaire, qui accepte en face de lui les organisations ouvrières pour s'entendre avec elles, ou pour traiter avec elles sous forme de contrats collectifs, ou enfin, avec le système de la commandite, pour leur acheter le travail. Les exemples d'ententes entre ouvriers et patrons, surtout à propos de grèves, sont très nombreux. La fédération des typographes a propagé l'idée de contrat collectif, qui de proche en proche a pénétré jusque dans le monde rural[1]. Les ouvriers, protégés par le contrat, ont ainsi un moyen de réclamer de façon légale. En 1899, une augmentation de

---

1. Cf. *Humanité* du 18 septembre 1905.

salaire est obtenue par l'entente des sociétés minières et des mineurs du Nord et du Pas-de-Calais. En 1900, à Saint-Etienne, une question de salaire fut aussi réglée par un contrat et les mineurs, à cette occasion, firent même vérifier les profits de la Société au ministère des travaux publics. Mais le type des relations entre capital et travail qui impliquerait une véritable transformation de la propriété est celui des sociétés ouvrières en commandite. Le travail y est vendu comme un produit, et rien n'empêcherait que le prix en fût fixé dans des Bourses analogues aux Bourses des valeurs.

Mentionnons encore comme une dernière forme le capitalisme émancipateur, représenté par des patrons qui ont voulu profiter des avantages de leur situation actuelle pour faciliter l'ascension de leurs ouvriers. Ceux-ci ont ainsi dû parfois à l'initiative patronale de devenir propriétaires de l'usine, ou, moins radicalement, de pouvoir acquérir des actions ou fonder, grâce à des dons ou des subventions, des entreprises uniquement ouvrières.

Après cette revue des divers types de capitalisme, il faut nous demander comment, en face du capital, s'est organisé le prolétariat et faire une revue analogue des différentes espèces d'ouvriers[1].

On rencontre, en premier lieu, l'ouvrier qui a gardé son ancienne mentalité, qui n'a pas pris conscience de lui-même. Celui-là n'est que de la *chair à usine* entre les mains du patron. Il est miséreux, sans assurances ni garanties, à la merci du chômage. — Il y a, à côté de lui, l'ouvrier indépendant, perpétuant l'ancien type du petit artisan et de qui, d'ailleurs, l'indépendance devient de plus en plus illusoire. Isolé, il

---

1. Consulter le *Rapport* présenté par M. Gide à la section d'économie sociale de l'Exposition de 1900, — le livre de M. Bourguin, *Les systèmes socialistes et l'évolution économique* (Paris, 1904). — les publications de l'Office du Travail : *a)* Études sur les associations ouvrières professionnelles ; *b)* Annuaire des syndicats; *c)* Bulletin de l'*Office du Travail*.

n'a pas acquis la conscience de classe. Il se rapproche plus du petit producteur que de l'ouvrier. Il a ce que Proudhon appelle l'esprit petit-bourgeois. — En troisième lieu, nous plaçons toute la catégorie des ouvriers qui profitent trop du capitalisme pour n'être pas ses alliés, les contremaîtres. — Quant à l'ouvrier d'État, avec sa retraite assurée et les divers avantages qui font de lui un quasi-fonctionnaire, il a longtemps gardé l'ancienne mentalité. Mais la conscience de classe lui vient ; et il tend à considérer l'État comme un patron semblable aux autres, en face duquel il y a lieu aussi de se syndiquer. Le mouvement s'étend même des travailleurs manuels à tous les travailleurs de l'État en général, témoin les tentatives syndicalistes des instituteurs. — Enfin le type le plus accompli que nous rencontrions est celui de l'ouvrier syndiqué.

Chez ce dernier, l'idée dominante est celle de conscience et de lutte de classe. Au début, les revendications professionnelles s'accompagnaient de revendications politiques. Mais, à partir de 1887, les syndicats ont renoncé à la politique. En 1892, la Fédération des Bourses s'est séparée de la Fédération des Syndicats parce que celle-ci était inféodée au Parti Ouvrier qui constituait un parti politique. Aujourd'hui, on peut dire que l'action syndicale est presque exclusivement économique. Mais elle s'exerce de deux manières et il faut distinguer entre les syndicats réformistes et les syndicats révolutionnaires. Ces derniers ont pour objectif non l'entente, mais la lutte : il s'agit d'arracher des concessions au patronat par la violence. Leur action va même parfois à l'encontre des règles de morale généralement admises, par exemple lorsqu'ils préconisent le sabotage.

Ces syndicats se sont concentrés de la même façon que le capitalisme. D'où la Fédération des Syndicats et la Fédération des Bourses du travail, unifiées en 1902 dans la Confédération Générale du Travail. Les Bourses du travail ont pour but d'unir tous les ouvriers d'une même ville ; les fédérations de syndicats les ouvriers de même métier. Ce besoin de solidarité professionnelle est même si spécialisé qu'on a vu, en 1903, les brasseurs discuter sur la question de savoir si les mécaniciens de brasserie appartiendraient à leur fédération. Il faut noter enfin que le mouvement syndical n'embrasse pas seulement les travailleurs de l'industrie. Il s'applique également aux populations rurales et tend à s'étendre, en France, à toutes les associations, même aux Amicales. Il s'est développé, comme le capitalisme encore, d'une façon d'abord inconsciente. Ensuite il s'est organisé consciemment, en se mettant, dans une première période, en rapport avec les forces politiques et, dans une seconde, en agissant, de façon autonome, sur un terrain exclusivement économique. Ce second mode de procéder est dû en grande partie à l'entrée des anarchistes dans les syndicats[1], — comme nous le verrons en étudiant les doctrines et non plus les faits économiques.

A côté des organisations antagonistes du capitalisme et du prolétariat, que nous venons de passer en revue, il existe aussi des institutions bourgeoises qui se rattachent à la petite et à la moyenne production, au petit et au moyen commerce. L'organisation proprement économique des artisans et des petits commerçants est peu avancée en France. On rencontre surtout parmi eux des associations d'un caractère plus général et indéterminé, telles que les mutualités.

Mais il n'en est pas de même dans les classes rurales où il existe un grand nombre d'associations de petits producteurs[2]. Il ne faut d'ailleurs pas confondre les associations de

---

1. Pelloutier, *Histoire des Bourses du Travail*, 1902, p. 50 à 57.

2. Voir Emile Guillaumin, « Un syndicat de cultivateurs en Bourbonnais », *Pages libres*, 2 septembre 1903 et de Rocquigny, *Les syndicats agricoles et leur œuvre*, Paris, 1900.

petits cultivateurs pour la vente, l'achat ou la production avec les syndicats agricoles qui sont, la plupart du temps, sous la dépendance politique et économique des grands producteurs.

Partout où prévaut la petite exploitation, on rencontre des relations entre salariés et patrons très différentes de celles de la grande industrie ; ce qui n'empêche que le salarié du petit commerce est souvent plus exploité que celui de la grande industrie[1]. Il est, de plus, souvent ignoré par la législation du travail. De même, le prolétariat rural présente un caractère ambigu. L'opposition du patron et du salarié des villes n'existe pas à la campagne. Le propriétaire met lui-même la main à l'ouvrage et l'ouvrier participe à la vie de la famille de celui qui l'emploie.

D'une façon générale, l'organisation familiale et patriarcale de la production est en conflit avec la conscience du prolétariat moderne : elle fait survivre, parmi nous, des formes économiques anciennes.

Une forme également hybride de dépendance économique se rencontre dans le monde bourgeois : c'est la domesticité. Le domestique n'est pas salarié au même titre que le prolétaire. Il n'y a pas de contrat fixe qui le lie au patron. La durée et la nature de son travail restent indéterminées. Il vit dans la maison et de la vie de son maître, envers lequel il engage toute sa personne. C'est une forme atténuée du servage qui d'ailleurs tend à disparaître. Le domestique, en effet, tend de plus en plus à se transformer en employé. Dans les grandes maisons, le *service* constitue une organisation autonome. De même les garçons de café ou de restaurant sont de véritables employés. Le type patriarcal de la domesticité d'autrefois ne subsiste plus guère que dans les maisons modestes.

1. Cf. l'art. de *Pages libres* du 6 janvier 1906 sur la grève des garçons épiciers. Cette grève fait apercevoir la transformation progressive de la mentalité petite bourgeoise en mentalité prolétaire.

CHAPITRE III

INSTITUTIONS PHILANTHROPIQUES ET SOCIALISTES [1]

Passons maintenant aux institutions économiques qui ont pour objet de corriger certains effets du régime économique actuel ou même de le changer : institutions philanthropiques et mutualistes d'une part, institutions socialistes de l'autre, et sans les décrire minutieusement — ce qui n'est pas notre affaire, — cherchons quel esprit les anime. Les institutions philanthropiques qui ont pour but soit de secourir les faibles, soit d'aider les forts momentanément dans le besoin, dépassent souvent, en fait, leur but immédiat : c'est ce qui arrive lorsque, par l'aide qu'elles fournissent aux malheureux, elles ébranlent le régime actuel. Ainsi la Ligue sociale d'acheteurs, malgré ses intentions purement charitables, aboutit à des mesures presque révolutionnaires : elle oblige ses membres à ne donner leurs commandes qu'aux marchands qui ne surmènent pas les travailleurs. Il n'y a d'ailleurs en France qu'un petit nombre de sociétés philanthropiques organisées (Office central des renseignements, d'inspiration catholique mais impartial ; Alliance d'hygiène sociale ; Union des sociétés de patronage de France, etc.).

Les institutions mutualistes tendent, elles aussi, par cer-

---

1. [On notera aisément que F. Rauh, dans tout ce chapitre, prend le mot *socialiste* en un sens très différent de l'acception courante. Cf. p. 353. — *Note des rédacteurs*].

tains côtés, à révolutionner le régime actuel. Sous la forme courante, ce sont des institutions d'aide mutuelle. Mais on ne peut pas dire qu'elles soient uniquement *mutuelles* : elles reçoivent en effet des secours et de leurs membres honoraires et de l'État. La mutualité devient ainsi une institution d'État. Elle a son code, son conseil supérieur. L'État alloue 4,50 p. 100 d'intérêt aux fonds qu'elle dépose à la Caisse des Consignations. Comme le syndicat, la mutualité tend à s'étendre indéfiniment. Elle englobe l'armée, elle saisit l'homme dès l'enfance (mutualité scolaire). Elle a ses fédérations qui sont très puissantes. Il y a plus : certaines formes de mutualité vont nettement à l'encontre de notre régime économique. Des pharmacies mutualistes fondées dans le Midi ont été poursuivies pour exercice illégal de la pharmacie, mais ont gagné leurs procès. De même, les assurances mutuelles ou coopératives de crédit ont été encouragées en France et en Allemagne. Il y a là quelque chose de nouveau, un effort pour démocratiser le crédit.

Mais c'est surtout avec les coopératives de consommation qu'on s'achemine vers la démocratie économique. On retrouve bien en elles, comme dans les associations capitalistes, un capital, des actionnaires, des bénéfices. Mais en réalité le capital, s'il n'est pas supprimé, ne reçoit du moins qu'un intérêt fixe : sa récompense est limitée une fois pour toutes, — et le profit capitaliste est bien supprimé, puisque les bénéfices que la coopérative réalise sur l'acheteur, si elle vend aux prix du commerce, sont restitués à l'acheteur, ou consacrés à des œuvres d'intérêt collectif. Dans ce dernier cas, la coopérative de consommation est déjà une institution socialiste. Il y a en effet certaines formes de coopératives de consommation qui sont plus que des associations d'aide mutuelle bourgeoise, et qui unissent leurs membres en vue de certaines œuvres, faisant ainsi de la coopérative, comme des syndicats, un instrument d'émancipation. Dans l'Union centrale des coopératives, fondée en 1885 par de Boyve, sont entrées des coopératives ayant ce caractère solidariste[1]. Toutefois un grand nombre de ces coopératives se sont constituées à part, et en prenant un caractère expressément socialiste, au sens politique du mot : telles celles d'Amiens, de Saint-Claude, etc. C'est d'ailleurs là un caractère assez difficile à délimiter.

Il est intéressant d'étudier l'attitude de ces sociétés à l'égard de leurs employés et de leurs ouvriers. Ceux-ci ont constitué des syndicats et fait des grèves, en particulier en Allemagne[2]. Ils ont des salaires plus élevés qu'ailleurs et les sociétés qui les emploient sont favorables au mouvement syndicaliste. Souvent la coopérative socialiste n'emploie que des ouvriers syndiqués : la coopérative elle-même semble parfois née du syndicat. Ainsi, à Amiens, la Bourse du travail est maîtresse de la coopérative. De plus, il y a des relations entre la Confédération générale du travail et la Bourse des coopératives socialistes[3]. Enfin l'attitude des Sociétés dont nous parlons se définit encore à propos de la question de savoir s'il faut que dans les coopératives tous les ouvriers et employés soient actionnaires. On répond qu'on ne peut forcer l'ouvrier à être coopérateur : ce serait une atteinte à sa liberté. Toutefois, au congrès des Bourses socialistes, en 1902, on a décidé que les employés auraient voix délibérative dans les coopératives.

---

1. Cf. Guieysse, « le Mécanisme coopératif » et Marie, « les Œuvres de solidarité dans les coopératives », Pages libres, 21 janvier 1903. Voir aussi Ch. Guieysse, « les Coopératives du Jura », Pages libres, 5 avril 1902.

2. Cf. Temps du 13 sept. 1903 : Grève des ouvriers de la Boulangerie syndicale socialiste.

3. Cf. Humanité du 3 juin et du 1 juillet 1905. Il faut ajouter que les coopératives sont fédérées même en France. Il y a des fédérations régionales reliées par des offices qui les renseignent et même il y a des magasins généraux de vente. En 1905, il a été constitué une Alliance coopérative internationale.

Les institutions socialistes proprement dites[1] sont celles qui tendent à transformer le mode actuel de la propriété. Il y a d'abord celles qui, tout en maintenant la domination du capital sur le travail, essaient de démocratiser, de socialiser le capital : tels sont les trusts, les cartels et, d'une façon générale, toutes les associations d'entrepreneurs qui se sont formées sur le modèle des associations de rentiers. Dans de pareils cas, la propriété capitaliste devient collective : chaque actionnaire n'étant propriétaire que d'une part, sa propriété n'est pas distincte de la propriété collective[2]. De même, dans les sociétés mutuelles de crédit, il se réalise une certaine forme de propriété collective. D'autre part, même en ce qui concerne la direction de la propriété, le capitaliste entrepreneur est beaucoup moins maître qu'il ne semble dans son usine ou dans sa banque. Il subit l'action des syndicats généraux qui gèrent les intérêts capitalistes communs et celle des Chambres de commerce. Dans les sociétés d'actionnaires, il y a une responsabilité collective qui atteint tous les actionnaires jusqu'à une limite précisée par la loi. Dans les trusts et dans les cartels, la direction elle-même est socialisée[3].

La liberté du producteur varie, dans ces associations capitalistes : tantôt elle est pleine et entière, en France notamment ; tantôt elle subit des restrictions très graves, en Westphalie, par exemple, où la liberté de production des mines est réglementée par le syndicat houiller.

Une seconde espèce d'institutions socialistes est celle où le travail tend à dominer le capital. Cette domination s'affirme d'abord par un contrôle du travail sur le capital, contrôle obtenu par le moyen du syndicat. En outre, un con-

---

1. [V. p. 318, n. 1].
2. Cf. Jaurès, *Études socialistes*, Paris, Ollendorff, 1902 ; Emmanuel Lévy, *L'affirmation du droit collectif*, Paris, Soc. nouv., 1903.
3. De Rousiers, *Syndicats d'industriels et de producteurs en France et à l'étranger*, Paris (Colin), 1901.

trôle est exercé sur l'industrie privée par diverses sociétés : par les sociétés d'hygiène des travailleurs, par des associations qui veillent à l'application des lois ouvrières dans les contrats collectifs[1]. Mais la domination du travail s'affirme en second lieu de façon plus énergique : il se libère du capital, forme des Sociétés en commandite autonomes qui s'administrent démocratiquement et vendent le produit du travail. Les prétentions des ouvriers ne s'arrêtent pas en effet à un pouvoir de contrôle. Ils veulent devenir maîtres de la production : dans la lutte contre le patron, ils essaient de manifester leurs droits à la possession de l'usine. Il semble bien parfois que la bourgeoisie reconnaisse leurs prétentions, puisqu'on veut donner aux syndicats le droit de posséder et de commercer. Mais ils n'acceptent pas ce don, parce qu'il est octroyé suivant les lois qui régissent actuellement la société capitaliste.

L'émancipation ouvrière ne pourrait se réaliser vraiment que par la formation d'associations démocratiques de production. L'Angleterre possède à ce point de vue un régime qui lui est particulier : elle a des sociétés qui sont à la fois de consommation et de production et qui produisent à l'aide de leurs bénéfices. En France[2], on rencontre seulement, et en petit nombre, des sociétés de production comme la verrerie ouvrière d'Albi, la coopérative des diamantaires de Saint-Claude, celle des lunetiers de Morez. Mais bien que les sociétés de consommation leur paient parfois leurs produits à un prix supérieur au tarif ordinaire, bien qu'elles reçoivent des dons particuliers et soient aidées par l'État, elles vivent

---

1. Parfois même ces contrats ont une allure violente : certains patrons se sont engagés à payer une amende de 3 000 francs s'ils employaient un seul ouvrier gréviste avant que la grève se fût terminée à la satisfaction commune des ouvriers. — Voir la brochure sur les sociétés en commandite, publiée par le syndicat des ouvriers typographes.

2. Cf. de Seilhac, *Syndicats ouvriers, Fédérations, Bourses du Travail*. Paris, 1902.

difficilement. En général, ces associations ouvrières de production dégénèrent en associations capitalistes. Ce sont des associations d'ouvriers-patrons. Et la seule différence qui sépare ces patrons des patrons ordinaires, c'est qu'ils ont commencé par être ouvriers.

CHAPITRE IV

L'ÉTAT ET LES RELATIONS ÉCONOMIQUES

I. — L'ÉTAT ET LES INSTITUTIONS CAPITALISTES

Il nous faut examiner maintenant les relations que soutient l'État avec les institutions que nous avons étudiées précédemment. L'État peut être défini l'organe — ou l'ensemble des organes — de centralisation politique et sociale. Son activité se manifeste par des lois, des décrets et des arrêtés; mais, conformément à notre méthode, nous signalerons également les projets de lois et de décrets. Car ce sont les institutions embryonnaires qui nous révèlent le mieux dans quel sens s'oriente la vie sociale [1].

L'intervention de l'État dans le domaine économique revêt diverses formes : tantôt par ses subventions, il apporte aux entreprises une aide matérielle; tantôt il les soutient moralement et les couvre de son prestige; parfois même il les suscite ou du moins sanctionne légalement leur existence.

Toute une série de mesures prises par l'Etat tend à

---

[1]. Bornons-nous à signaler quelques ouvrages élémentaires, où l'on trouvera les documents essentiels: Paul Louis, *L'ouvrier devant l'État, Histoire comparée des lois du Travail dans les Deux Mondes*, Paris, 1905; — Maxime Leroy, *Code Civil et Droit nouveau*, Bibliothèque socialiste, n° 27, 1904; — Andler, *Introduction à la traduction française du livre de Menger: Le droit au produit intégral du travail*. Paris, 1900.

favoriser l'action du capitalisme. C'est ainsi que le Conseil d'État et les préfets ont presque constamment entravé par des arrêts prohibitifs le développement du socialisme municipal[1]. La distinction de deux classes économiques est ouvertement admise par la législation, en ce sens que celle-ci a traité volontiers le patronat en classe privilégiée. Les Conseils de prud'hommes ont été à l'origine une institution aristocratique, les patrons devant y avoir la majorité (lois de 1806-1809). Cette inégalité numérique dura jusqu'en 1848. Mais, en 1853, le gouvernement se réserva la nomination des présidents et vice-présidents. Les lois de 1883-84 ont seules modifié cet état de choses. — L'institution du livret a longtemps obligé l'ouvrier à fournir la preuve qu'il était libéré de ses dettes; à Paris ce livret était délivré par le préfet de police. Il y avait là pour l'ouvrier une cause d'infériorité et une atteinte à sa dignité. Or le livret n'a été supprimé qu'en juillet 1890. — L'article 1781 du Code civil accordait la prééminence à la parole du maître en cas de contestation sur la quotité ou le paiement des gages ou salaires : il n'a été abrogé qu'en 1868. Mais l'article 414 du Code pénal, qui réglemente d'une façon spéciale la liberté du travail en cas de grève et punit toute atteinte à cette liberté y compris les menaces, subsiste encore. C'est là une législation arbitraire, exceptionnelle, et dangereuse par l'imprécision du texte[2]. La législation municipale reste un régime censitaire, puisque les indigents ne peuvent prendre part aux élections municipales. Des lois analogues existent en Angleterre. Les lois pénales elles-mêmes y facilitent l'action du maître contre l'ouvrier. En cas de rupture du contrat, le maître est passible de dommages-

---

1. Voir Lucien Petit, *L'extension du domaine industriel des communes*, in *Revue Politique et parlementaire* du 10 décembre 1903, p. 469 sqq.

2. M. Barthou l'a nettement reconnu en 1903 dans son *Rapport sur les modifications à apporter à la loi de 1884*.

intérêts, l'ouvrier de prison. Celui-ci en outre est incapable de témoigner pour soi[1].

D'autre part, l'État refuse bien souvent de combattre par la loi les abus du capitalisme. En France, il n'existe pas de lois contre les économats, lois qui existent à l'étranger. Depuis vingt ans, un projet de loi a été déposé sur la réglementation du paiement en nature ; voté par la Chambre, il a été repoussé par le Sénat. L'intervention des pouvoirs publics dans les contrats de travail a été également très tardive. Le contrat collectif de travail n'est point sanctionné par la loi. L'État interdit l'usure, mais non point les gains excessifs, ou, s'il cherche parfois à les limiter[2], c'est pour protéger certains capitalistes contre d'autres.

Enfin les lois mêmes qui protègent l'ouvrier sont parfois rendues inefficaces par l'introduction de modifications qui les dénaturent. La loi de 1900 qui réglemente le travail dans les ateliers mixtes a fixé la durée de la journée de travail à onze heures, puis à dix heures et demie. Mais un décret de 1902 a admis qu'il s'agissait du travail effectif, et non des travaux accessoires (nettoyage, etc.). Lorsque les lois existent et sont appliquées, la jurisprudence et la tolérance administrative permettent aux patrons de les tourner. Les coalitions furent interdites en 1791 ; mais celles que formaient les patrons n'étaient pas poursuivies et la loi de germinal an XI les autorisa expressément dans certains cas. Sous le Second Empire, avant la loi de 1864, on a toléré toutes les associations patronales, mais les associations ouvrières étaient

---

1. Les capitalistes anglais ont même réclamé des lois contre l'indépendance ouvrière. Un M. Potter demandait des mesures contre l'émigration, qui risquait de priver le capitalisme de sa main-d'œuvre. Voir Karl Marx, *Le Capital*, (traduction française, Paris, Lachâtre, 1872) 1er vol., p. 250.)

2. Certains jugements ont réduit des notes de couturiers ou des honoraires de médecine.

inquiétées : Berryer en faisait la remarque en 1862 dans un procès suscité par une grève des typographes.

Dans ces dernières années, une série de mesures législatives a constitué un droit collectif ouvrier, et reconnu l'existence d'une classe ouvrière distincte de la classe patronale et ayant sur celle-ci des droits. C'était renverser la situation. Mais la jurisprudence a partiellement ruiné cette idée. Les Conseils de prud'hommes, par exemple, sont bien composés aujourd'hui de patrons et d'ouvriers en nombre égal. Mais leur compétence ne dépassant pas trois cents francs, il suffit au patron condamné de faire une demande reconventionnelle supérieure à ce chiffre pour que l'affaire soit portée devant une autre juridiction[1]. La loi sur les accidents du travail (1898) est aussi aisée à tourner. Les arrêts de la Cour de cassation sont en général favorables au patronat. Aucun inspecteur du travail, à moins d'une présence continue, ne peut constater les contraventions à la loi sur la durée de la journée de travail, si une affiche posée dans l'atelier n'indique la réglementation générale des entrées et des sorties. Or la Cour a jugé que le fait d'employer des femmes et des enfants après l'arrêt du travail ne tombe pas sous la loi si l'on ne peut établir que les intéressés ont travaillé plus de dix heures. Le défaut de concordance entre les conditions affichées et les conditions effectives du travail n'est pas puni par la loi[2]. — La loi sur les ateliers mixtes n'est plus applicable pour peu qu'une simple cloison sépare les hommes et les femmes. — La loi de 1890 établit que la rupture du contrat peut donner lieu à des dommages-intérêts fixés par l'usage local. Certains contrats

---

1. La juridiction supérieure aux Conseils de Prud'hommes est le tribunal de Commerce. Toutefois, en cas de demande reconventionnelle, l'affaire est portée devant le tribunal civil.

2. Cf. Alfassa, *Le contrôle de la durée du travail*. Bulletin de l'Association française pour la protection légale des travailleurs, troisième série (1903), n° 3.

restent indéterminés, et l'ouvrier peut partir quand il veut. Mais, si l'industriel affiche un règlement contraire aux usages établis, la Cour de cassation admet que l'ouvrier doit le connaître et s'y conformer. — Ces faits ne sont pas particuliers à la France. Aux États-Unis, la Cour Suprême de Washington a cassé des lois des États du Colorado et de New-Jersey établissant la journée de huit heures dans les établissements de l'État. C'est ainsi que la jurisprudence et l'État lui-même se mettent au service des intérêts patronaux.

Enfin, en cas de conflit entre le capital et le travail, les pouvoirs publics soutiennent presque toujours la classe patronale. L'armée est à son service. Il n'y a pas si longtemps que les officiers logeaient chez les patrons. Les grévistes sont traités en ennemis, et, en cas d'arrestation, présumés coupables.

C'est encore en faveur de la conservation sociale que l'État intervient, quand il encourage les initiatives philanthropiques de certains patrons. Même il favorise volontiers le développement, dans les relations industrielles, d'une sorte de régime constitutionnel, où le patron concède certains droits à ses ouvriers associés, tout en gardant intacte son autorité. Telle est du moins la tendance qu'on observe dans les États traditionalistes et monarchiques.

Mais un État démocratique comme le nôtre est plutôt favorable à l'introduction dans le domaine économique du régime parlementaire. Cette conception fut celle du gouvernement Waldeck-Rousseau. La création des Conseils du travail, organisés par M. Millerand en 1900[1], exprime la même tendance. Ces organes d'arbitrage et de consultation sont nommés par les syndicats professionnels patronaux et ouvriers. On sait quelle opposition violente cette sanction du régime parlementaire, impliquant reconnaissance officielle du syndicat,

---

1. Voir Lavy, *L'œuvre de Millerand* (Paris, 1902), p. 75 sq.

a provoquée au Sénat. Cependant le Conseil supérieur du Travail ne représente encore que faiblement l'idée parlementaire, puisqu'un tiers de ses membres sont nommés par le gouvernement.

L'action de l'État n'a pas seulement pour objet le maintien ou la limitation des institutions capitalistes. A côté des mesures politiques qui favorisent le grand capitalisme, il en est qui protègent la petite propriété contre ce grand capitalisme même. Le vote de l'impôt progressif sur les successions, en 1901, les lois de 1892-1893 sur la réduction des droits de justice et des frais d'enregistrement tendent à affaiblir la grande propriété. La suppression de l'héritage en ligne collatérale a été proposée par M. Viollette. Les sociétés par actions ont été l'objet d'une série de mesures réglementaires. Des atténuations ont été apportées aux lois très rigoureuses sur la faillite et les faillis. D'autres projets enfin visent l'insaisissabilité de la petite propriété rurale et la constitution d'un bien de famille analogue au *home-stead*. — Mais à côté de ces mesures protectrices de la petite propriété, il y en a d'autres qui sont directement hostiles au grand capitalisme. La loi sur les accaparements porte le caractère petit-bourgeois. Il est vrai que cette loi n'est guère appliquée, si ce n'est dans un intérêt politique. Les lois contre les coopératives, que personne n'a osé combattre, que M. Viviani lui-même a soutenues, ont la même origine. Inspirées par le petit commerce, elles imposent à toutes les coopératives, patronales ou ouvrières, les patentes dont elles dispensent les syndicats agricoles, organisations mixtes et en partie petites-bourgeoises. Les tribunaux, les municipalités sont entrés dans la même voie. Au nom de l'ordonnance royale de 1777, les coopératives qui voulaient fonder des pharmacies ont été condamnées et les privilèges des pharmaciens ont été confirmés. Des arrêts du Conseil d'État ont interdit l'organisation de boulangeries municipales. Il y a plus. Les coopératives n'ont pas pu obtenir de statut légal ; et un gouvernement réactionnaire — au moins au point de vue économique — pourrait les supprimer comme illégales.

C'est le même esprit qui fait que l'État hésite à intervenir entre le petit bourgeois et ses salariés. Aucune loi ne réglemente les contrats de louage pour les garçons d'hôtel et de café et pour les salariés du commerce. Dans la petite industrie, l'intervention de l'État est à peine plus avancée. Mais il se peut que cette situation se modifie. Déjà l'opposition entre les ouvriers de la petite industrie, les employés de commerce et les ouvriers de la grande industrie semble disparaître, et, d'autre part, on tend à appliquer aux salariés des deux premières catégories les lois sur les accidents du travail et sur les retraites.

II. — LES INITIATIVES ÉCONOMIQUES DE L'ÉTAT

Si l'État soutient et favorise les institutions capitalistes qui lui semblent le fondement de sa propre sécurité, cela ne veut pas dire qu'il soit exclusivement l'instrument des capitalistes. La thèse de Karl Marx n'est pas pleinement justifiée. L'État est aussi un instrument de perfectionnement et de progrès social, comme le prouve l'histoire du XIXe siècle. L'État, en tant que tel, est au-dessus des classes en lutte. Il se propose un double but de sécurité nationale et de civilisation lointaine. Lorsqu'il protège une industrie, ce n'est point dans le seul intérêt des capitalistes, c'est aussi qu'il considère cette industrie comme fructueuse pour le pays. S'il favorise les industries d'art, c'est qu'elles reflètent le génie national. Dans certains cas, enfin, son intervention a pour but d'éviter des crises de salaires. Il y a une égale naïveté à prêter aux hommes des mobiles purement désintéressés et des intentions strictement égoïstes. En réalité, un type social nouveau paraît se constituer : celui du fonctionnaire conscient de ses responsabilités et des devoirs que lui impose sa fonction d'arbitre supérieur aux intérêts particuliers.

L'État exerce son contrôle sur la production capitaliste, en même temps qu'il lui apporte son aide : il lui fournit des moyens d'information et il la réglemente. C'est cette double fonction que remplissent des institutions comme l'Office du commerce extérieur ou l'Office du Travail, ainsi que diverses Commissions, de valeur d'ailleurs très inégale, telles que les commissions pour la fixation des valeurs en douane, pour le contrôle des primes à la filature de la soie, et le Conseil supérieur du Commerce et de l'Industrie.

En outre, l'État s'associe avec le capitalisme. Il consacre certaines formes d'institutions capitalistes à caractère collectif et plus ou moins démocratique. Telles sont les Chambres de Commerce, assemblées élues et collaboratrices de l'État. En 1851, elles furent reconnues établissements d'utilité publique. Il serait plus exact de les appeler des établissements publics. Elles ont en effet la personnalité civile, elles ont été créées pour la gestion d'un service public. Leurs ressources leur viennent d'un impôt spécial, les centimes additionnels à l'impôt des patentes. Elles administrent les Bourses de Commerce et dirigent par conséquent toute l'activité commerciale. Elles prêtent de l'argent à l'État, comme en 1873 pour les travaux des ports. Leur rôle grandira encore si on leur confie le soin de surveiller l'emploi des fonds de la Caisse des Retraites. Quant aux Tribunaux de Commerce, élus par un suffrage relativement démocratique, ce sont vraiment des tribunaux d'État. Enfin les Bourses de Commerce vont recevoir vraisemblablement une organisation plus stable et plus précise. L'État crée des fonctionnaires commerciaux. Les agents de change, par exemple, ne sont pas seulement des commerçants, mais des fonctionnaires publics, puisqu'ils sont nommés par l'État et soumis à des conditions spéciales. Dans certains cas, l'intervention de l'État se fait sentir dans la marche même de l'industrie par des conventions comme celles qui lient les Compagnies de chemins de fer. Même lorsque l'État n'assume pas lui-même la gestion des services publics, il impose aux sociétés concessionnaires un cahier des charges et dirige, au moins partiellement, leurs opérations.

Les syndicats patronaux et ouvriers eux-mêmes ont reçu de l'État une consécration officielle; ainsi, ils sont chargés de nommer les membres élus du Conseil supérieur du Travail. Les coopératives, elles aussi, ont bénéficié de l'appui de l'État. Le décret du 4 juin 1888 qui a autorisé les coopératives ouvrières à soumissionner pour les entreprises d'État les a débarrassées de formalités juridiques gênantes. En 1899, M. Millerand a interprété ce texte de la façon la plus libérale en affranchissant les sociétés ouvrières des règlements de comptabilité publique. Quant aux coopératives de consommation, l'État paraît s'en être désintéressé. La raison en est que la France est un pays de petits producteurs, de petits bourgeois, hostiles par tempérament et par intérêt au collectivisme coopérateur.

Enfin, certaines tentatives d'organisation des classes moyennes ont été, de même, sanctionnées par les pouvoirs publics. La loi du 21 juin 1865 a imposé aux petits cultivateurs l'obligation syndicale, si une majorité des deux tiers d'entre eux au moins le désirait. La loi de 1902 a contraint les bouilleurs de cru à procéder à la distillation dans un local ou un terrain spécial pour faciliter la surveillance. Le développement des Caisses rurales mutuelles de crédit agricole a été favorisé par la législation. La Banque de France a été contrainte, en 1898, de prêter quarante millions à ces sociétés, plus un pourcentage sur ses bénéfices[1]. A leur tour, les caisses de crédit, qui sont ainsi les intermédiaires entre les institutions financières et la production rurale, consentent des prêts aux coopératives agricoles. On cherche à créer des caisses analogues pour les petits pêcheurs, les petits armateurs, les petits viticulteurs.

En dehors de cette sanction et de cette collaboration qu'il apporte aux institutions d'ordre privé, l'État assume directement des fonctions économiques. Comme propriétaire, il a un domaine à gérer, les forêts, par exemple. Dans l'ordre financier, il a constitué et il contrôle des institutions comme la Banque de France, qui réglemente l'escompte et l'intérêt, comme le Crédit foncier, la Caisse des Dépôts et Consignations. Enfin, il exploite des monopoles, soit pour des raisons purement fiscales (allumettes et tabac), soit dans l'intérêt du service public (postes et télégraphes). Quoique son activité proprement industrielle semble s'être ralentie, l'État conserve encore des manufactures comme celles de Sèvres et des Gobelins. — Les communes, elles aussi, se sont montrées capables de gérer directement de grands services industriels, comme le prouve le développement récent du socialisme municipal, surtout à l'étranger.

L'État n'est jamais un patron comme un autre. Il songe à faire des profits sans doute. Mais il est également soumis à une tradition ancienne et à la force de l'opinion actuelle : il est obligé de considérer l'intérêt des producteurs, des ouvriers ; il obéit à une idée sociale. Évidemment, pas plus que l'industriel privé, l'État ne peut échapper aux lois économiques générales et, en particulier, à celle de la concurrence. Il est obligé parfois de réduire ses salaires à la moyenne, voire au-dessous du taux de l'industrie privée (par exemple dans les arsenaux

---

[1]. Ce tant pour cent représente 2 millions au moins.

maritimes [1]). Mais en général il fait des conditions particulièrement favorables aux ouvriers des industries qui lui appartiennent. Il limite la durée du travail : à huit heures pour les ateliers des Postes et Télégraphes, les établissements des Ports de Commerce et les ateliers de la marine ; à neuf heures, dans les ateliers de la guerre et à l'Imprimerie Nationale [2]. Il satisfait les revendications ouvrières en supprimant le travail à la tâche, par exemple dans les arsenaux. Il a souci des conditions hygiéniques du travail, — la production même dût-elle en souffrir : c'est ainsi que l'emploi du phosphore blanc a été interdit dans la fabrication des allumettes. Il se préoccupe de l'avenir de ses salariés par la création de caisses de retraites.

L'État cherche à renforcer l'action de son exemple en imposant aux industriels en relations avec lui les règles qu'il s'impose à lui-même. Il les contraint à accepter certaines conditions générales d'organisation technique ou certaines conditions spéciales de salaires. Les ouvriers, dit le décret du 10 août 1899, doivent être payés au taux normal de la région, fixé après consultation du syndicat. Les départements sont autorisés à agir de même à l'égard des entrepreneurs adjudicataires. Notons toutefois qu'il s'agit moins là d'actes de l'État que de décisions d'un gouvernement. Avant le ministère de M. Millerand, un décret de 1888 avait annulé une décision analogue du Conseil municipal de Paris. On ne peut en effet parler de l'État en général et *in abstracto*. Les actes de l'État dépendent avant tout de ceux qui gouvernent.

L'État-patron accepte le régime constitutionnel. Il voit sans défaveur se développer le régime des associations de fonction-

---

1. Le salaire des ouvriers des arsenaux est d'environ 3 fr. 35. À la Seyne, les ouvriers privés touchent 4 fr. 50. — Cf. Dagnaud, *La Condition des ouvriers de la marine* (Paris, 1904), p. 19.

2. Cf. *Revue Syndicaliste* du 15 sept. 1905, p. 101 et sq.

naires. Les agents des Postes étaient associés en fait avant 1901, ainsi que les employés des Contributions. Il entretient de bons rapports avec ces groupements et prend à leur égard une attitude protectrice. Il y a eu là un mouvement assez analogue à la création des syndicats mixtes ou même jaunes[1].

Actuellement la situation s'est modifiée et précisée. Le régime constitutionnel s'est élargi en régime parlementaire. Depuis la loi de 1884, l'État a admis le droit de ses ouvriers à se syndiquer. En 1895, on a voulu arrêter le mouvement et refuser le droit syndical aux ouvriers des chemins de fer. Actuellement, en fait, l'État ne conteste plus la légalité des syndicats de ses ateliers non plus que des industries placées sous son contrôle. L'État se trouve à ce point de vue dans la même situation que les industriels privés. Il a subi le mouvement syndical, sans le vouloir, et même contre son gré.

III. — L'ÉTAT ET LA CLASSE OUVRIÈRE

Non seulement l'État-patron propose son exemple à l'industrie privée, non seulement il lui impose sa loi; mais il est encore un agent du progrès social et il se constitue le protecteur des classes faibles. Cette protection consiste tantôt dans un secours donné à ceux qui sont irrémédiablement faibles, tantôt dans une aide qui permet aux faibles de devenir forts. Elle s'exerce tantôt seule, tantôt en collaboration avec des œuvres privées.

C'est d'abord l'Assistance publique qui a été organisée par toute une série de mesures législatives : loi de 1874 sur la protection des enfants en bas âge, loi de 1884 sur les enfants assistés, loi de 1889 sur les enfants moralement abandonnés,

---

[1]. A Brest, les syndicats indépendants ont protesté pendant la grève des ouvriers des arsenaux.

loi de 1893 sur l'assistance médicale, loi de 1905 sur l'assistance aux vieillards. Une autre catégorie de lois et de mesures administratives ont pour objet la protection du Travail : elles procèdent de la doctrine interventionniste. A cette tendance se rattachent la création d'une direction du travail au ministère du Commerce, puis d'un ministère du Travail, la loi de 1893 sur l'hygiène et la sécurité des travailleurs, la loi de 1898 sur les accidents du Travail, la création de la Caisse des retraites, organe central de la mutualité d'État, la loi du 27 décembre 1895 qui prescrit le versement dans les caisses publiques des retenues sur les salaires, enfin la loi de 1900 sur la durée du travail dans les ateliers mixtes.

Souvent l'État se borne à collaborer avec des institutions privées, qui prennent de ce fait un caractère semi-officiel. Tels sont les bureaux de bienfaisance, où les particuliers entrent bénévolement, les Sociétés déclarées d'utilité publique, les Sociétés mutuelles approuvées. La mutualité a reçu en 1898 un statut officiel et elle a été pourvue d'un Conseil supérieur. La loi en cours de vote sur les Retraites ouvrières lui accorde des avantages spéciaux, et la Mutualité apparaît ainsi comme la forme typique de la bienfaisance d'État. De même les œuvres d'Habitations à bon marché sont favorisées par les exemptions d'impôts stipulées par les lois de 1894-96 sur les logements ouvriers, et l'État autorise les départements et les municipalités à prêter à ces œuvres dans des conditions déterminées. Le Conseil municipal de Paris, en novembre 1905, a voté des exemptions d'impôts analogues. Enfin les Caisses d'Épargne doivent employer à cet usage une partie de leurs fonds disponibles.

D'une importance particulière sont les mesures prises par les pouvoirs publics qui concourent, d'une façon voulue ou non, à l'émancipation des classes faibles ou qui, du moins, reconnaissent leur existence et leurs droits. C'est ainsi que la loi des Retraites ouvrières consacre juridiquement l'existence d'une classe ouvrière distincte. Tantôt il s'agit de mesures de protection autoritaire : création, en Belgique et en France, d'un ministère du Travail, introduction des ouvriers dans le corps des inspecteurs du travail, institution d'une législation ouvrière, etc.. D'autres mesures ont un caractère plus démocratique et font appel à l'organisation ouvrière, comme la loi de 1884 sur les syndicats et le décret de 1899 qui contraint les industries travaillant pour l'État à accepter les tarifs régionaux fixés par les syndicats et qui autorise les communes et les départements à imposer les mêmes conditions. La jurisprudence, elle aussi, favorise cette évolution ; elle tend à reconnaître l'existence d'une classe ouvrière organisée, à constituer un droit collectif de classe.

Que cette conception soit manifestement opposée à l'ancien individualisme économique, à l'ancienne idée du patron traitant directement et en dehors de tout contrôle avec chaque ouvrier, c'est ce qui n'a pas besoin d'être longuement prouvé. La législation scolaire elle-même implique, en un sens, la distinction des classes. La loi sur les accidents du travail, fondée sur l'idée du risque professionnel et sur l'idée que la classe ouvrière, subordonnée en fait à la classe capitaliste, a d'autre part des droits réels sur celle-ci, est une législation de classe. La loi des Retraites ouvrières constitue un Conseil supérieur des retraites, où entreront des représentants des ouvriers assurés et des patrons assureurs, et qui donnera son avis sur l'emploi des fonds : la classe ouvrière aura ainsi un droit de surveillance sur vingt milliards de numéraire et exercera par suite une action sur le marché financier. La loi d'assistance aux vieillards admet la participation des indigents à la gestion de leurs fonds.

La législation du droit de grève tend également à se modifier. Sans doute la jurisprudence est encore indécise, mais cette indécision même est un progrès. Pour le capitaliste, en effet, la grève constitue une rupture du contrat de travail. L'ouvrier, par suite, doit prévenir le patron huit jours au moins à l'avance. Mais, dans la thèse ouvrière, il n'en est pas ainsi : la grève n'est pas une rupture du contrat de travail, mais un cas spécial, très différent. L'ouvrier en grève ne se considère pas du point de vue du Code civil ; il se sent membre d'une classe inférieure qui affirme son droit à sa libération. Le Conseil supérieur du Travail a admis cette conception ; la Cour de cassation l'a condamnée.

Dans le conflit des classes, l'État tend à se considérer comme un arbitre et un pacificateur. D'une part, il engage ses fonctionnaires à jouer un rôle de conciliation dans les grèves. Cette intervention peut même, dans le cas des juges de paix, revêtir la forme légale et se produire de droit. D'autre part, il s'efforce de développer les institutions qui harmonisent les classes. Il encourage les associations de production, les contrats de participation aux bénéfices. Un projet de loi a été déposé par M. Doumer pour favoriser légalement ces deux institutions. Enfin l'État soutient les intérêts économiques communs à toutes les classes, comme le montrent, par exemple, les actes d'expropriation pour cause d'utilité publique[1] et les mesures d'hygiène sociale.

En résumé, l'État, c'est-à-dire l'ensemble des organes de centralisation, se constitue d'abord en France l'auxiliaire des institutions économiques dominantes, puis de celles qui essaient de les corriger et même de celles qui tendent vers un autre régime social ; il crée lui-même des institutions économiques nouvelles ou transforme celles qui existent en organes d'État ; il organise des institutions de bienfaisance, de protection ou d'émancipation pour la classe faible et reconnait par là la classe

---

[1] Cf. Jaurès, *Etudes socialistes*, Paris, 1902, p. 227 sqq.

ouvrière comme distincte ; il joue le rôle d'arbitre, de pacificateur social, de gérant des intérêts généraux ; enfin il constitue même parfois des institutions communistes.

.·.

Nous avons envisagé d'une manière abstraite l'État dans ses rapports avec les institutions économiques et les classes sociales. Il y aurait lieu de procéder à une enquête psychologique plus concrète et de mettre en lumière les tendances propres à chacun des groupes en présence. C'est ainsi qu'à l'intérieur même de l'État, les divers corps de fonctionnaires, administrateurs, magistrats, officiers, ont, chacun, un état d'esprit particulier. Les fonctionnaires administratifs, par exemple, se considèrent comme les représentants de l'État protecteur ou bienfaiteur ou émancipateur des faibles. Le fonctionnaire d'État est naturellement pénétré de l'idée que l'État est supérieur à l'ensemble des classes. Il se considère comme un arbitre-né.

Au Parlement, les divers partis obéissent à des préoccupations complexes. Il n'est pas sûr que l'attitude des membres du Parlement sur les questions d'ordre économique soit toujours en rapport avec leurs opinions politiques et religieuses. Dans les questions de pure philanthropie sociale, la Chambre paraît, depuis environ quinze ans, être à peu près unanime. L'Association légale pour la protection des travailleurs compte parmi ses membres M. Millerand et l'abbé Lemire. Sur les questions douanières ou agraires se forment des groupements qui se recrutent dans tous les partis. En 1892, les députés socialistes se sont déclarés, suivant les régions, favorables ou hostiles au protectionnisme. Il n'en est pas moins vrai que la division des partis correspond, dans une large mesure, à l'opposition des classes. La petite bourgeoisie va au nationalisme. Les partis avancés s'appuient sur les ouvriers organisés. La droite, au contraire, leur est hostile, à l'exception des catholiques sociaux. Entre les partis de gauche se manifestent des divergences qui tiennent précisément à l'attitude différente qu'ils adoptent dans les questions économiques.

Il serait intéressant de rechercher, d'autre part, si dans la vie économique les différentes classes subissent l'influence des doctrines politiques ou morales. Les capitalistes radicaux et les capitalistes de droite ont-ils avec leurs ouvriers des rapports différents? C'est un problème qui ne peut être étudié que sur place et avec les bulletins des sociétés d'actionnaires. Notons seulement l'opposition de deux grandes associations capitalistes, le Comité républicain du commerce et de l'industrie (comité Mascuraud) et la Fédération nationale des industriels et des commerçants présidée jusqu'en ces derniers temps par M. André Lebon [1].

[1]. Consulter le livre de Jules Huret, *Enquête sur la grève et l'arbitrage obligatoire*, Paris (Éditions de la Revue Blanche), 1901 : il contient des interviews de capitalistes de toutes opinions.

CHAPITRE V

REPRÉSENTATIONS ET DOCTRINES SOCIALES

I. — CLASSES SOCIALES ET IDÉES DE CLASSES

Les relations entre les classes ne sont pas déterminées exclusivement par des intérêts matériels. Chaque groupe se fait une certaine image de lui-même et cette image est une force [1]. Il y a différents types de riches : parmi les entrepreneurs, les uns poursuivent la richesse pour le luxe et la jouissance, les autres comme un moyen de crédit. Certains commerçants veulent l'argent pour lui-même : pour d'autres, le profit est un instrument de conquête. Il y a des capitalistes qui voient dans l'industrie une source de revenus et d'autres un emploi de leur activité. Il est des rentiers qui entassent, ou qui cherchent le luxe pour lui-même ; d'autres constituent une véritable noblesse et veulent la fortune pour garder leur rang. L'usage que les riches font de la fortune établit donc entre eux une certaine classification.

D'autre part, il y a comme une hiérarchie des classes, où le propriétaire, le financier, l'industriel, le rentier ont chacun leur rang. Aux différences de prestige correspond une idée différente du devoir. Un grand nombre d'aristocrates n'ont pas cru déchoir en employant leurs capitaux et leur activité

---

[1]. Cf. Halbwachs, *Remarques sur la position du problème sociologique des classes*, in *Revue de Métaphysique et de Morale*, nov. 1905.

dans l'industrie automobile, que son caractère sportif semblait ennoblir. Le prestige social reste encore supérieur au prestige économique. La fortune n'est souvent qu'un moyen de parvenir à la noblesse. N'est-ce pas l'acquisition de propriétés de chasse qui permet au financier de passer dans la société aristocratique ? Dans notre pays, où la mentalité petite-bourgeoise est encore prédominante, le prestige appartient à ceux qui conservent les mœurs de la petite bourgeoisie. Pourtant la puissance économique appartient à la grande bourgeoisie et au monde financier. Tant il est vrai que les croyances des classes ne sont pas un simple reflet de leur force effective.

L'état d'esprit de la classe capitaliste se révèle surtout dans ses rapports avec les ouvriers. Le plus souvent, le patron conçoit ses rapports avec le salarié sur le modèle d'une relation contractuelle; entre l'ouvrier et lui, il n'admet que des relations d'individu à individu. Pourtant ce contrat n'implique pas dans sa pensée les mêmes droits pour chacune des parties. Il y a contrat sans doute, mais contrat entre un patron maître et un ouvrier serf. Toute intervention qui, dans la relation contractuelle, tendrait à fortifier la partie faible, sera dès lors suspecte. Nous voyons en effet le capitaliste se méfier du syndicat[1]. Il faut que l'ouvrier reste soumis. Or le syndiqué est averti de l'injustice dont il est victime et du droit qu'il peut revendiquer. Pour la même raison, certains capitalistes s'opposent à la limitation de la journée de travail qui donnerait à l'ouvrier plus d'heures de liberté : n'est-ce pas durant ses loisirs que le salarié s'initie aux idées de révolte ? Ils voudraient que l'enfant entrât le plus tôt possible à l'usine, afin de le tenir plus facilement à l'abri des influences mauvaises. L'état qui convient à l'ouvrier, c'est la subordination. On dit « mes ouvriers », comme le chef d'armée

---

1. Cf. Huret, *op. cit.*, p. 18 (interview de M. Rességuier) et *passim*.

dit « mes soldats ». Cette attitude n'est pas nouvelle. Un auteur du XVIIIᵉ siècle vantait déjà l'« état de dépendance aisée et libérale qui convient au pauvre[1] ». Le capitaliste de cette espèce est absolument convaincu de son droit, mais il lui donne, selon les pays, un fondement différent. Tantôt ce droit repose sur la force et la conquête, comme en Amérique et en Angleterre ; en Allemagne, il participe de l'autorité féodale ; en France, c'est plutôt l'idée que la propriété est sacrée. Le droit capitaliste prend, chez nous, une forme conservatrice et religieuse : il se relie à tout un ensemble de convictions sociales et patriotiques relatives au maintien de la famille et à la sécurité de la nation. Tous ces éléments entrent dans l'attitude capitaliste actuelle. L'affolement que la bourgeoisie a éprouvé lors des journées de Juin et de la Commune a donné naissance à une véritable religion du capital. Les mobiles du capitaliste actuel ne sont pas purement égoïstes : ils dérivent de ses croyances, de son *credo* de la propriété. Précieuse assurance ! C'est peu d'avoir la force, si l'on n'a pas confiance en sa légitimité. A côté de ce capitalisme intransigeant existe un capitalisme grand seigneur et philanthrope, très fréquent au XVIIIᵉ siècle[2] et qu'on rencontre encore, notamment chez les catholiques et chez les protestants sociaux de Mulhouse[3], — le capitalisme parlementaire qui accepte et favorise les syndicats[4], — et enfin le capitalisme indécis qui se laisse guider par les circonstances, type caractéristique de la confusion des temps.

De même, dans ce qu'on appelle la classe ouvrière, il y a

---

1. Sir F.-M. Eden, cité par Karl Marx, *Le Capital*, tr. fr., 1872, t. I, p. 271.

2. Voir Mantoux, *La Révolution industrielle au XVIIIᵉ siècle*, essai sur les commencements de la grande industrie moderne en Angleterre. Paris, 1906, p. 402 sq., 433 sq.

3. Voir A. Scheurer-Kestner, *Souvenirs de jeunesse*. Paris, 1906.

4. Huret, *op. cit*, p. 46, p. 61 et suiv.

lieu de distinguer plusieurs types. Tout d'abord, un grand nombre d'ouvriers n'ont pas de représentation de classe : tels, l'ouvrier miséreux et résigné, souvent admirateur du riche qui l'entretient, dont le pauvre d'église est le type accompli, — l'ouvrier laborieux, aisé, quelque peu servile, qui aspire à devenir patron, — et aussi l'ouvrier haineux qui, tout en faisant profession de socialisme, ne voit dans la lutte sociale qu'une lutte personnelle contre le patron, et pour qui la transformation de la propriété se réduit à une reprise individuelle. Il n'a aucune idée des classes sociales ni des forces collectives. Il a le sentiment de subir une injustice, mais il croit que l'oppression est imputable à chaque patron individuellement. Aussi se fait-il, dans chaque atelier, l'ennemi du patron, auteur de l'injure, contre lequel il s'attache à exercer toutes les représailles possibles et en particulier le sabotage. Quant aux ouvriers qui possèdent une représentation de classe, qui ont une mentalité ouvrière, ce sont les « militants », les « syndiqués ». Chacun d'eux, comme producteur, représente une force économique réelle et mesurable. Mais cette cote économique, si l'on peut dire, ne donne de lui qu'une idée incomplète et n'exprime ni tout ce qu'il est, ni tout ce qu'il peut dans la société. Il faut tenir compte aussi de sa mentalité : l'agent de police et l'ouvrier syndiqué qui touchent le même salaire peuvent être des forces économiques égales ; on ne saurait pourtant les assimiler : c'est que leur mentalité diffère ; ne se considèrent-ils pas comme des ennemis irréconciliables ? De même, qu'y a-t-il de commun entre l'ouvrier syndiqué et le domestique de grande maison ? Celui-ci s'imagine appartenir à la classe de ses maîtres. Les employés eux-mêmes ne se confondent point avec les ouvriers et gardent une prévention contre le travail manuel. Tant est grande l'influence des représentations sociales.

II. — DOCTRINES SOCIALES

En abordant l'étude des doctrines sociales, nous ne nous proposons pas pour objet d'apprécier si elles sont vraies ou fausses : c'est leur vitalité qui nous intéresse. Aussi considérerons-nous non seulement les doctrines constituées, mais aussi celles qui sont diffuses dans les journaux, les revues, les bulletins de sociétés, etc., et nous chercherons à mesurer le degré de diffusion de chacune d'elles.

1. — Doctrines capitalistes

Le grand entrepreneur capitaliste prétend justifier la répartition actuelle des biens, d'une part en alléguant la libre concurrence, d'autre part en présentant le profit comme une forme du salaire. La liberté de concurrence, en effet, a pour conséquence le salariat. Mais c'est là jouer sur le mot de liberté. Car si l'ouvrier conserve la liberté civile, on ne peut parler pour lui de liberté économique. Patron et ouvrier se trouvent sur le marché et à l'usine dans des conditions fort inégales. C'est encore un sophisme que d'interpréter le profit comme un salaire, comme la récompense des risques ou de la prévoyance du capitaliste. C'est une thèse, d'ailleurs, qui est d'origine relativement récente : elle ne se rencontre pas chez les maîtres de l'économie classique, Adam Smith, Ricardo, Malthus : elle n'apparaît guère qu'à partir de 1860 chez Joseph Garnier, Baudrillart, Leroy-Beaulieu. D'autre part, les journaux économiques orthodoxes ont tenté de justifier le capitalisme en déduisant l'individualisme économique de la Déclaration des Droits de l'Homme. Cette déduction est historiquement légitime : telle a bien été en effet la conception de l'individualisme révolutionnaire ; mais elle n'en est pas moins arbitraire.

Un second type de théorie capitaliste reconnaît l'inégalité, mais admet qu'elle est fondée dans la nature des choses : il faut de faibles salaires parce qu'il y a de faibles aptitudes. C'est la pure tradition du xviii⁰ siècle, et son respect religieux pour les lois économiques qu'il vient de découvrir. Ces lois, d'après les optimistes, rétabliraient d'elles-mêmes l'équilibre, tandis que pour d'autres, comme Malthus et Ricardo, l'inégalité serait nécessaire et fatale. Une telle conception n'est donc pas nécessairement pessimiste, mais elle est dure et aristocratique. Elle n'entraîne pas nécessairement l'hostilité aux syndicats; mais elle érige en dogme la liberté du travail et repousse l'obligation, l'intervention de l'État. M. Leroy-Beaulieu déplore les retraites ouvrières ; il y voit un coup mortel porté à l'initiative du travailleur[1]. Philosophiquement, cette doctrine peut s'appuyer sur l'évolutionnisme individualiste de Spencer et de Darwin. Depuis quelque temps on trouve aussi des justifications nietzschéennes du capitalisme. Chez certains économistes, cette doctrine est tempérée par l'idée que l'inégalité sociale nécessaire ira s'atténuant progressivement, grâce à la baisse de l'intérêt et aux lois sur l'héritage.

Enfin il existe des capitalistes révolutionnaires, qui tirent toutes les conséquences des prémisses impliquées dans le capitalisme aristocratique. Si on admet l'individualisme avec la lutte et la libre concurrence, il faut que le point de départ de cette lutte soit le même pour tous. D'où la nécessité de supprimer les institutions qui, comme l'héritage, ruinent cette inégalité initiale. M. de Molinari représente en France cette doctrine : il nous parle d'une « société libre où les hommes luttent à armes égales » et où les parents ne doivent à l'enfant que l'avance du capital nécessaire à son entretien. Chez M. de Molinari, cette doctrine comporte cependant des

---

1. Leroy-Beaulieu, *Économiste Français* du 18 mai 1901, p. 633.

restrictions. Elle n'est absolument rigoureuse que chez M. Solvay. Pour celui-ci, l'idéal capitaliste est de faire produire à l'homme le maximum de richesses. Mais ce but ne sera atteint que si l'individu parvient au maximum de développement. Des lois successorales de plus en plus rigoureuses réaliseront l'égalité de tous au point de départ. De plus, la société doit aider l'activité industrielle partout où elle se manifeste, puisqu'elle y est directement intéressée. Il faut tendre à ce que le profit ne soit plus réellement qu'un salaire. Enfin un système de comptabilisme social substituera l'usage des chèques à la monnaie. L'instruction sera accessible à tous, l'éducation professionnelle développée. Tels sont les points principaux de cette doctrine, qui s'appuie sur une théorie de l' « énergétique sociale[1] ».

Tous ces systèmes partent donc de l'idée que la société doit tendre à produire le plus possible. Pour tous, la condition nécessaire de la productivité est la liberté de concurrence. Seulement, les uns pensent que la liberté de concurrence se réalise d'elle-même et peu à peu : ce sont les théoriciens du capitalisme entrepreneur. D'autres, plus rares, croient à la nécessité d'une intervention.

La théorie du capitalisme rentier considère la propriété, l'héritage, l'inégalité comme les conditions nécessaires de l'existence de la société humaine. D'ailleurs, la classe bourgeoise est douée de qualités particulières qui lui permettent d'administrer et en quelque sorte de diriger la propriété, ce dont les classes populaires seraient parfaitement incapables. Selon Benjamin Constant, le travail est pour les classes inférieures un frein nécessaire, tandis que la propriété, en donnant du loisir, assure la capacité nécessaire à l'exercice des droits politiques. M. Leroy-Beaulieu déclare que la bourgeoisie

---

1. Voir Ernest Solvay, *Principes d'orientation sociale, résumé d'études sur le productivisme et le comptabilisme*. Bruxelles. Misch et Thron, 1904.

« est par nature destinée à la conduite des entreprises grandes ou petites[1] ». Elle seule unit la tradition et l'initiative. Pour tous ces auteurs, la propriété est un droit sacré, lié à tout un système de principes conservateurs, sur lesquels reposent la famille, la patrie, la religion.

D'autres théories, tout en proclamant le droit capitaliste, lui apportent quelques limitations.

Les théoriciens du capitalisme patriarcal[2] ne nient pas que le patron ait des devoirs, mais ils veulent qu'il les accomplisse en dehors de tout contrôle de l'État. Le Play a donné à cette doctrine une forme religieuse. Toutefois ses successeurs admettent plus ou moins l'intervention de l'État et la coopération ouvrière[3]. Selon Le Play, la société ne peut exister et se développer que si elle est hiérarchiquement organisée. L'autorité est nécessaire à l'ordre social. Enfin, l'ordre social implique la liberté de tester. Des essais de mise en pratique de cette théorie ont été tentés par M. Harmel au Val-des-Bois, par le comte de Chambrun, par les protestants de Mulhouse[4].

Le capitalisme parlementaire est représenté par M. de Molinari et M. Yves Guyot[5]. Pour eux, les conditions du travail doivent être débattues entre le patronat et l'organisation ouvrière. L'organisation future du travail a pour type la commandite. Waldeck-Rousseau attend une transformation économique profonde de l'action des syndicats commerciaux et

---

1. Paul Leroy-Beaulieu, *La question ouvrière au XIXᵉ siècle*, 2ᵉ éd., Paris, Charpentier, 1881, p. 248.

2. Cf. Le Play, *Économie sociale* (éd. Auburtin), dans la « Petite Bibliothèque économique française et étrangère », Paris, 1901. — Voir aussi la revue, *La Réforme Sociale*.

3. Demolins, *La Science Sociale*. Paris, 1886-1901.

4. Voir les conférences du *Comité de défense et de progrès social*.

5. G. de Molinari, *Esquisse de l'organisation politique et économique de la société future*, Paris, Guillaumin, 1899; — Yves Guyot, *Les conflits du travail et leur solution*. Paris, Fasquelle, 1903.

industriels[1]. On retrouve cette idée chez M. Méline, chez M. Ollivier[2] qui considérait la loi sur les coalitions de 1864 comme un moyen d'amener les classes ouvrières à posséder. La grève, de ce point de vue, ne constitue plus une rupture du contrat de travail. Le travail n'est pas une marchandise, une propriété; la grève est un moyen de protection. Tirant les dernières conséquences de ces idées, M. Sarraute entrevoit une époque où les capitalistes ne seraient que les fondés de pouvoir de l'ensemble des producteurs. Parmi les théoriciens du capitalisme parlementaire, les uns sont portés à faire intervenir l'État, les autres à laisser jouer librement les forces économiques ; mais ce sont des différences secondaires, qui ne touchent pas au fond de la doctrine.

2. — Doctrines correctives du capitalisme

Ce sont d'abord les doctrines philanthropiques. Les philanthropes constatent l'existence de la misère actuelle et se donnent pour tâche de la corriger. Cette théorie est une forme laïque de la doctrine catholique de la charité. A vrai dire, la question de la répartition des biens est secondaire ; ce qui importe, ce sont les sentiments intimes, les jugements personnels, la vie intérieure. L'attitude révolutionnaire est condamnable. Les défauts de la répartition actuelle des biens doivent être corrigés par la charité libre du bon riche ; le pauvre doit être résigné à sa condition actuelle et reconnaître les bienfaits libres du donateur. D'ailleurs, cette réparation n'a nullement pour but la suppression des maux économiques, elle tend au salut de l'âme. L'exercice de la charité est pour le riche le moyen de se sauver. Quant au pauvre, qu'il soit fier d'être pauvre, car il réalise

---

1. Cf. Waldeck-Rousseau. *Action républicaine et sociale*. Paris, Fasquelle, 1903.
2. Cf. *Humanité*, 19 mai 1904.

le Christ en ce monde. Il est l'instrument du salut, puisque le riche lui doit le sentiment de la charité. Cette théorie est fondamentale dans le catholicisme ; elle s'exprime dans toutes les encycliques pontificales. Mais le moyen d'amener les riches à distribuer leurs biens aux pauvres ? Quoi qu'il en soit, on retrouve cette conception chez tous les prêtres qui ont formulé un système social[1]. Elle est manifeste aussi chez le pasteur Wagner. Elle a été adoptée par les laïques croyants, qui, par suite, défendent avec insistance la nécessité de la hiérarchie sociale[2]. C'est enfin le principe admis par toutes les sociétés de charité. Il s'agit de prouver aux humbles la bonne volonté de chacun. Aussi faut-il aller à eux pour ainsi dire de plain pied et les traiter comme des égaux. Le salut économique et le salut spirituel ne font qu'un[3]. Quant aux philosophes qui ont accepté cette doctrine, ce sont les spiritualistes de l'école de Victor Cousin. Ils ont uni l'idée économique de la concurrence et de la liberté et l'idée catholique de la nécessité d'un Dieu pour maintenir l'ordre social. La charité n'est belle que si elle est libre[4]. Cette idée a été adoptée pendant quelque temps par les sociétés morales. Elle s'est présentée comme la notion d'une philanthropie spirituelle exercée par des aînés à l'égard de cadets. Ravaisson lui-même a donné la formule de cette philosophie[5]. Il faut qu'il y ait dans la société des hommes libéraux qui donnent aux autres une part de leur liberté.

1. Cf. Max Turmann, *Le développement du catholicisme social depuis l'encyclique Rerum novarum*. Paris, Alcan, 1900.

2. Notamment Montalembert. Cf. H. Michel, *La loi Falloux*. Paris, 1905.

3. Cf. d'Haussonville, *Socialisme et Charité*. Paris, Calmann Lévy, 1895, p. 103 et suiv.

4. Damiron, *De la Providence* (Petits traités publiés par l'Académie des sciences morales et politiques). Paris, Pagnerre, 1849, p. 119.

5. Ravaisson, *Éducation*, in *Revue Bleue*, 23 avril 1887, p. 513 sqq.

3. — Doctrines interventionnistes

Passons maintenant à ce qu'on pourrait appeler la philanthropie d'État. Selon les premiers interventionnistes, l'État a le droit de secourir les faibles, il en a même le devoir plus ou moins strict. M. Thiers déclarait déjà que l'État serait fier d'épargner aux étrangers le spectacle des mourants de faim. La République doit s'occuper des humbles. Depuis, cette obligation qui incombe à l'État tend à prendre un caractère plus impératif. Ce sont en effet les conditions sociales actuelles qui font la misère ; la société en est donc responsable. Les pauvres ont *droit* à la charité d'État. Dès lors, l'idée de charité prend un caractère juridique défini. Ainsi, pour les libéraux, l'individu doit payer l'impôt en proportion des services que lui rend l'État. Les interventionnistes comme M. Bourgeois, au contraire, croient que l'impôt a pour objet de rétablir l'équilibre économique[1], en demandant les plus gros sacrifices à ceux qui profitent le plus de la société actuelle.

En France, l'interventionnisme d'État, par suite de son inspiration petite-bourgeoise, se montre volontiers hostile au grand capitalisme. Ce caractère se rencontre surtout chez les théoriciens du parti radical socialiste, et ses origines révolutionnaires sont assez nettes. Son idéal est une démocratie de propriétaires indépendants. Certains révolutionnaires, en effet, ont voulu surtout empêcher la richesse de s'accumuler ou du moins permettre à la petite propriété de se développer à côté de l'opulence[2]. Cette théorie s'est maintenue sous la Restau-

---

1. E. Vacherot, *La démocratie libérale*. Paris, 1892 ; — Laveleye, *Le socialisme contemporain*. Paris, 1883 ; — L. Bourgeois, *Solidarité*. Paris, 1895.

2. Lichtenberger, *Le Socialisme au XVIIIe siècle*. Paris, Alcan, 1895, p. 21 et suiv.

Parfois l'interventionnisme d'État se rapproche des doctrines socialistes [1]. Mais ses principes philosophiques demeurent assez vagues et quelquefois contradictoires. Il répond seulement à une préoccupation imprécise de justice sociale [2]. Ajoutons que les doctrines interventionnistes se présentent généralement sous la forme laïque, bien que certaines fractions du parti catholique, les catholiques démocrates sociaux en acceptent le programme [3].

4°. — DOCTRINES SOCIALISTES [4]

Pour qu'une doctrine puisse être dite socialiste, il ne suffit pas qu'elle préconise l'intervention de l'État en faveur des faibles. Il y a socialisme dans la mesure où l'on reconnaît aux travailleurs le droit d'administrer et de diriger la propriété, et encore dans la mesure où la propriété prend une forme collective. En ce sens, le trust est une institution socialiste. Mais cette dernière acception n'est pas l'acception ordinaire du terme. L'affirmation essentiel e du socialisme, c'est qu'actuellement la propriété appartient non aux travailleurs, mais aux capitalistes qui prélèvent ainsi sur le travail la rente et

---

1 Cf. *Aurore* du 9 déc. 1905. — On y insiste sur la nécessité de contrasser la propriété et aussi d'organiser la classe ouvrière en face du capitalisme, l'État jouant le rôle d'arbitre.
2. Cf. Aulard, *Science, Patrie, Religion*, in *Revue Bleue* du 22 avril 1893, 481 sqq.
3. Notamment M. Max Turmann. Différents journaux expriment cette opinion : le *Sillon*, l'*Association catholique*. Les théories des catholiques sociaux ne se différencient pas extérieurement des doctrines interventionnistes qui font de l'État l'arbitre des conflits collectifs. Enfin, certains démocrates sociaux sont restés plutôt petits bourgeois, notamment M. l'abbé Lemire, partisan de l'insaisissabilité des petits domaines.
4. Cf. Stammhammer, *Bibliographie des Sozialismus und des Kommunismus*, Iena, Fischer (jusqu'en 1898) ; — Menger, *Le droit au produit intégral du travail*, tr. fr., Paris, 1900. — Consulter aussi les *Notes critiques* de 1900 à 1903) ; — *Kritische Blätter für die gesamten Sozialwissenschaften*, Dresde, 1905 et suiv. ; — Maurice Bourguin, *Les systèmes socialistes et l'évolution économique*. Paris, Colin, 1904.

ration et sous Louis-Philippe[1]. Nous respectons la [...]
dit Ledru-Rollin, à condition que, comme la famill[e ...]
multiplie à l'infini. La préoccupation de multiplie[r le]
nombre des petits propriétaires est toujours restée [...]
dans les partis républicains[2].

L'interventionnisme d'État se présente aussi sous [...]
forme : l'État se définit essentiellement l'arbitre [...]
puissances économiques organisées. Il peut limiter [...]
des conventions par des considérations d'ordre pub[lic ...]
appartient de surveiller les contrats collectifs et [...]
d'intervenir dans les conflits économiques. L'exte[nsion du]
capitalisme, impliquant comme corollaire l'organis[ation des]
forces collectives, est un des caractères de l'évolution [...]
Dès lors, la riche aristocratie et le grand capitalism[e doivent]
être contenus par l'arbitrage de l'État. De plus, l'É[tat, selon]
les interventionnistes, doit être propriétaire de certai[ns mono-]
poles. Les radicaux admettent que les instruments d[e ...]
les chemins de fer, les administrations financières [doivent]
être socialisés : la monopolisation forme un article i[mportant]
de leur programme. Cette doctrine est essentiellem[ent fran-]
çaise ; elle convient, en effet, à un pays de petite et de [moyenne]
propriété. Déjà Proudhon admettait la socialisation d[u crédit.]
La doctrine proudhonienne du crédit, reprise et a[...]
par certains délégués français, a joué un grand rôle [dans les]
débats de la première Internationale. Depuis, elle a [été évo-]
quée fréquemment par les démocrates au Parlem[ent. Elle]
pénètre jusqu'au monde rural sous la forme du Cré[dit agri-]
cole.

1. Weill, *Histoire du parti républicain en France de 1814 à* [...]
Alcan, 1900, p. 40, p. 170 et suiv.
2. Cf. *Aurore* du 24 août 1903. — Le programme voté par la [...]
des radicaux de la Seine comporte la création du bien de [...]
dégrèvement du petit commerce, les encouragements aux Socié[tés coopéra-]
listes composées de petits propriétaires indépendants.

le profit. Dans le gain de l'entrepreneur entre sans doute un salaire, mais aussi le produit du capital comme tel. Dans le régime futur, au contraire, la propriété appartiendra aux travailleurs organisés. Ce sera donc le régime du salariat universel, dans lequel tous les individus seront payés en fonction de leur travail, mais d'un salariat qui n'impliquera plus aucune subordination au capital et où le travail sera justement rétribué.

Parmi les doctrines socialistes, il en est qui préconisent une distribution autoritaire et quasi monarchique des salaires, indépendante du consentement des gouvernés. C'est le socialisme d'État, soutenu en Allemagne[1], et dont Cabet a été en France le représentant. La doctrine de Louis Blanc procède de la même inspiration, mais avec des différences marquées. En France, actuellement, ces doctrines ne sont plus guère en faveur; elles ont cédé la place au socialisme démocratique, selon lequel la fixation des salaires et la répartition des tâches relèvent de la collectivité. Un autre trait caractéristique du socialisme contemporain est la notion de la lutte des classes, de l'opposition, en tant que classes sociales, des propriétaires et des non-propriétaires. La transformation sociale s'effectuera, non par l'alliance des classes, mais par la victoire de l'une d'elles.

Le socialisme démocratique présente des formes bien diverses : depuis le socialisme politique et centralisateur jusqu'au révolutionnarisme anarchique. Selon le premier, la transformation de la société actuelle doit se faire par la conquête du pouvoir politique et dans la société future la part de l'organisation centrale sera très grande. Une fraction de ce parti croit à la nécessité d'une période de dictature du prolétariat pour assurer le passage d'une forme sociale à l'autre. D'autres,

---

[1]. Cf. Andler, *Les origines du socialisme d'État en Allemagne*. Paris, Alcan, 1897.

comme M. Jaurès, ne se refusent point sans doute à envisager l'hypothèse d'une révolution violente, mais ils jugent nécessaire une évolution préalable. Ce parti est entré dans la lutte parlementaire et est devenu réformiste. Son programme s'est rapproché de celui du parti radical. Sa tâche actuelle, d'après des proclamations récentes, est voisine de celle des radicaux [1].

A cette forme de socialisme démocratique et parlementaire s'oppose le socialisme économique : la société actuelle ne peut être transformée que par la conquête de la puissance économique. Cette théorie est en général celle des décentralisateurs. Elle exprime des tendances régionalistes très nettes. Le régime qu'elle préconise tient compte de ces différences économiques. Des doctrines analogues se rencontrent dans quelques fractions du socialisme politique. Certaines fédérations départementales et régionales se sont constituées sur un programme économique [2] et se sont déclarées en faveur du principe fédéraliste et de la conquête des forces sociales par les organisations syndicales. Mais ces idées se sont développées surtout en dehors des groupes politiques. Les premiers anarchistes proclamaient déjà l'insignifiance des moyens politiques et la nécessité de conquérir la société future par des moyens extra-politiques, par la seule action de la masse prolétarienne. Ils déclaraient que la transformation économique doit se faire en dehors des cadres sociaux actuels, par une pression extérieure [3]. Leurs successeurs sont devenus syndicalistes. La transformation doit être l'œuvre, non de la masse inorganique, mais de l'organisme prolétarien, le syn-

---

1. Toutefois, depuis l'Unification, son orientation est un peu différente.
2. Par exemple, la Fédération du Jura.
3. Telle est l'idée de Reclus, de Kropotkine. — Cf. Paul Eltzbacher, *l'Anarchisme*. Paris, 1902 ; — Kropotkine, *La conquête du pain*. Paris, Stock, 1900 ; — Reclus, *L'évolution, la révolution et l'idéal anarchique*. Paris, Stock, 1898. — Voir *Les Temps Nouveaux*, *La Voix du Peuple*.

dicat[1]. De là une certaine opposition entre les deux écoles anarchistes (individualistes et syndicalistes) : pour les syndicalistes, en effet, il faut bien, pour transformer la société actuelle, entrer dans les cadres qu'elle a constitués.

Dans les syndicats révolutionnaires se manifestent des aspirations nouvelles. Leurs doctrines attachent à la lutte des classes une importance particulière et élaborent une morale qui, née dans la classe prolétarienne, deviendra la morale universelle. L'opposition des classes se manifeste par leur lutte et par l'antagonisme des conceptions économiques. Les plus violents d'entre les syndicats rejettent les idées démocratiques établies par la Révolution : elles ne sauraient être acceptées de nos jours, pas plus que les idées patriotiques. Les unes comme les autres viennent du capitalisme et doivent être rejetées avec lui. C'est donc toute la morale actuelle qu'il s'agit de transformer. — L'action directe implique en premier lieu l'élimination de toute cette idéologie. Elle signifie que le prolétariat doit acquérir la « conscience de classe » et développer les sentiments qui lui sont propres. Les syndicalistes révolutionnaires sont hostiles au suffrage universel. Selon eux, l'initiative appartient à la minorité intelligente. La Révolution sera l'œuvre de cette minorité. C'est une théorie aristocratique. Quelques théoriciens s'en rendent parfaitement compte et transforment la notion même du chef. Le pouvoir n'appartient pas à la masse, comme le prétendent les démocrates, mais aux compétences : il vient d'en haut, et non d'en bas. Le chef, d'ailleurs, vit de la même vie que la foule ; entre la foule et lui il y a communication constante. De là une

---

1. Cf. les brochures publiées par les *Temps Nouveaux* et la *Confédération générale du travail* : Paul Delesalle, *l'Action syndicale et les anarchistes*, Paris, 1901 ; — Emile Pouget, *Les bases du syndicalisme*, Paris, 1903 ; et *La grève générale, Réforme et Révolution* ; — Cf. F. Pelloutier, *Le Congrès général du parti socialiste français (3-8 décembre 1899)*, Paris, Stock, 1900.

forme particulière de domination. Le chef a le sentiment qu'il doit à ses administrés une grande partie de sa force. C'est dans les petites associations que ces relations entre le chef et la masse sont les plus nettes. Un président, un secrétaire général de groupe font tout, mais doivent être en communion permanente d'intelligence et de cœur avec leurs administrés. Il y a interpénétration permanente de l'élite et de la foule. Cette tendance aristocratique est un trait distinctif du syndicalisme. Il accorde, d'autre part, une grande valeur à la violence, qui se traduit soit par les manifestations, soit par le sabotage.

Par contre, les moyens violents n'ont aucune place dans une autre forme du socialisme économique, le coopératisme. Selon M. Gide, il s'agit de substituer à l'organisation actuelle une république coopérative ; ce but ne sera atteint que par des moyens pacifiques. Même le néo-coopératisme ne répugne pas à l'intervention de l'État : il admet, entre autres réformes légales, la fixation d'un taux minimum des salaires.

CHAPITRE VI

LA MISÈRE ET LE SENTIMENT DE LA PITIÉ

Examinons maintenant, à propos du problème de la misère, s'il y a contradiction entre la perception de la réalité sociale, telle que vient de nous la donner notre analyse de faits, et les affirmations de notre conscience.

Nous avons presque tous aujourd'hui le sentiment que la misère doit être supprimée ; c'est là pour nous un principe premier. Sans doute, on justifie parfois ce devoir en le dérivant d'un principe d'humanité : on allègue que la misère fait déchoir l'homme en tant qu'être rationnel. Mais nous voulons que personne ne meure de faim, pas même l'idiot, pas même le criminel. C'est un principe autonome ; ce qui n'empêche pas qu'il se rattache à d'autres principes de notre conscience qui le renforcent. Les croyances religieuses une fois supprimées ou affaiblies, la conscience humaine n'a plus eu d'autre objet que l'homme. Notre morale, tout entière terrestre, tient avant tout dans le devoir de vivre et de faire vivre ; le suicide, la résignation au mal nous paraissent des choses tout à fait inférieures ; nous estimons l'homme qui lutte, qui se recrée sans cesse. La forme élémentaire de la solidarité, c'est, pour nous, la solidarité de la faim.

S'il en est qui n'acceptent pas ce devoir, c'est qu'ils ont la conscience obstruée de préjugés.

Certains font valoir des arguments théologiques ou biologiques : un ordre objectif s'imposerait à la conscience et limiterait ses aspirations. M. de Vogüé proclame la nécessité de la misère au nom de Dieu et de Darwin. L'argumentation de Spencer n'a pas plus de portée : elle repose sur une identification illégitime de l'être et de l'idéal. L'homme se sert de la nature, il ne la copie pas.

D'autres invoquent la nécessité psychologique de la misère : l'homme ne travaillerait que sous la pression du besoin. Il se peut qu'il en ait été ainsi à de certaines époques, pour certaines populations primitives [1]. Mais aujourd'hui, chez nous, la misère n'est pas un stimulant ; bien au contraire, elle dégrade, elle abrutit, elle rend improductif. D'autres mobiles se sont développés en l'homme et le poussent au travail, la vanité, le besoin de luxe, etc. D'ailleurs, cet argument pourrait facilement être retourné contre les défenseurs de la propriété : tous les propriétaires seraient des parasites.

On conclut aussi à la perpétuité de la misère parce que, soi-disant, le salariat a toujours existé et existera toujours ; il serait de droit naturel. Mais c'est faire preuve d'une monstrueuse ignorance de l'histoire. Le salariat moderne n'a pas trois siècles d'existence. Et d'ailleurs, il n'y a pas de relation nécessaire entre le salariat et le paupérisme ; on n'a pas de peine à imaginer un régime où le salariat subsisterait et d'où la misère serait absente.

Autre série d'arguments : des difficultés insurmontables s'opposeraient à la suppression de la misère ; on ne peut faire de celle-ci un devoir strict, étant donnés les obstacles, naturels et sociaux, qu'elle rencontre. — Pourtant, nous avons déjà fait disparaître certains genres de misère, tels que la famine, la disette endémique. Certaines choses sont devenues d'usage commun : il a longtemps fallu payer l'eau potable ; elle est

1. Voir K. Bücher, *Die Entstehung der Volkswirtschaft*, Tübingen, 1893.

aujourd'hui à la disposition de tous. L'accumulation des moyens de production, des capitaux, telle que nous la constatons en France, permet de penser qu'il y a moyen de supprimer la misère. L'intensité de la production est si grande que les entrepreneurs se plaignent sans cesse d'engorgement. On connait l'histoire de ces cargaisons de moutons et de porcs jetés à la mer, en Angleterre, faute d'acheteurs. Il ne manque pas de quoi satisfaire les besoins ; mais le bien, devenu marchandise, ne va pas au besoin : il va à l'acheteur, et le pouvoir d'achat n'est pas donné à tous. Admettons que l'état actuel de la production ne permette pas de subvenir aux besoins de la classe indigente, qui constitue environ le vingtième ou le trentième de la population totale de la France : le problème n'est pas insoluble. L'établissement de la démocratie économique, la participation d'un plus grand nombre de personnes à la production matérielle, etc., permettront sans doute de le résoudre. Kropotkine, dans *La Conquête du pain*, a bien montré ce qu'il serait possible de faire contre la misère avec les ressources que mettent à notre disposition le capital accumulé et la science.

Il n'y a pas d'impossibilités naturelles à faire valoir contre l'abolition du paupérisme. S'il en est qui prétendent le contraire, c'est qu'ils n'ont pas la foi : ils se posent la question des moyens de réalisation avant d'avoir résolu la question de l'idéal, avant de vouloir la fin. Il en est souvent ainsi parmi les « gens compétents », étroitement spécialisés, parmi les hommes d'administration, qui ont passé leur vie à « expédier les affaires courantes » et n'imaginent pas d'autre problème. Il n'est pas vrai qu'on cesse d'être raisonnable sitôt qu'on fait appel au sentiment ou à la foi. Être raisonnable, c'est situer ses états de conscience quels qu'ils soient : la raison est indépendante de son contenu. En matière sociale, le sentiment est créateur ; et constater un élan du cœur irrésistible est aussi *positif* que constater un fait physique. Il ne faut pas avoir la phobie du sentiment.

D'autres se placent au point de vue moral ; ils estiment que la misère est méritée, qu'elle est le châtiment de l'alcoolisme et de la paresse ; pour sortir de la misère, il suffit d'élever sa condition par le travail et par l'épargne. — Certes, il ne faudrait pas méconnaître l'influence du facteur personnel, moral dans la genèse de la misère, comme le font parfois les socialistes, préoccupés exclusivement des causes sociales. Mais il est absurde de prétendre que la misère soit, dans son essence, un fait invividuel. Elle tient à des causes économiques et générales, telles que les accidents du travail, le chômage, les crises; celles-ci semblent avoir perdu de leur acuité, mais c'est que par suite de la transformation continue de l'industrie, de l'engorgement du marché, des révolutions techniques, la crise économique est devenue endémique. Dira-t-on que le *sweating-system* est un fait individuel ? Des enquêtes approfondies, comme celles de Rowntree à York, de Booth à Londres, de l'Office du Travail français sur la moyenne des salaires et le coût de la vie, démontrent jusqu'à l'évidence que la misère est un fait social, résultant des conditions de vie faites à la classe ouvrière.

D'aucuns en concluent qu'il n'y a rien à faire : le fait social s'impose aux individus, qui ne peuvent rien y changer. Mais c'est revenir à une conception théologique de la société. Plus la réalité est complexe, plus elle est modifiable. Il n'y a pas un seul domaine de la vie où la conscience n'ait le droit de se faire entendre. S'il y a un fait social, il existe aussi une conscience sociale, une responsabilité sociale. Les sociologues ont bien vu qu'il y a dans le social quelque chose de nouveau, de *sui generis*; mais il faut ajouter que les hommes en société ont aussi une conscience nouvelle, qui veut se réaliser, prendre corps dans le droit. C'est justement ce que nous observons aujourd'hui pour la tendance à la suppression de la misère.

Enfin, il y a des penseurs qui, tout en acceptant le devoir de lutter contre la misère, répugnent à l'intervention des pouvoirs publics : l'État, en se mêlant d'assistance, ôterait à la charité privée la liberté qui en fait la beauté. Comme le disait Thiers en 1850, à côté de la misère, condition inévitable de l'homme dans le plan universel des choses, se trouve la bienfaisance, qui, pour être la plus attrayante des vertus, doit être volontaire et spontanée. — Mais là n'est pas la question. Il s'agit de savoir si la charité peut et doit prendre aujourd'hui une forme juridique et légale ; or, cela ne peut se décider *a priori*. Il y a eu un temps où le fait de ne pas tuer un ennemi vaincu et prisonnier était une grâce toute spontanée : c'est pour nous un devoir strict. Il faut savoir se résigner à ôter à la vie un peu du pittoresque qui lui vient de la liberté.

La nature n'oppose donc pas d'obstacle invincible à notre effort pour supprimer la misère ; l'obstacle vient seulement de l'égoïsme de l'homme. C'est ma foi qui crée la possibilité d'agir. Je ne sais pas si la misère sera jamais supprimée dans le monde ; mais je *sens* le devoir de risquer mon effort dans ce sens.

CONCLUSION

Notre enquête sociologique terminée, il nous reste à interroger les consciences individuelles. Nous éliminerons tout d'abord celles qui adoptent des solutions dérivées d'un principe moral abstrait : ainsi un Tolstoï, qui prêche la soumission au nom des maximes de l'Évangile, ne compte pas pour notre recherche, malgré sa belle élévation morale. Nous admettons en effet que la tendance d'une idée à se développer n'est légitime que si cette idée est vérifiée dans les faits et observée par les consciences. Nous éliminerons encore et de la même façon les théoriciens qui concluent, en vertu d'une simple analogie logique, de la coopération de fait dans la production à la nécessité d'une coopération dans la direction de cette production. Bref, tous les déductifs sont, à nos yeux, disqualifiés.

Dès lors, c'est le point de vue de l'observation sociologique qui s'impose à nous, comme première étape tout ou moins, et nous devons nous demander si c'est le socialisme qui, de ce point de vue, nous apparaît comme la meilleure solution du problème de la répartition de la propriété. Or nous discernons en premier lieu un certain nombre de directions vagues : impression de la grande complexité de la réalité sociale, tendance générale et accentuée vers l'esprit d'association, impossibilité de prêcher désormais une morale du petit atelier fondée sur l'épargne et l'économie, nécessité d'instaurer une morale de la grande usine, qui exalte les vertus sociales. D'autre part, nous relevons des croyances générales et confuses : les contemporains sentent que la propriété est en train de se transformer et qu'il doit sortir quelque chose des trusts et des syndicats ouvriers. Enfin nous constatons certains faits symptomatiques, tels que l'intervention chaque jour plus efficace de l'État dans les institutions de bienfaisance. Tout cela forme un ensemble de poussées collectives devant lesquelles toute conscience s'inclinera, si elle n'est pas foncièrement individualiste.

Cependant il ne faudrait pas conclure de là que notre conscience soit à la merci de tous les courants sociaux sous prétexte que ce sont des faits observables, ni qu'elle doive, comme Karl Marx l'a prétendu, accepter le socialisme en raison des faits que l'observation impartiale découvre. Selon lui, le capitalisme meurt par suite des crises constantes de surproduction et de l'accroissement du chômage. Il se détruit par auto-intoxication. Et, sous l'influence de Hegel, Marx représente le processus dialectiquement : la thèse (capital) produit l'antithèse (classe ouvrière antagoniste) et la synthèse (régime nouveau). Mais il est facile de montrer que cette loi posée par Marx est fausse, aussi bien au point de vue capitaliste qu'au point de vue ouvrier. Il n'est pas possible d'affirmer que, par son mouvement spontané, la grande industrie arrive à la plus grande concentration possible [1], et détruise la petite industrie, le petit commerce et la petite culture. Dès lors, en face du capitalisme demeurent plusieurs classes intermédiaires, et comment une seule classe antagoniste — celle des ouvriers — produirait-elle automatiquement le changement ? De plus on peut supposer

---

[1]. Voir l'ouvrage déjà cité de M. Bourguin; cf. Bernstein, *Socialisme théorique et social-démocratie pratique* (trad. française), Paris, Stock, 1900.

que les crises du capitalisme disparaîtront un jour ; et demeureraient-elles qu'elles ne seraient pas forcément nocives, car si elles sont la mort des uns, elles peuvent être aussi le salut des autres. Considérée du point de vue ouvrier, la loi de Marx n'est pas plus exacte que du point de vue capitaliste. On ne peut pas considérer comme un fait l'augmentation automatique de la misère, non plus que la loi d'airain. L'accroissement des salaires est en bien des cas supérieur à celui du coût de la vie[1]. Et si le chômage et la misère sont des maux inhérents au régime capitaliste, ils peuvent être atténués d'une façon telle qu'ils ne produisent pas la crise finale. D'autre part, il ne faut pas oublier que la misère est beaucoup plus impropre qu'on ne le croit à favoriser le progrès de l'idée socialiste et le désir de l'ère nouvelle. En fait, elle abrutit l'homme, et c'est plutôt chez les ouvriers aisés que germent les idées révolutionnaires. Il n'y a donc pas une évolution *nécessaire* des faits dans le sens de la démocratie sociale.

L'examen de la mentalité ouvrière nous fournit-il du moins des indications plus précises que celui des faits ? En 1903, il y avait en France, parmi les hommes travaillant hors de leur domicile, 780.000 syndiqués, c'est-à-dire 22 p. 100 de la classe ouvrière : il y a donc à peine un quart des ouvriers à avoir une conscience de classe. Les ouvriers, d'ailleurs, ont longtemps accepté le contrôle de la bourgeoisie : en 1848, beaucoup votèrent pour elle ; au Congrès ouvrier de 1876, les théories socialistes apparaissent comme des inventions bourgeoises : les ouvriers sont, alors, coopératistes et hostiles aux moyens violents. Donc, de ce côté encore, rien de décisif.

Recherchons enfin s'il n'y a pas un courant vers la démocratie sociale engendré par d'autres courants voisins. Nous savons qu'il existe, à n'en pas douter, une tendance vers la

---

1. Voir statistiques dans Bourguin, *op. cit.* : appendice.

démocratie politique et intellectuelle. D'autre part, depuis la Restauration jusqu'à la fin de l'Empire, les démocrates politiques ont été en même temps des démocrates sociaux. Clemenceau et Gambetta répétaient, dans leurs discours, que la réforme politique est l'instrument de la réforme sociale. Cependant, le mouvement en faveur de l'interventionnisme date au plus de vingt ans, et le libéralisme économique triomphe toujours au Sénat. La république politique n'entraîne donc pas la république sociale. Cela est même si vrai que la France, toute républicaine qu'elle est, ne se place pas en tête du mouvement social : dès 1887, il y avait en Autriche une loi sur les accidents du travail ; la journée de travail est plus courte dans certains pays que dans le nôtre ; et c'est seulement à une date très récente qu'ont été créées chez nous des institutions inspirées d'idées interventionnistes, d'idées socialistes comme la direction de l'Assistance publique et le Conseil supérieur du Travail.

La république tend donc à durer sous sa forme exclusivement politique, et nous n'avons encore trouvé nulle part, ni dans l'évolution même du capitalisme, ni dans la mentalité ouvrière, ni dans la transformation politique du régime, le signe d'une irrésistible poussée vers la démocratie sociale. Certains ont cherché dans un autre sens et cru découvrir qu'un socialisme inconscient se réalisait peu à peu grâce aux coopératives et aux syndicats. Mais ce mouvement peut se présenter tout aussi bien comme un progrès de l'organisation du régime capitaliste ; et l'institution la plus démocratique qu'il ait produite, la coopérative de consommation, est, en fait, encore bien loin de triompher. — Dira-t-on enfin qu'il s'opère depuis quelques années une socialisation inconsciente du Droit [1], que les juristes sont en train d'élaborer un régime juridique socia-

---

1. Cf. Charmont, *Revue de Métaphysique et de Morale*, 1903, tome XI, p. 380 à 405. — Voir aussi Bouglé, *Revue Bleue*, 1906.

liste et s'attachent à déduire du code actuel les droits que la classe ouvrière en tant que telle a sur la classe capitaliste? Mais il faut que la conscience socialiste développe ce germe : la sociologie seule n'y suffirait pas. La société a pu faire inconsciemment un geste socialiste. Mais ce geste sera perdu si on ne le rend conscient, d'autant qu'il existe en même temps un bien plus grand nombre de gestes capitalistes.

En résumé, l'étude des formes sociales actuelles nous montre le germe de formes nouvelles de propriété. Mais pour nous décider en faveur de telle ou telle solution, l'observation sociologique ne suffit pas. Nous venons de voir qu'elle ne permet pas de conclure d'une façon certaine au triomphe du prolétariat. Or elle ne révèle pas davantage une disparition progressive des formes capitalistes.

Si l'on s'en tient à l'étude des faits, rien ne dit, en effet, que le capitalisme ne soit pas au commencement d'un nouveau développement. Nous sommes en présence d'une classe possédante de plus en plus consciente et dont la solidarité croissante assure l'existence et la défense : les trusts et les cartels témoignent d'un renouveau véritable. Nous avons déjà examiné en elles-mêmes les diverses formes de ce capitalisme. L'étude de la mentalité qui leur est propre ne suffirait pas plus que celle de la mentalité ouvrière à montrer qu'elles tendent à disparaître devant la démocratie sociale. Le capitalisme rentier n'est pas sans doute une force jeune, mais c'est une classe héréditaire, presque une caste, qui va s'organisant d'une manière de plus en plus solide. L'enfant d'un bourgeois est aujourd'hui plus bourgeois que son père : il possède plus que lui la foi bourgeoise. Il y a cependant une forme de capitalisme qui, à l'heure actuelle, semble bien disparaître en France. C'est le capitalisme patronal et féodal, celui qui dit : « mes ouvriers ». Mais le capitalisme bienfaisant, avec ses œuvres philanthropiques, peut parfaitement vivre. Quant au capitalisme parlementaire, il est peu en faveur. C'est un fait que toutes les Chambres de commerce ont protesté contre l'arbitrage obligatoire, que les patrons ont fait de l'opposition aux syndicats[1], qu'ils sont presque toujours absents au Conseil supérieur du Travail. Cependant certains d'entre eux acceptent ce genre d'organisation et sont partisans du contrat collectif. De même, si la plupart sont hostiles à l'interventionnisme, à la réglementation par l'État, leur résistance n'est pas telle que l'opinion ne puisse être retournée : l'idée interventionniste est déjà acceptée dans les questions philanthropiques pour le contrôle des sociétés de bienfaisance par le gouvernement; l'impôt sur le revenu fait partie du programme radical. Il y a donc une évolution possible ; et le capitalisme parlementaire est loin d'être condamné d'avance. Il en est de même enfin du capitalisme petit-bourgeois, à la fois de celui qui affirme que parti de bas on doit arriver très haut (et qu'on peut appeler colonial : car il ne peut guère se réaliser, aujourd'hui, qu'aux colonies) et de celui qui prône la petite propriété selon la formule égalitaire de Robespierre.

Ainsi, que l'on se place au point de vue socialiste ou au point de vue capitaliste, le seul examen de l'évolution des faits laisse la conscience incertaine et ne lui fournit pas de raison absolue pour opter en faveur de la démocratie sociale. Rien ne montre que l'avenir ne soit pas au capitalisme. On dit bien que le socialisme est inscrit dans la société actuelle, que la nécessité d'une démocratie économique est impliquée par notre régime électif à base large : mais on ne se pose pas la question de date, on ne cherche pas quand ces nécessités logiques se réaliseront. Et il s'agit précisément de savoir si nous avons besoin de prévoir de si loin. Socialement, un capitalisme mitigé pourrait parfaitement être viable. Dès lors il est impossible

---

1. Cf. *Réforme Sociale*, 1ᵉʳ janvier 1905.

d'affirmer la nécessité *historique* d'une démocratie sociale.

Mais, si les faits ne parlent pas d'une façon décisive, il n'en est pas de même de la conscience qui, interrogée sur les mêmes faits, nous oblige, elle, à prendre un parti. C'est à elle que nous demandons, d'une façon actuelle, cette fois, si les syndicats et les coopératives ne sont pas plus intéressants que les institutions capitalistes. Or nous refusons d'admettre l'entière dépendance d'un homme vis-à-vis d'un autre, au point de vue économique ; et cependant, actuellement, cette dépendance existe, à peine corrigée. Notre conscience exige donc un régime évoluant progressivement vers la république sociale et pose comme un devoir la nécessité d'organiser démocratiquement les relations économiques actuelles.

Mais comment expliquer qu'un grand nombre d'hommes ne sentent pas ce devoir, ne répondent pas comme nous? Nous avons vu que la conscience morale doit se débarrasser de tous ses préjugés pour se mettre en présence de la réalité sociologique. Or les consciences dont nous parlons sont aveuglées par des préjugés qui leur cachent cette dépendance économique invisible; si elles l'apercevaient, elle les révolterait certainement. Elles s'imaginent que le régime actuel consacre légitimement les supériorités et marque le triomphe de l'élite. Mais c'est une erreur : non plus que la rente, le profit n'est un salaire. Loin d'aller à ceux qui font preuve de la plus grande intelligence et de la plus grande activité, le capital — c'est là un fait — s'accumule entre les mains de ceux qui l'acquièrent par héritage ou par spéculation. On peut dire, il est vrai, que dans les pays jeunes comme les États-Unis, c'est bien le génie personnel qui triomphe, que les profits ne sont donc autre chose que son salaire. Mais cela n'est exact que dans la mesure où ce salaire est consenti par les autres. Or, même dans les pays jeunes, l'aristocratie du mérite devient celle de la violence, et cela du jour où elle se passe du consentement rationnel de la communauté. — Ajoutons que le préjugé qui fait croire au triomphe du seul mérite se double de celui qui confond concours et concurrence et croit voir, là où il n'y a qu'anarchie, des relations de contrat. Notre concurrence, en effet, consiste essentiellement dans l'absence de toute règle déterminée. C'est une bataille sans arbitrage où triomphe non celui qui a la valeur, mais le capitaliste qui, par ses moyens d'action et de résistance, peut attendre et imposer au travailleur les conditions qu'il lui plaît. Il n'y a pas là de véritable contrat, puisqu'il n'y a pas égalité entre les contractants; et le régime actuel est inique.

Ces préjugés qui cachent l'oppression économique à beaucoup de personnes s'expliquent aisément. Toutes les inégalités grossières ont disparu et, comme l'a bien montré Marx, l'égalité apparente cache l'inégalité économique. Et cela est d'autant plus vrai que cette dernière s'exerce non plus d'homme à homme, mais par l'intermédiaire de collectivités puissantes, sans l'intervention des personnes, par le seul jeu du capital. Nous sommes là en présence d'une abstraction, d'une force collective. L'oppression de l'argent ne se voit pas comme celle d'un individu ; seul, l'ouvrier s'en rend compte parce qu'il la subit. Une autre cause contribue encore à la dissimuler : c'est le fait de l'échange, de l'économie monnayée. L'argent étant un équivalent de toutes les marchandises, nous avons l'illusion d'un échange entre la marchandise-travail et l'argent, d'un contrat ordinaire de commerce. Mais on oublie qu'avant l'échange l'ouvrier était déjà la possession du capitaliste. Mis en présence de cette inégalité que nous dénonçons, dira-t-on qu'elle est l'expression d'une loi immuable, d'une force naturelle que l'homme ne peut modifier? Mais, alors que l'homme a dirigé à sa guise tant d'autres forces naturelles, il serait bien extraordinaire qu'il restât impuissant à faire triompher son idéal, d'autant que la force contre laquelle il s'élève est une force sociale.

Nous pouvons donc conclure que la conscience qui s'est rendu compte de l'oppression économique en veut la disparition. Une telle conscience s'éclaire en vivant de la vie ouvrière, en se pénétrant des aspirations de son milieu et de son temps, en recueillant l'avis des hommes compétents, de ceux qui éprouvent leurs croyances au contact des courants sociaux. Or nous constatons qu'à propos de la justice il y a accord entre les hommes d'action et les critiques, entre les intellectuels et les ouvriers. Cet accord est caractéristique et servira de confirmation à notre impression individuelle. Ainsi notre conscience, pour affirmer sa foi, s'inspirera de la réalité et de l'expérience : elles lui fourniront des principes d'action non plus absolus comme ceux de la métaphysique, mais vivants et concrets et qui, suivant le postulat moral que nous avons admis, l'orienteront toujours de préférence vers la vie qui commence.

Mais, si la suppression de l'oppression économique s'impose, comme nous venons de le voir, à la conscience sincère, ajoutons enfin qu'il faut distinguer entre cette question de droit et la question des moyens. Cette oppression, n'étant pas la même partout, n'appelle pas partout les mêmes remèdes. En France, par exemple, où domine l'industrie de luxe, la production économique a besoin d'individualités, de chefs. La classe ouvrière en a le sentiment, et nous voyons les milieux syndicaux devenir aristocratiques et professer une théorie de la minorité consciente, — qui n'est nullement incompatible d'ailleurs avec le système démocratique. D'autre part, les conditions économiques actuelles sont trop complexes pour qu'on puisse d'un seul coup faire disparaître l'oppression et réaliser le régime nouveau. A côté de l'éducation politique il faut commencer par faire l'éducation économique et sociale — beaucoup plus difficile et plus lente — de la classe ouvrière. Les manifestations et l'action dans la rue n'y contribuent en aucune façon. Les deux meilleurs moyens à employer sont la pratique du syndicalisme et de la coopérative de consommation. C'est là que l'ouvrier pourra puiser l'idée et l'exemple d'une démocratie économique s'administrant elle-même.

QUESTIONS DE PHILOSOPHIE MORALE [1]

INTRODUCTION

Nous avons vu, dans la première de ces études, qu'on peut définir la *morale* : l'ensemble des valeurs incommensurables acceptées par l'humanité. Et nous avons montré que la détermination de ces valeurs ressortit à une technique spéciale, — technique que nous avons essayé d'appliquer, dans la seconde et la troisième études, à l'examen de deux questions : celle de la patrie et celle de la justice.

Quels sont les caractères de cette technique? D'une part, avons-nous dit, les valeurs morales ne sauraient être réduites à d'autres réalités, de quelque ordre que ce soit, métaphysique ou physique : par conséquent, la morale est *autonome*. D'autre part, la morale ne peut non plus être établie *a priori*, par une méthode déductive : elle doit être *positive*. Enfin, la morale, à l'envisager dans son contenu, manifeste sans doute une réalité morale, dont, au reste, on ne saurait affirmer que nous connaissions toujours exactement la nature ; mais cette réalité doit être élaborée, en tous cas, par la conscience impartiale, *impersonnelle*. Et ce n'est pas ce qu'il y a de permanent dans cette réalité qui importe le plus à l'action : il faut, pour agir, se placer dans la durée pure, et dans cette

[1]. Cours professé à la Sorbonne en 1906-1907.

durée, au point de vue du *présent*. — En résumé, la morale nous est apparue comme ayant pour objet une réalité distincte et irréductible, indépendante, en elle-même, de la conscience, mais élaborée, chez l'honnête homme, par une conscience autonome et impersonnelle, qui la saisit du point de vue du présent.

Qu'entendrons-nous, dans cette dernière étude, par la *philosophie morale ?* On peut la définir : l'étude des relations de la certitude morale avec les autres espèces de certitude, — de la réalité morale avec les autres espèces de réalités. Comparer l'attitude morale avec les autres attitudes de la pensée, étudier la relation de la réalité morale avec les autres réalités, tel est, pour nous, l'objet de la philosophie morale.

Si les conclusions auxquelles nous avons abouti sont solides, cette philosophie ne peut avoir, en effet, la portée que lui attribuaient les anciens philosophes et que, de nos jours, beaucoup de philosophes lui attribuent encore. On croit souvent, même aujourd'hui, qu'il est possible d'arriver à rattacher la réalité morale à une réalité plus haute et plus sûre : on espère trouver une vérité supérieure qui nous garantirait la vérité morale. Mais nous avons vu qu'il n'y a pas de vérité métaphysique d'où toute vérité morale dépendrait, ni de vérité d'expérience en fonction de laquelle toute vérité morale varierait. Alors que les philosophes d'autrefois cherchaient des principes qui seraient à la morale ce que les définitions sont aux mathématiques, — qui permettraient de l'engendrer tout entière, — nous croyons, nous, que la philosophie morale ne peut aboutir qu'à quelque chose d'analogue aux axiomes géométriques, — expressions de rapports entre des vérités définies par ailleurs, au delà desquels il n'y a pas lieu de remonter. Constater, après coup, des relations très générales entre vérités déterminées, d'autre part, par une technique spéciale, — ce sont bien là, selon nous, les seules conclusions que la philosophie morale puisse atteindre. — Elle nous conduit, en somme, à un mode inférieur de connaissance : la *comparaison*. (Le philosophe qui, aujourd'hui encore, veut *régenter* la morale, a le tort de s'obstiner dans un orgueil qui était légitime chez le métaphysicien d'antan, quand la science n'était pas constituée — et qu'il la faisait.)

La philosophie morale doit aussi examiner les rapports de la certitude morale avec la sensibilité : dans quelle mesure une vie moralement bonne nous conduit-elle au bonheur? — A cette question encore elle ne peut donner, nous le verrons, qu'une réponse indéterminée. Et ce qu'il faut à l'homme pour être satisfait, c'est une certitude définie. Il n'est pas étonnant, par conséquent, que les philosophes, les personnes qui ont l'esprit pénétré de religion ou de métaphysique se préoccupent de l'avenir de la morale. Nous vivions d'une ombre, disait à peu près Renan ; nous vivons maintenant de l'ombre d'une ombre : « de quoi vivra-t-on après nous[1] ? » Mais ne pouvons-nous vivre qu'attachés à des ombres? Pourquoi s'entêter à poursuivre des vérités métaphysiques de plus en plus vagues? Pourquoi s'obstiner à chercher un type de vérité inaccessible? Il vaut bien mieux dire nettement : la consolation n'est pas là, la vérité n'est pas là. Il y a d'autres espèces de vérités que les vérités métaphysiques. Il y a des hommes dont l'exemple devrait nous apprendre la valeur d'une attitude modeste, et le prix des certitudes limitées. Peut-être faut-il nous borner, comme les savants, à chercher des synthèses provisoires. Laissons-nous aller au fil de notre expérience : c'est l'essentiel. Et quant au surplus, contentons-nous de probabilités, d'analogies, de vérités indéterminées. Car les élévations métaphysiques ne sont qu'un luxe, et qu'il faut prendre pour tel[2].

1. Renan, *Feuilles détachées*, p. XVIII.
2. Jadis, à vrai dire, l'œuvre du philosophe spéculatif était de chercher

La philosophie morale, telle que nous l'entendons, comporte deux études distinctes : 1° la *philosophie de l'action morale* ; 2° la *philosophie de l'agent moral*. Autre chose est, en effet, l'étude de la vérité et de l'action morales, en tant qu'elles posent les fins rationnelles de la conduite ; autre chose l'étude des croyances relatives à l'agent moral (croyance au devoir, à la responsabilité, à la liberté ; sentiments moraux, etc.). Rappelons, à l'appui de cette division, que les jugements relatifs à la valeur de l'acte doivent être distingués profondément des jugements relatifs à la valeur de l'agent.

1. Envisageons d'abord la *philosophie de l'action morale*, ou de la vérité morale. La philosophie de l'action morale se pose deux séries de problèmes :

1° On peut, d'abord, en considérant la morale dans sa forme, se demander quelle est la *fonction* de la certitude morale, comparée aux autres types de certitude, et, par exemple, à la certitude scientifique.

2° On peut, ensuite, envisager le *contenu* de la certitude morale, et se demander s'il a quelque chose de commun avec celui d'autres sciences, telles que la biologie, par exemple.

Mais, pour étudier ces deux catégories de problèmes, on doit, d'autre part, se placer à deux points de vue différents :

1° Au point de vue du *temps abstrait* ;

2° Au point de vue du *temps concret*, de l'histoire.

Distinction dont l'oubli entraîne une confusion fréquente : celle de l'idée de *relation dynamique* avec l'idée de *genèse historique*. — D'une part, en effet, tout se passe dans la nature comme s'il y avait entre les choses des relations, les unes statiques, les autres dynamiques, mais également *permanentes*.

---

des vérités nécessaires, et d'en trouver le plus possible. Aujourd'hui, c'est la tâche contraire qui s'impose à lui : son œuvre est de dissoudre les catégories, et non plus de les multiplier. Il doit se demander quel est, au juste, le *minimum d'a priori* imposé à l'humanité.

Ces relations, dont le type nous est fourni par les lois physiques, ne sont pas, sans doute, à proprement parler, intemporelles; mais les simultanéités ou les successions qu'elles comportent peuvent, en elles-mêmes, se reproduire à un moment quelconque du temps. Elles sont, partant, dans le temps *abstrait*, et indépendantes de la durée *en tant que telle*, du déroulement des faits concrets qui la composent. Tout se passe, d'autre part, comme s'il y avait entre certains faits des relations incorporées, pour ainsi dire, à la succession même des faits particuliers, relations qui portent avec elle leur date, et dont on ne conçoit pas qu'elles puissent apparaître, si ce n'est à l'instant précis où elles sont apparues : ce sont celles-là — les relations historiques — que nous considérons comme se produisant dans la durée concrète, *irréversible*. Nous nous placerons donc toujours, à propos de chaque problème, à l'un, puis à l'autre de ces deux points de vue.

Une troisième distinction importante est, enfin, celle qu'il convient d'établir entre la vérité morale objective et la conscience que nous prenons de cette vérité. Il y a, comme nous l'avons rappelé plus haut, une réalité morale extérieure à la conscience, mais dont la conscience peut se rendre compte. Il faut donc faire soigneusement le départ entre l'étude de la réalité morale et l'étude de la conscience que nous avons de cette réalité.

Du point de vue, notamment, du temps concret, nous aurons à résoudre un certain nombre de problèmes importants. Nous nous demanderons, par exemple, quelle est la valeur du passé historique comme tel, — la valeur de l'avenir, — quelle est enfin la valeur du présent. Passé, présent, avenir, ce sont, en effet, comme les trois dimensions de la succession pure. Nous aurons donc à examiner ce que vaut la *tradition*, — à chercher s'il y a une *direction* définie de l'histoire morale, et à nous poser, à ce sujet, la question du *progrès*. Nous essaierons, enfin, de définir la certitude morale *actuelle*, militante, la certitude dans le présent.

A propos de chacune de ces problèmes, nous nous demanderons toujours : quelle est l'histoire des consciences ? quelle est l'histoire et la nature du fonds réel que recouvrent ces consciences ?

II. — En ce qui concerne, enfin, la *philosophie de l'agent moral*, nous retrouverons, par rapport à la nature de l'activité morale *chez l'homme*, les mêmes questions que nous venons de distinguer. Mais nous aurons, de plus, à nous poser cette dernière question : y a-t-il des conditions imposées à l'*action* morale par la nature propre de l'*agent* moral ? En d'autres termes, l'imagination morale a-t-elle des limites ? Y a-t-il des vérités morales nécessaires, *a priori*, au sens absolu du mot ?

Telle serait à peu près, et à n'en retenir que les grandes lignes, la *philosophie morale* que nous nous proposons d'esquisser.

Mais, avant d'aborder, dans le détail, l'examen de ces différents problèmes, indiquons tout de suite l'idée générale qui ressortira de cet examen.

Nous verrons qu'il est possible, en effet, qu'on se place au point de vue du temps abstrait ou au point de vue de la durée concrète, d'extraire de la morale certains résultats d'une portée très générale. Du point de vue du temps abstrait, on aperçoit des vérités morales permanentes, des affirmations humaines qui établissent des relations immuables entre les choses. Du point de vue du temps concret, on peut affirmer que l'histoire des croyances morales suit certaines directions, et, dans une certaine mesure, réussir à marquer ces directions. Mais ces vérités morales permanentes et ces directions générales de l'histoire sont, toujours, très indéterminées. Intéressantes pour l'étude des choses morales, elles sont insuffisantes pour l'action pratique. — En quoi, dès lors, la connaissance de ces vérités peut-elle être utile ?

Elle est utile, d'abord, parce qu'il y a toujours intérêt à savoir, même de façon seulement probable. Elle est utile, encore, parce qu'elle constitue, à l'égard de la morale proprement dite, une *apologétique* que les discussions courantes, le heurt des théories rendent nécessaire et féconde. Expliquons-nous en quelques mots sur ce point. L'homme est ainsi fait qu'il a besoin, non pas, selon nous, pour agir moralement, mais pour être rassuré sur la valeur et la portée de son action, de se sentir d'accord avec la nature. Et, à condition que la conviction qu'on s'est faite n'ait pas été déduite d'une théorie, à condition qu'elle ait été obtenue et vérifiée par d'autres voies, on a bien le droit, après se l'être faite, de chercher dans les choses le côté par où elles la justifient et, sans se faire illusion, de se tourner vers une espérance fondée. C'est aux besoins, aux tendances de cet ordre que répond la philosophie morale. En cherchant dans la nature, dans l'histoire, des indices et des confirmations d'une vérité déjà établie par ailleurs, elle rend à la morale, ou plutôt au cœur humain, un service qui a son prix.

Mais quelle que soit la légitimité ou l'utilité de ces recherches, elles ne doivent pas nous faire perdre de vue la conclusion qui se dégage de tout l'ensemble de nos études. Aux vérités universelles, mais d'autant plus indéterminées, que peut atteindre la philosophie morale, nous ne cessons pas d'opposer les vérités *morales* précises, mais spéciales. Non que ces dernières vérités n'aient, elles-mêmes, un certain genre d'universalité ; mais cette universalité n'est que limitée et, pour ainsi dire, temporelle. Une vérité morale précise est universelle à un moment donné, et pour ce moment seulement.

En d'autres termes, la morale proprement dite atteint, comme la science, des *axiomata media*. La science moderne se meut, en effet, entre la pensée vulgaire, généralisation immédiate du donné, et la pensée métaphysique, qui rapproche le temps et l'espace, l'un et le divers, etc., et cherche entre les choses des analogies profondes, mais indéterminées. Les principes scientifiques sont, eux, systématiques et spéciaux : qu'on songe à la différence entre les principes de l'énergétique et cette notion spencérienne de la Force qui se confond, en dernière analyse, avec la conscience de l'inconnaissable. La morale, pareillement, est intermédiaire entre l'empirisme et la réflexion métaphysique : elle se place, comme disait Pascal, dans « l'entre-deux ». Et de même qu'à cette condition seulement le savant a pu conquérir la nature, c'est aussi à cette condition que l'honnête homme peut conquérir la vie.

PREMIÈRE PARTIE
FONCTION DE LA CERTITUDE MORALE

CHAPITRE PREMIER
RELATIONS ENTRE LA CERTITUDE MORALE ET LES AUTRES TYPES DE CERTITUDE

I. — LA CERTITUDE MORALE ET LES AUTRES CERTITUDES PRATIQUES

Quelles relations existent, d'abord, entre le type particulier de certitude pratique qu'est la certitude morale et les autres types de certitude pratique? Quel rapport y a-t-il entre la pensée morale de l'*honnête homme* et la sagesse pratique de l'homme *prudent*?

Toutes les fois qu'on affirme une vérité morale, — nous l'avons rappelé en commençant, — on affirme une valeur incommensurable à toutes les autres valeurs. L'affirmation morale, prise en elle-même, est la position d'une valeur incommensurable, l'affirmation d'une *préférence idéale*. Quels sont les caractères d'une préférence idéale?

Le premier de ces caractères est un caractère de *rationalité*. Il y a rationalité, en effet, toutes les fois qu'on se pose une question et qu'on y répond d'une façon impersonnelle, désintéressée. Penser rationnellement, ce n'est pas toujours, selon nous, penser universellement : c'est seulement, dans chaque ordre, *situer* sa pensée et par rapport aux choses et par rapport aux autres pensées. Ainsi, pour que le mathématicien pense sur les mathématiques, il faut qu'il pense sur toute l'étendue du monde mathématique, mais à l'intérieur de ce monde seulement. La pensée implique, en ce sens, une expérience intégrale, mais intégrale uniquement à un point de vue spécial. — Il est vrai, cependant, qu'un homme n'est raisonnable que s'il a conscience de pouvoir penser *au delà* de sa pensée. A l'expérience intégrale et limitée dont nous parlions doit venir s'ajouter, pour qu'il y ait pensée raisonnable, le sentiment d'un *au delà* réel, d'une possibilité indéfinie de penser. Autrement, on serait sur la frontière de la folie, qui consiste, précisément, à ne pouvoir confronter un système, — qui, pris en lui-même, peut être rationnel, — avec d'autres systèmes. Il faut donc, pour être raisonnable, avoir conscience de pouvoir penser au delà de sa pensée actuelle. Mais il n'est pas nécessaire que cette possibilité de tout penser soit actualisée. Il se peut que l'élan de la pensée se fixe en un point : elle n'en sera pas moins raisonnable, pourvu qu'elle se sente capable d'aller au delà, toujours au delà, quelque ignorante qu'elle puisse être, d'ailleurs, de ce qu'est, exactement, la forme de cet au delà.

On voit combien cette analyse limite, en somme, le caractère d'universalité qu'on attribue généralement à la pensée rationnelle. Quelqu'un qui affirme l'existence d'un objet particulier est aussi raisonnable, d'après nous, que celui qui affirme le principe de causalité. Mais il faut, pour être raisonnable, considérer cette certitude spéciale comme découpée dans l'ensemble, d'ailleurs aussi indéterminé qu'on voudra, d'une pensée possible.

L'affirmation d'une préférence idéale, du fait qu'elle satisfait à cette condition, sera donc, par là même, une affirmation *rationnelle*.

Mais deux autres caractères distinguent, en outre, l'affirmation morale des autres affirmations rationnelles : elle pose une préférence *idéale et invincible*. — On peut dire qu'un homme affirme une préférence *idéale* — même s'il ne l'énonce pas expressément — toutes les fois qu'il est bien constaté qu'il préfère toujours, dans l'ordre de l'action, telle action à telle autre, et qu'il place toujours, dans l'ordre des sentiments, le désir de faire telle action avant le désir de faire telle autre. — Et la préférence qui se manifeste ainsi est, encore, une préférence *invincible* : car, lorsque je l'affirme, je ne vois pas, je n'imagine pas qu'il y ait dans tout le champ des préférences individuelles ou humaines de préférence qui s'oppose à celle-là. — Je constate, en moi, une préférence de ce genre, quand je peux dire : tel sentiment, telle action est ce que *j'aime* le plus au monde, ou, du moins, ce que je *veux* le plus au monde[1].

S'il en est ainsi, quelle différence y a-t-il entre la prudence et la morale, entre l'homme avisé et l'honnête homme ? La prudence consiste, parfois, dans l'attente ou la prévision d'une expérience extérieure, indépendante des préférences intérieures que peut poser l'imagination : il est clair qu'elle n'a rien de

---

1. On nous demandera sans doute, en présence de cette définition, si nous ne retrouvons pas ainsi, dès maintenant, l'*a priori* moral de Kant. En réalité, la différence est considérable. L'*a priori* moral de Kant est un *a priori* général, universel : il se confond, à sa base, avec le sentiment de rationalité lui-même, et Kant croit, d'autre part, qu'on peut extraire de ses formules tout le détail des règles morales. Nous ne voyons, quant à nous, dans les « maximes » qu'il interprète ainsi, qu'un *a priori* spécial — propre à une époque, à un milieu déterminés, — et nous le considérons comme étant, soit le résultat plus ou moins stable d'une évolution historique, soit le fonds commun à toutes les morales d'un temps, le résidu qui demeure après qu'on a retiré de chaque système de pensées morales ce qu'il a de particulier. Extrait de vérités morales spéciales, cet *a priori* ne se confond donc pas, comme le voulait Kant, avec le sentiment de rationalité que nous venons de décrire rapidement; il ne permet pas davantage de construire une morale. Faire une morale avec le sentiment du rationnel en général est aussi impossible que de faire un vêtement avec une étoffe en général.

commun, dans ce cas, avec l'affirmation d'une préférence idéale. Dans d'autres cas, un « sage » peut, sans être moral, à certains plaisirs préférer d'autres plaisirs ; mais il ne confronte pas, alors, ces plaisirs avec ceux que ressentent les autres hommes de son temps. Si je préfère, par exemple, le café au thé, j'affirme cette préférence, mais en la posant comme purement subjective. Je n'ai pas la prétention de l'avoir éprouvée au contact des préférences des autres hommes, ni au contact des choses ; je ne l'ai pas *critiquée*, en la soumettant, pour savoir si elle est réellement invincible, à cette épreuve dont nous avons indiqué et appliqué les règles. Les préférences que peut avoir l'homme prudent, en tant qu'il n'est que prudent, ne sont donc pas des préférences idéales : elles ne sont pas, à la fois, rationnelles et invincibles. Sans doute, ces préférences empiriques peuvent être, cependant, l'objet d'une science pratique, méthodique, d'un calcul. Mais ce calcul ne porte que sur l'organisation d'une expérience externe : il est tout à fait différent de la *critique* qui porte sur une préférence intérieure, confrontée à d'autres préférences, et éprouvée au contact du réel.

Ce qui est commun, cependant, à la prudence et à la morale, c'est, dans une certaine mesure, le caractère de rationalité, considéré isolément, en faisant abstraction des autres traits de la pensée morale. L'homme prudent procède, suivant des règles rationnelles, à l'organisation pratique d'une expérience qui lui est tout entière donnée de l'extérieur. Mais seul l'honnête homme affirme et organise des préférences idéales, terme et résultat d'une épreuve méthodiquement conduite, d'une *expérience* intérieure.

II. — LA CERTITUDE PRATIQUE ET LA CERTITUDE SCIENTIFIQUE

Ç'a été, pendant longtemps, un besoin de rattacher les vérités morales aux vérités cosmiques, et de voir dans les règles morales l'application de lois générales dont l'empire s'étendrait à tout l'univers. Aujourd'hui, on a une tendance toute contraire : on sépare complètement la vérité morale des vérités naturelles, cosmiques. Quel est, au juste, leur rapport? Puisque l'honnête homme se fait un système de préférences, procède — nous venons de le dire — à une organisation rationnelle de ses préférences, essayons, pour répondre à la question, de dégager les traits communs à tout effort qui a pour but une organisation rationnelle des choses.

A prendre les choses en gros, il y a, à la base de tout effort de ce genre, l'affirmation de quelque chose qui est indépendant de l'esprit — de l'esprit individuel, et même de l'esprit humain en général. Dès qu'on essaye de penser, on affirme qu'il y a des faits et, outre ces faits, des relations objectives qu'on appelle des lois. — Kant lui-même ne le nie pas, puisqu'il admet, indépendamment du système intellectuel, un milieu donné à l'esprit, une matière à laquelle il applique ses formes.

Mais, outre ces faits et ces lois, outre ce milieu donné à l'esprit, il y a, dans toute activité de pensée, des aspirations, des besoins, des exigences de la raison. Ces besoins sont-ils nés du contact de l'esprit avec les choses? ou bien la connaissance des choses elle-même doit-elle, dès le principe, se plier aux cadres de l'esprit? Ce n'est pas ici le lieu de discuter cette question. — Ce qui est sûr, c'est que l'esprit a ses exigences : on s'en aperçoit bien au malaise qu'on éprouve quand elles se trouvent froissées, quand la nature leur résiste ou paraît se refuser à leur céder.

Ainsi : d'une part, une réalité, des faits et des lois objectives ; d'autre part, les besoins intellectuels de l'homme, voilà ce que nous trouvons impliqué, toujours, dans cette pensée impersonnelle qu'est la conscience rationnelle.

Or, s'il en est ainsi, on aperçoit, à première vue, que, dans la pensée morale plus encore que dans la pensée théorique, nous sommes exposés à prendre, sans le vouloir, pour une réalité absolue, ou pour le signe d'une telle réalité, des sentiments tout subjectifs. Dans certains cas, dont la détermination exacte, expérimentale, serait d'ailleurs délicate, l'homme qui s'est placé dans une attitude impersonnelle ne peut pas imaginer une autre vérité que celle qu'il admet. C'est ainsi que les formes de la société où il vit, les règles morales qu'il pratique en arrivent à lui paraître éternelles et nécessaires. Incapable d'en concevoir d'autres, il est frappé, en quelque sorte, d'impuissance imaginative. Mais cette impuissance est, bien souvent, toute relative. L'étude de l'histoire lui apprendra, dans la plupart des cas, qu'elle n'a d'autre origine que l'ignorance ; elle fera évanouir la nécessité qu'il attribuait à certaines de ses idées, de ses croyances.

Mais si, tout en tenant compte de ces observations, on se reporte à l'ensemble des éléments que nous avons distingués dans toute pensée rationnelle, ne trouvera-t-on pas que certitude théorique et certitude pratique sont, au fond, faites de même, et que les nuances qui les séparent ne tiennent qu'à la différence de leurs objets? Si la pensée morale nous paraît moins sûre, c'est que son objet nous est plus intérieur et que, par suite, nous avons sur lui plus d'action. Il est plus facile, sans doute, de « se crever agréablement les yeux » sur la réalité morale que sur la réalité physique. Encore faut-il ne rien exagérer sur ce point : il est possible, dans certaines conditions, de s'aveugler sur la réalité physique, non moins que sur la réalité morale, de ne pas « vouloir voir » le réel. Mais surtout, et c'est là ce qui nous importe essentiellement, nous ne créons pas plus l'une que l'autre par cela seul que nous les pensons.

En d'autres termes, la pensée morale a, selon nous, un objet, tout comme la connaissance théorique ; tout comme elle, elle porte sur un donné. Il ne nous paraît pas certain, quant à nous, que ce donné soit tout entier de nature purement sociale ; c'est là une question que nous pouvons, quant à présent, laisser ouverte, sans adopter à ce sujet la thèse, peut-être bien absolue, des sociologues contemporains. Ce qu'il nous suffit d'affirmer ici, c'est qu'il existe, en tout état de cause, une réalité morale indépendante de la conscience individuelle, — de quelque nature qu'elle soit d'ailleurs, — et que cette réalité a, sur la conscience individuelle, un pouvoir de contrainte. Qu'elle soit, par exemple, entièrement sociale, ou partiellement psychologique, cette réalité nous est, en tous cas, *donnée*.

Il n'est pas impossible, d'ailleurs, de découvrir la raison de cette présence d'un donné à la base de toute pensée : dans tous les domaines, cette notion du donné se laisse relier, en effet, à la notion d'*inconscient*. Dans l'ordre théorique comme dans l'ordre pratique, nous sommes obligés d'admettre, avant tout, que ce dont nous avons conscience existe avant que nous en ayons conscience. Si large que nous supposions l'empire de la conscience, il se détache, pour ainsi dire, sur le fond de l'inconscient comme un champ lumineux au sommet d'un cône d'ombre. En même temps qu'elle se pose, la conscience pose en face d'elle quelque chose qui a sa vie propre, son histoire en dehors d'elle, et dont l'action, toute secrète, ne se révèle à elle qu'en partie dans l'impression qu'elle en reçoit. La conscience morale ne fait donc, sur ce point, qu'obéir aux lois générales de la conscience : toute pensée oppose l'un à l'autre le conscient et l'inconscient[1].

Ainsi, la position d'un réel est commune, en ce sens, aux deux types de certitude que nous comparons. Mais, de même qu'ils impliquent, l'un et l'autre, l'existence d'un donné, ils manifestent également le rôle des tendances actives de l'intelligence, des besoins de la conscience. Au sentiment d'une chose à penser ou à faire s'oppose en nous, dans les deux cas, le sentiment de penser ou de vouloir. Notre activité de pensée lutte, pour ainsi dire, contre des réalités objectives.

Dans les deux cas, enfin, nous aboutissons, comme sous l'action de ces deux forces opposées, à un *arrêt* de notre conscience, à un état de certitude intérieure. Considérons la conscience en elle-même : c'est bien le même sentiment de rationalité qui se produit en nous, quand nous affirmons une vérité physique et quand nous affirmons une vérité morale. Et si ce sentiment doit être éprouvé, il peut l'être par une méthode qui ne comporte, lorsqu'on passe de l'ordre théorique à l'ordre pratique, qu'une différence de degré et non de nature.

Pour nous en tenir à l'essentiel, nous trouvons donc, de part et d'autre, des vérités objectives, indépendantes de la conscience, et, en présence de ces vérités, la même certitude de conscience, le même sentiment du rationnel.

On veut, il est vrai, distinguer les vérités morales des vérités naturelles par un autre caractère. Les vérités morales iraient, dit-on, du cœur à l'esprit. Les partisans de cette thèse signalent avec insistance l'action que l'habitude, le sentiment, etc., exercent sur la croyance morale. Mais c'est là confondre,

1. Nous avons déjà signalé, plus haut, une conséquence particulière de cette remarque, en insistant sur la nécessité de distinguer l'histoire des idées morales, intérieures aux consciences, et celle des vérités morales, objectives et inconscientes, auxquelles les premières ne correspondent souvent que d'une façon très imparfaite.

en réalité, une question de psychologie appliquée avec une question purement théorique. Il importe, en effet, de rendre habituelles les idées morales, de leur donner un contenu émotif, et il est certain qu'il faut, pour y parvenir, recourir à une certaine technique, à des procédés d'éducation qui ne sont pas d'ordre purement intellectuel. Mais s'il faut transformer, pour leur donner de l'efficace, les idées morales en habitudes et en sentiments, elles sont bien, en elles-mêmes, des idées. Pascal, quand il insiste sur le rôle du cœur en morale, ne veut probablement que signifier par là le caractère *spécial* de la morale : — il ne suffit pas d'être bon physicien pour être honnête homme, — et il a pleinement raison en ce sens. Mais il n'est pas contestable qu'une idée morale peut être, comme toute idée, *pensée* avant d'être *vécue* ou même *sentie*.

Inversement, il est facile de montrer que la vérité scientifique, elle aussi, comporte une part d'habitude et de sentiment. Le temps est passé de croire aux illuminations soudaines de l'intelligence : la découverte scientifique n'est pas un « coup de foudre ». On ne méconnaît plus, aujourd'hui, la nécessité pour le savant d'être familier avec les choses, de les avoir maniées pour les comprendre. On se rend compte que la science résulte, précisément, de l'union d'une idée théorique, conçue par l'esprit, avec une idée motrice, réalisée par les doigts. Et la mémoire, l'habitude reprennent ainsi leur rang dans l'ordre de la connaissance scientifique. Pascal, ici encore, a vu profondément quand il a dit : « La mémoire est nécessaire pour toutes les opérations de la raison »[1].

De même donc qu'il y a de l'intelligence dans la conscience que nous prenons de la réalité morale, de même il entre de l'habitude, de la mémoire dans la connaissance théorique.

---

[1]. Pascal, *Œuvres* (éd. Brunschvicg, coll. des Grands Écrivains de la France), t. II, p. 282.

Nous aboutissons ainsi à constater, entre la certitude théorique et la certitude pratique, une harmonie fondamentale : il y a une parenté *formelle* — au sens kantien du mot — entre tous les modes de la rationalité. Harmonie à coup sûr édifiante : on en pourrait conclure, avec les anciens métaphysiciens, que c'est bien la raison qui établit un lien entre les hommes. On ferait remarquer que, si ce lien a été, longtemps, de nature essentiellement religieuse, il entrait alors, dans la religion, un certain sentiment de l'ordre universel, de ce qu'il y a de commun, en somme, à toutes les formes de la raison. Et l'on aurait le droit, dans une certaine mesure, d'opposer cette idée de l'union des hommes par la raison à l'idée sur laquelle insistent les sociologues — de l'union des hommes par la cité. Car même en admettant, avec eux, que le contenu de la morale soit tout entier social, encore faut-il, pour qu'elle devienne un principe d'action, que cette réalité sociale soit acceptée, approuvée par la conscience. Et dans cette acceptation se retrouve, précisément, le sentiment de la rationalité pratique que nous avons défini. C'est donc bien du point de vue de la Raison — comme on disait autrefois — que se fait la systématisation de la conduite. On pourrait, enfin, noter qu'il existe comme une transposition sentimentale de ce besoin de l'universel que nous avons noté dans la raison : la sympathie, le désir de communier avec l'espèce ; et considérer, à ce titre, l'union sociale comme une expression dérivée de l'union qui résulte, entre toutes les raisons humaines, de leur parenté formelle.

Encore un coup, ce sont là des méditations, des élévations édifiantes. Et si on les connaît pour telles, elles peuvent avoir leur intérêt. Mais elles deviennent dangereuses dès qu'on oublie qu'il est impossible d'en tirer, comme conclusion, la moindre maxime pratique. Ne confondons pas le procédé du savant qui applique les mathématiques, langage précis, à la détermination des lois physiques avec l'illusion du philosophe qui voudrait tirer parti des vagues analogies que nous venons de signaler pour fonder une morale. Et signalons, afin de caractériser cette erreur, deux exemples de ces sophismes que commettent, fréquemment, les philosophes qui s'exagèrent la portée de telles considérations.

1° Des penseurs, ayant remarqué que le sentiment de la rationalité est commun à la certitude théorique et à la certitude morale, en ont conclu que ce sentiment, partout où il se produit, doit être considéré comme étant nécessairement moral. L'homme qui pense rationnellement, en quelque ordre que ce soit, deviendrait, par là même, un maître de la vie. On aboutit ainsi à créer un préjugé en faveur de la morale telle que la conçoit et la pratique ordinairement le savant, l'homme d'étude : art de la conduite privée et sociale, respectueux des formes, des cadres traditionnels. Mais, en réalité, l'affirmation de la vérité mathématique et celle de la vérité morale peuvent bien être, toutes deux, rationnelles : elles n'en sont pas moins deux affirmations spéciales. On peut les comparer, marquer leurs analogies, non passer de l'une à l'autre.

2° Si l'on a voulu, parfois, faire de la rationalité scientifique le signe ou le fondement de la rationalité morale, certains ont prétendu, d'autre part, justifier les vertus pratiques en les présentant comme des moyens de développer les vertus intellectuelles. La sobriété, la tempérance, la continence seraient des vertus, parce qu'indispensables à qui veut conserver l'équilibre de ses facultés. Le caractère grossièrement révolutionnaire de ces tentatives métaphysiques est éclatant. Il est fou de vouloir imposer à l'humanité l'hygiène psychologique du penseur, et de choisir un tel critère pour l'estimation des actes humains : comme si la contemplation scientifique devait être, nécessairement, le tout de la vie morale ! — Entre cette conception monacale et la conception de la morale comme une chose vivante, l'opposition est absolue. La morale propre du savant, du méditatif n'a pas de droit à s'imposer à l'ensemble de l'humanité.

C'est à de tels sophismes qu'on est conduit, lorsqu'on transforme les analogies que nous avons constatées en principes, et qu'on s'en sert pour déterminer tout l'ensemble de la vérité morale.

Nous avons, dans ce qui précède, insisté surtout en ce qu'il entre de rationnel et, en un sens, d'objectif, dans la certitude pratique et, en particulier, dans la certitude morale. Ne pourrait-on montrer qu'à l'inverse, des affirmations morales ou, en tous cas, pratiques, interviennent dans l'affirmation spéculative, dans la certitude théorique ?

Il est tout d'abord certain que, si l'on envisage la raison pratique et la raison spéculative dans leur action, en tant que productrices d'idées, le moteur commun de leur action est un moteur pratique. Bien rares, en effet, sont les intelligences capables de produire, d'emblée, les idées dans un ordre pleinement satisfaisant pour la pensée contemplative, dans l'ordre même sous lequel elles seront communicables aux autres hommes. En réalité, les idées se présentent d'abord à nous sous une forme indistincte, à l'état d'intuitions vagues, de besoins de rationalité. Chez les primitifs, ce besoin est inaccessible à toute critique, et fortement mêlé d'affectivité. Mais même parmi nous, beaucoup d'individus sont primitifs en ce point : ils ont moins l'*intelligence* que le *sentiment* de la vérité. L'indistinction, la confusion primitive de leurs intuitions ne s'éclaircit jamais totalement dans leur pensée. Mais, abstraction faite des cas particuliers, si nous étudions, chez l'homme, le don d'invention, la productivité des idées, nous voyons qu'il est tout à fait assimilable à la liberté, à la productivité des actes. Une fois engendrées, les idées sont, sans doute, contemplées, critiquées : elles deviennent des objets pour un autre exercice de la raison. Mais la fonction qui les produit est indépendante de la fonction qui les critique. On en a la preuve quand on voit nombre d'esprits inventifs manquer, dans une large mesure, de critique à l'égard de leurs propres inventions.

Ainsi l'activité pratique de la raison est au principe même, à l'origine de la connaissance théorique. Mais on la retrouve aussi au terme de son développement. Quand on a compris, saisi une vérité, on ne la possède pas seulement d'une manière intellectuelle : elle se fixe dans la mémoire, s'organise en habitude, se développe et dure dans notre vie. Notion bien étrangère, sans doute, aux métaphysiciens qui considéraient le monde comme composé d'essences que l'esprit saisit en dehors du temps. Leur erreur était de croire que le devenir est extérieur à la connaissance. En réalité, la fonction de connaître est elle-même dans le devenir. Pas de pensée sans habitude, sans mémoire. L'idée germe dans la manipulation du laboratoire tout autant que dans la méditation du cabinet.

Considérons, d'autre part, la connaissance spéculative, non plus seulement en elle-même, mais dans son rapport avec la conduite humaine. Tout savant qui pense reconnaîtra, croyons-nous, que certaines règles de conduite, communes à l'ensemble des hommes, s'imposent à lui dans son travail de recherche scientifique. Il faut, par exemple, qu'il soit désintéressé, qu'il domine ses passions individuelles ou sociales en s'efforçant de découvrir la vérité. Et c'est là, remarquons-le, moins une condition du succès dans la recherche qu'un *devoir* proprement moral. La vérité ne se livre-t-elle, en fait, qu'au chercheur désintéressé ? il serait peut-être bien téméraire de l'affirmer. Mais le savant *doit*, quel qu'ait été le mobile, personnel ou autre, qui l'a amené à entreprendre son travail, s'en affranchir au moment où il se pose la question de savoir ce qui est. — On peut aller plus loin, et soutenir que même des vertus sans rapport direct avec sa tâche, des vertus proprement humaines, ne sont pas inutiles au savant, non plus qu'à l'artiste. Il paraît acquis aujourd'hui qu'il ne leur est pas nécessaire, pour mener à bien leur besogne professionnelle, de pratiquer certains vices, de rompre avec la morale de la société de leur temps. Et d'ailleurs, même si certaines pratiques, non considérées comme morales par le reste des hommes, sont adoptées par les milieux professionnels du savant ou de l'artiste, il existe toujours, dans ces milieux, un code de ces pratiques, un ensemble de règles ou de restrictions qui définissent la mesure dans laquelle ils les admettent pour leur usage. Il y a donc non seulement des vertus intellectuelles, mais même des vertus communes, dont la pratique est liée à la recherche de la vérité.

On peut montrer, enfin, que la certitude théorique s'établit, se légitime de la même façon que la certitude pratique. On remarquera, sans doute, une différence manifeste entre les deux : le contrôle par les faits, la vérification est exigée plus impérieusement, elle se fait, en général, d'une façon plus rigoureuse et plus précise dans le cas de la science que dans celui de la morale. Mais il est permis de répondre que la certitude morale pourrait, elle aussi, être vérifiée complètement, si les conditions de l'existence nous donnaient, pour cela, tout le temps et les moyens nécessaires. Bien que l'adhésion intime de la conscience soit, selon nous, le dernier critère de la vérité morale, un homme qui serait bien assuré que jamais les faits sociaux ne lui donneront raison, que jamais ses semblables n'accepteront sa manière de voir, persisterait-il à s'opposer, au nom de sa propre conscience, à la direction bien constatée de toutes les consciences? Si cette expérience était possible, il semble assuré que la certitude morale perdrait en grande partie, à nos yeux, le caractère subjectif, individuel, qu'elle nous parait présenter. — Mais, d'autre part, dans l'ordre théorique, la vérification est-elle, toujours, réclamée aussi impérieusement qu'on le croit ? N'y a-t-il pas des théories scientifiques qu'on accepte, non parce que d'autres seraient incapables de rendre compte des faits, mais parce qu'elles s'accordent avec des théories précédemment admises ? Un savant nous dira que bien des idées abandonnées pourraient, à la rigueur, être adaptées au réel, mais qu'elles manquent, simplement, d'élégance ou d'harmonie intérieure : confrontées avec les faits, elles donnent, à un certain moment, le sentiment que « ce n'est plus ça ». A tout le moins reconnaîtra-t-on qu'il y a, à la base de toute science, des principes qui, pris en eux-mêmes, ne peuvent être acceptés qu'intuitivement, et ne se justifient que parce qu'ils permettent de faire la science, — des postulats qui ne comportent pas de vérification directe, mais grâce auxquels on atteint d'autres vérités, susceptibles, celles-là, d'une démonstration ou d'un contrôle empirique.

Le rapport entre la certitude théorique et la certitude pratique ne peut-il, encore, être poursuivi plus loin ? Nous avons, jusqu'à présent, posé, sans la critiquer, l'existence d'un réel. Mais qu'est-ce que ce réel ? Y en a-t-il un ? ou ne peut-on soutenir que toute réalité est, en dernière analyse, construite ou déterminée en fonction de la pratique, que c'est la *foi* qui pose la *réalité* ? — Nous nous heurtons, ici, nécessairement, à la conception *pragmatiste*, conception moderne qui a ses représentants en France, en Angleterre, et surtout en Amérique[1].

1. Voir sur le pragmatisme, l'article de M. Lalande (Pragmatisme et pragmaticisme, *Revue philos.*, 1906, I). — Il faut ajouter aux philosophes qu'il a signalés les philosophes biologistes tels que Baldwin, en Amérique, qui considère la connaissance comme étant fonction de l'adaptation biologique ; voir surtout son *Interprétation morale et sociale des principes du*

Il y a lieu de distinguer, dans le pragmatisme, plusieurs tendances et comme plusieurs degrés. Certains sont pragmatistes intégralement : ils vont jusqu'à penser que la foi crée totalement le réel. D'autres ne sont pragmatistes, pour ainsi dire, que par la base : ils admettent que tout ce qui fait partie de la vie ordinaire, individuelle ou sociale, est bien du domaine de l'action, mais qu'on peut se sauver de l'action et de la connaissance intéressée qui dépend d'elle par une connaissance supérieure et intuitive. C'est en ce dernier sens seulement que MM. Taylor, Bradley, Balfour peuvent être considérés comme pragmatistes. MM. Bergson et Le Roy, eux aussi, se rattacheraient à cette deuxième orientation. Pour M. Bergson, on le sait, la certitude pragmatique, celle de la connaissance intéressée, n'est qu'un moment entre les deux intuitions qui mettent l'homme en contact : d'une part, avec l'univers tout entier; d'autre part, avec son moi profond. En droit, nous percevons tout : en fait, dans le tout de la perception, notre système nerveux choisit et découpe ce qui l'intéresse. Et, d'autre part, nous vivons le plus souvent à la surface de nos rêves, et ne connaissons qu'un moi façonné pour l'action sociale et par le langage. Mais nous avons le pouvoir de nous ressaisir nous-mêmes, et de nous donner, par delà ce moi superficiel, l'intuition de notre moi profond. Pour M. Bergson, on peut donc se sauver deux fois de l'action par l'intuition.

Comment, à notre point de vue, se pose la question que

développement mental, (trad. fr., Paris, Giard et Brière, 1899) et ses études de la *Psychological Review* ; cf. encore des articles dans le *Journal of psychology, philosophy and scientific methods*, dans le *Monist* (articles de Leuba, janvier et juillet 1904) et le *Dictionary of philosophy and psychology* de Baldwin, III, 2 : bibliographie par Rand. En France, il faudrait, pour étudier les origines du pragmatisme, remonter à Renouvier, à Pascal et aux théologiens qui se sont demandé, par exemple, dans quelle mesure il y a erreur ou péché chez les hérétiques. Pour des indications sur les philosophes contemporains qui ont essayé de tirer du pragmatisme une apologétique religieuse, consulter le livre de M. Hébert : *Le divin* (Alcan, 1907) (bibliographie). Cf. dans le même sens : Ollé-Laprune, *La certitude morale*, 2ᵉ éd., Belin, 1892.

résolvent ces théories? On peut, semble-t-il, définir le réel, tel que l'entendent les philosophes : ce qui serait indépendant de la conscience, individuelle ou collective, *et en fonction de quoi toutes les autres choses varieraient*. Si nous pouvions atteindre un objet qui répondit à cette définition, nous n'éprouverions plus, semble-t-il, le besoin de nous tourner vers une autre face des choses : notre conscience positiviste d'aujourd'hui serait satisfaite, et ne réclamerait rien au delà[1].

Mais, en fait, on ne peut actuellement saisir *un* objet de ce genre. Il y a *plusieurs* réels qui satisfont à notre définition : il n'y a pas de réalité *absolue*, c'est-à-dire d'expérience telle que de celle-là dépende toutes les autres, non plus que de relation de laquelle toutes les autres soient fonction.

Généralement, on part de cette remarque pour nier la possibilité d'atteindre le réel, — et néanmoins, il semble qu'on ne puisse arracher de l'intelligence humaine l'idée que nous connaissons quelque chose indépendamment des besoins humains. On dit, il est vrai, que nous éliminons de notre connaissance tout ce qui n'intéresse pas notre action. Mais cette idée ne nous paraît pas exacte. Selon nous, l'homme, indépendamment de ses besoins pratiques, et simplement pour compléter la courbe que dessinent ses perceptions, pose d'abord un univers d'images, univers duquel il fait partie indépendamment de ses besoins, et dans lequel il a conscience, précisément, de découper ensuite ce qui se rapporte à ses besoins. Et, en même temps que ce monde d'images, il pose encore un monde de relations, un milieu intellectuel. A ce

---

1. Un Spinoza, un Kant ne se seraient pas contentés à ce prix. Ils se refusaient à voir causalité proprement dite, c'est-à-dire explication intelligible, là où ils trouvaient seulement dépendance absolue et variations concomitantes entre deux termes, sans pouvoir saisir le *passage* de l'un à l'autre (notion *transitive* de la causalité). Pour eux, le défaut de similitude entre les choses rendait obscures leurs relations causales : les controverses traditionnelles sur les rapports du corps et de l'esprit n'ont pas d'autre origine. Pareilles difficultés ne nous troubleraient plus aujourd'hui.

milieu, la science, enfin, applique des hypothèses qui, elles, correspondent à nos tendances au moins autant, sans doute, qu'à l'ordre des choses, ont leur histoire solidaire de la nôtre. Quelques-unes de ces hypothèses ne sont, probablement, que des procédés d'explication. Le réalisme auquel aboutit le savant diffère, par suite, du réalisme absolu ; il ne dit pas : « cela est dans les choses », mais : « il y a de cela dans les choses ». Et ce réalisme-là nous paraît légitime et nécessaire. Toutes les fois que nous pouvons poser une idée comme indépendante de nous, — qu'elle soit, ou non, dominatrice par rapport à un ordre plus ou moins vaste de faits, — cette idée a quelque chose, selon nous, d'objectif, de *réel*.

Entre le pur relativisme de l'action et le réalisme absolu, nous sommes donc conduits à prendre une position intermédiaire. Il y a bien du réel dans les choses ; mais *il y en a trop*. Car ce réel varie avec le point de vue auquel nous nous plaçons. Notion qui n'entraîne, à notre sens, aucune conclusion subjectiviste. Chacun de ces réels différents ne cesse pas d'être réel : seulement, nous en trouvons plusieurs, qui ne semblent pas se réduire les uns aux autres. *Il y a la réalité sensible brute*, celle du monde sensible, indépendant du moi : chaos où nous ne sommes pas sûrs que l'ordre puisse être introduit. *Il y a la réalité sensible ordonnée*, ensemble d'images dépendantes que l'homme pose hors de lui et comme valable pour tous les êtres. *Il y a la réalité scientifique*, univers de relations tel que la science le construit. *Il y a la réalité sociale*, — peut-être encore d'autres réalités, psychologiques ou spirituelles, faites d'idées (artistiques, philosophiques, etc.), qui auraient une histoire indépendamment des consciences qui les pensent.

Or tous ces mondes ne sont pas, sans doute, complètement étrangers les uns aux autres : il est sûr que notre connaissances des lois scientifiques, par exemple, exerce une influence sur les autres représentations que nous nous faisons des choses. Mais il se peut, d'autre part, que les lois scientifiques se dégagent elles-mêmes d'un monde de hasard, d'un chaos qui n'a laissé apparaître de l'ordre que sur quelques points, par suite d'accidents heureux, et continue peut-être à le déborder infiniment [1].

Par conséquent, aucun réel ne s'impose, en raison de son objectivité même, comme devant être le principe ou la raison d'être de tous les autres. Ils sont tous, au même titre, des réels [2].

S'il y a, ainsi, autant de réels que de points de vue, comment choisirons-nous entre eux ? Comment les hiérarchiserons-nous ? Nous choisirons pour des raisons humaines ; ou plutôt le point de vue duquel nous déterminerons leur valeur relative, leurs droits respectifs à l'existence, sera celui où nous nous plaçons pour ordonner l'ensemble de nos besoins et de nos tendances : c'est-à-dire le point de vue moral. Nous serons *raisonnables*, dans tous les ordres, *par devoir* [3].

De l'attitude générale à laquelle nous conduit, ici, l'analyse de la notion de réel résulte, selon nous, la nécessité de modifier la position de certains problèmes. S'il est vrai, en effet, que le choix de l'homme en faveur de tel ou tel réel ne

---

1. V. J. Perrin, *Le contenu essentiel des principes de la Thermodynamique* (Bull. Soc. franç. Philosophie, mars 1906).

2. Notre conception, comme on le voit, s'éloigne, autant que des métaphysiques substantialistes, de la conception kantienne, qui substituait à l'ancienne notion des « choses en soi » un système organique de la nature, nécessaire et éternel. Nous n'admettons, quant à nous, que des systèmes relatifs et des points de vue différents.

3. Il y a des cas où cette prédominance du point de vue moral, même dans la recherche scientifique, se manifeste avec netteté. Tel est le cas, par exemple, dans les sciences jeunes, où le savant croit devoir, avant tout, appliquer *la méthode*, sans être bien sûr, peut-être, que l'intuition, l'inspiration ne lui donneraient pas davantage. Il agit, dans ce cas, comme si l'important, était pour lui, moins d'arriver à la vérité que de « bien travailler », moins de savoir que de faire les gestes du savoir.

puisse être déterminé qu'en raison de ses préférences morales, il suit de là que tous les problèmes qui consistent à savoir quelle place il convient de faire, dans un cas déterminé, à tel ou tel genre de vérités sont, non des problèmes théoriques, mais des problèmes pratiques : leur solution ne relève pas de l'idéologie ou de la spéculation, mais de la conscience morale de l'individu et de la société. Autrement dit, il n'est pas de vérité, quel que soit son fondement dans les choses, dont l'usage ne puisse être défini et limité au nom de la vérité morale. Nous ne songeons pas à nier que ce ne soit un devoir de connaître et de faire connaître la vérité scientifique, objective. Mais ce devoir n'existe, selon nous, qu'en tant qu'il est accepté par la conscience. Il y a, en fait, un *devoir envers la vérité*, que notre conscience fixe, comme les autres, et qui se légitime par des raisons morales, sociales, dont elle est juge : il n'y a pas de *droit de la vérité*, — si l'on entend par là la vérité naturelle, cosmique, celle qui correspond à l'ordre des choses, — à s'imposer par elle-même et en tant que telle [1].

Précisons, à ce sujet, les termes de quelques-uns des problèmes auxquels nous venons de faire allusion. — Kant, par exemple, a rendu classique l'idée d'après laquelle l'homme aurait besoin, pour l'action, de concevoir les choses autrement que pour la connaissance pure. Inutiles pour la spéculation, l'existence de Dieu et l'immortalité de l'âme seraient nécessaires à la Raison pratique. Sans entrer dans la discus-

1. La conception sociologique et morale de la vérité que nous esquissons ici n'est pas, on le remarquera, sans analogie avec celle de l'Église catholique. Le salut étant la grande affaire, une chose fausse, du jour où l'Église l'affirme vraie, reçoit, par là même, une autorité surnaturelle, contre laquelle ne peuvent prévaloir les objections tirées de l'observation ou de la critique des faits. Telle est, aussi, l'attitude d'Auguste Comte : certaines vérités existent bien objectivement, et pourraient être trouvées : mais il ne suit pas de leur existence que leur découverte puisse être faite et proclamée à tout moment, et le « pouvoir spirituel » qu'il préconise aura droit d'interdire les recherches « oiseuses ».

sion de cette thèse particulière, on peut se demander si les vérités morales ne doivent pas être présentées, en effet, sous une forme qui se concilie mal avec celle des vérités cosmiques, si l'action humaine n'exige pas qu'on recoure, pour l'interpréter ou la justifier, à un symbolisme religieux. C'est là une question qui ne peut, selon nous, être résolue que pour des temps et des milieux déterminés, par une conscience dont *l'idée morale* s'est éprouvée au contact des *choses sociales*. D'une façon générale, il nous semble bien que le devoir de voir et de présenter, toute nue, la vérité des choses, s'impose à nous, en France, et qu'il s'imposera de plus en plus à l'ensemble de l'humanité. Dans d'autres pays, moins épris que le nôtre d'unité intellectuelle, la méthode qui consiste à l'habiller d'un vêtement religieux pour les besoins de la vie morale peut, cependant, demeurer plus acceptable. En Allemagne, des pasteurs protestants admettront très bien, à l'exemple de Fichte, qu'on puisse prêcher aux hommes, pour ce qu'ils recouvrent de vérités, des dogmes auxquels on ne croit pas soi-même. Et dans une enquête ouverte, il y a quelques années, par l'*International Journal of Ethics*, un clergyman émettait cet avis qu'on peut entrer dans une Église, adhérer, par serment, au formulaire de sa foi et l'enseigner sans être, intérieurement, persuadé de ce qu'il contient. Chez nous, de pareilles distinctions sont de plus en plus malaisément acceptées : nous réclamons une morale en harmonie avec l'ensemble de nos connaissances scientifiques. Mais, encore une fois, c'est là une affaire de conscience. Question de vérité, sans doute, mais de vérité morale et sociale : à nous de déterminer, dans chaque cas, par un examen spécial de ce problème pratique, ce que nous devons, ce que nous voudrons savoir et enseigner[1].

---

[1]. Mentionnons, dans le même ordre d'idées, un problème beaucoup plus spécial, mais qu'on résout souvent trop facilement, surtout dans les

Dans une hypothèse un peu différente de la précédente, c'est pour ménager notre propre sensibilité, pour ne pas tarir nos forces et les ressources de notre action, que nous nous permettons de nous dissimuler les choses. Ce peut être pour nous un droit, parfois même un devoir. Il y a des circonstances où, pour pouvoir vivre, il nous faut nous cacher les misères de la vie, nous faire illusion sur ce qu'elle a parfois d'horrible. Mais, quand il s'agit des vérités importantes qui nous sont révélées par la science, la conscience moderne nous impose de les regarder en face, au risque d'en souffrir : elle nous interdit d'imiter ces sociétés religieuses qui, de plus en plus, se désintéressent de la vérité spéculative et se bercent dans l'erreur. En vain nous représente-t-on que nous serions plus heureux si nous nous refusions à voir clair : cet argument nous répugne ; nous nous sentons obligés de sacrifier notre tempérament à la vérité.

Des difficultés de ce genre se présentent, aujourd'hui, sous des formes nouvelles. Beaucoup d'hommes, chez qui dominent l'imagination, les qualités de l'artiste, éprouvent une véritable souffrance à se plier à la discipline des sciences sociales actuelles : ils ont l'impression de lui sacrifier leurs dons, leur vocation. Mais il y a là, encore, une question d'espèces. Sur certains points, d'une importance capitale, un laïque ne se fardera pas la vérité, quoiqu'il lui en coûte. Mais dans d'autres

---

milieux féministes : dans quelle mesure, comment instruire la femme de certains faits physiologiques ? On ne peut résoudre la question en raisonnant comme si la vérité physique, en tant que telle, devait s'imposer tyranniquement ; d'autres soucis, très légitimes, peuvent nous conduire à borner la place que nous lui ferons. Si nous croyons, par exemple, la chasteté, la pudeur nécessaires à la femme, nous aurons à nous demander si la connaissance de cette vérité ne leur sera pas nuisible. Il semble d'ailleurs qu'en fait, pourvu que cette connaissance soit donnée sous une forme assez vague, et que le milieu soit sain, elle ne risquera pas de troubler les sens. Mais on ne contestera pas qu'il y ait lieu d'être prudent, si l'on remarque que certains enfants la fuient instinctivement, comme s'ils y pressentaient un danger.

cas, dont la portée est moindre, il pourra se reconnaître le droit de ne pas l'envisager tout entière.

Ainsi, ce que Kant appelait le « primat de la raison pratique » retrouve, à nos yeux, une signification positive : la vérité naturelle, cosmique, est au service de notre raison morale. Peut-être aboutirons-nous, en fait, à nous reconnaître, dans la plupart des cas, les mêmes devoirs que ceux qu'on déduisait des *droits de la vérité*; mais ces devoirs ne peuvent être établis, d'après nous, que par l'analyse de la conscience morale d'un temps et d'un milieu donnés.

En montrant, comme nous venons de le faire, que ce sont nos préférences morales qui déterminent, à bon droit, la part qui revient à chaque type de vérité, nous répondons, dans une certaine mesure, à la question que nous nous étions posée sur les rapports du réel et de la foi. Car cet usage même que nous faisons de la réalité en raison de nos besoins sociaux, de nos exigences morales est bien déjà une création. Aux primitifs, une telle transformation du donné qui nous est offert aurait paru, s'ils avaient pu la concevoir et se la proposer consciemment, être un empiètement sur les droits des dieux. Et l'on voit encore reparaître près de nous, — chez les économistes du « Laissez faire, laissez passer », chez Spencer, quand il traite d' « athées » les Parlements et les partis réformateurs — cette vieille idée qu'on ne peut, qu'on ne doit pas toucher à la nature [1]. De plus en plus, cependant, les modernes se rendent compte que c'est, au contraire, la conscience qui domine la nature et que celle-ci n'a pas de droits contre elle.

Dans certains cas, enfin, on peut dire, à la lettre, que la foi morale crée ses organes. Même dans la nature physique, c'est

1. V. Spencer, *Essais sur le Progrès*, trad. fr., Paris, 1877 (Alcan).

un fait, semble-t-il, que les idées sont des forces et qu'elles peuvent déterminer, dans les choses, des modifications qui persistent. Mais c'est surtout par rapport à la réalité morale et sociale que se vérifie l'idée de Gœthe : « Am Anfang war die That. » Chez les primitifs, Dieu n'est pas indépendant de l'homme : le totem est renouvelé, entretenu par les rites humains. De combien de nos institutions sociales ne pourrions-nous pas dire à notre tour, en reprenant l'hypothèse hyperbolique de Descartes, que peut-être nous créons le monde sans le savoir? Ces réalités qui s'imposent à nous avec une force impersonnelle, elles sont dues, bien souvent, à des accidents : des idées individuelles, des désirs égoïstes, servis par un concours heureux de circonstances, en ont été, dans plus d'un cas, les premiers auteurs.

Ne peut-on, cependant, échapper à ces conclusions, en objectant que s'il y a bien, dans l'état actuel de nos connaissances, plusieurs types de réalité, entre lesquels nous ne pouvons prendre parti que par des préférences morales, ces diverses réalités pourront, plus tard, être ramenées à une réalité unique, de laquelle toutes les autres ne seraient plus que des expressions? — Cela même, répondrons-nous, ne ferait pas disparaître le rôle fondamental du *consentement humain*. Car, en tout état de cause, il est peu vraisemblable que notre connaissance de ce réel soit jamais assez certaine pour éliminer complètement les hypothèses et les probabilités. Et dès lors, il y aura toujours un parti à prendre, des risques à courir, d'où l'on ne sortira que par un *pari*, analogue à celui sur lequel Renouvier fonde la certitude morale. Il n'y a pas, il ne peut pas y avoir de vérité si absolue qu'elle s'impose par sa seule force à la pensée humaine. Si évidentes que soient les choses, notre imagination peut toujours, en se disciplinant, gagner sur elle de ne plus les voir. Et le réel fût-il unique, l'homme aurait encore à dire s'il l'accepte, et il ne l'accepterait qu'en le qualifiant intérieurement, en le déclarant, à quelque égard, beau ou bon, — en affirmant, en un mot, une préférence morale.

Mais on peut faire, à toute notre thèse, une autre objection, qu'il est aisé de pressentir d'après ce qui a été dit, plus haut, de certaines philosophies pragmatistes. Nous avons, dans tout ce qui précède, utilisé une définition purement conceptuelle du réel. Certains penseurs contesteront, précisément, la valeur d'une telle définition. Il y aurait, d'après eux, un réel que saisit directement, *immédiatement*, l'intuition. Telle est, en particulier, la conception de M. Bergson. Mais quel que soit ce réel immédiat, que ce soit le sensible donné ou la conscience dans ses profondeurs, on n'a pas, répliquerons-nous, le droit de l'ériger en absolu. Cet immédiat est, sans doute, une forme d'existence, un type de réalité : je le saisis comme les autres ; mais pas plus qu'aucun des autres, je ne puis, parce que je le saisis, le poser comme étant le principe de tout ce qui se distingue de lui. — Nous avons indiqué plus haut quels sont, selon nous, les caractères communs de *toute* affirmation rationnelle : le sentiment de l'invincibilité de la croyance et la position d'un réel. Toutes les fois qu'il y a, en nous, sentiment d'un arrêt, d'une impuissance de l'imagination, nous projetons hors de nous, du même coup, l'existence d'un réel. Or, il est bien vrai, sans doute, que, dans l'intuition immédiate, ce sentiment se produit. Il y a contrainte, arrêt de l'imagination en présence de l'immédiat. Mais contrainte toute relative, arrêt tout provisoire. Quelque objet que j'aie saisi immédiatement, à un moment donné, je le situerai, ensuite, dans ma pensée, par rapport à l'ensemble de l'univers. Et quand je l'analyserai, je n'aurai pas plus de raison de le regarder comme étant le tout des choses que s'il s'agissait des relations dans lesquelles je pourrai le résoudre. — Nous entendons, précisément, par *empirisme radical* cette conception de la connaissance qui laisse à l'imagination intellectuelle toute liberté de se fixer où elle juge nécessaire de se fixer, quels que doivent être les objets qu'elle détermine par là même, et sans imposer à ces objets, que nous considérons tous comme réels, de conditions ni de hiérarchie préalables. Dans cet empirisme *rationnel*, que nous proposons de substituer au vieil empirisme réaliste, pas d'autre critère de la vérité que cet arrêt même de l'imagination intellectuelle, se fixant, *selon les moments*, là où elle se sent contrainte de se fixer. Il est clair que, de ce point de vue, aucune expérience de l'immédiat ne peut être prise pour le signe d'une existence, d'une réalité *absolue*.

Nous maintiendrons donc, pour conclure, que dans l'affirmation du réel interviennent, toujours, des affirmations pratiques. Nous admettrons même, comme nous l'avons indiqué, qu'on puisse dire, de certains cas, que c'est la foi qui crée les choses. D'une façon générale, nous croyons, cependant, que ce pouvoir de création de la foi, de la raison pratique est limité par des existences antérieurement posées par l'imagination, par un ordre intellectuel dans lequel rentre, d'ailleurs, ce que la foi a réussi à créer. Nous constatons ainsi, sans pouvoir aller au delà, en même temps que l'identité formelle de la certitude pratique et de la certitude spéculative, leur indépendance relative et leur limitation réciproque.

L'apologétique morale pourra donc, toujours, tirer parti des deux points de vue auxquels nous nous sommes successivement placés : — montrer, contre les subjectivistes purs, qu'il entre du réel, du rationnel dans la certitude morale, contre les objectivistes purs, qu'il entre des affirmations pratiques, morales, dans la connaissance rationnelle et dans la position du réel. Or cette double apologétique peut comporter un usage efficace, surtout si l'on tient compte, en l'appliquant, de la diversité des moments historiques. Il y en a, en effet, où les esprits sont plus fortement orientés vers l'action, en particulier vers l'action sociale : à ces moments-là, on insistera davantage sur ce qu'il entre de foi dans toute connaissance, afin que l'action morale et sociale soit encouragée de se voir confirmée, en quelque sorte, et soutenue par l'univers. Il y en a d'autres, au contraire, où la société semble se dissoudre, et où chacun se replie sur soi-même, en se bornant à chercher les règles de la conduite privée ou de la vie intellectuelle : il faudrait, alors, montrer plutôt qu'il existe des connaissances objectives et que la morale s'y rattache.

Mais, pratiquement et même théoriquement, il est bon de ne pas s'attarder à ces réflexions. Il y a, dans toute pensée, de la réalité et de l'action : on pourra toujours trouver des motifs de se poser, à propos de ce qu'on affirme comme vrai, des problèmes moraux, et, à propos de ce qu'on veut moralement, des problèmes d'ordre scientifique. Mais un homme jeune, qui se sera rendu compte de ce double aspect de toute question, fera bien de n'y pas réfléchir trop souvent, et de s'attacher, aussitôt que possible, à une réalité définie et à une besogne pratique. Il se rappellera, sans doute, qu'il peut, suivant les cas, se tourner vers l'une ou l'autre de ces deux faces de toute pensée. Mais cette vérité philosophique ne peut avoir, à ses yeux, d'autre intérêt que de limiter les problèmes qu'il se posera, et ne saurait le conduire à des conclusions précises. — N'oublions donc pas que s'il peut y avoir à certains égards, un intérêt pédagogique à éveiller, par des méditations de ce genre, l'attention des esprits jeunes, un homme qui a choisi sa tâche n'y reviendra que de loin en loin.

III. — LA CERTITUDE PRATIQUE ET LA CERTITUDE ESTHÉTIQUE

Nous ajouterons à la comparaison qui précède quelques indications sur ce que nous appellerons la *certitude esthétique*. Il nous semble, en effet, qu'on peut circonscrire, dans l'ensemble, très vaste, des faits qu'on désigne communément comme étant d'ordre esthétique, une manière bien déterminée de penser, une attitude mentale qui manifeste des rapports très étroits avec les types de certitude que nous venons d'étudier.

Il y a, dirons-nous, certitude esthétique, toutes les fois que l'homme éprouve, en présence d'un objet naturel ou artificiel, une impression dominante accompagnée d'impressions secondaires, — quelque chose d'analogue à ce que Taine nommait une « sensation originale ». Nous n'entendons pas, par là, une impression unique, ou telle qu'elle absorbe complètement les autres, mais seulement telle qu'étant donnée, elle répande sa teinte sur toutes les autres. La beauté résulte, ainsi, de ce qu'une impression dominante unifie nos impressions. — Remarquons que cette impression dominante peut être, d'ailleurs, de natures très diverses : il s'agira, suivant les cas, d'un plaisir, d'une sensation, d'une idée. Mais quelle qu'elle soit, elle ne sera esthétique que si elle est considérée en elle-même et limitée, pour ainsi dire, au contour des faits qu'elle transfigure. L'affirmation de la beauté suppose, par conséquent, que la contemplation se borne à une individualité, à un groupe isolé de choses. Un objet beau est un système clos d'impressions.

Dès lors, toute la différence entre la certitude esthétique et les certitudes théorique ou morale, c'est que celles-ci *situent* leurs objets, relient ce qu'elles saisissent à l'ensemble de tous les faits. L'honnête homme — et c'est ce qui le distingue de l'esthète — apprécie sa conduite, la juge par rapport au milieu social et moral. Même un égotiste, s'il est sérieux, n'aboutira à poser son parti pris général qu'après avoir exploré son milieu. L'artiste pur, au contraire, ne cherche qu'une impression dont toutes celles qu'il éprouve dépendent ; il y a, entre leurs attitudes, la même différence qu'entre un individu et l'univers.

La différence, assurément, n'est pas négligeable, et les anciens ont eu tort, quoi qu'on en ait dit, d'assimiler la beauté, l'harmonie intérieure et la moralité. La vie d'un véritable honnête homme peut, bien souvent, présenter un aspect qui n'a rien d'harmonieux ; celui qui se conduit consciencieusement aboutira, dans bien des cas, à une action fragmentaire et *inachevée* qui, prise pour objet de contemplation, ne donnera qu'une impression de laideur. Inversement, l'harmonie intérieure de l'artiste n'est intéressante qu'*en elle-même :* il peut, n'éprouvant pas sa conscience, se conduire à l'égard de ce qui la dépasse de telle sorte qu'un témoin impartial et informé blâmera.

Néanmoins, il résulte de la définition que nous avons donnée de la certitude esthétique qu'une analogie formelle unit, quant à leurs procédés, l'artiste et le savant ou l'homme d'action. Pour produire un *effet*, l'artiste doit chercher les moyens de renforcer par des impressions secondaires l'impression dominante qui devra se dégager de son œuvre. C'est là qu'est, dans son travail, la part de la *méthode*, de la technique précise et réglée.

L'idée contraire, d'après laquelle l'inspiration serait le tout de l'artiste, a eu deux raisons essentielles qui peuvent se ramener à une. — On a cru, d'une part, et les théories esthétiques classiques ont entretenu cette erreur, que le but de l'artiste était, nécessairement, de produire une émotion. Or, nous l'avons dit, l'impression dominante qu'il a en vue peut être, sans doute, une impression affective, une émotion que renforcent des émotions secondaires. Mais peintres, sculpteurs, poètes ne se proposent bien souvent que de communiquer, par leur œuvre, une sensation ou une image que leur technique organise avec d'autres, et de faire saisir à qui la contemplera cette organisation savante[1]. Il s'agit là, non de plaisir, mais d'ordre ou de raison. Les grands artistes sont, en général, des esprits objectifs à leur manière : ils visent à rendre sensible un ordre aperçu dans les choses, bien plus qu'à procurer de la tristesse ou de la joie. — D'autre part, l'explosion d'individualisme forcené qui s'est produit, dans tous les domaines, à la suite de la Révolution française, a fait croire qu'il ne devait plus y avoir, en art, d'écoles ni de procédés. Mais on commence, de nos jours, à revenir de cette illusion. Les écoles d'art, les ateliers d'autrefois, composés d'un « maître » qui invente et d'apprentis, de disciples qui appliquent ses procédés nous rappellent, aujourd'hui, l'organisation du travail en vigueur dans nos laboratoires scientifiques, dans des établissements de recherches comme l'Institut Pasteur. Et nous tendons à admettre, de nouveau, qu'il peut y avoir des maîtres, une discipline, un apprentissage artistiques.

Ces deux erreurs, au fond, se ramènent à une seule : on a fait beaucoup trop grande, dans l'œuvre d'art, la part de l'individu et on a méconnu, en elle, le caractère social, collectif, qui fait qu'elle aussi est l'application d'une méthode, la manifestation d'une *raison*. — Non qu'on puisse songer, sans doute, à remettre en honneur le rationalisme abstrait du xviie siècle classique : il y a, cela va sans dire, des types multiples de beauté, mobiles et variables selon les moments

---

[1]. Cf. Eug. Carrière, *Écrits et lettres choisies*, Paris, Société du Mercure de France, 1906.

et les lieux. Mais tous ont ceci de commun qu'ils impliquent un ordre, un système. Les caractères essentiels de toute raison se retrouvent, ainsi, jusque dans la beauté.

Nous pouvons donc dire, en résumé, que nous étions autorisés à rapprocher les trois types de certitude que nous avons comparés et qu'il existe entre eux, en effet, une harmonie fondamentale, agréable et rassurante à contempler.

CHAPITRE II

RAPPORTS DE LA CERTITUDE MORALE ET DE LA SENSIBILITÉ

Examinons, maintenant, les relations de la certitude morale et de la sensibilité : c'est, en termes traditionnels, la question des rapports de la moralité et du bonheur.

Il y aurait, à cette question, une solution très simple ; elle consisterait à dire que la pratique de la vertu rend, nécessairement, plus heureux que la pratique du vice. En réalité, il n'est guère de philosophes, cependant, qui soient allés jusqu'à ériger la poursuite du bonheur — c'est-à-dire, au fond, l'égoïsme *comme tel* — en règle suprême et unique de la conduite. Seuls certains économistes orthodoxes, comme M. Yves Guyot, répètent encore que la satisfaction, pour chacun de nous, de ses tendances égoïstes conduit d'elle-même et sûrement au bonheur universel. La plupart du temps, on se borne à montrer qu'il y a coïncidence, d'une manière générale, entre le bonheur et les façons de vivre auxquelles on attribue par ailleurs le caractère de vertus. Mais, même sous cette forme, l'hédonisme moral apparaît aujourd'hui périmé.

Quand on admettrait, en effet, cette coïncidence entre la vertu et le bonheur et quand on supposerait, par suite, que les vertus peuvent se distinguer d'après les quantités de bonheur qu'elles procurent, il n'en serait pas moins impossible de fonder sur la considération de ces quantités une hiérarchie des fins que doivent poursuivre certains hommes. Car nous sommes déterminés à tel ou tel genre de conduite, et par suite à tel ou tel genre de vertu, par des raisons psychologiques (tempérament, éducation, etc.) qui sont tout à fait indépendantes de la félicité qui peut résulter de cette conduite et de cette vertu. On ne fera jamais pratiquer à un Parisien telle vertu chinoise ou lapone en lui démontrant qu'elle assure au Chinois ou au Lapon plus de bonheur que ne lui en donnent, à lui, les vertus dont il a l'habitude.

Ce qu'on peut soutenir, cependant, c'est, non pas que telle vertu, considérée à part, engendre plus de bonheur que le vice correspondant, telle espèce de vertu que telle autre espèce, mais que, dans l'ensemble, la forme très générale du désintéressement et du sacrifice peut donner une plus grande quantité de bonheur (diminution des peines, augmentation des plaisirs) que ne fait l'égoïsme. Tous les moralistes ont répété que, la vie, d'une part, n'étant pas gaie et, d'autre part, se terminant par la mort, le mieux pour être heureux est de ne pas se soucier de l'être, et de se préoccuper uniquement des autres. Et il est permis de montrer qu'en effet le renoncement au bonheur : 1° par l'*action*; 2° par l'action *dirigée vers autre chose que le bonheur*, est précisément ce qui nous rend heureux. C'est là ce qu'on pourrait appeler le « paradoxe moral ».

1° D'une part, plus que la préoccupation du bonheur, l'action, s'exerçant dans toutes les circonstances de la vie et même, et surtout, lorsque le bonheur nous manque, nous procure un double sentiment, à la fois négatif et positif. Négatif : nous oublions, du fait même que nous agissons, toutes les misères de la vie, nous en sommes distraits. Positif : notre effort, notre action éveillent en nous un sentiment de domination, de puissance, qui peut être tel que l'image de la mort même s'efface dans l'exaltation de notre activité.

2° D'autre part, la joie est plus grande encore lorsque notre action est désintéressée. Car alors, embrassant dans notre pensée tous les êtres ou idées auxquels nous nous dévouons, nous multiplions en quelque sorte indéfiniment notre moi. Le désintéressement, en nous faisant participer à l'existence des autres individus, nous fait, vraiment, exister plusieurs fois. — Seulement cette participation, étant toujours imparfaite, ne va pas jusqu'au sentiment aigu de leur propre douleur, et la sympathie que nous éprouvons pour cette douleur est largement compensée, en ce qu'elle aurait de pénible, par la joie de l'action.

C'est pourquoi on peut soutenir que l'égoïsme social ne va pas dans une diminution quasi physiologique de notre être : cesser de nous dévouer est comme cesser de respirer.

Nous voudrions, encore, établir la même thèse d'une autre façon, en analysant les conditions du bonheur. Ces conditions, dirions-nous, se réduisent à trois. Pour être heureux, il faut : 1° être capable de rester en soi, pouvoir se sentir soi-même ; 2° pouvoir, sans se perdre, sortir de soi pour agrandir et étendre son être ; 3° pouvoir l'agrandir et l'étendre en quelque chose qui dure plus que soi. Il faut, en résumé, que nous trouvions en nous quelque chose qui soit nous, et qui en même temps nous détache de nous, soit plus et dure plus que nous. En présence de la mort, par exemple, il faudrait, pour l'oublier, que nous ayons le sentiment que nous allons passer en quelque chose de plus grand que nous, et qui subsistera quand nous aurons disparu. Et nous pouvons, en effet, aimer à tel point certaines personnes que la pensée qu'elles seront heureuses après nous nous fasse oublier nos souffrances actuelles : c'est comme une *hallucination de la survie* que nous nous donnons de la sorte, et où l'on peut bien voir un équivalent de l'immortalité. Or ces diverses conditions — ou, pour ne citer que celle qui les résume toutes, ce sentiment du passage de notre moi en quelque chose d'autre et de plus durable que nous-mêmes — on les trouve réalisées (comme le font voir les études de M. Durkheim), dans le rapport d'intimité et de *consubstantialité* qui unit l'individu à la société. D'après les sociologues actuels, la société n'est pas, en effet, une simple somme d'individus, mais une réalité *sui generis*, qui englobe et dépasse chaque individu déterminé, — quoique, d'autre part, il soit aussi vrai de dire que chaque individu contient en soi et reproduit, comme en un exemplaire particulier, la réalité sociale tout entière. Ainsi, c'est le caractère même des relations sociales que l'individu soit consubstantiellement uni à une réalité qui, dans tous les sens, le dépasse [1].

Notons, du reste, que l'objet auquel s'attache ce sentiment de *communion* n'est pas nécessairement la société particulière dont l'individu fait partie : il peut être aussi, soit l'espèce humaine dans son ensemble, soit un pur *idéal* élaboré par cette espèce (idéal scientifique, artistique, etc.). Quel que soit l'objet, du moment qu'il répond à ce que nous avons appelé les trois conditions du bonheur, il peut assurer à l'homme, en même temps que l'oubli de sa propre existence, jointe au sentiment du « peu que l'on est », la joie positive de l'action. Enfin, lorsqu'on aura cessé d'agir, l'imagination pourra, en évoquant les objets auxquels on s'est dévoué, restituer encore, dans une certaine mesure, les joies de l'action. Mais ces satisfactions de la pensée pure sont, quoi qu'en ait pensé Comte, très inférieures en efficacité : les extases contemplatives ne peuvent suppléer tout à fait à l'étourdissement bienfaisant de l'action.

---

1. Bien des croyances anciennes expriment, par un symbolisme religieux, un sens profond de cette nature du lien social : c'est ainsi que, d'après les idées des primitifs sur le *sacrifice*, l'individu sacrifié se confond, par sa mort, avec l'être supérieur qui traduit l'unité du groupe. Cf. *Année Sociologique*, t. II, 1897-1898 : Hubert et Mauss, *Sur la nature et la fonction du sacrifice*.

Il y a donc là, entre le jeu de la sensibilité et les exigences de la raison, une harmonie générale que la philosophie morale doit mettre en évidence. Mais il importe de ne voir dans des considérations de ce genre qu'un moyen de se soutenir et de se réconforter dans la vie, un procédé légitime d'apologétique : elles seraient, si la vérité morale n'était pas saisie, en elle-même, par une expérience immédiate et spéciale, tout à fait insuffisantes pour nous déterminer à la pratiquer. Il faut avouer, en effet, que les harmonies que nous venons de noter sont très imparfaites et incomplètes. Outre que les *joies de l'action*, comme toutes les autres, sont réduites en nombre et en durée, qui ne voit qu'elles n'ont pas le désintéressement pour condition nécessaire ? Ces joies de l'action existent aussi dans l'égoïsme, et peut-être même y sont-elles plus *concentrées*. L'exaltation de la passion, en tous cas, procure une joie au moins aussi intense que le sacrifice, et, si l'on objecte que la première de ces joies s'épuise vite, il sera aisé de répondre que la seconde est logée exactement aux mêmes enseignes. (Peut-être les gens vraiment désintéressés ne sont-ils, par suite, que médiocrement heureux de l'être : ils en ont l'*habitude*.) Mais on peut dire plus : la satisfaction de n'importe quel penchant exclusif, d'une manie quelconque est un bonheur aussi, et qui peut faire oublier les misères présentes, aussi bien que celui de l'abnégation et de l'action désintéressée. Quant à la mort, enfin, on voit nombre de gens l'accepter courageusement et de bon cœur, qui ont été de purs égoïstes, mais qui, précisément parce qu'ils ont joyeusement vécu, ont, pensent-ils, « assez vécu ».

On a essayé, il est vrai, de fortifier cette doctrine de l'harmonie entre le bonheur et la vertu, en adjoignant à la considération de la *quantité du bonheur*, manifestement insuffisante, celle de sa *qualité*. D'après cette seconde conception, nous choisirions la vie vertueuse parce qu'elle produirait, non pas un bonheur plus grand, mais un bonheur spécial, qualitativement supérieur à tous les autres et qui, toutes les fois qu'on l'aura éprouvé, leur sera certainement préféré. Telle est la morale de Stuart Mill, qu'on peut appeler, à ce titre, une *morale du sentiment*. Elle marque, par rapport à la précédente, un progrès incontestable de l'analyse[1]. Il est clair, cependant, qu'elle n'échappe pas aux objections que nous avons déjà formulées. D'une part, en effet, ces plaisirs raffinés de la vertu sont des plaisirs instables et rares. D'autre part, le bonheur, même ainsi entendu, n'est pas nécessairement le fruit de la seule vertu. Si l'on a besoin de consolations efficaces à une douleur très vive, on fera sagement, à l'ordinaire, de ne pas les attendre des formes supérieures de la contemplation ou du sacrifice : il sera plus sûr, dans bien des cas, de les demander aux plaisirs matériels, même les plus plats.

En réalité, toutes ces théories qui croient pouvoir garantir comme absolue l'harmonie du bonheur et de la vertu dérivent d'une double tendance. Au point de vue théorique, elles résultent de cette idée, plus ou moins avouée, qu'il n'y a de doctrine morale valable que celle qui s'appuie sur un seul principe, commun à la nature humaine tout entière, et qui doit être le plus simple et le plus clair de tous les principes. Au point de vue pratique, elles s'inspirent toutes du désir de lutter contre certaines conceptions morales et sociales (ascétisme, interventionnisme politique ou économique, etc.). Plus généralement, elles représentent un vœu, une aspiration de l'homme s'imposant à la spéculation. Elles sont, en dernière analyse, une

[1]. On peut comparer ce progrès à celui qu'on relève, de Descartes à Leibniz, dans l'interprétation générale des phénomènes mécaniques. Il faut, disait Leibniz, supposer dans la matière, non plus seulement, comme Descartes, du mouvement et de l'étendue, mais une réalité qualitativement différente du mouvement et de l'étendue, quoiqu'elle s'exprime par l'étendue et le mouvement. De même, pour les *moralistes du sentiment* dont nous parlons, la vertu est, en elle-même, irréductible au bonheur; mais elle se traduit en un bonheur spécial, et supérieur à tous les autres.

des plus notables espèces des conceptions *anthropomorphiques*.

Peut-être, cependant, y a-t-il intérêt à reprendre, indépendamment de ces théories aujourd'hui périmées, l'étude des relations multiples de la sensibilité et de la vie morale. Essayons, tout d'abord, de caractériser d'une façon plus complète les divers sentiments ou états affectifs qui peuvent être liés à une affirmation, à une action morale.

Il est sûr, en effet, que le *plaisir* et la *peine* ne sont pas les deux seules formes de la sensibilité. Entre ces deux états contraires et également positifs, il y a place, comme Hume l'a déjà montré, pour le sentiment de la pure *indifférence*. On peut noter, en outre, l'existence d'un sentiment que Darwin a signalé et que nous appellerions : le sentiment du *contraire-intolérable*. Nous agissons moralement, dans bien des cas, sans espérer que notre action nous apporte une joie, sans craindre d'avoir, pour l'accomplir, à surmonter une souffrance, — simplement parce que l'idée d'agir autrement nous est intolérable. Bien plus, il arrive souvent que le train de la vie quotidienne ne s'accompagne, en nous, d'aucun sentiment *notable*, répondant à l'un de ceux que nous avons déjà distingués. Ni bien-être, ni malaise : le sentiment tout nu de *vivre*. Expliquons, en quelques mots, pourquoi ce sentiment doit être considéré comme normal, et à quoi il correspond du côté de la raison.

Il ne faut pas, selon nous, se représenter la raison morale — ni, d'ailleurs, et plus généralement, la raison — comme quelque chose de figé et d'inerte. Elle est une *vie*, la vie de principes qui se meuvent, évoluent, puis s'arrêtent, se fixent, à de certains moments, et pour un temps plus ou moins long, dans la conscience. Rien d'étonnant, par suite, à ce que nous ayons, parfois, la conscience de cette vie, sans plus.

A cette raison morale vivante correspond, d'autre part, une réalité morale à laquelle elle s'applique : réalité faite, pour une part, de croyances proprement sociales, nées de la vie sociale et qui sont celles qu'étudient les sociologues contemporains, d'autre part, de croyances humaines, dont il ne nous paraît pas impossible, quant à nous, de continuer à admettre l'existence. Sociales ou humaines, ces croyances, nous l'avons dit, se présentent à la conscience de l'agent moral comme des choses. Mais l'homme peut, cependant, cesser de s'opposer à cette réalité morale comme un sujet à un objet : il peut sentir, plus ou moins confusément, sa *consubstantialité* avec la société dans laquelle il vit, avec la réalité morale dans laquelle il plonge. Certains hommes — qui ne *pensent* pas, au point de vue moral — ne font, précisément, qu'accepter cette réalité, et c'est chez eux qu'on pourra le mieux constater l'existence du sentiment dont nous parlons. Celui qui accomplit, par exemple, une besogne professionnelle n'a pas conscience de cette besogne comme d'une nécessité extérieure à lui : il ne fait qu'un avec elle, et, en s'y livrant, se sent, tout au plus, *fonctionner*, — comme s'il s'agissait d'une fonction vraiment organique. Dans d'autres cas, ce sentiment du réel, sans cesser d'être direct, prend un caractère plus proprement moral : en même temps que nous l'acceptons, nous sentons la réalité qui nous presse *supérieure* à notre individu ; nous la qualifions intérieurement. Tel est le cas, par exemple, du soldat qui se sacrifie pour son pays[1].

1. Remarquons que ce sentiment de l'existence, tel que nous essayons de le décrire, n'a rien de commun avec le sentiment de la vie intense, de l'expansion vitale qui, selon Guyau, accompagnerait l'exercice de l'activité morale. Il n'est pas sûr du tout que l'activité morale consiste dans une expansion de la vie. Tout ce qu'on peut dire, d'après nous, c'est que nous avons conscience, en agissant moralement, de communier avec une réalité qui ne dépend pas de nous et qui, cependant, nous est unie.
On ne peut affirmer, non plus, qu'il entre dans ce sentiment de la réalité morale un pressentiment de l'avenir. Si nous agissons moralement, ce n'est pas que nous devinions que nous allons dans le sens de l'avenir ;

Mais, à ce sentiment de l'existence, du fonctionnement pur et simple, succède souvent, en nous, le sentiment de l'abolition de la conscience elle-même, du *passage à l'inconscient*. Nous avons, alors, le sentiment que notre conscience plonge dans quelque chose de plus profond qu'elle, et dont elle n'est qu'une expression superficielle. Souvent, enfin, elle disparaît, et la réalité profonde qu'elle recouvrait cesse de s'exprimer par elle. Nos actions tombent, pour ainsi dire, dans cette réalité : une partie de nous-mêmes se fait un objet de la nature. Et la raison morale qui présidait à notre activité pratique devient, dans ce cas extrême, une sorte d'instinct rationnel, une habitude inconsciente : l'ἕξις d'Aristote. Plus de scrupules, alors, ni de phrases ; nous ne nous posons même plus de question : le silence dans l'action.

Montrons, ici encore, que cette conception de l'activité morale inconsciente, instinctive, est solidaire de notre analyse de la raison. L'affirmation morale pose, nous l'avons dit, comme réel, comme vrai en dehors d'elle, l'être même de ce qu'elle affirme, dans la mesure où elle l'affirme. Il faut bien admettre qu'à la limite, et quand elle cesse d'être consciente pour devenir une ἕξις, notre raison morale continue à poser l'être de ce qu'elle affirme, sans même prendre conscience de cette affirmation. De ce que sont, d'ailleurs, ces affirmations de la raison inconsciente, nous ne pouvons, par hypothèse, rien connaître directement. Tout ce que nous avons le droit de penser, c'est que cette raison morale impersonnelle, qui sous-tend le domaine de notre conscience, a elle-même un objet, un contenu qui nous est, en lui-même, inconnu. Tel qu'on a essayé de le définir d'après les réactions auxquelles il donne lieu au niveau de notre conscience, on a voulu,

nous cédons simplement, — répétons encore une fois ces termes vagues, qui nous paraissent être les plus exacts, — au sentiment de notre union, de notre *consubstantialité* avec une réalité plus haute que nous d'abord, qu'il fût biologique (Spencer) ; puis on l'a fait exclusivement social (les sociologues contemporains). Nous y ferions, quant à nous, rentrer aussi *l'idée morale*, qui se présente à la conscience comme une chose, comme une vérité qui s'impose à elle. Une telle conception représente, si l'on y tient, un retour au sentiment religieux. Seulement, tandis que les croyants posent, en dehors de la conscience, une personne réelle, transcendante, et qui est Dieu, nous détaillons cet objet inconnu en croyances, en idées humaines, sociales ou individuelles. La réalité morale ainsi conçue est comme un Dieu monnayé.

Ainsi la conscience nous apparaît bien, en résumé, comme entourée d'une masse énorme de réel qui la déborde, à la fois, et la presse de tous côtés. Et c'est dans ce réel, cet inconscient, que, souvent, nous nous sentons tomber, glisser.

Demandons-nous, maintenant, quelle est la signification, la valeur des divers sentiments que nous avons vu correspondre aux moments de la vie morale. — Se considérer, et considérer les choses impersonnellement, voilà où aboutit, selon nous, l'honnête homme qui réfléchit : les questions de moralité sont, en ce sens, des questions de *vérité*. On s'explique, de ce point de vue, que la nature des *sentiments* qui interviennent dans l'action morale, considérée comme si importante autrefois, préoccupe de moins en moins les modernes. La morale de l' « intention » — morale d'inspiration théologique — tend à disparaître : peu nous importe le « salut » personnel. Des sentiments moraux que la morale chrétienne regardait comme privilégiés nous apparaissent aujourd'hui comme de simples moyens d'agir sur l'âme, des instruments psychologiques : les remords, par exemple, le souci de la pureté intérieure, les scrupules maladifs, les raffinements de l'intention, qui troublaient tant certaines âmes religieuses, ne nous inquiètent plus guère. De même, et pour la même raison, passe au second plan l'espérance de la gloire nominale, de l'immortalité personnelle dans la mémoire des hommes. Nous n'agissons plus pour nous faire admirer de la postérité, de nos petits-neveux. Ils oublieront notre nom. Mais nous nous consolons par l'idée de la *survie substantielle*. Nos bonnes actions, pour anonymes qu'elles deviennent, ne sont pas perdues. Elles entrent dans une réalité qui nous dépasse et s'y confondent : elles deviennent consubstantielles au réel. Par elles, nous diffusons dans l'inconscient, nous nous défaisons dans l'universel. Ou encore — dans des cas plus particuliers — nos actions persistent sous forme d'habitudes morales, incorporées, pour ainsi dire, à l'être même de nos descendants. Devant eux, ils trouveront nos *actions*, devenues des *choses* ; en eux, nos *croyances*, devenues des *instincts*. Et ainsi nous continuerons de participer, sous une forme impersonnelle, à la vie des hommes qui viendront.

Ainsi, de tous les sentiments dont nous avons parlé, nous ne mettrons pas au premier plan ceux qui sont les plus prononcés, les plus vifs dans la conscience. — Aristote disait déjà que le plaisir et la peine sont, dans la vie morale, des phénomènes superficiels, et que ce sont les tendances actives qui en constituent la partie profonde. La place de plus en plus restreinte que tient, dans la morale moderne, le souci de la satisfaction personnelle, du bien-être du sujet, nous paraît vérifier cette idée. Nous croyons, quant à nous, que le sentiment du *réel*, celui, même, du *passage à l'inconscient*, du renoncement à la conscience sont ceux dont il convient de faire le plus d'usage dans des considérations qui s'appliquent au présent. — Ajoutons qu'un homme qui, sans se poser de problèmes moraux, chercherait simplement les moyens de s'adapter le moins mal possible aux conditions de la vie serait conduit, sur ce point, à la même conclusion. Le sentiment de la soumission aux choses qu'on ne peut changer, c'est celui auquel toute vie fait le plus souvent appel. « Cela ne peut être autrement ; je n'y puis rien. » — Soit, par exemple, la lutte contre une douleur physique : on peut, sans doute, essayer de la combattre par des pensées de bonheur, — comme Épicure, évoquant, au milieu de ses souffrances, le souvenir des bienfaits dont l'univers lui sera redevable. Mais c'est là, cependant, une thérapeutique dangereuse : car dans ces souvenirs de joie se découvriront, bientôt, de nouvelles causes de souffrance. L'attitude la plus sage, en général, sera encore de suspendre, autant qu'on le pourra, le cours de sa conscience, de se fermer les yeux, les oreilles et l'esprit, de mettre en pratique le conseil de Vigny : « Souffre et meurs sans parler. » — Il en est de même s'il s'agit d'apaiser en soi une passion, de cicatriser une blessure morale. Qu'on pense, alors, à tout l'immense inconscient où trempent nos petites agitations égoïstes. Rien ne jette un froid sur nos exaltations, rien ne calme nos désespoirs comme cette idée du réel qui nous presse. Dans certains cas, pour engourdir notre dépit, ou pour modérer notre orgueil, demandons-nous, avec Renan, ce que cela peut faire à Sirius.

L'attitude sentimentale que nous indiquons ici n'est pas, cela va sans dire, la seule qu'on doive considérer comme permise. Il est clair qu'on peut, au contraire, utiliser aussi les autres modes de sensibilité que nous avons énumérés. Chaque fois, en particulier, qu'on pourra faire tourner au bénéfice de l'activité morale les joies qu'elle nous procure, on aurait, évidemment, bien tort de s'en priver. Mais ces joies sont rares : inutile de se le cacher. Des clous d'or, comme dit Bossuet, qui tiendraient dans le creux de la main. D'une façon générale, la vie, même morale, est uniforme, est *morne* : l'exaltation joyeuse du devoir accompli, de la tâche bien remplie ne l'éclaire que par instants. Grossière conception de la vie que la morale du bonheur ! Nietzsche le dit, non sans brutalité : c'est la morale de l'épicier.

Il nous reste à montrer que les sentiments que nous venons de passer en revue ne sont pas liés, en réalité, à l'activité morale exclusivement, mais à toute activité rationnelle. A tous les types de l'activité rationnelle peuvent correspondre, en effet : plaisir, peine, indifférence, sentiment du contraire intolérable, sentiment du fonctionnement, de la consubstantialité au réel, sentiment du glissement dans l'inconscient. — Entre les penseurs de chaque espèce (artistes, savants), il y a une sympathie particulière : ils se sentent participer aux mêmes émotions, aux mêmes joies. Et l'on peut, au-dessous de ce sentiment des joies communes, discerner celui de la communion avec le même réel qui les rapproche et les unit. De même, à tout penseur, quel que soit son ordre, l'exercice de l'activité esthétique ou scientifique apparaît comme une fonction, comme une tâche : il s'y doit. Et par suite, comme les autres hommes, le plus profond savant et le plus grand artiste connaîtront, dans l'exercice de leur métier, le sentiment du fonctionnement, de la vie sans plus, sans douleur et sans joie.

Y a-t-il, enfin, entre la raison et la sensibilité une opposition aussi tranchée qu'on l'admet généralement ? Aux moments de toute activité rationnelle correspondent, nous venons de le voir, des sentiments définis. Mais, inversement, nos sentiments recouvrent souvent des opérations intellectuelles qui leur sont mêlées. Quand on éprouve un bonheur moral, on ne confond pas ce bonheur avec un autre, on a le sentiment de *ce qu'*il est. D'une façon générale, on est heureux parce qu'on a satisfait une de ses préférences ; or, dans cette préférence était impliquée la position constante, dans notre conscience, de telle chose avant telle autre, l'affirmation de la supériorité d'une idée, d'une émotion ou d'une action. Et cette affirmation devient, selon nous, rationnelle, quand elle est maintenue par notre conscience comme invincible à la suite d'une enquête impersonnelle et d'une exploration complète de notre imagination morale.

Nous avons, en résumé, rapproché les types de certitude rationnelle et trouvé, chez tous, en même temps qu'un certain contenu, une certaine unité de forme qui s'applique à ce contenu et qui résulte, essentiellement, de l'irrésistibilité avec laquelle se fixe la pensée. Nous avons été conduits, par là, à élargir la notion de l'*objectivité*, et à y distinguer des degrés. Soit, par exemple, une idée que je conçois comme vraie : cette idée n'est pas simplement subjective ; ma raison, en la déclarant vraie, la reconnaît, déjà, pour un objet. Tel sera le cas de l'hypothèse du savant, quand il la conçoit. Vérifiée, cette hypothèse deviendra, pour ainsi dire, quelque chose de la nature : elle sera objective en un sens nouveau. Mais s'il s'agit — et le cas est fréquent — d'une hypothèse qui dépasse, de beaucoup, le domaine des vérifications possibles, je me rendrai compte, de nouveau, que c'est essentiellement par rapport à la conscience du savant qu'elle s'impose comme un objet. Disons, sans insister, ici, sur cette notion de l'objectivité interne [1], que toute idée qui peut, de même, après avoir été conçue, être appliquée à la réalité sensible et s'y réaliser, s'y incarner dans une certaine mesure, est comparable, à cet égard, à l'hypothèse scientifique.

Nous avons, d'autre part, subordonné les certitudes théori-

[1. On reconnaîtra, dans ce passage, le projet de cette analyse plus approfondie de l'*Idée d'Expérience* à laquelle F. Rauh travaillait dans les derniers mois de sa vie. Cf. sa note au Congrès de Heidelberg. *L'idée d'expérience*, *Revue de Métap. et de Morale*, 1908, p. 871-881. *Note des rédacteurs*].

ques, objectives (au sens courant du mot), à la raison active et à ce qui s'associe, — nous venons de l'indiquer — de sensibilité à son exercice. Nous ne pouvons, d'un point de vue théorique, trouver l'unité du réel, découvrir un élément d'après lequel tous les autres varieraient. Et comme nous voulons, cependant, unifier le réel, ce sont nos préférences esthétiques et morales qui l'unifient. Idée commune, en un sens, à Kant et à Auguste Comte : la seule conception d'ensemble que nous puissions nous faire de l'univers est une conception humaine, sociologique. — A ne considérer, même, que la nature physique, elle nous présente, à la fois, du chaos et des lois, de l'ordre et du hasard. Et bien fin qui dira lequel est le fond des choses, s'*il y a* plus d'ordre que de chaos. Mais la raison *préfère* l'ordre, et ordonne l'univers.

Telles sont, en dernière analyse, les seules relations qu'on puisse établir, selon nous, entre les divers types d'activité rationnelle, entre la raison et la sensibilité. Il n'y a là rien de plus, sans doute, que des analogies vagues et des raccords incomplets. Mais, si nous voulons éviter les généralisations aventureuses, c'est de semblables solutions qu'il faut savoir nous contenter sur les problèmes de ce genre.

DEUXIÈME PARTIE

LA MORALE ENVISAGÉE DANS SON CONTENU

A l'étude de l'*attitude morale* doit maintenant succéder, conformément à notre programme, l'étude de la *réalité morale* considérée dans son contenu. La question des rapports qu'elle soutient avec les autres réalités va se poser du point de vue d'abord du temps abstrait, puis de la durée concrète.

CHAPITRE PREMIER

LA RÉALITÉ MORALE CONSIDÉRÉE DU POINT DE VUE DU TEMPS ABSTRAIT

Du point de vue du temps abstrait, quelles sont les relations permanentes des choses morales entre elles ? c'est-à-dire :

I. Les relations statiques : y a-t-il des règles morales immuables qui se retrouvent à n'importe quel moment du temps ?

II. Les relations dynamiques : y a-t-il des lois fixes de l'évolution morale ?

Dans cette double recherche, distinguons toujours, suivant une méthode dont nous avons éprouvé la nécessité, entre la constance des réalités et celle des opinions qui répondent à ces réalités.

I. — LES RELATIONS STATIQUES

Une première donnée absolument universelle, c'est l'existence de *valeurs incommensurables* par rapport auxquelles toutes les autres doivent être estimées. Tantôt ces valeurs ont été considérées comme ayant leur prix en elles-mêmes, tantôt elles ont été rattachées à des croyances religieuses.

A cette simple constatation doit se borner notre affirmation. Soutenir l'indépendance absolue de la morale à l'égard de la religion, on ne le pourrait qu'en se fondant sur des inductions vagues et sans garantie. Mais de cette indépendance, inversement, il semble qu'on relève toujours quelques traces aux différentes époques. Du moins peut-on dire avec certitude que les religions primitives comportaient bon nombre d'éléments n'ayant aucun rapport avec la morale. Pour une large part, elles n'étaient que des moyens d'action sur la nature et se confondaient avec la *magie*. La vie future, quand elles l'admettent, n'apparaît pas chez elles comme une sanction pour le vice ou pour la vertu : c'est uniquement le prix soit du talent, soit de la force physique. Si beaucoup de croyances et d'idées purement cosmiques ont été interprétées comme ayant une valeur morale, c'est après coup et par une exégèse toute artificielle. Par suite, morale et religion peuvent bien ne pas avoir été conçues séparément; mais elles n'offrent en aucune façon des relations nécessaires de coexistence ou de subordination réciproque.

Entre ces valeurs incommensurables dont l'humanité a toujours reconnu l'existence, peut-on en désigner quelques-unes qui aient de tout temps été reconnues pour telles ?

Il y a d'abord certains caractères, certaines formes quasi-logiques et mathématiques qui partout et aux époques les plus diverses ont distingué l'action dite morale. Les hommes, par exemple, n'aiment pas à se contredire, dans leurs principes moraux pas plus que dans leurs principes intellectuels. L'essentiel de certaines vertus, c'est, une fois admise une vérité, de s'y tenir, un certain temps du moins. L'esprit de justice, sous sa forme élémentaire, impose de ne pas violer sans raison une règle une fois établie et répugne aux lois d'exception. Cette obligation de l'accord avec soi-même remonte à la plus haute antiquité, et se manifeste bien dans le respect qu'ont les primitifs pour les contrats. Ne pas confondre, pourtant, avec la constance logique d'un principe, sa tendance à l'extension :

dire que la vérité admise pour les nobles doit *logiquement* l'être pour les bourgeois, c'est abuser des termes : à strictement parler, il n'y a pas là de nécessité logique.

Encore un aspect quasi-mathématique des vérités morales. Entre les valeurs incommensurables elles-mêmes on a toujours admis qu'il y avait des équivalences. De là, même, une autre forme de l'idée de justice : pour qu'un contrat, une pénalité soient justes, il faut qu'il n'y ait pas disproportion entre les services échangés, entre le crime et le châtiment. Idée susceptible, d'ailleurs, des applications les plus différentes : on a cru longtemps, en appliquant le talion, que la peine devait être qualitativement semblable au crime; peu importait, du reste, que fût frappé l'individu coupable, pourvu qu'un membre quelconque de son groupe le fût à sa place. Ainsi, la détermination des équivalences a manifestement varié : suivant les temps, les mêmes choses, la force et l'intelligence par exemple, furent estimées à des degrés divers. Mais l'idée qu'il y a des équivalences qui veulent être respectées a toujours été présente à la conscience humaine.

Dans ce double système de relations quasi-mathématiques ne s'expriment encore que les caractères les plus formels, au sens kantien du terme, et aussi les plus vagues des vérités morales. Mais dans leur contenu, dans leur matière, retrouve-t-on quelque chose qui soit permanent et constant ?

Parmi les valeurs incommensurables qu'elle reconnaissait, l'humanité n'a jamais cessé de ranger les valeurs sociales. Il s'agit ici du *social*, tel que l'ont défini les sociologues contemporains : réalité *sui generis*, qui résulte du fait que plusieurs individus sont groupés, sans qu'on puisse la ramener à la simple addition des caractères que présentent les individus considérés isolément. (C'est ainsi qu'il y aura beaucoup de social dans la vie des abeilles et peu dans la vie des lions). Or, chaque fois que dans certaines conditions d'organisation et de durée un groupement présente de ces phénomènes d'ordre sociologique, ils apparaissent à chaque membre du groupe comme une réalité qui les domine et qui s'impose, et ce n'est pas une illusion. Il y a bien un déterminisme des faits sociaux considérés comme tels, et c'est un véritable spiritualisme social que tend à instaurer la sociologie moderne. Pourtant, ces notions qui nous semblent spécifiques, ne sauraient-elles être réduites à du psychologique ou du physiologique ? Allez donc expliquer l'histoire du régime familial par les différentes modalités d'un sentiment comme l'amour ! ou, par les variations du cerveau humain, l'ensemble de l'évolution sociale !

Provisoirement du moins, il faut accepter le social comme quelque chose d'irréductible. De fait, que peuvent contre lui les volontés individuelles ? A peine en retarder ou en accélérer les processus. L'histoire de la Restauration tient tout entière dans l'influence et la contrainte qu'exerçait la Révolution sur ceux-là même qui s'efforçaient de la nier, les réactionnaires.

De cette supériorité constante du social sur l'individuel il résulte que le sentiment du *tabou social* n'est pas exclusivement le fait des sociétés primitives. Il subsiste encore chez nous, civilisés, et, par exemple, pour apprécier un crime, les dispositions du criminel n'entrent pas seules en compte : il y a encore le préjudice social qui a pu en résulter, et le crime est à ce point chose objective que la famille entière du criminel en paraît souillée. Le criminel est moins un *coupable* qu'un *maudit*. Pourquoi maudit ? Parce qu'il a violé des lois indépendantes de lui, supérieures à lui, qui lui devaient être sacrées. En vain contre cette conviction commune se sont insurgées, au nom d'une morale égoïste, quelques personnalités romantiques : elles sont toujours restées une exception.

Mais, tout en ayant gardé sa suprématie, le social ne forme

plus pour nous un bloc. Nous avons fini par y distinguer le *social proprement dit*, le *socialement moral*, l'*intérêt pour le social*.

Modes et coutumes : voilà pour le social proprement dit. — Si je dis : « *pereat mundus*, pourvu que règne la justice », j'évoque, en rapport avec nos formes d'organisation, une loi idéale où s'exprime le socialement moral. — Mais je puis aussi, par nécessité pratique, consentir des actes contraires à la loi idéale, parce qu'ils sont utiles à mon pays : c'est l'intérêt pour le social.

A quoi bon prétendre, comme certains moralistes, que ces distinctions ne devraient pas exister, si elles existent, et non seulement dans les consciences, mais en fait et avec une valeur objective? Le service militaire, par exemple, s'accommode mal avec la loi idéale ; mais la défense nationale en fait une impérieuse nécessité. Qui oserait soutenir que le socialement moral est un moyen pour les nations d'atteindre à la suprématie? Il y a quelques années, en France, la question ne se posait-elle pas entre des risques pour le pays et un devoir de justice à accomplir? On a pu dire que les Juifs avaient disparu comme nation pour avoir voulu poursuivre un but *humain*. C'est l'idéal rationaliste qui serait responsable de la dissolution des cités grecques. Par contre, des sociétés comme l'Empire romain de la décadence ont pu subsister de longs siècles au milieu d'une décrépitude morale manifeste. La morale n'est pas un moyen de survie.

Par suite, tout ce qui est social n'est pas *ipso facto* moral. Au social pris globalement nous ne pouvons attribuer une valeur incommensurable.

Mais entre le social et le moral on a imaginé une autre espèce des rapports. Il n'y aurait de constant dans l'histoire de l'humanité que certaines formes sociales. De leur persistance résulterait la morale de tous les temps. Mais cette soi-disant identité repose sur des ressemblances très vagues. Il est parfaitement oiseux de dire avec Natorp qu'il y a toujours eu trois classes : l'économique, la politique et la classe de culture. C'est du même procédé de généralisation qu'use Elisée Reclus dans la préface de son livre *La Terre et l'Homme* pour établir les propositions capitales de sa physique sociale :

1° L'humanité est divisée en classes et castes opposées de tendances et de fait. — Erreur absolue : il y a eu des régimes individualistes où, seuls, la force et le mérite distinguaient entre eux les individus, tous égaux d'ailleurs devant l'autorité du despote ou de l'État. L'existence d'un certain nombre d'hommes ayant les mêmes occupations ne suffit pas à constituer une classe. Il faut en outre qu'il y ait un certain esprit social unissant entre eux les individus. Pour la bourgeoisie, par exemple, l'héritage sera le signe de la classe : l'enfant, du jour où il sait qu'il héritera, sent qu'il appartient à une catégorie de privilégiés. Mais les capitalistes qui s'entendent entre eux pour dominer le marché ne forment pas une classe. Pour qu'il y ait classe, il faut qu'il y ait un privilège se développant, en dehors des individus, par sa propre force autonome.

2° De l'opposition des groupes sociaux est né le viol de la justice et le cri de la vengeance. — Encore une inexactitude : il y a eu des transformations humaines considérables qui ont été continues et insensibles, comme la suppression de l'esclavage. Et ces révolutions qui jaillissent de la protestation des opprimés ! en général, il faut, au contraire, pour qu'elles éclatent, l'influence de déclassés venus des classes supérieures.

3° Une transformation ne peut être que le fait d'un effort individuel. — Rien n'est plus variable que le rôle de l'individu. Le grand homme des peuples primitifs n'est que l'écho de la collectivité. Dans les temps modernes, c'est le précurseur. Et d'ailleurs, ne peut-on pas dire que le rôle du grand homme diminue, de même que le génie tend à se monnayer en talent? L'effort devenant continu et moléculaire, il n'y a plus besoin de révolutions violentes. La nécessité des crises a cédé devant le progrès infinitésimal.

Mais, dans les conceptions morales de l'humanité, il n'y a pas seulement du social à des degrés divers de dissociation. De tout temps le social a été limité par la considération de l'individu. Aussi loin que nous puissions remonter, nous voyons, dans la justice pénale par exemple (Védas, Deutéronome), se juxtaposer, à l'idée de la souillure qu'entraîne le crime, l'idée que les intentions du coupable ont leur importance. Vis-à-vis de cette réalité supérieure qu'est la société, l'individu a toujours gardé quelque indépendance, et c'est dans bien des cas à l'influence de la religion qu'il le doit.

Sans doute, pour beaucoup de sociologues contemporains, la religion est chose purement sociale : ne varie-t-elle pas avec l'état social des peuples? Oui, mais l'homme s'est toujours considéré comme en relation avec un κόσμος supérieur à lui, supérieur à la société, et c'est dans ce κόσμος qu'il a placé le fondement de ses devoirs sociaux eux-mêmes. Ce n'est pas à des règles d'hygiène sociale qu'il faut faire remonter la proscription des mets impurs ; mais c'est à des idées mystiques, à la crainte de l'inconnu qu'il faut attribuer telles prescriptions morales comme les devoirs d'hospitalité. A vrai dire, c'est ce caractère sacré de la Nature qui a pu se communiquer à la morale sociale.

L'homme sauvé de la société par la religion, c'est bien une vérité qu'il ne serait pas malaisé d'établir. Les croyances religieuses, objectera-t-on, sont nées dans la société. Qu'importe, si elles n'ont pas leur fin dans la société? Pour collective que de Bonald admet qu'ait été la Révélation, il n'en met pas moins Dieu en dehors de la collectivité. L'essentiel, c'est que l'influence de la contrainte sociale se trouve contrebalancée par des devoirs d'une signification cosmique. Le primitif les fondait sur la Religion. Aujourd'hui, ce sont les devoirs de l'homme civilisé à l'égard de la science, de l'art, de la philosophie. L'homme se sent un devoir propre : celui de réaliser, de la manière la plus exacte, son idée sur la beauté ou sur la vérité. Cette idée laïque de la vocation individuelle est déjà présente aux civilisations anciennes ; et jusque chez les sauvages on trouve des associations religieuses secrètes et des génies individuels [1].

Objectivement, à ces données de la conscience répond la réalité des faits sociaux. Il y a un déterminisme des idées qui les soustrait à l'influence exclusive des milieux sociaux où elles évoluent. Entre l'histoire de la civilisation et l'histoire du régime social, il n'y a pas dépendance absolue, et Guizot pouvait noter qu'au XVII° siècle, si la Hollande était plus avancée socialement, la France l'emportait pour la civilisation [2].

En réalité, il n'y a pas à établir, ici, de relations permanentes et définitives. Se dégageant du rêve où vivait l'humanité primitive, chacune des fonctions humaines a été, suivant les moments de la civilisation, plus ou moins nettement mise en relief. Supposer un ordre constant et nécessaire, comme dans la conception marxiste par exemple, entre le domaine économique et celui de la morale, c'est une illusion. Dans les temps primitifs et jusqu'à une époque assez avancée, l'humanité s'occupait peu de la terre, ou bien c'était sous forme de mythe. Aujourd'hui, c'est le contraire : l'économique comme tel prend une valeur religieuse. Sans doute, de très bonne heure, la propriété individuelle fut considérée comme *tabou* ; mais, par son caractère mythique, la conception antique diffère complètement de la conception moderne.

1. V. Kropotkine, *L'entr'aide*, (Paris, Stock, 1903), p. 95.
2. V. son *Histoire de la civilisation en Europe*, 1ʳᵉ leçon.

Pareilles observations pourraient se répéter pour les rapports du biologique et du moral.

En somme, que résulte-t-il de cet examen ? Qu'il se trouve dans la morale de tous les temps quelque chose de commun : la reconnaissance d'une certaine valeur au social et d'une certaine valeur à l'individu. C'est vague. Mais aussi, dans quelle mesure cette notion du permanent est-elle pour notre morale actuelle une armature indispensable? Jusqu'au xviii° siècle, on a cru nécessaire de découvrir une vérité morale qui pût s'appliquer à toute l'humanité, et propre à la rendre heureuse à tous les moments de son histoire. La loi de gravitation valait bien pour ceux aussi qui ne l'ont pas connue : de même il semblait que les droits de l'homme fussent éternels. Aujourd'hui, nous voyons qu'il n'y a pas de valeur morale déterminée qui soit absolument permanente, et nous croyons qu'à tout moment l'humanité aperçoit à peu près tout ce qu'elle peut apercevoir. Dès lors, que vaut pour nous l'apologétique morale? La seule véritable est celle qui se fondera sur la durée proprement dite et qui de ce point de vue essaiera de justifier les idées morales.

II. — LES RELATIONS DYNAMIQUES

Si maintenant, au lieu de rechercher ce qui peut subsister de permanent durant tout le cours de l'évolution morale, nous examinons si cette évolution même n'est pas soumise à des lois fixes, c'est encore de résultats extrêmement généraux que nous devons nous contenter.

Pour la commodité de cet examen, il est utile d'essayer une classification des différents types moraux et sociaux.

Les distinctions qui peuvent servir à établir des catégories entre les peuples sont des plus variées.

1° Ils sont groupés d'après les caractères communs qu'offrent leurs religions ou leurs morales. Par exemple, à certaines époques et pour un certain nombre de sociétés, la morale est vraiment *objective*. Les faits moraux sont traités comme des *choses physiques*. Les actions sont vertueuses ou criminelles en elles-mêmes, sans égard pour les intentions de celui qui les a commises (Œdipe). Et naturellement aussi, comme tous les éléments d'une civilisation se commandent mutuellement, à l'objectivité de la morale répondra l'objectivité de la justice pénale : il n'y aura pas de *circonstances atténuantes*. La sanction est liée à la faute comme l'effet à la cause. Donc, deux catégories de peuples qui s'opposent suivant que leur morale est presque purement objective ou qu'elle fait, comme la nôtre, une place plus grande aux dispositions psychologiques de l'agent.

2° *Le lien social fondamental* peut également servir, suivant qu'il est économique, religieux ou familial [1], à distinguer entre les peuples ; mais ce classement ne sera vraiment exact et instructif qu'à la condition de rechercher si le lien social est de même nature à une même époque dans des sociétés différentes, en d'autres termes s'il y a parallélisme, à un moment donné de l'histoire, entre plusieurs civilisations. Ainsi le savant pourra-t-il arriver à des conclusions intéressantes touchant la loi et le sens de l'évolution historique.

3° L'étude des *formes de l'organisation sociale* révélera sans doute aussi entre des sociétés appartenant aux époques les plus diverses des analogies uniquement imputables au régime politique semblable adopté par des différents peuples. Notre démocratie moderne n'a-t-elle pas quelques traits communs avec la démocratie grecque et romaine? L'état féodal récemment encore en vigueur au Japon y aurait produit les

---

1. Cf. Glotz, *La solidarité familiale en Grèce*, Paris, Fontemoing. 1905.

mêmes effets qu'en France au moyen âge. M. Bouglé a montré qu'à n'importe quel moment de l'histoire le concours des mêmes causes a favorisé et accéléré le développement des idées égalitaires[1].

4° Suivant la manière dont les sociétés comprennent *la division du travail*, elles pourront être opposées entre elles comme le type médiéval, où chaque métier tend à la confection d'une œuvre, spéciale évidemment, mais complète et qui se suffit, s'oppose au type moderne, où le travail fait à l'usine est divisé en ses éléments[2].

5° Un autre principe de classification sera le mode de subordination qui relie entre eux, à l'intérieur d'un même groupe, les éléments dont il est constitué.

A cet égard on distinguera :

α) Le type despotique ou la subordination de tout le groupe à un individu ;

β) le type monarchique ou la subordination de tout le groupe à une série de pouvoirs hiérarchisés, au degré supérieur desquels est le roi ;

γ) Le type féodal ou la subordination du groupe à une classe spéciale (noblesse ou clergé) ;

δ) Le type démocratique ou la subordination du groupe à une idée abstraite, soit religieuse comme la souveraineté de Dieu : c'est la démocratie théocratique ; soit scientifique ou philosophique, comme la souveraineté du peuple : c'est la démocratie moderne.

6° La manière dont les sociétés *se conservent*[3] permettra encore d'établir entre elles diverses catégories. La transmission sociale peut être fondée soit sur l'hérédité naturelle, soit

---

1. Bouglé, *Les idées égalitaires*, Paris, Alcan, 1899.

2. Durkheim, *De la division du travail social*, Paris, Alcan, 1893.

3. Simmel, *Année Sociologique*, t. IV, 1896-97 : *Comment les formes sociales se maintiennent*.

sur un règlement social. Elle se fait tantôt par la tradition, tantôt par le choix ; par l'hérédité ou par la main-morte. Les modes de la transmission varient suivant les lieux et les époques. Dans nos grandes sociétés modernes, la conception de la solidarité est moins stricte, elle est en tous cas plus contractuelle que dans les sociétés *stratifiées* et minutieusement hiérarchisées de l'Inde [1].

7° Enfin, des types sociaux divers répondront aux diverses manières dont peuvent se définir dans chaque société les éléments et les cadres sociaux. En face des sociétés antiques, par exemple, où les cadres sociaux étaient très déterminés et rigides, il y a des pays, comme la France contemporaine, qui, théoriquement du moins, depuis la suppression des corporations, n'offrent pas de cadres sociaux définis : il n'existe plus que le peuple, la foule, et, dans une foule, il y a plus de sensibilité que d'intelligence, plus de spontanéité que de persévérance. C'est l'inverse de la corporation, plus intelligente, mais dépourvue de souplesse et d'initiative : l'administration, en France, constitue bien l'équivalent d'une corporation : elle est figée, rigide et routinière.

A ces variétés sociales répondront différents types de génies moraux. Le génie moral peut faire écho à la multitude, l'invention morale ne jaillir qu'au contact de la collectivité, le meneur moral être « un de la foule ». Au contraire, le XVII° siècle, par exemple, avait de la science et de la morale une conception monarchique. Les savants du temps de Descartes vivaient isolés : enfermés dans leur « poêle », ils échangeaient des cartels comme les barons retranchés dans leurs châteaux. C'est l'inverse aujourd'hui. Il semble qu'en littérature il y ait une masse énorme de talents et peu de génies originaux, c'est-à-dire solitaires. En tous cas, l'œuvre de la

---

[1]. Bouglé, *Sur le régime des castes*, *Année Sociol.*, t. IV, 1899-1900.

science est devenue collective; l'organisation scientifique est démocratique. Les découvertes scientifiques sont monnayées entre beaucoup de mains, comme se monnaye aussi l'idéal, jadis unique, qui dominait la vie des hommes.

De ces diverses considérations quel peut être l'intérêt?

Celui, d'abord, de pouvoir déterminer à l'intérieur d'une civilisation donnée les *survivances sociales*, c'est-à-dire telles institutions venues du passé qui ne seraient pas en harmonie avec le système général des institutions et de la civilisation considérées. Dans notre démocratie, par exemple, le président de la République retient quelques vestiges des pouvoirs monarchiques (droit de grâce, droit de chasse sur le domaine national, etc.).

Puis il y a, dans chaque société, à reconnaître quel est le rapport des institutions publiques à la vie individuelle, autrement dit à distinguer les institutions privées des institutions politiques. Or il apparaît nettement que depuis le moyen âge la vie religieuse et la vie morale échappent de plus en plus à la prise des pouvoirs publics. Les religions d'État tendent à disparaître, et, à côté des infractions à la morale publique prévues et punies par le Code, il y a toute l'action morale d'ordre strictement privé, qui ne relève que de la conscience individuelle, de la coutume et de la mode. Le caractère extra-social de certaines réalités tend effectivement de plus en plus à s'affirmer. La religion, la science, l'art se posent comme des objets distincts de la réalité sociale. Le contemplatif, le savant et l'artiste ont le sentiment de certains devoirs, mais différents du devoir social et parfois contraires. Finie la conception romantique de l'art. L'artiste se pose en artisan. Le thème est bien connu. Flaubert pensait qu'il y a pour l'écrivain une tâche à remplir, qu'il a des devoirs positifs, devoirs vis-à-vis de l'art ou de la science, qui même pourraient primer le devoir social proprement dit.

Mais, en fait, entre l'art, la science et l'institution sociale, il y a le plus souvent corrélation étroite. La vie privée des citoyens ne reste pas sans rapport avec les institutions de la cité. Le caractère économique est-il dominant dans la civilisation du peuple, vraisemblablement aussi le régime de la famille sera d'essence économique. Si la civilisation est religieuse, la famille également se définira par son caractère religieux. Ici, de nouveau, se pose la question des survivances. Y a-t-il, à un *moment donné*, corrélation rigoureuse entre *toutes* les formes d'une même civilisation?

La réponse ne saurait être absolue. Il y a manifestement à certains moments des institutions *à face expansive*. Ces institutions, de caractère très déterminé, modifient de proche en proche la nature de la civilisation où elles se sont implantées. Par exemple, la société féodale : tandis qu'aujourd'hui le même individu, appartenant à une multitude de cercles sociaux différents, peut réserver toute une part de sa vie dont il ne doit compte à personne [1], en société féodale l'individu appartient à un seul groupe et sa vie est tout entière englobée dans la vie du groupe. Ce caractère de la société féodale a fait tache d'huile. Apparu d'abord chez les propriétaires fonciers, chez les gens de guerre, il a gagné progressivement tous les groupes. Et c'est, enfin, sur ce type féodal encore que se sont organisées les communes.

Il n'y a pas jusqu'à l'extra-social dont les conceptions ne soient très profondément déterminées par la réalité sociale. Le parallélisme qu'au XVIIe siècle manifestaient l'organisation religieuse et l'organisation politique de la monarchie française et du catholicisme romain a maintes fois été relevé. Auguste Comte percevait des ressemblances entre la théorie anglaise de l'État et la théorie scientifique de Newton, et ne pourrait-on

---

[1] Bouglé. *Les Idées égalitaires*, pp. 154-159.

dire aussi que la monarchie absolue correspond, dans l'ordre des institutions politiques, à la philosophie déductive dans l'ordre des spéculations de l'esprit? L'induction serait, alors, dans la science contemporaine l'équivalent de la démocratie dans nos sociétés actuelles. Mais, trop poussés, de tels rapprochements risqueraient vite de devenir fantaisistes. Il n'en est pas moins vrai qu'entre toutes les formes d'une civilisation donnée, il y a généralement une corrélation qu'il n'est pas inutile de signaler.

Plus encore, le spectacle de ces harmonies n'autorise-t-il pas à penser qu'une forme de civilisation peut varier en fonction d'une autre, que même il peut suffire qu'une seule institution varie pour déterminer dans toutes les autres une variation concomitante? Les marxistes ont prétendu que de la réalité économique dépend la forme de toutes les institutions à une époque donnée. Affirmation contestable. Mais Simmel a montré qu'on peut, en étudiant l'histoire de la bourgeoisie, établir la subordination de l'évolution politique à l'évolution économique. Et nous voyons en effet, aujourd'hui, le démocratisme abstrait de la Révolution, qui ne tenait compte que des individus, se transformer, se compliquer, céder aux pressions des réalités concrètes, de l'organisation ouvrière et du progrès syndicaliste.

D'ailleurs, suivant les époques, la relation et l'importance des facteurs varie. Durant toute une période de l'histoire, sous la féodalité et jusque sous la monarchie, c'est le pouvoir politique qui donnait accès à la propriété. Au XIXe siècle, avec le régime censitaire, c'est la propriété qui donne accès au pouvoir politique. Le mouvement intellectuel aussi peut subir l'influence des révolutions politiques. Renan a noté qu'il se produit, chaque fois qu'une classe inférieure arrive au pouvoir et en dépossède la classe dominante, un abaissement simultané du goût. Réciproquement, dira-t-on que le mouvement social est modifié par les forces psychologiques ? Ce n'est guère manifeste pour tous les temps. Aujourd'hui s'exerce le pouvoir impersonnel et anonyme du capital, qui produit mécaniquement de l'argent. Que vaut en comparaison la force intellectuelle ? De quelle étendue et de quelle portée peut être l'action de l'esprit ? La valeur personnelle compte pour bien peu vis-à-vis de la valeur financière. En Amérique et ailleurs, on ne demandera pas ce que vaut un homme, mais : combien vaut-il ? Il n'en fut pas toujours de même. Suivant les époques, la valeur personnelle de l'individu importe ou n'importe pas, quand il s'agit de le désigner à une fonction sociale.

Voilà tout un ensemble de généralisations d'où il est certes malaisé de déduire le sens de l'évolution sociale. Mais si nous ne pouvons croire, comme Bossuet, qu'elle manifeste l'intervention d'une volonté constante et souveraine, ni, comme les philosophes du XVIIIe siècle, qu'elle consiste en une marche continuelle et progressive vers le mieux, si nous ne pouvons pas même affirmer qu'elle obéisse à un rythme déterminé, du moins sommes-nous sûrs des deux propositions suivantes :

1° Il y a une réalité morale.

2° L'évolution de cette réalité morale paraît soumise à des lois qu'il est possible d'énoncer et de vérifier. Elle est en rapport constant avec celle de la conscience morale.

Mais, répétons-le, si le primitif a pu ne pas distinguer le social du socialement moral, si d'autre part l'homme a toujours senti l'obligation de faire des sacrifices à la communauté, il n'en est pas moins vrai qu'à certaines époques, au-dessus de ses devoirs sociaux, il a placé des devoirs religieux, scientifiques ou artistiques, dont le caractère moral est indubitable, puisque, dans sa volonté de les remplir, il donnait à la religion, à la science, à l'art une valeur incommensurable, au point que la société a dû parfois traiter en ennemis ces religieux, ces savants et ces artistes.

Par suite, en affirmant qu'il existe des rapports entre la réalité morale et la réalité sociale, nous n'admettons pas, comme le voudraient les sociologues, que la réalité morale soit exactement réductible à la réalité sociale ni qu'il n'y ait d'autres devoirs que des devoirs sociaux.

CHAPITRE II

LA RÉALITÉ MORALE CONSIDÉRÉE DU POINT DE VUE DE LA DURÉE CONCRÈTE

Pour la justification de nos idées morales, pouvons-nous trouver dans la durée concrète des indices qui nous rassurent? Plus précisément, y a-t-il une direction de l'évolution humaine? Si nous pouvions en découvrir une, si, dès à présent, l'avenir était dans une certaine mesure préformé, il est sûr que le devoir moral serait ou, du moins, paraîtrait d'abord un peu moins indéterminé et que nous serions tout naturellement portés à agir dans le sens de l'avenir. Est-il donc possible de construire l'histoire et suivant quelle méthode y arriverait-on?

Le fait historique est essentiellement irréversible. Le fait physique est aussi irréversible, en ce sens que l'effet vient toujours après la cause : relation irréversible, mais abstraite et par suite, intemporelle, puisqu'elle n'a aucun rapport avec un moment précis et déterminé de la durée; tandis qu'en histoire un événement cesse d'être possible, précisément parce qu'il vient de se produire à un moment donné du temps et que le temps ne cesse de s'écouler. Ainsi l'histoire se distingue, non moins que des sciences statiques où, sans s'occuper de la succession, on n'étudie que des relations de choses, des sciences dynamiques elles-mêmes, où les faits sont bien pris dans leur succession, mais dans leur succession régulière, constante et, si l'on peut dire, intemporelle.

Il n'en reste pas moins qu'il y a des successions dont le temps est bien un facteur et qui sont déterminables d'avance. Il y a là comme une histoire que le savant peut construire. La prédiction astronomique, c'est de l'histoire construite. Une éclipse a bien lieu tel jour, à telle date, à telle heure, et c'est précisément le moment de l'éclipse qu'il s'agit de déterminer avec exactitude. La courbe complexe que l'astronome essaie d'établir résulte de certains éléments astronomiques simples, préalablement définis (masse et vitesse d'un astre, etc.). Pour pouvoir construire l'histoire proprement dite comme est construite l'histoire astronomique, il faudrait d'abord trouver et isoler dans la durée un élément homogène et permanent et à partir de cet élément établir ensuite une courbe historique. On trouve cet espoir et cet essai dans la *Division du travail social* de M. Durkheim.

En réalité, l'histoire ne se laisse pas construire. Mais pourquoi ?

Dira-t-on qu'elle ne peut qu'enregistrer purement et simplement des faits? Les sciences de la nature n'ont souvent pas d'autre objet : la recherche astronomique, au bout du compte, portera bien souvent sur des faits individuels : il s'agit, par exemple, de déterminer à quelle époque un astre s'éteindra. C'est de l'histoire, mais de l'histoire construite. D'où l'histoire proprement dite peut-elle donc tirer son caractère spécifique ?

Si la durée consiste essentiellement dans une succession de faits particuliers, nous n'en admettons pas moins qu'il y a un déterminisme des événements, c'est-à-dire que nous croyons, sans plus, qu'un fait historique est à un moment donné tout ce qu'il peut être. Mais la simple constatation du fait ne suffit pas à l'histoire. Elle veut en faire la généalogie. En ce sens, elle a envahi les sciences de la nature. La théorie évolutionniste, la théorie de la « descendance » est une explication historique.

L'histoire fournit donc à l'homme que le présent tout pur ne peut satisfaire l'appui du passé et de son déterminisme. C'était jadis à des faits transcendants ou à des entités infinies et immobiles qu'il avait recours pour fonder sa morale. La morale des Grecs fut essentiellement traditionaliste, la tradition étant, dans le temps, le symbole de l'immobilité intemporelle. Traditionalisme et substantialisme s'unissent chez les anciens. Pour Platon et Aristote, les causes contiennent toutes leurs conséquences comme un triangle contient toutes ses propriétés. Il s'ensuit que le passé est la perfection même et que le devoir moral se confond avec le devoir de continuer le passé.

C'est par le christianisme que l'idée d'histoire s'introduit dans la pensée humaine; par le christianisme, et, contrairement aux apparences, par le catholicisme surtout. Contre les protestants qui veulent ramener l'Église au christianisme primitif, les apologistes catholiques défendent plus ou moins implicitement les droits de l'évolution. Mais la conception catholique de l'histoire reste substantialiste. L'histoire est dominée par un fait transcendant qui, a un moment donné, est descendu dans le temps. Avant ce fait, toute l'histoire ne fait que le préparer; après, elle n'est plus que le développement des conséquences contenues dans la Révélation. Telle est la philosophie de l'histoire chez un Bossuet; et, chez les hommes du xviiie siècle, adversaires du christianisme, c'est encore la même conception. Pour Voltaire et ses disciples, le but de l'histoire, c'est toujours de nous révéler une vérité éternelle : au cours de toutes les civilisations, ils veulent retrouver une certaine nature psychologique fondamentale, et, comme l'a montré M. Bouglé[1], dans le sauvage, c'est l'homme du xviiie siècle qu'ils s'efforcent de reconnaître.

Au xixe siècle, il n'est plus question d'une vérité éternelle; mais au développement de l'humanité on assigne un rythme nécessaire que l'office de l'histoire est de dégager. Bien plus, Hegel reconstruit l'histoire *a priori*, et il affirme que ce qui est vrai historiquement, ce n'est pas toujours la succession proprement dite, mais qu'un fait postérieur dans le temps peut être en réalité le fait prédéterminant, si l'on sait apercevoir le rythme éternel des choses. Même idée d'un rythme nécessaire chez Marx.

D'où vient cette valeur attribuée au passé ? Ou, plus généralement, pourquoi cette notion d'un *a priori* qui pèserait sur l'action humaine, auquel l'action humaine aurait pour devoir de se conformer ?

Faut-il à cette soumission vis-à-vis de l'histoire chercher une raison historique ? L'organisation humaine ayant été longtemps paternelle et monarchique, devant le prestige des « anciens », les nouveaux venus se sentiraient faibles et désarmés. C'est dans le passé que le moraliste devrait chercher la vérité.

Aujourd'hui, nous savons qu'à supposer qu'il fût possible de dégager du passé une telle vérité, cette vérité serait tout à fait indéterminée, et nous n'en pourrions tirer aucune application pour le temps présent.

Mais, le règne de l'histoire étant d'origine récente, il faut se demander quel usage les sociologues ont fait de la notion de durée. Quelles relations reconnaissent-ils entre le passé, l'avenir et le présent ? Quelle application en font-ils à l'action morale[2] ?

1. Bouglé, *Orientalisme et Sociologie*, Revue Bleue, 26 janvier 1907.
2. [Cf., sur l'histoire, Rauh, *Idéalisme et réalisme historique*, in Revue de Synthèse historique, t. XIV, 1907].

I. — LE PASSÉ : VALEUR DE LA TRADITION

Le passé apparaîtra soit comme une chose figée qui s'impose à l'action humaine, soit comme un germe qui se développe au travers de l'histoire.

De la première conception s'inspirent les doctrines traditionalistes qui sont avant tout des doctrines religieuses[1]. C'est ainsi que les apologistes montreront que les apôtres ont posé des règles : ces règles, il faut les dégager des superfétations qui peuvent les recouvrir ; c'est à elles que devront s'en tenir les évêques, héritiers des apôtres, elles qu'ils devront imposer aux fidèles. — A cette apologétique s'oppose celle de Joseph de Maistre, qui croit que tout s'est développé à partir d'un germe dont il faut ressaisir les caractères dans l'histoire.

Dans l'apologétique laïque se retrouve l'équivalent de ces deux conceptions. Jamais la scolastique n'a tant fleuri qu'aujourd'hui. Aux adversaires on a pris leurs armes pour les combattre. Innombrables sont les théories *traditionalistes laïques* de la morale. Il y a le traditionalisme biologique de Spencer, le traditionalisme humain universel dont on pourrait dégager des aspects chez Comte, le traditionalisme psychologique spécial (théorie des races) dont le nationalisme est une forme.

Veut-on l'exemple d'une application particulièrement grossière de la biologie à la morale ? M. René Quinton ayant soutenu que le milieu originel de la vie est le milieu marin, que le but de l'évolution est de maintenir ce milieu originel, des journalistes en ont déduit que, le milieu originel politique étant

---

[1]. Y. Sabatier, *Les religions d'autorité et la religion de l'esprit* ; Legendre, art. de la *Revue catholique*, nᵒˢ de mai, juin, juillet 1906.

la royauté, le devoir est de maintenir ce milieu, et qu'il faut rappeler le roi.

Ce souci de justifier par le passé les idées morales, d'appuyer les idées morales sur des réalités anciennes ou immobiles a son plus bel épanouissement dans les polémiques entre économistes. Socialistes et orthodoxes ne cessent de se jeter à la tête le communisme primitif. Si à Sparte la propriété avait été collective, certains socialistes ne semblent pas douter que le socialisme en serait à jamais justifié. Mais d'autres, craignant qu'on ne les accuse de vouloir ramener l'humanité à la dure condition des Spartiates, s'efforcent de prouver que la propriété collective était inconnue à Sparte. Spencer lui-même n'est-il pas très soucieux d'établir que l'humanité primitive a été démocratique et pacifique ?

Dans la vie politique, même tendance, mais sous des formes beaucoup plus légitimes ; même habitude de rappeler l'adversaire à son passé : aux radicaux et aux républicains, par exemple, les socialistes reprochent sans cesse de renier les traditions du parti radical et républicain.

Aussi bien que le *passé figé*, le *passé-germe* a inspiré toute une riche apologétique. Pour faire de la pérennité du régime capitaliste une loi de nature, on note que l'instinct de la propriété est en germe chez l'enfant, qu'il tient à ses billes. « L'enfant est un petit propriétaire ». Pour fonder l'altruisme, Spencer montre qu'il y a du désintéressement dans l'animal. Comte donne au positivisme, pour le justifier, un ancêtre : le fétichisme.

De quelque type qu'elles relèvent, toutes les théories traditionalistes proprement dites doivent disparaître. Il n'y a pas dans les choses de répétition identique et intégrale. Sur quoi donc peut se fonder cette idée d'un retour nécessaire au passé ? Pourquoi cette valeur incommensurable attribuée au passé comme tel ? Mais il est également vrai que les choses ne se renouvellent jamais complètement. Beaucoup du passé persiste et l'idée traditionaliste peut se muer dans l'idée de l'hérédité sociale. L'hérédité sociale, qu'est-ce au juste ? A-t-elle pour substratum l'hérédité organique, ou pour véhicule l'éducation ? Question complexe, intéressante, mais qui n'importe pas directement à notre objet.

Il y a aussi, dans le détail, des applications possibles de ces lois qui assignaient un rythme à l'évolution humaine. La *loi des retours* de Vico, (sans insister sur la conception de certains physiciens modernes qui pensent la retrouver dans l'évolution du monde physique), rejoint en biologie et en histoire ces phénomènes de régression bien étudiés par Demoor et Vandervelde[1]. Rien de péjoratif dans ce terme de régression. Il s'agit seulement de constater, par exemple, le développement de l'esprit critique chez les Grecs et son éclipse au moyen âge, le retour du moyen âge à une forme de civilisation que la civilisation grecque avait supplantée : particulièrement au point de vue économique, le moyen âge, non seulement a retrouvé l'économie familiale ; mais il en est revenu à des formes qui auraient pu se produire antérieurement à l'économie monétaire. Aujourd'hui, en un certain sens, avec le mouvement coopératif qui tend à faire dominer la consommation sur la production, nous assistons à la réviviscence d'un principe beaucoup plus proche de l'économie médiévale que du principe capitaliste dont il est juste le contraire. Et l'évolution du crédit, qui tend à nous ramener au régime de l'économie naturelle ! La monnaie n'est plus qu'un signe, et le crédit ne repose aujourd'hui que sur la confiance des hommes les uns dans les autres. Dans le domaine des idées, l'internationalisme, par exemple, est aujourd'hui en voie de progression ; mais son histoire présente des périodes plus ou

---

[1]. Demoor, Massart et Vandervelde, *L'évolution régressive en biologie et en sociologie* (Bibliot. scient. Internat., Paris, Alcan).

moins alternées de baisse et de hausse. Évidemment, si de telles applications sont possibles, c'est qu'il y a dans notre morale sociale quelque chose du passé qui retentit. Encore faut-il bien reconnaître qu'il serait chimérique de vouloir assigner à ces retours une loi constante ou un rythme régulier.

II. — L'AVENIR. DÉTERMINISME HISTORIQUE ET DIRECTIONS DE L'HISTOIRE. LA QUESTION DU PROGRÈS

Voyons maintenant de quel usage peut être l'idée de l'avenir, quel rôle lui revient dans l'action morale.

Il est sûr, d'abord, que l'homme a besoin de se soutenir par cette idée que ses croyances finiront par triompher. Jamais un révolutionnaire n'aurait la force de publier et de propager ses idées, malgré la résistance de son milieu et l'hostilité de son époque, s'il n'était soutenu par l'espoir que la postérité lui rende justice. L' « appel à l'avenir » est le recours constant des novateurs.

Mais comment définir et concevoir cet avenir ? Trois conceptions, ici, peuvent être mises en présence : 1° l'évolution humaine serait une *succession* pure et simple, irréversible, de phénomènes qualitativement irréductibles. 2° Il y aurait des *retours* dans l'histoire : le passé pourrait, sinon se répéter dans son entier, du moins recommencer partiellement. Et ces retours tiendraient, peut-être, à un rythme régulier, à une loi de succession constante : ils ne dépendraient pas de causes purement accidentelles. 3° Il y aurait une *direction* de l'histoire, irréversible, mais définie.

Quelques remarques peuvent nous aider à préciser, d'abord, le sens et les termes de la question. La théorie de la direction de l'histoire, sous sa forme la plus absolue, impliquerait la possibilité de *construire* la durée. Prétention insoutenable, selon nous. Mais sans aller jusqu'à soutenir que toute l'évolution humaine dépend d'un facteur simple, obéit à une loi suivant laquelle les faits sociaux varieraient en fonction d'un élément défini (telle que la loi qui relie, selon M. Bouglé, les variations de la forme politique à celles de la densité de la population), ne peut-on, après avoir constaté, d'abord, la succession des événements, leur assigner une direction commune, mettre, pour ainsi dire, une flèche sur l'histoire, qui en indique le sens ? Beaucoup d'historiens, au xix° siècle, l'ont tenté. De même que Bossuet voyait dans la révélation chrétienne à la fois le moteur et le terme de l'histoire romaine, Guizot et Augustin Thierry orientent toute l'histoire de France vers l'avènement de la bourgeoisie, Michelet, vers la Déclaration des Droits de l'homme. Du moins est-ce, pour lui, la Révolution française qui est le fait central autour duquel il dispose l'histoire : il mesure l'importance d'un fait à sa fécondité révolutionnaire.

Les historiens d'aujourd'hui se bornent, en général, à décrire les transformations sociales. Mais, si modeste que soit leur ambition, il leur faut bien, cependant, un critère pour discerner, dans la masse des faits, ceux qu'ils considéreront comme importants, comme des *faits historiques*. Ce critère existe, et on peut le définir d'après la méthode de leurs travaux. Ils mesurent — à la différence de leurs prédécesseurs — la valeur d'un fait à sa fécondité proprement dite et, pour ainsi dire, *quantitative* : un fait est important, à leurs yeux, quand il produit de nombreuses ou de vastes conséquences. Ils font abstraction, pour en juger, de l'intérêt ou de la valeur morale qu'ils seraient tentés d'attribuer à ces conséquences.

Mais, l'évolution sociale une fois décrite, l'historien peut-il essayer de *l'expliquer ?* En d'autres termes, y a-t-il un *déterminisme historique ?*

On s'est fait, de la nature de ce déterminisme, plusieurs idées différentes. 1° On paraît admettre, souvent, que le passé est, dans son ensemble, continuellement présent, que le présent n'est, à un moment donné, que l'effet de *tout* le passé. — Cette manière d'entendre l'histoire est, comme d'autres, légitime. Elle ne l'est pas au même degré par rapport à tous les cas. Elle se vérifie d'une façon positive lorsqu'au milieu de phénomènes actuels qui varient persistent seuls, chez certains peuples, les faits sociaux transmis par le passé, lorsqu'il y a, sur un point, survivance, immobilité au sein d'un monde mobile. Il y a ainsi des peuples, des moments de l'histoire, où la tradition semble être la seule force active et efficace. Mais quand on constate, en contraste avec ceux-là, d'autres cas manifestant des changements, des variations de l'état social, il ne suffit plus de dire, là encore, que le présent est déterminé par le passé. Car alors, d'où vient la différence entre le peuple qui change et celui qui ne change pas ? En réalité, il faut bien admettre que la volonté individuelle ou collective des hommes rompt, à de certains moments, ce déterminisme du passé.

2° On s'est, dans d'autres cas, appuyé, soit sur la notion de l'irréversibilité de l'histoire, soit, au contraire, sur l'hypothèse des retours (Vico), pour définir le déterminisme historique. — Mais si l'on veut donner de ce déterminisme une formule qui n'oblige à exclure, d'une façon absolue, ni l'une ni l'autre de ces deux hypothèses, il faut, selon nous, se contenter de dire que les choses *sont*, à chaque moment, tout ce qu'elles *peuvent être*, que leur mode d'existence est *déterminé*, du fait qu'elles *existent* actuellement. Conception qui, à l'opposé de la précédente, n'exclut pas de l'histoire la possibilité du renouvellement, du changement. — On semble penser, il est vrai, depuis Kant, que quelque chose de vraiment nouveau ne peut apparaître que grâce à de l'indétermination. Mais Leibniz admettait, sans y voir de contradiction, l'existence d'éléments qualitativement différents, et cependant tous nécessaires. Un Spinoza, bien que frappé de l'infinité des choses, de l'irréductibilité des attributs divins, leur applique, cependant, l'ordre et la méthode. Pour tous ces métaphysiciens, l'être, le fait, peut s'imposer comme tel et ne pas laisser, cependant, d'être intelligible, — tandis que certains modernes, Schopenhauer, par exemple, éprouvent devant le Fatum, la nécessité brute, une sorte d'épouvante religieuse. — L'historien ne se trompe donc pas en admettant, à son tour, que chaque moment historique est déterminé en tant que tel, et il est certain que tout son travail, quelle que soit son orientation particulière, implique un postulat de ce genre.

Notons, cependant, que ce postulat lui-même n'exclut pas, dans les actions humaines, une part d'indéterminisme et de libre arbitre. Car cette position de l'être en tant que tel peut être, en elle-même, libre et indéterminée : elle n'est nécessaire que pour l'homme qui trouve, plus tard, le fait posé, incorporé à la nature, et ne peut plus rien sur lui. Mais l'historien n'a pas, dans son travail, à se poser de telles questions : il suffit qu'il puisse, tout en affirmant la détermination de chaque moment, reconnaître et mesurer, dans les faits, l'action des idées et de la liberté humaines.

Ainsi l'historien, s'il ne veut pas s'en tenir à de simples constatations, a le droit de poser, sous deux formes, un déterminisme qui, en effet, se vérifie objectivement, mais qui, sous ces deux formes, a besoin d'être limité. Il est vrai, objectivement, que le passé détermine le présent ; mais ce déterminisme peut être rompu. Il est vrai, objectivement, que le présent s'impose et ne peut être que ce qu'il est. Mais l'histoire même nous fait constater l'efficacité de l'action humaine, et une apologétique de la liberté demeure possible.

Si la notion générale du déterminisme peut être ainsi appliquée, sous des formes spéciales, au passé et au présent de l'histoire, peut-elle, aussi, être étendue à l'avenir ? C'est là, en un sens, le problème de la *finalité*, de la *causalité par l'avenir*. Mais il y a lieu de rectifier, selon nous, la position classique de ce problème. Dans les termes même où nous venons de la formuler, — en tant qu'elle consisterait à savoir s'il y a vraiment, sur les choses humaines, une action de l'avenir, — la question de la finalité n'a plus d'intérêt aujourd'hui. Que l'humanité marche fascinée par une image ou poussée par des faits déjà réalisés, que la cause soit devant ou derrière l'effet, peu importe, si sa marche est, dans l'une ou dans l'autre hypothèse, également définie. Différentes dans leur principe, ces deux manières de se représenter la causalité seraient, en fait, rigoureusement équivalentes dans leur application : adopter l'une ou l'autre ne changerait rien aux choses.

Nous nous demanderons donc, non pas si l'histoire a une fin au sens de cause réellement agissante, mais, tout d'abord, si elle a une *direction*. — De ce que nous avons écarté, plus haut, les interprétations de l'histoire qui supposeraient la possibilité de construire la durée, il ne s'ensuit pas, en effet, que l'histoire prise en elle-même ne puisse manifester une direction, une orientation des faits qui la composent. — Direction qui peut fort bien n'être, à aucun degré, une direction intelligente. Le savant qui envisage, dans un problème de mécanique, certaines forces comme dirigées ne leur attribue pas, pour autant, intelligence ou volonté. Et Claude Bernard, en parlant de l' « idée directrice » de l'évolution morphologique des êtres vivants, n'entendait désigner par là que le sens de cette évolution, caractéristique de chaque espèce. Il suffit, de même, pour qu'on puisse admettre une direction des choses humaines, que le sens où elles vont soit susceptible d'être défini et, une fois posé, ne laisse plus de place à l'arbitraire.

— Et c'est de ce point de vue seulement que nous nous poserons la question des directions de l'histoire [1].

La seconde question à laquelle nous réduirons le problème de la finalité — et qui, à vrai dire, est étroitement liée à la précédente — est celle de savoir si l'histoire a un *plan*. Nous entendons par là, indépendamment, cette fois encore, de tout recours à une intelligence ; un ensemble ordonné d'actions et de réactions interdépendantes, un *système* lié et cohérent, — quels que soient, d'ailleurs, le principe de cette dépendance, la raison d'être de cette liaison et de cette cohérence. L'idée que Descartes se faisait de l'univers, ordonné par des lois purement mathématiques et étrangères à toute finalité, peut nous servir de symbole de ce que serait, dans notre pensée, un plan de l'histoire.

Or nous croyons qu'il y a place, dans l'histoire, pour les deux notions que nous venons de définir. — La grande objection qu'on a tenté de faire à leur application, c'est que l'enchaînement et la liaison des faits peuvent bien n'être, en histoire, que le résultat d'un hasard, l'expression d'un nombre infini d'accidents qui se compensent et s'équilibrent. Mais admettons qu'il en soit ainsi : quand même il se dégagerait du hasard, l'ordre historique, du moment qu'on peut le saisir, n'en serait pas moins *réel*. Une loi qui exprime le résultat moyen d'un grand nombre de faits accidentels — comme les lois de la dilatation et de la compression des gaz, en physique — reste toujours une loi. Si on a pu dire, de même, que c'est le hasard qui fait survivre ou non les œuvres littéraires, il nous suffira, ici encore, que ce hasard soit, en général, bien

---

[1] Ajoutons, en passant, que l'idée d'après laquelle ces directions seraient intelligentes est, manifestement, difficile à soutenir. On ne voit pas bien quel but pourrait être celui que l'humanité, dans son ensemble, cherche à atteindre. Non pas même, sans doute, celui de prolonger ou d'embellir sa vie. Car l'idée de la valeur de la vie est, précisément, une idée toute moderne.

inspiré, ou, pour mieux dire, que le résultat de son jeu laisse apparaître une règle générale. Pas plus que je n'ai à nier le désordre quand je le rencontre, je n'ai à nier l'ordre que je peux saisir. S'il est possible, en fait, de définir un ordre de l'histoire, l'objection que nous indiquons ici ne nous troublera donc pas.

Nous croyons même qu'on peut aller plus loin, et qu'il existe des directions et des liaisons, non seulement propres à l'évolution de telle ou telle société, mais communes, pour certaines périodes, à toute l'évolution humaine dans son ensemble. — Une remarque de Comte vient à l'appui de ce que cette idée peut avoir d'audacieux. On n'a pu, d'après lui, saisir la direction générale du devenir social, tracer la courbe du mouvement de l'humanité que depuis qu'elle se connaît elle-même. Et il y a bien peu de temps qu'elle se connaît. En d'autres termes, l'histoire commence, et son début correspond à un changement, récent et décisif, dans la vie des choses sociales. — S'il en est ainsi, on conçoit qu'il soit possible, ou du moins qu'il devienne possible, non pas, sans doute, de construire l'histoire à partir d'une seule loi, statique ou dynamique, mais de marquer, pour certaines périodes et *entre deux dates* plus ou moins rapprochées ou éloignées, une direction dans laquelle sont entraînés les événements[1].

Quelle est, aujourd'hui, cette direction de l'histoire? Où va présentement la force des choses? La réponse est malaisée. Car la récente entrée en scène de l'Extrême-Orient est venue compliquer les éléments de la question. On ne peut savoir ce qui

---

1. En fait, personne ne refusera de dire, dès aujourd'hui, qu'il est impossible de faire revivre, actuellement, des croyances solidaires de formes économiques manifestement périmées, — de ressusciter, par exemple, la morale du petit atelier : nous pouvons être sûrs qu'une telle idée va contre la direction de l'histoire.

résultera du contact des deux civilisations. Mais ce contact lui-même est certain, et il est sûr qu'il en sortira quelque chose de neuf. — Essayons cependant de dégager les principales tendances de l'évolution morale, — en ne considérant, d'abord, que la civilisation occidentale.

Nous distinguerons, pour caractériser ces tendances, entre : 1° l'attitude de l'homme devant l'*objectivité*, — ses relations avec l'univers ; 2° l'attitude de l'homme devant la *société*, — ses relations avec les autres hommes.

1° Ce qui règle, de plus en plus, l'attitude de l'homme moderne devant l'objectivité, c'est, assurément, l'idée de la science. — Il ne semble pas douteux que l'Occident ne soit entraîné par l'histoire vers la laïcisation de plus en plus étendue, de plus en plus profonde, des sentiments humains et des idées humaines. Laïcisation préparée, du reste, par les religions elle-mêmes. En attribuant aux objets de la foi le caractère de réalités *transcendantes*, le christianisme les a, dans une certaine mesure, isolés : le mythe religieux a été de moins en moins mêlé aux choses de la vie quotidienne. — La science, inversement, s'est, de plus en plus profondément, engagée dans la vie. Elle n'était encore, au xvii° siècle, qu'un ensemble de curiosités, de « recherches propres à divertir les beaux esprits » : on ne songeait pas à voir en elle le substitut d'une religion ou d'une philosophie. Seul de son temps, Descartes la définit déjà comme une méthode, et une méthode universelle. Or la science est en train, conformément à ses prévisions, de s'étendre à tout le domaine de la pensée : elle devient, vraiment, l'esprit humain en action. De cette domination croissante de la science, de sa pénétration croissante dans la vie de toute l'humanité, on pourrait citer bien des indices. (On en trouverait jusque dans le caractère de nos voyages : les voyageurs du xv° siècle courent le monde pour faire fortune ; ceux du xix°, pour donner un aliment à leur rêverie ;

aujourd'hui nombre de gens voyagent pour s'instruire : notre âge est celui des *voyages scientifiques*.) Ainsi, la pensée entière de l'homme, toute sa manière de voir les choses, s'organisent sous l'idée commune de l'*attitude scientifique*.

2° En ce qui concerne, d'autre part, les relations de l'homme avec les autres hommes, on peut dire, croyons-nous, que, tout comme l'idée de la science, l'idée de la *société* envahit de plus en plus les consciences. C'est, sans doute, une opinion communément reçue que celle qui fait du mouvement social des temps modernes une marche vers l'émancipation de l'individu, une « reprise » exercée par l'individu sur la société. Mais cette opinion repose sur des confusions. En réalité, l'idée de la société, autrefois subordonnée à l'idée religieuse, et qui n'avait de valeur que par son accord avec cette idée, a, depuis que les mythes religieux ont commencé à s'affaiblir, pris une valeur propre et, pour ainsi dire, joué toute seule. La religion, en se retirant du domaine de la vie sociale pour devenir, de plus en plus, affaire individuelle, a permis d'apercevoir dans la société une force indépendante, spécifique, et qui n'a pas besoin, pour agir, de s'appuyer sur elle. Sa régression a, dans ce sens, émancipé le social qui, livré à lui-même, n'a cessé de faire des progrès dans la conscience.

Deux causes ont, d'autre part, favorisé ce progrès. En premier lieu, l'extension des sociétés, grâce à laquelle un nombre toujours croissant d'individus se sont trouvés enserrés dans le même lien social. En second lieu et surtout, l'*assimilation sociale*. — La solidarité *organique*, M. Durkheim l'a montré[1], s'est substituée à la solidarité *mécanique*.

Les peuples de l'Orient ancien étaient comme des troupeaux, obéissant à un même maître, mais dont cette obéissance commune faisait toute l'union. Le sentiment romain, l'idée

---

1. Cf. sa *Division du travail social*.

romaine ne pouvaient guère être intelligibles à la plupart de ceux qui, sous l'Empire, étaient censés y participer : on en eut la preuve dans la rapide désagrégation qui suivit les invasions barbares. Aujourd'hui, toutes les agglomérations humaines, en Occident, sont fortement socialisées. Et cette socialisation intense s'étend — en même temps que s'accentuent, dans chaque groupe, les différences individuelles — à un nombre toujours croissant d'individus. Si, chez les nègres, tous les individus d'une tribu se ressemblent, il n'y a, entre des tribus séparées, presque rien de commun. Deux Anglais, au contraire, peuvent être fort différents ; mais il existe une solidarité européenne, un type européen.

Les témoignages sont nombreux de cette prise croissante du social. Chez les primitifs, un homme quittera, dans bien des cas, un groupe pour appartenir complètement à un autre : il n'a besoin que d'une socialisation globale, pour ainsi dire. Un civilisé, au contraire, ne se séparera pas de son groupe sans un brisement de cœur : il lui est lié, non plus en gros, une fois pour toutes, mais en détail ; chacune de ses fonctions est socialisée.

Elles le sont, d'ailleurs, par rapport à des groupes distincts et de plus en plus nombreux : leur différenciation s'accentue, on le sait, en même temps que leur dépendance à l'égard de la vie sociale[1].

Autre direction de la même évolution. Si l'individu est de plus en plus socialisé, la socialisation se fait, de plus en plus, dans l'intérêt de l'individu. Non qu'il puisse être question, encore une fois, d'une « reprise » de l'individu sur la société. Mais il est certain que la société elle-même se pose de moins en moins comme extérieure et supérieure aux individus : elle se fait contractuelle et accorde, dans sa propre organisation,

---

1. V., sur ces faits, Durkheim, Bouglé, *op. cit.*, et Simmel, *Ueber sociale Differenzierung* (Leipzig, Duncker, 1890).

un rôle de plus en plus important au consentement individuel. Et le développement que favorise ainsi l'institution sociale n'est pas celui de tels ou tels individus — de l'individu supérieur ou exceptionnel, à qui elle permettrait de lui échapper — mais celui de l'individu moyen. C'est le *Massenindividualismus*, comme disent les Allemands, qui vit dans la conscience moderne.

Citons-en quelques preuves. Le respect de la vie humaine sans plus, de la vie humaine *en général* tend à augmenter. La peine est de plus en plus strictement réglementée : elle s'adoucit et tend à prendre pour type, au lieu de la privation de la vie, la privation de la liberté [1]. Les institutions d'assistance se développent. Les guerres, sans avoir disparu, dépendent moins du caprice de quelques-uns. Politiquement, la participation au pouvoir devient de plus en plus générale. Au point de vue civil, le régime du *contrat* se substitue au régime du *statut*, à l'autorité pure et simple de l'État : la volonté de l'homme tend à devenir le critère principal du droit. Au point de vue économique, enfin, un nombre d'hommes de plus en plus grand demandent à participer, eux aussi, à l'exercice de l'autorité et aux fonctions de direction. — C'est le spectacle de cette évolution générale qui a inspiré à des philosophes et à des hommes politiques la théorie du quasi-contrat : tout se réduirait, entre l'individu et la société, à un compte de *doit et avoir*. — Bien des agitations actuelles (parmi lesquelles il faut compter, notamment, le mouvement syndical des fonctionnaires) sont des effets de cette évolution qui fait passer dans le domaine du droit privé des parties de plus en plus étendues du droit public : on en arrive à se demander si la société, prise dans son ensemble, doit s'imposer aux individus comme une fin en soi, ou traiter avec eux

---

1. V. Durkheim, *Deux lois de l'évolution pénale*, Ann. Sociol., t. IV, 1899-1900.

comme une sorte de patron collectif. — A tous ces égards, la conscience morale moderne s'oriente vers la démocratie.

Contre le mouvement démocratique, une certaine réaction, cependant, se manifeste. A la perspective de *médiocratie* qu'on lui reproche de nous ouvrir, quelques-uns opposent les droits des compétences, ceux des personnalités fortes ou des « minorités conscientes » (syndicalistes révolutionnaires). Il y a lieu de tenir compte de cette tendance, commune à des théoriciens par ailleurs très différents. Mais tous ces théoriciens reconnaissent, en somme, que la démocratie s'impose comme un fait et se préoccupent, seulement, d'en limiter les conséquences. — On s'est mépris, à cet égard, sur la pensée de Nietzsche. Le surhomme, tel qu'il le conçoit, est bien moins un individu isolé, à la façon des romantiques, qu'un chef féodal, qui, tout en la dépassant, vit de la vie du peuple : il prend contact avec un certain milieu social et l'exprime. Aux simples hommes desquels il se détache, il doit, comme rançon d'une supériorité conquise par la souffrance, le pain et le bonheur plat. Conception, à tout prendre, très contemporaine de celle de Renan, qui, en réservant à l'élite le pouvoir, la culture, l'autorité, lui refuse les jouissances inférieures qu'il abandonne au vulgaire.

Si, après avoir essayé, ainsi, de dire en quel sens se transforme le contenu de la morale sociale, nous cherchons comment varie sa forme générale, il nous apparaît que les équivalences qu'elle définit sont, de moins en moins, des équivalences de *choses*, et, de plus en plus, des équivalences de *relations*. La réglementation des échanges économiques se fonde sur la considération du « crédit », simple système de relations morales, expression d'une confiance, d'une croyance collective. Nous assistons à la genèse d'un véritable *spiritualisme social*. Mais, en même temps que les équivalences deviennent, ainsi, de plus en plus souples et mobiles, nous les voulons, aussi, de plus en plus *déterminées*. De moins en moins nous admettons qu'il y ait place, dans l'échange, pour la charité, la condescendance, et tous les sentiments *gratuits* : un don comme le pourboire — source de gains supplémentaires pour l'employé, et aussi pour l'employeur — nous choque par son caractère arbitraire, et nous fait l'effet d'une survivance. Nous demandons à nous trouver, partout, en présence d'un droit, d'un contrat défini [1].

La morale familiale manifeste, en gros, la même tendance que la morale sociale. Chacun des membres de la famille devient une personne, existe pour lui-même et non plus seulement pour le groupe. L'autorité paternelle se fait démocratique et subit des limitations destinées à sauvegarder la femme et les enfants [2].

Ajoutons, enfin, que l'individu, considéré en lui-même, dans ce qui lui est propre et le différencie des autres hommes, tend à défendre contre la socialisation croissante dont nous avons parlé cet aspect de son individualité : sa conception personnelle du monde, ses croyances intimes ou simplement ses sentiments cachés, ses « petites affaires ». Que l'État légifère sur le divorce pour fixer la situation des enfants, régler la distribution des biens. Mais qu'il ne punisse pas l'adultère, l'infidélité sentimentale en tant que telle : « cela ne le regarde pas ». On sait qu'il y a, dans cet ordre d'idées, toute une partie de la législation qui tend à disparaître.

Nous n'avons parlé jusqu'à présent que de l'Occident.

---

1. Notons, dès maintenant, que cette forme générale de la morale moderne s'accorde avec celle de la science, dominée par l'idée de fonction. Pour le savant, ce sont des relations qui sont le fond du réel : la science est un système de « rapports sans supports ». Du domaine de la physique, où elle est installée, l'idée mathématique de fonction envahit la vie sociale.

2. Voir, par exemple, la loi de 1899 sur la déchéance paternelle.

Dans quelle mesure les directions générales que nous avons constatées s'imposent-elles à l'Orient ?

Il est clair, à première vue, que l'idée de la *science* est une idée spécifiquement occidentale, à laquelle l'Orient est tout à fait étranger. Il a fallu des siècles, remarque M. Seignobos, pour que naquît une lueur de critique, et cette lueur a paru en Grèce. Dans l'Hindoustan, par exemple, ç'a été, au contraire, l'affaiblissement graduel de la lumière. Mais, au cours du xixe siècle, la science a commencé à pénétrer l'Orient.

Ce qui a le plus facilité cette pénétration, c'est, semble-t-il, le prestige des résultats pratiques, des « miracles de la science ». Les missionnaires n'ont pas, dans leur tâche, de meilleure ressource que les objets manufacturés qu'ils importent. — En Afrique même, les musulmans demandent une instruction technique. Aussi a-t-on pu dire qu'il faut, pour les gagner à notre civilisation, non pas entreprendre de leur inculquer nos idées et nos habitudes, mais leur apprendre des choses utiles, leur donner des notions techniques élémentaires : le reste, pense-t-on, se fera de lui-même [1]. En ce sens encore, l'industrie et le laboratoire auront transformé le monde. — On ne peut nier, en tous cas, que l'idée de la science, venue d'Europe, ne gagne de proche en proche. Le triomphe du Japon a suscité, chez les autres peuples de l'Extrême-Orient, l'espérance d'égaler les Occidentaux en s'instruisant. Et il est tout à fait probable que, l'idée de la science pénétrant ainsi les consciences, il se constituera, sur ce point-là du moins, une civilisation humaine.

En ce qui concerne, d'autre part, les relations de la vie sociale, il faut sans doute considérer comme réelle l'opposition qu'on a souvent établie entre la morale de l'Occident et celles des peuples orientaux. On la caractérise, généralement,

---

[1]. V., à ce sujet : C^t. Ferry, *La France en Afrique*, Paris, Colin, 1905.

en insistant sur une triple antithèse. Tandis que l'Européen devient de plus en plus laïque, l'Oriental est, dit-on, foncièrement religieux. Alors que le premier est essentiellement actif, entreprenant, préoccupé d'augmenter son bien-être personnel, le second est quiétiste, indifférent aux satisfactions de la vie, et sacrifie sa vie même beaucoup plus facilement que nous. A la différence, enfin, de l'Européen, l'Oriental n'est, à aucun degré, individualiste : ses vertus sont toutes patriarcales.

Peut-être, sans abandonner les résultats essentiels de ces analyses, convient-il de faire quelques réserves sur leur interprétation. C'est, par exemple, s'avancer beaucoup que d'affirmer que notre morale soit, même aujourd'hui, plus complètement émancipée de la religion que les morales orientales. Si elle est, sans doute, plus *laïque*, on peut, en revanche, fort bien soutenir qu'elle est moins *positive*. Car si les conceptions proprement théologiques tiennent de moins en moins de place dans notre vie, la métaphysique continue à nous dominer, et nous avons essayé d'y suspendre notre morale. Ou plutôt, des morales *non vécues*, solidaires de philosophies d'origine étrangère, n'ont cessé de se superposer, en Occident, à la morale *vécue*, conçue par la conscience sous l'action directe du milieu, et de fausser son jeu naturel. Déjà, au moyen âge, la seule mythologie qui fût vraiment du terroir — celle du patron, du saint local, considéré comme ayant un pouvoir à la fois moral et magique — n'apparaît plus nettement que dans les formes populaires de l'eschatologie chrétienne : toute une métaphysique judéo-alexandrine la recouvre et l'étouffe dans la religion officielle. Une morale d'importation — morale ascétique — contrarie les tendances propres de la morale féodale. Et quand, au XVIIIe siècle, la morale se dégage du christianisme, elle prend pour doctrine l'idéologie abstraite de la Révolution, tellement éloignée de la science qu'elle se trouvera, bientôt, hors d'état de suivre et d'aider le mouvement des croyances. Ainsi, il n'a cessé d'y avoir, chez nous, entre la morale, d'une part, et, d'autre part, la religion et la philosophie, un divorce mal compensé par des déductions artificielles : constamment, on s'est efforcé de rejoindre à des théories empruntées des formules de vie avec lesquelles elles n'avaient pas de lien intime et résistant.

C'est de nos jours, seulement, qu'une morale positive commence à s'élaborer en Occident. Sous une forme encore chaotique et grossière, voici que naît, dans le peuple, une morale expérimentale et positive, la morale du travailleur. Et, en face de cette morale prolétarienne, tend à se constituer une morale bourgeoise et conservatrice qui est, elle aussi, une morale directement inspirée de la vie et du milieu.

Regardons, au contraire, les civilisations de l'Extrême-Orient. Nous y voyons des religions qui ne sont guère autre chose que des systèmes de rites, et à l'égard desquelles la morale, système de coutumes vécues, jouit d'une indépendance à peu près complète. Peu ou point de mythologie dans leurs règles de vie, dans leurs croyances pratiques. En ce sens, c'est l'Orient qui nous donne l'exemple d'un *positivisme moral*.

Quant à leur impuissance d'agir, elle s'explique peut-être, chez les Orientaux, par l'impuissance de leur science. Depuis que la connaissance du monde extérieur, née en Occident, a pénétré chez eux, il semble que nous assistions à un véritable éveil : nationalités qui revivent, essais de régime parlementaire, refonte des procédés d'éducation. Rien ne dit qu'à la suite de nos idées scientifiques, nos idées morales, politiques, etc., ne viendront pas s'implanter dans leur civilisation.

Il semble enfin que s'ils ont, assurément, beaucoup à apprendre de nous à ce double point de vue, ils puissent, à bien des égards, être pour nous de bons maîtres de morale individuelle[1].

Quelle signification faut-il attribuer, d'un point de vue pratique, à la définition que nous venons de donner de quelques-unes des directions de l'histoire ? Il peut être intéressant de les noter, soit pour s'opposer, sur des points déterminés, aux idéologies réactionnaires, soit pour éliminer, d'une façon plus générale, les tentatives qui visent à fonder une croyanc actuelle sur des considérations d'ordre statique, psycholo giques ou morales. Mais ces directions sont, en elles-mêmes, trop vagues et trop indécises pour permettre de résoudre un problème pratique, ou même de formuler, dans des termes qui le rendent applicable, un principe moral. Les efforts faits pour rationaliser la religion et les progrès de l'esprit proprement laïque, la monarchie constitutionnelle et le régime républicain sont également dans le sens de l'évolution que nous avons décrite. L'impérialisme, comme l'arbitrage, peut tendre à éviter ou à atténuer les conflits. La notion même de la différenciation sociale, si on on la posait sans autre explication, laisserait bien incertaine la véritable structure de la société vers laquelle nous allons. — Seule, l'analyse du présent, des conditions de fait et des idées morales qu'il comprend, peut nous permettre de prendre parti en connaissance de cause.

On a coutume, il est vrai, d'attribuer à la considération de l'avenir une portée plus déterminée. Mais l'avenir, à condition de le prendre assez vaste ou assez lointain, fournira toujours de quoi justifier toutes les croyances, toutes les formules

---

[1]. La sérénité, la simplicité de mœurs, la façon tranquille de prendre l'existence, que M. Challaye (*Au Japon et en Extrême-Orient*, Paris, Colin, 1903) nous fait constater chez les Japonais, forment un étrange contraste avec notre vie agitée et inquiète.

d'action. Celle qui sera démentie par demain sera confirmée par après-demain. Contre ceux qui considéraient la Révolution française comme une étape vers une rationalisation croissante, on aurait pu soutenir, avec vraisemblance, qu'elle préparait un retour vers la religion, — et c'est, en effet, ce qui s'est vérifié, dans une certaine mesure, sous la Restauration. On a donc, pour ainsi dire, le choix de l'avenir en vue duquel on agira. Ou, pour mieux dire, c'est d'un autre point de vue qu'on devra se décider pour une action déterminée [1].

Pour indiquer, dans ce qui précède, les directions de l'évolution morale, nous n'avons tenu compte, jusqu'ici, que de la réalité morale telle qu'elle se traduit dans les faits. Nous devons, conformément à une distinction que nous avons indiquée au début de notre étude, nous demander maintenant dans quelle mesure les consciences humaines acceptent ou approuvent ce mouvement de l'inconscient qu'elles reflètent, si elles évoluent en accord ou en désaccord avec lui.

Telle est, selon nous, la seule forme positive qu'on puisse donner à la question du *progrès*. Parler du progrès comme d'un fait objectif serait évidemment un non-sens : l'idée du

---

[1]. Il y a lieu d'insister, à notre avis, sur cette stérilité relative de la prévision sociologique ou historique en morale, parce que l'illusion contraire n'est pas sans offrir quelques dangers pratiques. Vouloir, à tout prix, tirer de la considération des directions de l'histoire la solution des problèmes moraux, c'est risquer d'aboutir, si l'on se borne à prendre, en quelque sorte, la moyenne de toutes les possibilités de l'avenir, à une morale neutre, inefficace et incertaine, ou s'exposer à la tentation d'attribuer à l'évolution elle-même, pour justifier une doctrine déterminée, une signification plus précise que celle qu'elle a réellement. Non qu'on ne puisse obtenir, dans cette voie, des résultats susceptibles d'un usage pédagogique légitime. Un enseignement qui s'adresse à de très jeunes gens doit, sans doute, se préoccuper avant tout de faire prendre aux nouveaux venus la file de l'histoire, de les associer à ce que nous pouvons saisir, avec quelque netteté, du mouvement général de l'humanité. Mais il ne faudrait pas que cet enseignement en arrive, en s'incorporant des interprétations administratives, à rendre suspecte toute initiative morale, et à paralyser les aspirations de la conscience.

meilleur ne peut être détachée de la préférence consciente. Il s'agit donc, encore une fois, de savoir si la poussée des choses morales concorde avec les aspirations des consciences.

Nous ne consulterons, pour le savoir, que la conscience *commune actuelle*, — non les consciences d'élite, ni surtout celles du passé. — Il est extrêmement difficile, en effet, de savoir, après un long intervalle de temps, quelle a pu être la réaction d'une conscience individuelle d'autrefois envers l'état social et moral de son temps. Quand l'individu a disparu depuis des siècles, qu'il n'existe plus pour nous que par ses actes ou ses écrits, c'est tout à fait légitimement que nous le situons, d'après eux, dans le courant même des faits sociaux. Il semble bien, d'autre part, que les consciences d'élite d'une époque rentrent, sur bien des points, dans la conscience commune de cette époque : Pascal, s'il est vrai qu'il se soit approprié des découvertes d'autrui, partageait les opinions courantes, au XVII° siècle, en fait de probité scientifique. — Nous écarterons donc, dans l'examen de la question que nous nous posons ici, tout essai de psychologie individuelle ou rétrospective.

Mais nous croyons que la question, en elle-même, demande à être posée. Les sociologues contemporains ont, au contraire, une tendance à ne considérer que l'évolution prise objectivement, celle de la réalité morale. Et il est sûr que si l'histoire entière pouvait s'ordonner suivant une courbe absolument définie et ininterrompue, tout homme raisonnable, ayant renoncé à la théologie et à la métaphysique, n'aurait plus qu'à recourir à l'histoire. Même dans cette hypothèse, on pourrait, cependant, opposer deux réserves à la conséquence que nous venons d'en tirer. D'un point de vue philosophique, il reste vrai de dire, comme l'ont indiqué les néo-criticistes, que, même où l'existence des choses se laisse constater, le consentement humain est nécessaire pour les poser. Réserve qui n'a, d'ailleurs, qu'une faible importance pratique : car si quelque liberté subsiste en présence de la vérité, cette liberté ne peut être qu'infinitésimale. Il est sûr, d'autre part, que l'évolution des choses et celle de l'humanité ne se ressemblent pas absolument. L'homme est avec l'humanité en communion sociale ou spécifique : il la crée par son action, en même temps qu'il est déterminé par elle. Mais un des aspects de cette communion est précisément le désir qu'il éprouve de se sentir d'accord avec elle, et, pratiquement, s'il y avait *une* histoire, elle s'imposerait à notre consentement. La courbe des consciences coïnciderait avec celle de la réalité ; l'historisme moral serait justifié et constituerait la morale elle-même.

Mais, en fait, l'évolution morale objective ne se présente pas ainsi. D'abord, cette évolution n'est pas simple : elle comprend, à la fois, celle de la moralité et celle de l'immoralité, qui est connexe à la première. (C'est ainsi que M. Durkheim a pu dire que le crime fait partie de la vie sociale aussi normalement que la vertu.) Par conséquent, il ne peut être question d'accepter purement et simplement sa direction : un choix demeure nécessaire, du point de vue moral, entre les termes qu'elle unit.

Ensuite, et à supposer ce choix une fois fait, l'évolution de la moralité elle-même est très irrégulière. Sa direction nous est souvent inconnue, ou ne se révèle qu'à notre conscience, plutôt qu'à notre intelligence : une certaine préférence morale nous annonce l'avenir que nous ne pouvions prédire. C'est un fait qu'à chaque instant, des affirmations conscientes de ce genre interrompent et orientent à nouveau notre action.

Dès lors, et puisqu'il est impossible de compter sur une coïncidence absolue, il faut joindre à l'étude de l'évolution objective celle de sa relation avec les consciences.

On a pu soutenir, au xviiie siècle, que la vérité morale

actuelle, ou celle qui est dans le sens de l'évolution, aurait été acceptée dans le passé, si elle n'avait pas été artificiellement cachée aux hommes. Mais il est clair que c'est là une hypothèse insoutenable, fondée sur une notion profondément inexacte des croyances religieuses primitives. — On a prétendu encore que, si les croyances actuellement admises par les hommes ne pouvaient, sans doute, être découvertes ou aperçues qu'à un moment donné, l'humanité, déjà antérieurement, s'y conformait inconsciemment, et les aurait mises en pratique, si elle les avait connues. Telle est, en particulier, la conception kantienne. Tout comme la loi de Newton, qui régissait le monde aussi bien avant qu'après sa découverte, les vérités morales actuelles pourraient, sans difficulté, être projetées dans le passé. — Notre croyance au déterminisme historique nous empêche, aujourd'hui, de nous rallier à des opinions de ce genre. Comme les autres éléments de son histoire, les croyances morales de l'humanité ont été, à chaque moment, tout ce qu'elles pouvaient être. Par suite, les vérités morales actuelles, même si on avait pu les pressentir plus tôt, auraient été dénuées, alors, de toute valeur pratique, et celui qui les eût affirmées n'aurait pas eu raison contre ses contemporains. Le précurseur — cela résulte de toute notre conception des choses morales — n'est nullement justifié parce qu'il a deviné l'avenir. En fait, presque tous ceux qu'on peut désigner de ce nom dans l'histoire ont vécu, comme leurs contemporains traditionalistes et routiniers, hors du présent, et par conséquent de la vérité morale : ils ont rêvé autant qu'eux, mais à rebours. — Nous avons vu, d'autre part, que les vérités morales qu'on peut considérer comme éternelles sont tout à fait indéterminées : il n'en existe pas de définie qui vaille pour un moment quelconque du temps.

Nous n'admettrons donc pas, en ce sens, la notion du progrès. Nous ne croyons pas que l'évolution morale nous ait révélé une vérité telle que tous les hommes l'auraient admise à un moment quelconque.

Mais on peut, en un sens beaucoup plus limité, retrouver à cette notion un sens positif et acceptable. Soit la vérité morale actuelle : l'homme, répétons-le, n'eût pas pu la réaliser autrefois, il ne l'aurait même pas dû ; il n'aurait pu que la rêver. Mais, cette vérité une fois trouvée, il peut se rendre compte qu'elle est plus satisfaisante que celles dont il a dû auparavant se contenter ; il peut comprendre que cette vérité présente, prévoir que certaines vérités futures, ou qui tendent à s'affirmer, répondront plus pleinement à certains besoins permanents de sa nature. Or tel nous paraît être le cas. Même les sociétés qu'on regardait comme les plus réfractaires à notre civilisation regardent comme un progrès le triomphe de l'homme, la conquête que la science lui permet de faire de la nature. Les peuplades les plus primitives essayent, quand elles le peuvent, de s'approprier nos découvertes. Jusque dans un passé très reculé, on peut voir dans la magie, par exemple, une expression de ce désir de dominer la nature, que satisfait la science.

La question paraîtra plus délicate, si on envisage, au lieu des applications de la science, la science désintéressée ou la morale proprement dite. La science purement spéculative ne répond, semble-t-il, qu'à un besoin de l'élite, et ne se développe que grâce à elle.

Quant à la morale proprement dite, il est difficile, assurément, de montrer que telle conquête morale répond à un besoin de l'humanité, parce que ces besoins sont légion. Tenter, par exemple, de justifier le régime parlementaire, en disant que l'homme a toujours voulu la liberté, est une entreprise puérile. — Mais sans prétendre établir que tel mode de vie nouveau satisfait tel besoin, du moins peut-on constater que, mis en sa présence, les hommes en général l'acceptent et le préfèrent à l'ancien. Si les primitifs paraissent, aujourd'hui, tenir à leur moralité plus qu'à leur science, peut-être cette différence entre les deux ordres de vérités est-elle due à des croyances religieuses que la science dissoudra. Presque jamais, dans le passé, les barbares n'ont résisté à la civilisation : qu'on se rappelle les suites de la conquête de la Grèce par les Romains, et celles des invasions germaniques. C'est par leur admiration à son égard que s'explique, par exemple, ce regret de l'antiquité qu'on remarque pendant tout le moyen âge. Et, dès maintenant, nous avons des exemples nouveaux de la rapidité avec laquelles des peuples moins cultivés empruntent à une civilisation supérieure, non seulement sa science, mais ses procédés sociaux ou législatifs ; le régime parlementaire tend à s'introduire chez les peuples orientaux.

Ajoutons, enfin — et par là nous rejoignons, sur un point, l'idée que les hommes du xviii° siècle se faisaient du progrès — que les croyances nouvelles, une fois établies, restent acquises : les régressions, quand il s'en produit, ne sont jamais absolues.

Si nous examinons, d'ailleurs, ces régressions, nous verrons qu'elles mettent en lumière une idée non moins consolante que l'idée de progrès : celle de la continuité humaine. — Quand elle peut concevoir et comparer deux formes de civilisation, l'humanité préfère, parfois, le passé à l'avenir, et même au présent. Cela se produit, semble-t-il, ou se produira chez nous. A bien des égards, nous redevenons païens ; l'au-delà qui, depuis les métaphysiques et les religions orientales, tourmentait l'humanité, est en train de disparaître. De plus en plus, l'homme se contente de vivre sa vie : il détaille son idéal au fur et à mesure des nécessités de l'action. La véritable formule de la vie devient l'adaptation aux choses, plutôt que l'espérance d'un bonheur transcendant. De même que les Grecs admettaient plusieurs dieux, nous croyons qu'il n'y a que des vérités spéciales. A leur tour, les civilisations d'Extrême-Orient nous pénètrent, à mesure que nous prenons contact avec elles, d'un respect qui peut rendre contagieuses quelques-unes des dispositions morales de ces peuples : il semble qu'il y ait dans leur sérénité, leur sens tranquille de la nécessité, quelque chose qui passera en nous.

Il suffit, d'autre part, de se promener à une de nos fêtes populaires, d'assister à ce débordement de jouissances brutales et d'art lamentable, pour se rendre compte qu'il n'y a rien là de comparable aux Jeux olympiques, et qu'un Grec rougirait de nous. Ce serait donc une erreur de croire que nos préférences vont toujours dans le sens de l'évolution. Mais ces exceptions, prises dans leur ensemble, n'ont rien qui doive décourager. Elles manifestent, encore une fois, l'unité et la continuité de l'espèce humaine. Et il reste vrai de dire que celle-ci, à y regarder de plus près, ne repasse jamais par des états identiques et préfère, très généralement, son état nouveau à son état ancien.

Il y a donc, en résumé, une concordance satisfaisante entre l'évolution de la réalité morale et la direction des consciences.

III. — LE PRÉSENT. SCIENCE ET MORALE ACTUELLES. LA MORALE ET LA NATURE

De l'ensemble des conclusions auxquelles nous avons été conduits résulte, avec netteté, l'obligation de nous placer, pour justifier nos croyances morales comme pour les définir, en face de réalités actuelles. Il ne peut y avoir de philosophie morale — aussi bien que de morale — que du point de vue du présent.

C'est de ce point de vue et en l'envisageant, maintenant, dans son contenu actuel, que nous rapprocherons, dans ce qui suit, la morale de la science.

Mais, tout d'abord, en quoi consiste, comment se délimite et se découpe ce que nous entendons par le présent? On a jusqu'ici mal défini et mal conçu le présent. On a fait de lui, souvent, quelque chose de si instable et de si fuyant qu'il se réduit à rien. Comte, par exemple, dit que le présent vient du passé et tend à l'avenir, mais qu'en lui-même il n'est rien; Enfantin le tient pour quantité si négligeable qu'il déclare se conduire comme s'il devait vivre cinq cents ans après l'époque actuelle.

On s'est fait, d'autre part, du présent certaines notions métaphysiques. La première conception qu'il convient de mentionner en ce sens est celle de Hegel, qui considère que le contenu de chaque moment est déterminé, *a priori*, par un rythme de l'histoire. Il est bien difficile d'établir, d'une façon positive, des rythmes de ce genre. Et à supposer qu'on pût le faire, il serait encore bien difficile de passer de l'un à l'autre, de conclure, par exemple, du rythme physique ou métaphysique au rythme moral [1].

Une autre conception du présent consiste à se le représenter comme une contraction qui se produirait dans la durée intensive dont la vie intérieure est le déroulement : ce serait, pour ainsi dire, de la durée ramassée, concentrée en un point psychologique. Telle est l'idée du présent qu'on peut extraire, en particulier, des livres de M. Bergson, et qui, pour le noter en passant, se rapproche beaucoup de l'idée que les métaphysiciens du XVIIe siècle, Spinoza surtout, se faisaient de l'éternité. Mais une telle contraction de la durée, où la succession se ferait intensité, peut bien être, sans doute, un cas — assez exceptionnel, d'ailleurs, et parfois pathologique — de la vie intérieure : ce cas exceptionnel n'a rien de privilégié, et il n'y a aucune raison d'y voir le type unique du présent.

1. Rappelons, en faveur de ce que cette conception peut avoir conservé d'intérêt, l'influence exercée par Hegel sur Feuerbach et sur Marx.

Nous essayerons, ici, de définir le présent d'après l'usage qu'en fait la vie pratique, et plus particulièrement l'action morale. Il nous semble que notre conduite, notre morale actuelle impliquent une certaine notion du présent — notion beaucoup plus large d'ailleurs, que l'idée que s'en sont fait ordinairement les philosophes.

A ne consulter, d'abord, que la conscience, nous verrons que tout se passe, en elle, comme si elle-même était soustraite à des changements qu'elle constate. Toutes les fois, en effet, que nous pensons, de quelque manière que ce soit, notre conscience s'oppose, comme immobile, à un flux de phénomènes qu'elle tient, pour ainsi dire, sous son regard. Il y a, dans le présent ainsi saisi, à la fois équilibre et mouvement. — C'est cette notion du présent que nous considérerons comme théoriquement valable, en nous efforçant de la préciser. Le présent historique ne se réduira donc pas, pour nous, à l'immobile ou à l'intensif : il comprend, pour un moment donné, et en même temps que la *conscience* même de l'humanité, tout ce que cette conscience peut, à ce moment, embrasser *distinctement*[1].

Si l'on conteste que ce soit bien le présent, ainsi caractérisé qui doive être considéré comme l'objet de la morale, c'est que des illusions théoriques obscurcissent la réalité de cette notion. Illusions qui tiennent à l'abus qui est fait, pour réduire et annihiler le présent, soit du passé, soit de l'avenir.

On soutient, par exemple, que le passé est tout entier dans le présent. C'est là une illusion radicale. En réalité, le présent exerce, sur le passé, une double action de réduction et d'incorporation. Parmi les faits du passé, les uns cessent d'agir; d'autres agissent encore et ont leur effet dans le présent, mais en s'incorporant, pour ainsi dire, au présent. Les

---

1. Il serait intéressant de faire, à ce sujet, une étude sur les limites et les conditions de la mémoire des générations.

premiers n'agissant plus, il est inutile de nous en occuper pour régler notre action. Quant aux seconds, nous les connaîtrons en nous regardant nous-mêmes, en nous plaçant dans le présent. — Tel est le cas, par exemple, des croyances religieuses ; le meilleur moyen, au point de vue pédagogique, de dissiper ce qu'elles contiennent de superstition ne sera pas d'étudier leur histoire, mais de s'imprégner de religion actuelle, positive.

Lorsque le passé, enfin, agit en nous, c'est, souvent, parce qu'il est utile, parce que son effet s'accorde avec nos tendances. Le fait que George Ier, ignorant la langue anglaise, n'assista pas au conseil des ministres, a encore ses effets aujourd'hui, puisque, depuis, aucun roi d'Angleterre n'assiste plus au conseil ; mais cet accident heureux s'accordait pleinement avec les tendances parlementaires de l'État anglais, et ses effets ne se sont perpétués que parce qu'ils ont été, dans le présent, jugés utiles. — Ainsi c'est, dans bien des cas, le présent qui détermine ce qui sera retenu du passé.

De même qu'au passé, on attribue à l'avenir, par rapport au présent, une signification qu'il n'a pas. Les philosophies du progrès se le sont, en général, représenté à peu près comme les religions et les métaphysiques traditionalistes se représentaient le passé : il résulterait, indépendamment du présent, du passé en tant que tel et s'imposerait à l'action comme s'il était, avant même d'exister, quelque chose de tout fait. En réalité, l'avenir n'est autre chose, au moment où nous agissons, que l'idéal du présent projeté en avant de nous par l'imagination. Quand je dis, par exemple, qu'il y aura une démocratie, c'est que j'y crois, — et, à chaque moment, c'est l'action humaine, inspirée par cette foi, qui produit les choses. Une fois que l'action s'est exercée, ses produits, sans doute, déterminent dans une certaine mesure l'avenir qui les suivra ; mais, même en tenant compte de cette détermination partielle, il entrera toujours, dans l'image que je me ferai de cet avenir, beaucoup de traits qui ne me sont révélés que par ma foi, par mes croyances morales.

Si l'avenir n'est pas une réalité toute faite, il s'ensuit que je n'ai pas à m'y soumettre, à l'accepter passivement. Peu m'importe que la postérité doive condamner, peut-être, des œuvres que j'admire. De l'avenir, comme du présent, nous avons le droit de laisser tomber, d'écarter pratiquement ce que nous voulons. Le rôle de l'homme d'aujourd'hui est, dans un cas comme dans l'autre, de distinguer entre le rêve et la réalité.

Mais comment savoir, objectera-t-on, quels sont les faits qui devront être considérés comme appartenant à cette réalité présente? Nous n'en sommes pas réduits, pour le savoir, au témoignage de la conscience. On peut juger, objectivement, de l'existence actuelle d'un fait par ses effets ; on recourra, pour mettre en évidence son action, à la méthode des variations, aux procédés de l'analyse scientifique. — Nous ajoutons, seulement, à l'indication de ces critères objectifs qu'il n'y a lieu de faire entrer dans le présent que les faits qui agissent encore d'une manière *distincte*, ne font pas pour ainsi dire, partie de notre substance. Il est, par exemple, tout à fait oiseux, du point de vue de l'action, de savoir si notre mentalité logique nous vient des Romains. Mais il y a lieu de tenir compte des effets qu'exerce, sur nous, le système napoléonien. Car ce qui lui vient des Romains est incorporé à notre intelligence elle-même; on ne peut dire, au contraire, que les conceptions administratives de Napoléon se confondent avec tout notre être social. — Seront donc, légitimement, compris dans la notion du présent social tous les faits qui apparaîtront comme ayant, par rapport à ceux qui le composent à première vue, une existence et une action qui leur sont propres.

Telle est, quant à ses limites générales, la réalité présente que la morale actuelle a, selon nous, pour objet. Mais elle ne se fait pas, cependant, avec cette seule réalité : elle implique, en même temps que la considération de cette réalité présente, un travail d'élaboration, auquel la soumet la conscience, et un contrôle de ce travail. En d'autres termes, la morale telle qu'elle se présente actuellement implique : 1° une réalité; 2° une idée jaillie de la conscience; 3° une enquête, qui aboutit à éprouver cette idée au contact des faits.

Or, et pour commencer, sur ce point même, la comparaison entre la science et la morale que nous annoncions plus haut, — de même que la morale, — la science d'aujourd'hui se place, elle aussi, au point de vue du présent. Un savant contemporain n'a pas besoin de faire l'histoire *lointaine* de sa science. Les acquisitions du passé qu'il peut lui être nécessaire de connaître sont, en général, incorporées à la science actuelle : il lui suffira, pour entreprendre son propre travail, de connaître les dernières recherches faites sur son sujet, celles qui contribuent à poser les termes de la question.

Quelles sont, parmi les conceptions fondamentales de la science (continu et discontinu, etc.), celles qui doivent être considérées comme valant par tous les temps? Nous sommes à peu près incapables de le dire. Il n'y a guère de conception un peu vaste qui, si délaissée qu'elle ait été pendant de longues années, ne puisse encore avoir son tour et servir, à nouveau, de principe d'explication. Newton a paru, au xviii° siècle, ressusciter les « qualités occultes ». De vieilles notions finalistes — celle des vertus ou des forces propres aux diverses parties du corps — revivent dans les théories de biologistes contemporains. Bref, il n'y a, peut-être, pas une idée scientifique de laquelle on puisse affirmer qu'elle est absolument morte. Mais ce dont nous sommes sûrs, c'est qu'à un certain moment, il convient, dans un domaine donné, de recourir à telle ou telle idée. Ce que nous n'hésitons pas à affirmer, c'est qu'il y a, dans chaque ordre, une vérité du *moment*.

Considérons, encore, la manière dont les sciences sociales étudient leur objet : nous verrons qu'aux procédés proprement historiques, adoptés par réaction contre les anciennes déductions abstraites, elles tendent à substituer, aujourd'hui, la pratique des enquêtes actuelles. Mais c'est dans le même sens que s'orientent, aujourd'hui, les sciences de la nature physique : la physiologie n'explique plus la vie d'après la dissection du cadavre, elle expérimente sur l'animal vivant ; la chimie, au lieu de s'en tenir à l'étude de leurs produits, essaye d'étudier directement les réactions de vitesse variable, les équilibres instables dont les lois préparent une analyse des fonctions de la vie.

Enfin, la science actuelle met, elle aussi, au premier plan, la notion de l'action. Tandis que les théologies, les métaphysiques classiques concevaient la recherche de la vérité comme purement contemplative, la science moderne s'est constituée précisément du jour où, avec Galilée, elle a affirmé la nécessité d'interroger activement, de travailler, de pratiquer les choses.

Ainsi, la science, comme la morale, se place, aujourd'hui, au point de vue du présent, et, comme elle, implique une action dirigée vers ce présent.

Puisque la science et la morale actuelles se ressemblent, précisément, par l'importance qu'elles attribuent au présent, il y a lieu d'adopter, pour marquer leurs relations, l'attitude qui est la leur et de chercher avec un peu plus de détail quels sont, dans l'état actuel de l'humanité, leurs caractères communs.

1° Sous quelle forme se présente, aujourd'hui, la connaissance scientifique? — L'empirisme réaliste, qui l'interprétait comme une adhésion pure et simple de l'esprit aux faits donnés, est une conception maintenant périmée. Il est impossible, actuellement, de soutenir que la science n'est qu'une collection d'observations. Manifestement, elle est faite avant tout d'idées, autrement dit, d'hypothèses. Et ces hypothèses sont de trois sortes. Il en est qui peuvent être vérifiées, jusqu'à coïncider avec la réalité sensible, par l'intuition d'un objet ; par exemple, l'hypothèse de Le Verrier sur l'existence de Neptune. Il en est d'autres — qu'on peut appeler les hypothèses « heuristiques » — qui ne sont justifiées que par leurs conséquences : ainsi la théorie des mouvements vibratoires en optique. Il en est, enfin, d'une troisième espèce, qui ne servent même pas à découvrir des faits, mais seulement à classer, à coordonner ou à simplifier les faits, les lois ou les hypothèses antérieurement établies : tel est le cas, en général, des « théories mathématiques, » et aussi de certaines hypothèses, — heuristiques à d'autres points de vue —, lorsqu'on les prend dans leur sens le plus étendu : par exemple, de l'hypothèse atomistique envisagée comme théorie du discontinu. C'est donc à tort qu'on imagine qu'il n'existe, dans la science, que des hypothèses vérifiées intuitivement. D'une façon générale, et surtout quand il s'agit des hypothèses du dernier genre, le contrôle dont il peut être question est quelque chose de tout à fait analogue à l'*épreuve* dont nous avons parlé en morale.

Considérons, en effet, la morale : nous y trouverons, aussi, à côté du sentiment direct de la réalité morale, ce qu'on pourrait appeler l' « hypothèse morale » : c'est-à-dire l'idée directrice, la formule organisatrice de la pratique, dégagée de cette réalité par la conscience et qui y retourne par l'action. Et entre ces « hypothèses morales », nous observerons les mêmes gradations. Il y a des idées morales — par exemple, l'idée de justice dans les temps modernes — qui, à une période et pour une région déterminées, s'accordent complètement avec la conscience commune, avec tout l'ensemble des préférences collectives. Tout se passe, alors, comme si la conscience individuelle ne faisait, dans ce cas, que pressentir une certaine réalité : il existe, pour ainsi dire, une nature morale avec laquelle notre idée coïncide. Dans d'autres cas, l'idée morale se vérifie seulement par ses conséquences : c'est ce qui a lieu lorsque, communiquant ma foi à des groupes de consciences de plus en plus étendus, je finis par l'introduire dans la croyance collective. Il y a, enfin, des idées qui ont bien surgi, dans certaines consciences, au contact du réel, mais qui ne peuvent, pour le moment, y être introduites par l'action et ne valent, jusqu'à nouvel ordre, que pour la conscience même qui les a élaborées et s'en sert pour ordonner, systématiser son idéal.

Ainsi, de part et d'autre, même rôle fondamental de l'*idée*; mêmes degrés de précision ou de rigueur du contrôle qu'elle comporte : l'idée peut être vérifiée directement ou indirectement, elle peut n'être, enfin, qu'*éprouvée* par les faits.

2° Il résulte de ce que nous venons de dire que les notions d'objectivité et de subjectivité ne peuvent être appliquées à la science comme les termes d'une antithèse unique. On ne peut dire, en effet, que notre science ne soit qu'une construction arbitraire de l'esprit; on ne peut dire non plus qu'elle saisisse le réel tel quel. Il y a des cas où les théories permettent d'atteindre une réalité qui tombe sous l'intuition, d'autres où elles se manifestent comme allant, seulement, dans le sens de la réalité, d'autres enfin où elles demeurent des idées, des points de vue purement humains. L'exemple des mathématiques, en particulier, montre assez que des idées vraies peuvent vivre et se développer sans autre point d'appui que ceux qui leur sont fournis par la pensée. Mais on peut noter, de plus, qu'il y a, de l'un à l'autre de ces degrés d'objectivité, un passage continu, et qu'une même hypothèse le parcourt, en des sens différents, d'un moment à l'autre de son histoire. Telle hypothèse, qui semblait vérifiable à une certaine époque, apparaît plus tard, en raison même des complications et relations nouvelles que les progrès de la science ont fait apercevoir, comme échappant à un contrôle expérimental rigoureux et complet. Inversement, la théorie moléculaire commence, grâce au perfectionnement des appareils et des méthodes, à être considérée comme susceptible, sur certains points, d'une vérification intuitive[1].

Or les mêmes nuances d'objectivité, et aussi les mêmes changements se remarquent en morale : la réalité que nous croyions saisir peut s'évanouir ou nous échapper, l'invérifiable cesser de l'être. Mais ni dans les sciences expérimentales, ni dans la morale, la construction intellectuelle ne peut suppléer au contrôle expérimental : la construction *a priori* d'images ayant leur valeur propre n'est possible que dans l'ordre mathématique.

3° La science actuelle tend à rendre possible, par l'usage qu'elle en fait, une nouvelle élaboration de la notion de l'*immédiat*. Tel que se le représentent encore certains philosophes, l'immédiat semblerait devoir être, toujours et dans tous les cas, un donné. Or la certitude scientifique atteint, d'une manière également immédiate, les lois et les faits, les relations abstraites et les choses. Par là, les modernes sont conduits à abandonner la vieille distinction du sensible conçu comme absolument mobile et de la pensée conçue comme éternelle. La pensée elle-même nous apparaît comme étant une *expérience* : les vérités intellectuelles s'imposent à un moment donné, comme les faits, et, comme eux, peuvent changer d'un moment à l'autre; on a eu le droit de parler, en ce sens, de la *vie* d'un

---

1. V. Bouasse, *La science et l'histoire de la civilisation*, Revue du mois, 10 avril 1906.

principe. Et une psychologie de la pensée distincte qui essayerait de définir, sans établir entre elles de hiérarchie préconçue, les caractères communs de toutes ces certitudes aboutirait, semble-t-il, à un empirisme nouveau, à la fois *radical* et *formel*.

Or, de même que les vérités scientifiques, les principes moraux, eux aussi, sont fixes dans une certaine mesure, mais seulement dans la mesure où demeure fixe la croyance qui les accepte. Cette croyance, en elle-même, est chose vivante, et qui peut, par conséquent, être en évolution. — On peut, à cet égard, rapprocher de la *foi*, telle que la concevaient les théologiens, l'attitude qu'adoptent, ainsi, le savant et l'honnête homme. Dans un cas comme dans l'autre, la vérité s'impose par elle-même, immédiatement (*veritas index sui*) : elle n'a pas besoin d'être *fondée*. Une telle attitude suppose, comme l'a bien vu Pascal, que le monde n'est pas formé d'une seule substance ou d'un objet qui contiendrait tous les autres, — que chaque vérité y a sa place et sa vie. — Mais comment justifiez-vous votre croyance ? En l'éprouvant par les choses, en *travaillant*. — Il y a, seulement, entre la foi religieuse et l'attitude du savant ou de l'honnête homme moderne cette différence essentielle que la certitude scientifique ou morale n'a qu'un sens purement formel, et ne change rien au contenu de chaque vérité, — tandis que les religions positives, pour justifier la croyance, la réalisent en un objet transcendant.

4° En raison même de cette dernière remarque, l'*unité* de la science n'est plus, pour les savants actuels, ce qu'elle était pour Descartes : elle ne résulte plus de la découverte d'un élément, d'un ordre de facteurs en fonction duquel tout le reste varierait. Elle consiste, simplement, dans une certaine *solidarité* de sciences distinctes. Continuellement, il se fait des emprunts de l'une à l'autre : des lois communes passeront, par exemple, de la physique électro-magnétique à la physique de la lumière. Mais il est rare que les tentatives qu'encouragent ces rapprochements aillent jusqu'à réaliser pleinement l'unité rêvée par Descartes : d'une façon générale, les principes de chaque science restent pour nous des vérités spéciales, établies chacune sur son domaine : elles ne se relient qu'après coup, et souvent imparfaitement.

Or il est aussi impossible d'unifier, du point de vue de l'action, les disciplines morales. La morale nous apparaît comme impliquant une synthèse de psychologie et de sociologie, — et il est impossible de déduire d'un principe unique, ou d'exprimer en fonction d'une seule exigence ses divers préceptes. Dans l'ordre moral aussi bien que dans l'ordre scientifique, la raison moderne se présente — suivant le mot que Blanqui appliquait à la société — comme une *anarchie organisée*.

5° S'il y a, d'autre part, une tendance commune à l'ensemble des sciences actuelles, c'est, sans doute, celle qui les conduit, dans tous les domaines, à poser leurs lois comme des *fonctions*, et à prendre ainsi, de plus en plus, l'aspect du *formalisme mathématique*. Notons pourtant qu'en même temps que cette tendance formaliste, il y a, dans les sciences modernes, une tendance tout opposée à rejoindre le concret : c'est ainsi que des conceptions qui semblaient, jusque-là, offrir un caractère purement formel, — les théories sur la constitution de l'éther, par exemple — tendent, nous l'avons dit, à recevoir un commencement de vérification intuitive. A prendre les choses dans l'ensemble, on peut maintenir, cependant, que la tendance formaliste prédomine ; — et que la science considère, de plus en plus, des relations, des rapports mathématiques, non les choses ou les propriétés des choses.

Dans la morale moderne, c'est, de même, une direction abstraite qui prédomine. Alors que toutes les notions qu'on se faisait des choses sociales avaient, autrefois, un caractère essentiellement réaliste, nous voyons dans le travail, par exemple, une certaine relation entre les conditions de l'activité[1]. Le contrat, au lieu d'être conçu comme fondé sur la nature des objets en cause, est considéré, de plus en plus, comme l'expression d'une équivalence fixée, avant tout, par la volonté intérieure des contractants. A la différence du droit romain qui légiférait surtout par espèces, le droit actuel dégage de cas particuliers, auxquels elles ont été d'abord appliquées, des idées directrices que rien n'astreint à un seul groupe de cas, et qui peuvent recevoir, en raison de leur signification purement formelle, une extension de plus en plus vaste.

6° En considérant, enfin, la pratique impliquée dans le travail scientifique tel qu'il se présente actuellement, on est conduit à définir certains traits de ce qu'on pourrait appeler la *morale du savant* d'aujourd'hui, et à voir qu'ils se rapprochent de ceux de la morale actuelle en général. — Comme le savant, l'honnête homme moderne est tourné vers l'action, vers la conquête des choses. — Mais il y a, de plus, une *organisation du travail* scientifique qui s'accentue de nos jours, et qu'il est, dans une certaine mesure, légitime de regarder comme une image de celle vers laquelle tend la société. Il ne peut plus guère exister, dans la science actuelle, de génies monarchiques : on y reconnaît, avec une netteté croissante, que le plus grand esprit a besoin des modestes. A ce titre, la science nous donne, si l'on veut, une leçon de démocratie. Mais le trait, sans doute, le plus important de cette organisation du travail scientifique, c'est son caractère *fédéraliste* : au-dessus des travailleurs spéciaux, les penseurs capables de synthèse, — et, comme principe de la divi-

---

[1]. V. Ostwald, *Theorie des Glückes*, Annalen der Naturphilosophie, t. IV, 1905, p. 452-71.

sion du travail que corrige, spontanément, l'unité d'esprit qui rapproche tous les chercheurs, la diversité de l'orientation propre et du tour de chaque intelligence, le jeu relativement libre des aptitudes et des vocations individuelles. De cette société scientifique, la société moderne, prise dans son ensemble, ne nous offre qu'une reproduction encore mal ébauchée. La loi telle que la présente la démocratie politique actuelle n'est, a-t-on pu dire, que le roi transformé en une entité. Mais à ce principe extérieur d'unité, dont le prestige décline rapidement sous nos yeux, tend à se substituer, à mesure que se développent les associations professionnelles, une organisation fédérative, où l'action de chaque partie se relierait à celle du tout.

De même que nous venons de reprendre, en considérant leur état présent, l'étude des rapports de la morale et de la science, demandons-nous brièvement s'il y a lieu de compléter, du point de vue du présent, les conclusions auxquelles nous avons abouti[1], relativement au degré d'harmonie qu'il nous est permis d'espérer entre la morale et la sensibilité.

Étant données la certitude morale et la certitude scientifique telles qu'elles se présentent actuellement, quelle forme de bonheur est susceptible de s'accorder avec elles ?

Le fait qui domine tout examen de cette question, c'est que l'homme ne peut plus compter, aujourd'hui, que sur des certitudes de détail. Dans ces conditions, force nous est de nous résigner à monnayer nos satisfactions, notre bonheur comme nos croyances. Non qu'il nous soit interdit de souhaiter, à notre tour, les joies supérieures qui résultent de la pratique du bien. Mais ces joies, nous ne les obtiendrons que concentrées sur un objet restreint. Suivant une expression de

---

1. V. *supra*, pp. 412 et suiv.

M. Duclaux, la science est une prière, mais une prière active et impersonnelle. C'est à propos de vérités spéciales, de découvertes limitées, que nous retrouverons, au jour le jour, l'équivalent du bonheur que procurait au croyant, au métaphysicien d'autrefois, la contemplation d'un Dieu ou d'un principe universel.

Nous n'aurons donc pas, en général, d'autre joie que celle de la tâche bien faite. Et encore cette joie même ne nous est-elle pas assurée. Car nos sentiments, nos impressions subjectives ne sont que la manifestation superficielle et changeante d'une réalité profonde et plus stable. De même que les sciences physiques ont, autrefois, dépersonnalisé la Nature, les études sociologiques nous révèlent progressivement l'existence d'une réalité morale inconsciente, dont la conscience morale est seulement l'expression. Par là, nous sommes amenés à faire, dans nos préoccupations morales, moins de place au sentiment que nous avons des choses, davantage aux choses elles-mêmes. L'analyse intérieure s'efface devant l'analyse du réel ; nous nous disons, avec Renan, qu'il est étrange, vu tout ce qui dépasse le voyageur, qu'il s'attarde encore aux mélancolies du chemin. Plus précisément, nous ne croyons plus que l'essentiel de la vie soit, comme le pensait encore Auguste Comte, la sensibilité, mais l'action. Si l'homme se replie sur lui-même, que ce soit pour y retrouver, de temps à autre, le souvenir de ce qu'il a fait.

De cet état actuel de nos connaissances et de notre vie morale découlent, naturellement, certaines applications pédagogiques. L'éducation ne doit pas viser tant à exalter la sensibilité intérieure de l'enfant, à multiplier les frémissements de sa conscience qu'à l'accoutumer à l'idée d'une réalité plus vaste que lui, et capable de le distraire de sa petite personnalité, à lui faire saisir l'existence de vérités qui s'imposent à sa conduite, en dépit de son égoïsme. — La philosophie elle-même, quoi qu'on en ait longtemps pensé, ne renferme pas de baume spécial : si elle console, ce n'est pas parce qu'elle s'attache à un objet supérieur, mais parce qu'elle est, comme d'autres tâches, une occupation, une action.

L'analogie que nous avons signalée plus haut entre le polythéisme ancien, que ne choquait pas la lutte entre les dieux, et l'orientation de l'intelligence moderne, tout entière tournée vers la recherche de vérités indépendantes et précises, ne peut donc pas être projetée, sans réserves, sur le terrain de la sensibilité. Car tandis que l'esprit païen aspirait à la joie, nous tendons à nous contenter, aujourd'hui, d'une pure et simple adaptation à des réalités limitées. Vigny, déjà, caractérisait les enthousiasmes et les dévouements modernes par l'absence de croyances : l'homme croit peu, et cependant il est fort. Seulement, Vigny persiste à penser que cette attitude est comme une violence faite à la nature humaine, qu'elle implique une sorte de résignation douloureuse, — et c'est là, selon nous, qu'est l'erreur. Quand on est bien convaincu qu'il ne peut y avoir de connaissance totale, universelle, on se contente de moins, et on échappe, en même temps qu'au dogmatisme qui posait de telles certitudes, au scepticisme qui résultait de leur nostalgie.

Nous avons, dans ce qui précède, marqué les principaux traits de ce que nous appelions, en commençant, l'*apologétique* morale, — entendant par là que tous les raisonnements qui visent à justifier une croyance par autre chose qu'elle-même sont, d'une part, insuffisants à la fonder, mais peuvent, d'autre part, rassurer la conscience sur sa légitimité.

Telle que nous l'avons esquissée jusqu'ici, cette apologétique morale emprunte ses principaux arguments soit à la considération de la nature humaine en général, soit à l'histoire des sociétés. — Un dernier problème qu'elle peut se poser consisterait à chercher quelles sont les relations de nos certitudes morales, non plus avec d'autres manières humaines de penser ou de sentir, mais avec l'univers considéré dans son ensemble. En d'autres termes, la *nature* — au sens classique du mot — nous présente-t-elle des indices de moralité?

Nous appliquerons à cette question l'une des distinctions qui ont guidé notre étude, et nous envisagerons : d'une part, la nature telle qu'elle a toujours apparu à l'ensemble de l'humanité; d'autre part, la nature telle que nous la présente la science actuelle.

Jusqu'à la fin du XVIII° siècle, ce sont les caractères statiques du monde qui ont surtout frappé les philosophes, et c'est en rapprochant l'ordre physique de l'ordre moral qu'ils ont, en général, essayé de les interpréter. Les métaphysiciens, en particulier, ont essayé de montrer qu'il fallait, pour penser la nature, une certaine unité intellectuelle, — un « Je pense », qui s'exprimerait par des lois. Et la raison pratique, elle aussi, serait fondée sur un « Je pense » pratique. — De nos jours encore, Green entreprend d'établir que l'unité intellectuelle implique toutes les vertus morales : sainteté, chasteté, etc.

De ces conceptions, rien ne subsiste aujourd'hui, sinon, cependant, l'idée qu'il y a de l'*ordre* dans la nature comme dans nos pensées. Assertion très générale, et que rien ne nous autorise à dépasser : car, pour déterminer les lois de la nature, on est obligé de recourir à l'expérience : il n'y en a aucune qui soit nécessaire. De plus, rien ne nous prouve que tout le réel soit rationnel : il y a du chaos, du hasard, aussi bien que de l'ordre. C'est, nous l'avons vu plus haut[1], une expérience morale qui nous fait choisir le côté de la

---

1. V. *supra*, pp. 399 et suiv., p. 425.

raison : vouloir trouver une justification ontologique de ce choix est une utopie.

On ne peut donc, de quelque manière que ce soit, déduire un ordre moral d'un ordre naturel. Tout ce qu'il est permis d'avancer, c'est que la science des choses morales, comme celle des choses physiques, satisfait à cette exigence générale d'un ordre. Elle aussi nous fait atteindre une certaine réalité : la société, avec ses règles (réalité sociale), la science, l'art, etc. (réalités de civilisation). — Il y a donc, dans un cas comme dans l'autre, un ordre réel, indépendant de nous.

Les études sociologiques récentes ont, d'autre part, amené leurs auteurs à considérer la réalité sociale comme distincte et indépendante, dans ce qu'elle a d'essentiel, des autres réalités connues : elles ont manifesté l'existence d'un déterminisme de la société par elle-même et rejoint par là, en le précisant, ce qu'on pourrait appeler le « spiritualisme social » de Comte. — Y a-t-il, dans la nature, quelque chose qui rappelle ce *spiritualisme* social ? On pourrait, à ce sujet, tirer parti des arguments par lesquels on a essayé de justifier le spiritualisme en général. A tout le moins a-t-on pu montrer que les théories de la physique moderne semblent opérer de plus en plus la spiritualisation de la nature. C'est ainsi qu'elle tendrait, d'après M. Duhem, à revenir à la physique d'Aristote : le fond même des choses serait composé de qualités irréductibles. — Mais, à ces théories de tendance spiritualiste, il est tout aussi légitime d'opposer les images beaucoup plus matérielles que certains physiciens se font de l'univers. Les conceptions atomistiques ne sont pas mortes, et paraissent devoir retrouver place dans les théories de l'éther. — Peut-on, entre ces conceptions opposées, se décider au nom des exigences de l'imagination intellectuelle ? Elle est très plastique, et il est bien difficile de dire ce qui s'impose définitivement à elle.

Le spiritualisme dans lequel on tenterait de faire rentrer, à la fois, la nature et la société telles qu'elles nous apparaissent aujourd'hui demeure donc, en fait, extrêmement douteux.

Mais il y a une autre façon, beaucoup plus légitime, de rapprocher la réalité morale de la nature.

A la différence des penseurs d'autrefois, les savants d'aujourd'hui mettent en évidence le caractère évolutif des objets qu'ils étudient : la biologie est devenue, par là, le type des sciences de la nature.

De cette influence acquise par l'idée d'évolution sont nées, assurément, bien des théories fragiles — comme celle de l'expansion vitale, de Guyau — d'après lesquelles la morale tout entière reproduirait la biologie. C'est, assurément, une prétention insoutenable que celle qui consiste à vouloir ramener tous les devoirs à celui de vivre le plus possible : l'étude de la morale fait apparaître une multitude de devoirs, et il n'est pas vrai que les hommes aient toujours cherché à développer leurs forces physiques ou sociales[1]. — Indépendamment de ces tentatives concernant la morale, il n'est même pas exact que la tendance à être soit la loi générale de la biologie. On peut, d'après Darwin, chercher chez l'être qui a vécu les conditions de la vie ; mais rien ne prouve que tout le développement de l'ensemble des espèces aille dans le sens d'une augmentation de la vie. Les raisons qui ont déterminé la survie peuvent, en effet, n'avoir rien de commun avec la force ou la beauté vitales. On a distingué, à bon droit, les lois de l'adaptation et celles du perfectionnement des organes.

Mais, en dehors de toutes ces confusions, il est cependant permis de tirer, de l'état actuel de la biologie, la matière de

---

1. V. supra, pp. 39 et suiv.

quelques rapprochements. L'histoire des choses morales nous les montre, en effet, évoluant, comme la nature physique, et la théorie de l'évolution elle-même n'a fait, en un sens, que rendre possible l'introduction de la notion d'histoire dans les sciences. Ainsi la nature elle-même nous apparaît aujourd'hui, non plus immobile, mais plastique : l'idée que nous nous en faisons nous renvoie, à cet égard, une image de ce qui se passe dans notre propre nature [1]. Enfin, les efforts des biologistes pour appliquer, dans leur science, des méthodes et des notions physico-chimiques ne doivent pas nous faire oublier que toute une partie des phénomènes biologiques appelle encore — comme l'ont montré les néo-lamarckiens — l'usage de la notion de finalité ou, tout au moins, des notions de direction et de système ou de plan. Notions légitimes, et qui établissent entre la biologie et l'histoire une nouvelle parenté, pourvu que, dans un cas comme dans l'autre, on évite de les entendre en un sens trop anthropomorphique. A l'inverse des anciens métaphysiciens, tels que Descartes, nous avons, en effet, une tendance à faire la nature plus vivante qu'elle ne l'est. Néanmoins, entre le mécanisme pur et simple et la vie intelligente, consciente de ses intérêts et de ses intentions, il y a place, comme nous l'avons indiqué plus haut, pour des poussées orientées dans un certain sens et pour des liaisons harmoniques [2].

Peut-on, afin de préciser la signification de ces analogies, essayer de découvrir dans la nature des indices, des rudiments de certaines formes de la vie morale ? — comparer, par exemple, la division du travail physiologique à la division du travail social ? — ou montrer que les institutions sociales sont, comme les organes de la vie physiologique, susceptibles de

---

1. Noter, parmi les récents changements accomplis en ce sens, l'extension de cette idée de la mobilité des choses aux éléments chimiques.
2. V. *supra*, pp. 456-7.

se développer par leur fonctionnement, de s'atrophier par défaut d'usage [1] ? — Notons seulement qu'un grand nombre des faits qu'on va ainsi chercher dans la nature pour encourager la moralité doivent la signification qu'on leur attribue à des interprétations inexactes. M. Giard montre, par exemple, que les dispositions physiques qui servent à l'incubation, chez certains animaux inférieurs, peuvent aussi bien servir à abriter des parasites, et que la femelle, réagissant à des excitations déterminées, lutte pour le parasite comme elle le ferait pour sa progéniture [2]. Il ne peut donc, dans un cas de ce genre, être question d'amour maternel.

On a, encore, voulu tirer argument du développement du système nerveux central chez l'homme pour le présenter comme le terme de l'évolution [3] : la supériorité de son cerveau aurait assuré son triomphe. Or il est certain que son avance intellectuelle a, en effet, permis à l'homme de se préserver ou de se rendre maître de certaines espèces animales : un grand nombre de ses qualités physiques résultent même du développement de son cerveau. Mais bien des faits viennent, ici encore, limiter la portée de ces considérations. Contrairement à ce que paraîtrait exiger la théorie, l'homme n'a pas paru le dernier dans la nature : il existait déjà à la fin du tertiaire et au commencement du quaternaire, et il semble avoir été, alors, inférieur à beaucoup de mammifères [4]. D'une façon plus générale, il faudrait, pour pouvoir interpréter le triomphe de l'homme social comme un effet de sa

---

1. V., pour des rapprochements de cette nature, Demoor, Massart et Vandervelde, *La régression en biologie et en sociologie*. (Alcan, Bibl. scient. internat.). — Cf. Bouglé, *Année sociologique*, t. I.

2. V. Giard, Les origines de l'amour maternel, *Revue des Idées*, t. II, 1905 (*OEuvres diverses*, I, 1911, p. 215-6).

3. Kropotkine, *L'Entr'aide* (Paris, Stock).

4. V. dans la *Revue philos.*, le c.-r. du livre de R. Petrucci, *Origine polyphylétique des sociétés animales*, mars 1907, p. 312.

supériorité physiologique, réussir à montrer qu'il y a parallélisme entre son évolution physique et son évolution sociale : or, ce parallélisme ne se vérifie ni pour l'homme, ni du reste, pour la nature elle-même, où les sociétés animales les plus élevées sont loin d'être, en règle générale, le fait des organismes les plus développés. — Enfin, même actuellement, ce triomphe sur la nature est loin d'être complet : l'homme demeure à la merci des moindres influences physiques ; l'Univers est bien plus puissant que lui.

APPENDICE

LA PHILOSOPHIE DE L'AGENT MORAL
(Résumé)[1].

LA CROYANCE A LA LIBERTÉ ET A LA RESPONSABILITÉ

La signification de la peine d'après la conscience sociale. — La justice pénale des sociétés anciennes punissait le crime en tant que fait : la peine y était conçue comme nécessitée objectivement par le crime. C'est ainsi que des légendes grecques, etc., représentent le coupable poursuivi par sa faute comme par un fléau naturel. On peut se rendre compte, d'ailleurs, par l'histoire que cette conception de la souillure engendrée par le crime était liée, dans ces sociétés, à l'importance de la place qu'y occupait la solidarité familiale.

De bonne heure, cependant, le droit pénal se complique par la recherche de l'intention : la religion, à Athènes par exemple, paraît avoir exercé une influence en ce sens. Le christianisme, à son tour, développe considérablement cette notion nouvelle de la peine méritée par l'intention.

Les deux conceptions de la peine qui viennent d'être distinguées sont, aujourd'hui encore, appliquées dans nos codes. On peut noter, cependant, une tendance de la conscience commune à faire prédominer la seconde. Si on analyse, par exemple, la conduite que nous tenons à l'égard des criminels politiques, il semble

---

1. [Faute de temps, cette seconde partie de l'étude annoncée par Rauh n'a pu être représentée, dans son cours, que par deux leçons dont il ne subsiste pas de rédaction ayant passé par ses mains. Pour achever de tracer, tout au moins, les grandes lignes du cadre qu'il se proposait de remplir, on a cru devoir donner ici un bref résumé de ces deux leçons, d'après des notes d'élèves.]

qu'on puisse en dégager la conclusion suivante : nous ne nous décidons à noter d'infamie que ceux qui, à propos de l'acte qu'ils ont commis, ne se sont pas posé de question de conscience. La sincérité morale, si nous l'admettons, exclut, à nos yeux, la possibilité de certaines répressions. — Non que l'opinion moyenne ne maintienne, cependant, la légitimité de la punition de la faute en tant que telle ; mais cette pénalité objective, en quelque sorte, n'a pour elle d'autre sens que celui d'un moyen de défense.

La croyance à la responsabilité et à la liberté en tant que croyance sociale. — S'il en est ainsi, le problème de la responsabilité et de la liberté doit être traité comme un problème moral. Car la croyance à la responsabilité et à la liberté est une croyance collective, ou plutôt un fragment des croyances collectives d'une société, et la morale, aussi bien que la sociologie, ne peut que prendre de telles croyances comme des faits ; elle n'a aucun droit à les éliminer au nom d'un déterminisme cosmique.

Une société donnée croit, en effet, à sa responsabilité et à sa liberté, et ce sentiment, plus ou moins fort suivant les époques et les moments historiques, se communique à ses membres. D'une façon générale, il semble que le sentiment de sa force, de son énergie collective ne se développe dans une société que quand elle a un idéal puissant : sous l'empire de cet idéal, elle oublie alors, socialement et scientifiquement, les conditions naturelles qui limitent l'emploi de cette énergie. Exemple : la période de la Révolution : le Code pénal d'alors n'admet qu'à peine la possibilité d'une atténuation de la responsabilité ; Kant, de même, pose tous les libre-arbitres comme égaux.

De nos jours, on constate aisément que la croyance sociale au déterminisme s'est beaucoup développée : grâce aux sciences, l'homme voit plus profond dans la nature. Le sentiment de l'énergie collective est, en revanche, moins intense qu'il ne l'a été : il semble que certaines sociétés traversent une période d'asthénie collective, due, sans doute, à des causes physiques, en même temps qu'à l'affaiblissement de leur idéal social. (L'idéal des révolutionnaires était celui de la conquête de certains biens ; l'idéal des humanitaires d'aujourd'hui est un idéal de commisération, de pitié universelle.) — Plus récemment, cependant, il semble que nous assistions à une renaissance de la vitalité intérieure. Les classes inférieures revendiquent leur dû, et le sentiment qu'elles ont de leur force se traduit sous une forme théorique déterminée (Exemple : la théorie marxiste).

Applications de cette conception. — Comment, étant donnée cette conception de la liberté, l'appliquer à un individu, à un cas déterminé? — On procédera, ici comme ailleurs, à une épreuve de notre croyance. On comparera, notamment, le déterminisme physique (action des conditions extérieures) et le déterminisme moral (action des idées, des croyances, en tant que poussée intérieure) et on considérera comme responsable l'homme chez qui le déterminisme moral l'emporte. Certaines idées générales contribueront aussi à décider de notre jugement : ainsi l'idée que, dans les cas douteux, c'est la société, plutôt que l'individu qui est responsable. — S'il s'agit de jugements à porter, non plus sur des faits d'une gravité exceptionnelle, mais sur des actions de la vie courante, il faudra tenir compte, encore, du sentiment qu'a le sujet de son pouvoir. C'est d'après l'ensemble de ces données que nous maintiendrons ou non notre affirmation de la responsabilité, de la liberté d'un homme [1].

Il ne suit pas de cette conception que la liberté soit quelque chose de purement social. En plus de la société particulière, il y a la civilisation à laquelle participe un individu, et la liberté qu'il pose à la source de ses actes est en relation avec ses autres fonctions psychiques.

L'A PRIORI MORAL

L'expérience morale et l'*a priori* moral. — Il y a certitude, en quelque ordre que ce soit, toutes les fois que notre imagination intellectuelle est arrêtée, fixée par un objet dont elle affirme la réalité [2]. Si elle s'arrête de son propre fait, si, sans saisir un objet nouveau, nous affirmons l'impossibilité de nous représenter les choses autrement que nous ne les pensons, nous disons qu'il y a nécessité, certitude *a priori*.

A quel signe reconnaîtrons-nous, en présence d'une affirmation de ce genre, qu'il y a réellement nécessité ? — Lorsqu'ayant constaté l'existence d'un certain groupe d'objets, nous disons n'en pas voir d'autres, cette dernière affirmation n'a pas, par elle-même, de contenu positif. Elle prend un sens tout autre quand l'expérience que nous avons acquise est considérée par nous comme complète, *exhaustive*. — Il en est de même en ce qui concerne l'imagination intellectuelle. Si elle se borne à poser ce qu'elle a saisi, alors que rien ne lui indique qu'il lui serait impossible de le dépasser, il n'y a là qu'une preuve négative et insuffisante de

---

1. [Cf. Rauh. *Sur la position du problème du libre arbitre*, *Revue de Métap. et de Morale*, 1904, pp. 977-1006].

2. V. *supra*, p. 368.

l'existence d'une nécessité *a priori*. Pour que cette preuve soit positive et concluante, il faut recourir à ce que Descartes appelait l'*énumération*, autrement dit, à une exploration *complète* de l'imagination intellectuelle : procédé d'épreuve qui est constamment employé par les savants pour déterminer la véritable signification des idées, — par Darwin pour montrer que telle règle morale est fonction des conditions de la vie, par M. H. Poincaré pour prouver que la géométrie classique contient des données d'origine expérimentale.

Examiner la question de l'*a priori* moral, c'est donc rechercher, à l'aide d'une enquête de ce genre, s'il y a des cas où l'*impuissance* de notre imagination morale à dépasser son affirmation actuelle doive être considérée comme *définitive, absolue*.

Il n'y a pas, en ce sens, de nécessité morale. — On peut, dans l'ordre des vérités cosmiques, isoler quelques propositions qui paraissent bien correspondre à une impuissance absolue de l'imagination intellectuelle. Ainsi, il est impossible de penser le néant (Bergson) ; il est impossible de concevoir un monde où il n'y ait pas du divers et de l'un. Dans d'autres cas encore, notre imagination intellectuelle rencontre des objets entre lesquels il est difficile de découvrir des intermédiaires : ainsi, il y a une différence radicale entre la quantité et la qualité (Bergson). Il y a, enfin, tout le domaine des mathématiques où l'esprit construit *a priori*.

Mais les vérités morales, même les plus générales, ne présentent pas ces caractères. — Prenons, comme exemples, les principales propositions de la morale de Kant :

1° Les maximes morales doivent pouvoir être érigées en lois universelles. — C'est là une vérité morale d'ordre tout historique, qui correspond à l'idée démocratique de l'égalité entre tous les hommes. On a adopté, autrefois, d'autres codes de la moralité. Une morale spéciale, professionnelle, tend à se substituer, aujourd'hui, à la morale démocratique abstraite.

2° La forme de la loi morale est celle d'un impératif catégorique. — Cette conception répond, de même, à un certain moment de l'histoire des idées. L'humanité, en fait, a toujours admis des valeurs incommensurables. Mais la position d'une valeur incommensurable ne se confond pas avec le sentiment, beaucoup plus complexe, qu'on appelle le sentiment du devoir. Dans ce sentiment se mélangent, selon nous : *a*) le sentiment d'une contrainte extérieure (la pression sociale dont parlent les sociologues n'est ainsi qu'un des facteurs du sentiment du devoir); *b*) celui d'une individualité consciente qui résiste à cette contrainte ; *c*) celui d'une obéissance ou d'une acceptation finale ;

d) des sentiments divers de plaisir ou de peine¹... Or, c'est à peine si la conscience primitive, ou même celle de l'antiquité païenne connaissaient le deuxième et le troisième moment : elles subissaient la nécessité morale, plutôt qu'elles n'avaient, encore, le sentiment de l'accepter. Un homme de l'antiquité se sentait comme écrasé par la nature; mais c'est le christianisme qui a rendu familière aux consciences la notion de leur déchéance intime, de leur humilité en présence d'une loi supérieure. Par ces acquisitions de la conscience moderne s'explique l'importance exceptionnelle attribuée par Kant au sentiment du devoir, — importance qui a amené certains philosophes à le ranger parmi les moralistes du sentiment (Hegel, par exemple, lui reproche d'avoir méconnu le caractère purement rationnel de la loi). Mais, même aujourd'hui, le sentiment du devoir n'est pas une caractéristique constante de l'action morale. Un homme normal ne l'éprouve que rarement : sa spontanéité suffit à la plupart de ses déterminations morales.

3° Dans la pensée, dit-on encore d'après Kant, est impliqué un devoir intellectuel : celui de penser rationnellement, impersonnellement. Acceptée dans l'ordre intellectuel, cette règle de la pensée doit l'être aussi dans l'ordre moral. La moralité n'est ainsi que la rationalité de la pensée, étendue à la pratique.

Or cette conception implique un abus de la notion de nécessité ou d'enchaînement logique. — Il y a, en réalité, trois sortes de principes qu'on peut appeler « logiques ». La première a pour type le principe de non-contradiction, principe qui repose, en dernière analyse, sur l'homogénéité du temps et de l'espace. Dire qu'une proposition une fois admise, on doit s'y tenir, c'est dire que l'espace et le temps, par eux-mêmes, ne changent rien aux choses : postulat qui, à un autre égard, peut être considéré comme le fondement de l'induction. Le second genre de principes comprend la position, dans la nature, de réalités hétérogènes, non réductibles les unes aux autres. Et enfin, le troisième revient à poser qu'une vérité admise par rapport à un certain ordre de faits peut, dans certains cas, être étendue à des faits différents : ainsi la notion de pesanteur à tous les corps. Mais alors, cette généralisation n'a rien de certain par elle-même : elle exige, pour chaque objet nouveau, une vérification spéciale. — Or, penser mes idées et penser ma conduite sont deux choses, en elles-mêmes, fort différentes. On ne pourra donc admettre l'identité du devoir intellectuel et du devoir moral qu'à la suite de deux cons-

---

1. [Cf. Rauh, *Expérience morale*, 2ᵉ éd., p. 16-24].

tatations successives, et non comme un postulat qui va de soi.

En juger autrement serait déclarer, d'avance, que la morale peut se construire par une simple méditation, la considérer comme une œuvre de cabinet.

4° Du moment que l'on pense, dit-on, à peu près dans le même sens, il faut consentir à penser, et, par conséquent, accepter un devoir de penser. Or il n'y a pas là de nécessité. Chez beaucoup de penseurs, cette espèce d'adhésion, de consentement volontaire à la pensée n'existe qu'à peine : ils accomplissent leur fonction naturellement.

5° Il en est de même, encore, en ce qui concerne la nécessité, admise par Kant, d'une union finale du bonheur et de la vertu. Cette nécessité ne s'imposait nullement à l'esprit des païens : la vie future demeure, chez eux quelque chose d'extrêmement vague. Et il nous est facile de nous rendre compte, aujourd'hui, que cette notion nous vient des conceptions chrétiennes et trahit la survivance d'un anthropomorphisme assez grossier.

Ainsi il n'y a pas, en morale, de certitude universelle et nécessaire qui domine, une fois pour toutes, l'idée expérimentale. Et ce sont, en réalité, des idées expérimentales, nées d'un certain temps et d'un certain milieu, qu'on nous présente comme des *a priori* définitifs, mais dont nous reconnaissons qu'elles apparaissent à des moments déterminés de l'histoire.

TABLE DES MATIÈRES

	Pages.
Préface	i
Note des rédacteurs	xxiii
Avant-propos : Le rôle actuel de la philosophie.	1

CRITIQUE DES THÉORIES MORALES

Introduction : La morale et la philosophie morale. 5

PREMIÈRE PARTIE : LES MORALES MÉTAPHYSIQUES 9
    I. Les morales de la transcendance. 9
    II. Les morales de l'immanence 15
    III. Publicistes-philosophes. 25

DEUXIÈME PARTIE : LES MORALES PSEUDO-SCIENTIFIQUES. . 30
    Chapitre premier : Les morales biologiques. 34
        I. Déductions et préjugés métaphysiques 34
        II. La vie et les croyances morales : la croyance à la vie. 37
        III. Les sociétés et la lutte pour la vie 49
    Chapitre II : Les morales sociologiques. 53
        I. La théorie des races : l'anthropogéographie. 53
        II. Le matérialisme historique. 61
        III. La philosophie de l'histoire. 83
        IV. Aspects divers de la réalité sociale : la sociologie objective 88

TROISIÈME PARTIE : LES MORALES INDIVIDUALISTES . . . 105
    I. La notion d'individualité : morale individuelle et morale collective. 106
    II. L'individualisme de la force 110
    III. L'individualisme du sentiment : les sentiments moraux. 116
    IV. L'individualisme hédoniste : l'idéal et le bonheur . . . 121

Conclusion : La croyance morale et l'enquête morale. 127

LA PATRIE

Chapitre premier : La question	133
Chapitre II : Les déductions nationalistes	134
I. Les arguments indéterminés	134
II. Les arguments déterminés	139
1. La Patrie et la religion nationale	139
2. La Patrie et le gouvernement	156
3. La Patrie et les préoccupations économiques	164
4. Théorie géographique de la Patrie	176
5. Théorie ethnique de la Patrie	179
6. La tradition et la Patrie	183
Chapitre III : Les déductions internationalistes	192
I. Les arguments indéterminés	193
II. Les arguments déterminés	197
Chapitre IV : La méthode	201
Chapitre V : L'enquête	209
I. Le sentiment national	209
II. Le sentiment international	217
III. L'accord des deux sentiments	225
IV. Les conflits particuliers	233
1. Les conflits d'idées	235
2. Les conflits économiques	236
3. Les conflits des intérêts et des sentiments	237
4. Les conflits de races	238
5. La Patrie et l'État	243
6. L'individu et la nation	249

LA JUSTICE

Introduction	259
PREMIÈRE PARTIE : CRITIQUE DES THÉORIES PHILOSOPHIQUES DE LA JUSTICE	262
Chapitre premier : Conceptions religieuses et métaphysiques de la Justice	263
Chapitre II : Conceptions biologiques et psychologiques de la Justice	275
Chapitre III : Conceptions individualistes de la Justice	281
Chapitre IV : La croyance sociale à la Justice et l'intérêt social	289
DEUXIÈME PARTIE : ÉTUDE POSITIVE DE LA JUSTICE	297
Introduction	297
Chapitre premier : Le capitalisme	304
Chapitre II : Capitalisme et prolétariat	314

Chapitre III : Institutions philanthropiques et socialistes	318
Chapitre IV : L'État et les relations économiques	321
I. L'État et les institutions capitalistes	321
II. Les initiatives économiques de l'État	330
III. L'État et la classe ouvrière	335
Chapitre V : Représentations et doctrines sociales	341
I. Classes sociales et idées de classes	341
II. Doctrines sociales	345
1. Doctrines capitalistes	345
2. Doctrines correctives du capitalisme	349
3. Doctrines interventionnistes	351
4. Doctrines socialistes	353
Chapitre VI : La misère et le sentiment de la pitié	359
Conclusion	363

QUESTIONS DE PHILOSOPHIE MORALE

Introduction	372
PREMIÈRE PARTIE : FONCTION DE LA CERTITUDE MORALE	381
Chapitre premier : Relations entre la certitude morale et les autres types de certitude	381
I. La certitude morale et les autres certitudes pratiques	381
II. La certitude pratique et la certitude scientifique	393
III. La certitude pratique et la certitude esthétique	403
Chapitre II : Rapports de la certitude morale et de la sensibilité	413
DEUXIÈME PARTIE : LA MORALE ENVISAGÉE DANS SON CONTENU	427
Chapitre premier : La réalité morale considérée du point de vue du temps abstrait	428
I. Les relations statiques	428
II. Les relations dynamiques	436
Chapitre II : La réalité morale considérée du point de vue de la durée concrète	445
I. Le Passé : valeur de la tradition	449
II. L'Avenir : déterminisme historique et directions de l'histoire ; la question du progrès	452
III. Le Présent : science et morale actuelles. — La morale et la nature	475
Appendice : La philosophie de l'agent moral (résumé)	497

ÉVREUX, IMPRIMERIE CH. HÉRISSEY, PAUL HÉRISSEY, SUCCʳ

BIBLIOTHÈQUE DE PHILOSOPHIE CONTEMPORAINE

Volumes in-8, brochés, à 3 fr. 75, 5 fr., 7 fr. 50, 10 fr., 12 fr. 50 et 15 fr.

EXTRAIT DU CATALOGUE

Badoux. — Psych. de l'Angleterre contemporaine. 2 vol. T. I. 7 fr. 50. — T. II. 5 fr.
Bayet. — L'idée de bien. 3 fr. 75
Bazailles. — La vie personnelle. 5 fr.
— Musique et inconscience. 5 fr.
Belot. — Études de morale positive. 7 fr. 50
Bergson. — Matière et mémoire. 7e éd. 5 fr.
— Données imméd. de la conscience. 3 fr. 75
— L'évolution créatrice. 5e éd. 7 fr. 50
F.-Bernard Leroy. — Le langage. 5 fr.
Berr. — La synthèse en histoire. 5 fr.
Berthelot. — L'Équivoque pragmatiste. 7 fr. 50
Biser. — Les révélations de l'écriture. 5 fr.
Boex-Borel (J.-H. Rosny aîné). — Le pluralisme. 5 fr.
Bonnet. — La psychologie féconde. 5 fr.
Borel. — Les idées égalitaires. 2e éd. 3 fr. 75
— Régime des castes. 5 fr.
Boutroux. — Études d'histoire de la philosophie. 3e éd. 7 fr. 50
Brocelles. — Le droit et la sociologie. 3 fr. 75
Cride. — Le mobilisme moderne. 5 fr.
Cosentini. — La sociologie génétique. 3 fr. 75
Croce. — Philosophie de la pratique. 7 fr. 50
Cyon (de). — Dieu et science. 7 fr. 50
Dauriac. — Explic. mécan. et rationalisme. 3 fr. 75
Davaille. — Vie sociale et éducation. 3 fr. 75
Delvaille. — Essai sur la sincérité. 5 fr.
Degass. — Le problème de l'éducation. 5 fr.
Dumas. — La tristesse et la joie. 7 fr. 50
— Psychol. de deux Messies positivistes. 5 fr.
Durkheim. — Division du travail social. 7 fr. 50
— Le suicide, étude sociologique. 7 fr. 50
— Année sociol. 1896-97 à 1903-1904, chac. 10 fr.
— Années 1901-2 à 1905-6, chacune. 12 fr. 50
— Tome XI (1906-1909). 15 fr.
Draghicesco. — Probl. de la conscience. 3 fr. 75
Davy-Mauves. — Synthèse mentale. 5 fr.
Esterguals. — Précis de psychologie. 5 fr.
Evellin. — La science et la logique. 3 fr. 75
Eucken. — Pensée contemporaine. 10 fr.
Everly. — La raison pure. 5 fr.
Finot. — Le préjugé des races. 3e éd. 7 fr. 50
— Philosophie de la longévité. 17e éd. 5 fr.
Foucault. — Le rêve. 5 fr.
Fouillée. — Liberté et déterminisme. 7 fr. 50
— Systèmes de morale contemporains. 7 fr. 50
— Morale, art et religion d'ap. Guyau. 3 fr. 75
— L'avenir de la métaphysique. 2e éd. 5 fr.
— L'évolut. des idées-forces. 2e éd. 7 fr. 50
— Psychologie des idées-forces. 2 vol. 15 fr.
— Tempérament et caractère. 3e éd. 7 fr. 50
— Le mouvement positiviste. 2e éd. 7 fr. 50
— Le mouvement idéaliste. 2e éd. 7 fr. 50
— Psychologie du peuple français. 7 fr. 50
— La France au point de vue moral. 7 fr. 50
— Esquisse psych. des peuples europ. 10 fr.
— Éléments sociol. de la morale. 7 fr. 50
— Morale des idées-forces. 7 fr. 50
— Socialisme et sociologie réformiste. 7 fr. 50
— Démocratie polit. et soc. en France. 3 fr. 75
Fournière. — Théories socialistes. 7 fr. 50
Grasset. — Demifous et demiresponsables. 5 fr.
— Introd. physiol. à la philosophie. 5 fr.
Guyau. — Morale anglaise contemp. 6e éd. 7 fr. 50
— Probl. de l'esthétique cont. 7e éd. 7 fr. 50
— Morale sans obligation ni sanction. 5 fr.
— Éducation et hérédité. 10e éd. 5 fr.
— L'irréligion de l'avenir. 7 fr. 50
Hamelin. — Le Système de Descartes. 7 fr. 50
Hannequin. — Histoire des sciences et de la philos. 2 vol. 15 fr.
Hartenberg. — Les timides et la timidité. 5 fr.
— Physionomie et caractère. 3e éd. 5 fr.
Hébert. — L'évolution de la foi catholique. 5 fr.
— Le divin. 5 fr.
Hémon. — Philos. de Sully Prudhomme. 7 fr. 50
Henmant et Van Waelle. — Logique cont. 5 fr.
Höffding. — Philos. moderne. 2e éd. 2 v. 20 fr.
— Esquisse d'une psychologie. 4e éd. 7 fr. 50
— Philosophes contemp. 2e éd. 3 fr. 75
— Philosophie de la religion. 7 fr. 50
— La pensée humaine. 7 fr. 50
Hubert et Mauss. — Mélang. d'hist. des relig. 5 fr.
Joteyko et Stefanowska. — La douleur. 5 fr.
Isambert. — Idées socialistes. 7 fr. 50

Janet (Pierre). — L'autom. psych. 7 fr. 50
Jastrow. — La subconscience. 7 fr. 50
Jeudon. — Morale de l'honneur. 5 fr.
Keim. — Helvétius. 5 fr.
Lacombe. — Individus et soc. chez Taine. 7 fr. 50
Lalande. — La dissol. opposée à l'évolut. 10 fr.
Lalo (Ch.). — Esthét. musicale scient. 5 fr.
— Esthét. expérim. contemp. 3 fr. 75
— Sentiments esthétiques. 5 fr.
Landry. — Morale rationnelle. 5 fr.
Lanessan. — La morale des religions. 10 fr.
— La morale naturelle. 5 fr.
Lapie. — Logique de la volonté. 7 fr. 50
Laurière. — Edgar Poe. 7 fr. 50
Le Bon (G.). — Psychol. du social. 6e éd. 7 fr. 50
Laquier (M. A.). — L'idéal du XIXe siècle. 5 fr.
Leonhard (G.). — Études esthétiques. 5 fr.
— L'espace et le temps. 2e éd. 5 fr.
Le Dantec. — L'unité dans l'être vivant. 3 fr. 75
— Les limites de la connaissance. 3e éd. 3 fr. 75
Léon (Xavier). — Philosophie de Fichte. 10 fr.
Lévy-Bruhl. — Phil. d'Aug. Comte. 4e éd. 7 fr. 50
— La morale et la science des mœurs. 3e éd. 5 fr.
— Fonct. mentales des soc. inférieures. 7 fr. 50
Liard. — Descartes. 3e édit. 5 fr.
— Science positive et métaph. 5e éd. 7 fr. 50
Lichtenberger (H.). — Richard Wagner. 10 fr.
— Henri Heine penseur. 3 fr. 75
Luquet. — Idées génér. de psychologie. 5 fr.
Lyon. — Idéalisme anglais au XVIIIe siècle. 7 fr. 50
— Enseignement et religion. 3 fr. 75
Matagrin. — Psych. sociale de Tarde. 5 fr.
Mendousse. — Âme de l'adolescent. 2e éd. 5 fr.
Morton-Prince. — La dissociation d'une personnalité. 10 fr.
Nordau (Max). — Dégénérescence. 2 v. 17 fr. 50
— Les mensonges conventionnels de notre civilisation. 9e éd. 5 fr.
— Vus du dehors. 5 fr.
— Le sens de l'histoire. 7 fr. 50
Novicow. — Justice et expansion de la vie. 7 fr. 50
— Critique du Darwinisme social. 7 fr. 50
Ossip-Lourié. — Philos. russe cont. 2e éd. 5 fr.
— Psychol. des romanciers russes. 5 fr.
Palante. — Combat pour l'individu. 3 fr. 75
Paulhan. — Les caractères. 3e éd. 5 fr.
— Les mensonges du caractère. 5 fr.
— Le mensonge de l'art. 5 fr.
Payot. — Éduc. de la volonté. 35e éd. 5 fr.
— La croyance. 2e éd. 5 fr.
Piat (C.). — La morale du bonheur. 5 fr.
Pillon. — L'année philos. 1890 à 1910, chac. 5 fr.
Ragot. — Le succès. 3 fr. 75
Rauh. — L'expérience morale. 2e éd. 3 fr. 75
Renard (G.). — La méthode scientifique de l'histoire littéraire. 10 fr.
Ribot. — Hérédité psychologique. 9e éd. 7 fr. 50
— Psychologie des sentiments. 8e éd. 7 fr. 50
— L'évolution des idées génér. 2e éd. 5 fr.
— L'imagination créatrice. 3e éd. 5 fr.
— La logique des sentiments. 3e éd. 3 fr. 75
— Essais sur les passions. 2e éd. 3 fr. 75
Rignano. — Transmis. des caractères. 5 fr.
Roberty (G.). — Le problème de l'action. 3 fr. 75
Sabatier (A.). — Philos. de l'effort. 2e éd. 7 fr. 50
Saisy-Paul. — Le langage intérieur. 5 fr.
Schinz (F.). — Études sur l'humanisme. 10 fr.
Schinz. — Anti-pragmatisme. 5 fr.
Séailles. — Le génie dans l'art. 4e éd. 5 fr.
— La philosophie de Renouvier. 7 fr. 50
Sollier. — Le problème de la mémoire. 3 fr. 75
— Le mécanisme des émotions. 5 fr.
— Le doute. 7 fr. 50
Souriau. — L'esthét. du mouvement. 5 fr.
— La beauté rationnelle. 10 fr.
— La suggestion dans l'art. 2e éd. 5 fr.
Sully Prudhomme. — Le lien social. 3 fr. 75
— La religion selon Pascal. 7 fr. 50
Tarde. — La logique sociale. 3e éd. 7 fr. 50
— Les lois de l'imitation. 6e éd. 7 fr. 50
— L'opposition universelle. 5 fr.
— L'opinion et la foule. 3e éd. 5 fr.
Thomas. — L'éduc. des sentiments. 10e éd. 5 fr.
Tisserand. — L'anthrop. de M. de Biran. 10 fr.
Urbain (J. O.). — L'art et le geste. 5 fr.
Urtin (H.). — L'Action criminelle. 5 fr.

www.ingramcontent.com/pod-product-compliance
Lightning Source LLC
Chambersburg PA
CBHW070832230426
43667CB00011B/1763